自我療癒全集

為新地球預備的聖愛經書

自癒的福音－究竟的療癒！

Gospel for Self Healing!

美國音樂院(ACM)教科書編輯部
美國音樂院(ACM)校務卿
香港自我療癒世界總會會長兼理事長
嚴克映博士　主編

美商EHGBooks微出版公司
www.EHGBooks.com

EHG Books 公司出版
Amazon.com 總經銷
2022 年版權美國登記
未經授權不許翻印全文或部分
及翻譯為其他語言或文字
2022 年 EHGBooks 第一版

ISBN-13：978-1-64784-156-0

獻給所有的地球人類

～來自無條件的愛～

序

為新地球預備的聖愛經書

自我療癒

自癒的福音－究竟的療癒！

　　三次元的人類長久以來習慣外求，使自身陷於低頻能量中，身心靈備受煎熬而無法自拔，靠著不斷的輪迴轉世靈魂仍無法進化揚升；如今 26,000 年一次的光子帶來臨，地球本身以及極少數準備好的人類正在揚升中，人類的 95％睡眠 DNA 得以逐漸開啟，但也唯有透過自我療癒開啟內在維度、內觀、觀照自己的身口意思言行起心動念以及小我意識，學會覺察、覺知與分辨，才能真正的淨化身心靈，意識不出偏，處於中軸，也唯有透過自我療癒才可以真正的遠離三次元的疾病，自我療癒祂是來自靈魂神聖意志的究竟療癒，祂是心法，因為：

"我" 就是道路、真理、生命，若不藉著我，沒有人能到父那裡去！

獻給所有的地球人類

～來自無條件的愛～

嚴克映 筆

目錄

前言

　　"自我療癒"的名稱是 2012 上面所告知，而課程的內容是 2015-2018 地球進入光子帶前後，由上面帶領所搜集到的網路訊息，經過訊息過濾、篩選、修正、改編，最後彙編而成。有些內容對於目前 3 次元人類的意識場來說仍有些深奧不易理解，煩請用 "心" 讀，請高我與聖靈協助閱讀。

　　自 2000 年起少數人類（頻率到位的）可以靠自己慢慢的解開封印，因為地球自 1999 年底開始朝光明面慢慢對齊，再經過 2012 年的重要時間點，及 2015 年底地球的乙太體脫離 3.4 次元低頻（那時地球已接近光子帶），終於 2016 秋季起，大日光子能量波抵達地球⋯⋯當初的封印有些是為了保護人類（帶光的易為黑暗界攻擊，所以時候未到不宜打開），但亦有些封印和負面外星存有有關，自我療癒是地球接近光子帶後上面帶領開啟的課程，其實就是教導大家自己解開封印，但是若要全意識開啟應該和外星存有有關，封印大部份在身體的左側（因為人類的右腦被封，開啟時乙太體會痛），封印解開約可讓 10％－50％的 DNA 開啟，感恩宇宙源頭無條件的愛！

　　　　　　　　　　　　　　　　　　　　　　　美國音樂院（ACM）教科書編輯部

嚴克映博士簡介

- 美國音樂院（ACM）校務卿，亞洲學院院長兼音樂治療／自我療癒研究所所長
  http://mt.americanconservatory.edu/Dean.php
- 美國北伊利諾州立大學（NIU）社區學院音樂演奏兼任教授
- 香港自我療癒世界總會會長兼理事長
- 美中音樂學會主席
- 美中華人學術團體聯合會會長
- 芝加哥中國五音音樂醫療學會創會會長

嚴克映博士自 2012 起推動自我療癒理念，每年於台北舉辦身心靈自我療癒國際研討會，製作 YOUTUBE 視頻，KY 博士 TV 頻道（至今約 700 餘視頻）並且由亞馬遜 AMAZON 書城全球發行《自癒的福音—良醫即是您自己》（身心靈自我療癒國際研討會論文集），至今已辦了九屆。

※歷屆《身心靈自我療癒國際研討會論文集》：

http://www.amazon.com/author/keyin.yen

嚴克映博士於 1999 因為美國醫生的誤診經歷了瀕死，之後對西醫失去了信心，經過不斷的祈禱，兩年後源頭另開扇門，讓其認識了音樂呼吸吐納及自我療癒，不僅越活越健康，更是越過越年輕......願意將這來自源頭的自癒福音和大家分享！

https://www.youtube.com/watch?v=-DedqJWExqg

嚴博士於論文集中寫道：健康是花錢買不到的......"良醫"不須向外尋求，當心靈層次提昇之後，您會知道良醫即是您自己，當一個人學會反省、感恩、淨化、並且歡喜回饋時，自體的療癒亦旋即開始....。

自我療癒課程及結業證書／證照介紹

在疫情其間為了身心靈的健康了解自我療癒非常重要！！！歡迎參加免費課程！身心靈自我療癒世界總會十二/十八學分身心靈自我療癒課程，自我學習，學費全免。若欲獲得結業證書以及自我療癒師專業國際證照則酌收費用，感謝源頭無條件的愛，即日起接受報名

全部免費課程由世界總會會長嚴克映博士親自授課

@十二學分自我療癒師專業國際證書課程內容包括：A.自我療癒（6 學分）B.音樂治療（3 學分） C.真光呼吸/光啓 DNA 光流呼吸（3 學分）

@十八學分自我療癒師專業國際證照課程內容包括：A.自我療癒（6 學分）B.音樂治療（3 學分） C.真光呼吸/光啓 DNA 光流呼吸（3 學分） D. Trinity Medicine 靈身心合醫（3 學分） E.諮商及疾病研究（3 學分）

招生對象： 世界各地通曉華語人士

教學方式：YOUTUBE 視頻遠距網路教學

證書頒發：

（1）身心靈自我療癒師專業國際結業証書 CERTIFICATE： 學生必須修習十二/十八學分，並且論文通過;始由身心靈自我療癒世界總會頒發身心靈自我療癒專業國際結業証書 CERTIFICATE

（2）身心靈自我療癒師專業丙級國際証照：獲得身心靈自我療癒師十八學分專業國際結業証書者，可再通過論文、筆試、口試並且一年實習服務可獲得頒發丙級身心靈自我療癒師証照。

（3）身心靈自我療癒師專業丙級國際"講師"証照：獲得丙級身心靈諮詢師/自我療癒師丙級國際証照者若欲獲得身心靈諮詢師/自我療癒師專業丙級國際"講師"証照則需通過筆試、口試、論文通過及一年以上的實習服務

（4）修習完十二/十八學分學分課程者，可以繼續修習其餘學分，繼而獲得自我療癒世界總會自我療癒碩士（共計 30 學分課程結業証書，需具備學士學位）

（5）修習完十二/十八學分課程者，若欲獲得美國音樂亞洲學院 American Conservatory of Music（ACM）自我療癒藝術碩士學位

http://www.americanconservatory.edu/

http://mt.americanconservatory.edu

可以繼續修習其餘學分，繼而獲得美國音樂院自我療癒藝術碩士學位（需具備學士學位）

詳情請洽：doctorkk1@gmail.com or kykilburn@yahoo.com

或者直接加嚴博士 LINE/WECHAT ID： DoctorYenKilburn

歡迎大家踴躍加入

盼大家同心合力為人類的靈魂覺醒、心性的提昇、意識的擴展

及地球母親次元維度的揚升而努力！！！

第 1 課 我是誰？回歸到完美的你

◆《我是誰，回歸到完美的你，祂就在你的內在！》

REVISED source https://rabbitinlight.pixnet.net/blog/post/225769310

1. 當你開始真正學會"自我覺察"時，你就能打破意識束縛，跳脫次元維度"矩陣"。

我是誰？這是最重要的問題，但我們大多數人都不知道這答案有多簡單。

★請先做個第三者，覺察自己與人們以及與各種情境互動的方式，不要抗拒，只需細細的觀察與覺知。

★你就越來越能夠覺察自己的念頭、想法與喜惡......然後在每一種情境下維持平靜。

★當你能夠覺察，暫時不將任何情境貼上好或壞的標籤的時候，你就能維持平靜 將自己自由釋放，真實面對自己。

2. 誠實面對自己是自我療癒第一步。

★其實靈魂層面的我們是具有神性的，是聖潔的！然而在三次元二元極性的世界裡，念頭、想法、判斷、言語、行為.....卻時常是不完美的、有瑕疵的，這些負面能量時常干擾局限甚至控制著我們......就在生活中的每時每刻，通過社會（註：集體意識）與我們的經驗，輸進我們的意識裏。

★當我們覺察到自己並不僅只是一個三次元的自己時，我們就能夠開始覺知，而不會被五官所看到的世界以及各種現象（註：幻象）所矇蔽，並且回歸到最初的完美狀態。

★不幸的是，在三次元一般人最普遍的運作方式，就是根據五官所辨認的外在環境來決定、來行動或感覺，無法分辨幻象與實象。

★結果，我們就任由自己所擁有的物質、環境與顯化的外在因素來定義我們的認知。

★在三次元惟有誠實面對自己，觀照自己的身口意思言行與起心動念，遠離負面能量，才能減低光熵，淨化自己，繼而開啟內在維度（註：和自己的高我....聯結），提高內在頻率，擴展意識，跳脫低頻次元維度

3.為了發現自己和神性、內在平靜的連接，我們需要回歸"實相"，並且心領神會地知道，我們本已具足，已經擁有了一切。

★當你開始"真正"學會愛自己時，所有的美好就會回歸到你的身上。

★這也將讓我們成為自己，並開始存在于信任與高我靈性連結之中，在此，所有美好的時刻都會回歸到我們身上。

★無一例外的，當你停止按照自己所處的外在環境來定義自己時，你將接收到更多自己無法想像的東西。

★一旦你回復到自己真正的本質，開始真正的愛自己時，人們也就更能欣賞你。

4.人們將透過你的愛自己而真正的認識你，並且尊重你與愛你。

★他們對你的認可，與你的學歷或你所擁有的東西都毫無關係，就僅僅與你本身有關。

★這方法既簡單又順理成章，一旦你開始真正的愛自己，你就將注意到自己不需要對人們說太多話，他們就已經開始好奇地向你探詢：

"你究竟對自己做了什麼呀？你看起來有些不一樣，好像年輕多了！"

5.當你成為真正的自己後，你也會協助他人成為真正的自己.

★你本是上天的孩子，但是你被三次元的外相所迷惑，繼而失去了與內在高我的聯結

★向外崇拜與事事外求依賴他人，正消弱了你自己的力量，是你將自己的力量交出，這樣會讓你無法在人間有所貢獻.

6.我們生來就是要彰顯上天的榮耀的，而這榮耀正在我們裏面，這可不只在部分人裏面，而是每個人都有。

★當我們讓自己內在的光亮閃耀，我們就會不假思索地也協助別人同樣這麼做。

當我們從自我的恐懼中被解放出來，我們的出現也會同時解放了其他人。

★當你成為你自己之後，你就會協助別人也同樣成為他們自己。

7.學會"心歸零"，這一開始或許有些困難，但一旦你有了覺察的經驗，也就是回到了零的狀態（處於中軸），你就會想要經常回到那個狀態，哪怕只有靈光一現而已。

★當你越是經常練習，就越容易保持覺察。

★當下一個記憶又開始播放（註：能量印記，DNA 記憶），它會讓你在很短的時間內進行自我覺察，正因為如此，你就可以選擇做真正的自己，不再陷入因果業力的旋渦。

★漸漸地，你就會覺得自己像小孩般地自由，只管觀察與讚歎這生命的奧妙。

一旦你開始練習，你的身心就會記住那種感覺，這種感覺也會常來找你，這是再自然不過的了。

8.放掉那些不屬於你的東西，你就時時刻刻都能到達"寧靜"與"喜樂"的狀態了。

★記住！你正在追求的安全感與快樂，並不存在於你所擁有的物質、學歷與關係中，它比你想像的那些都要來得更加容易。

★沒有，絕對沒有外在的東西能夠讓你變得更完整與完美.

任何你現在認為必要，而且可以向外求的東西，都只能讓你感到短暫的興奮，這只是一種依附關係，遲早都會消失.

或者讓你對它們漸漸失去興趣，而且你可能還會因此受傷。

★讓自己自由！請相信你已經擁有自己所需的一切，再也不需要其他東西了，"放下"並且允許"內在"最瞭解你的那個部分去指引與保護你。（註：高我/超我……源頭）

9.回歸到完美的你，你將會發現上天的所在，以及你所需要的每一件事物。它們都在哪裡呢？
《就在你的內在！》

第 2 課　宇宙律（宇宙的基本法則）

(1)《創造生命要使用這 5 個宇宙法則》

http://goo.gl/hFa3Re

宇宙一直是個奧秘。

當約伯拉（Deepak Chopra 印裔美籍作家、替代醫學的宣導者）指出：" 宇宙不是由物質形成，而是神秘旋轉的可能性進入物質的體驗。"

我們是宇宙的一部分，我們所有人的振動創造了我們在地球上的生命體驗。

我們都是這個宇宙的共同創造者，只要它是與宇宙的法則一致，我們都有能力去創造我們想要的生活。

如果你想為自己創造一個幸福的實相，這裏有 5 個最重要的宇宙法則。

1、潛在法則 （The Law of Potential）

★你是個以物質形態表現的純粹意識。這個意識是你擁有無限的潛力並負責所有的創造。

★理解這條法則的最好方法是去感受它。 透過冥想和其他靈性練習，你有能力去感受你的意識潛能。

★事實上，你越能融入你的意識或靈魂，你就越能理解你自己的潛力。

★如何使用：通過冥想和創造性活動來瞭解和感受你的意識潛力。

2、頻率與反射法則 （The Law of Frequency and Reflection ）

★這個宇宙中的一切都是頻率。

★這個頻率是從你的整個存在發出的，包括你的思想、情緒和行動。

★這個頻率吸引人事物和情況到你的振動場成為你的經驗。

意思是：你的想法、感覺和行動創造了一個振動，然後向你反映。 通過你的振動和你的能量所投入到世界的東西返回。

如果每一個經驗都是你內在狀態的反映，這意味著每一個經驗都在這裏教導你有價值的功課，那是關於你真正是誰以及你可以克服什麼。

★如何使用：透過積極思考和專注於許多祝福在你的生活提高你的頻率或振動的工作。

3.吸引力法則 （The Law of Attraction ）

這可能是宇宙中最廣為人知的法則，並且根據你所散發的能量，你有能力將事情吸引到你的現實中去。

★你關注的東西越多，它的成長越大、越多，你越是思考一些事情，就越有可能注意到它。

★愛吸引愛，因此你能讓自己的振動去吸引你想要的，更可能體現在你的生活中。

當你開始調整你的潛力或純粹的意識時，你會自動啟動一個與你的最高路徑對齊的振動。這種振動吸引了完美的機會和情況進入你的現實中。

★如何使用：觀想你想要創造的生活，相信自己有潛力去創造它。

4.因果/業力法則 （The Law of Karma）

你的靈魂已經來這裏學習了一些經驗。

★在你進入你的物質身體之前，這些經驗是從前世的生活中確定的。

這些經驗是你在這一生的業力或成長的重點。

★業力法則會確保你總是在學習，並從你過去的成長向前邁進，以幫助擴大這個宇宙的意識。

如果宇宙沒有擴張，那麼宇宙就不存在了。

★如何使用：信任宇宙之流並記住每一次經歷就是一種幸福和機會。

5.合一法則 （The Law of Oneness ）

★我們所有人都是連接的，意思是我們對別人做什麼就是對自己做什麼（註：迴圈），我們都是一，我們都是平等的。

當我們理解了這一點，我們也能明白，那裏沒有競爭、沒有必要擔心不足。

★我們都是生命之網的一部分，我們所有人都有一個重要的角色，那就是在這個實相中如何發揮。

★如何使用：瞭解我們都同樣重要，我們所有人都能夠分享一生中的宗旨和禮物。

有人認為宇宙有 12 大法則，但如果你真的想要創造一個幸福和諧的生活，上述這 5 點是最重要的!

（2）《宇宙的十二條基本法則》 （以下文字取自互聯網）

✿1.神聖合一法則（The Law of Divine Oneness）

世界的萬物彼此緊密相連，我們的每一個行動、言語、思考與信念都會影響到其他的存有。

✿2.振動法則（Law of Vibration）

宇宙萬物都在回圈模式中不停的移動、振動、漫遊，物質世界中的振動法則同樣適用於乙太世界中。

你的想法、感覺、欲望、意願，每個聲響、事物，甚至意念，都有它自己獨一無二的振動頻率。（註：想想水的結晶）

✿3.行動法則（Law of Action）

在地球事物上，我們必須以實際行動去實現自己的想法、夢想、言語與情緒。

✿4.一致性法則 （Law of Correspondence）

物質世界中的物理法則如能量、光、振動、運動，都與乙太或宇宙的狀況保持一致，源頭如何支流就如何。

✿5.因果法則 （ Law of Cause and Effect）

萬事萬物的發生沒有偶然、沒有意外，它不會超出宇宙法則之外。

每一個行動的原因，都有其反作用力之結果。我們永遠收穫我們自己所播種的。（註：Karma）

✿6.補償法則（Law of Compensation）

因為因果法則之善因，在未來會給予我們幸運、禮物、金錢、繼承遺產等福報。（註：指能量平衡）

✿7.吸引法則（Law of Attraction）

我們如何創造事實、事件、他人如何進入我們的生活、我們的思想、感覺、言語及行為能量、依序吸引類似的正面或負面能量。

✿8.能量恒變法則（The Law of Perpetual Transmutation of Energy）

所有人都可以用內在能量去改變自己的生活狀況，藉由消耗高振動的能量來轉換低振動的能量，因此人們將能改變現實生活的能量。（註：能量皆能轉換……萬物皆在不斷變化，易經的"易"即是"變"之意思）

✿9.相對性法則（The Law of Relativity）

每個人都會開始面臨一系列的考驗，以此達到增強內在之光的目的，每個考驗都是一個挑戰。

我們在處理問題的時候，記得時刻與心連結，要對照他人的問題來看待自己的問題，讓所有的判斷都走向適合的方向。

無論情況有多糟糕，都要覺察到我們的處境會怎樣發展？

而一切都是相對的，總會有人處於"所謂的"錯誤的一方。

（註：當在二元世界中）

✿10.極性法則 （The Law of Polarity）

萬物都是持續性對立面的存在，我們從集中意識轉換到對立極性，就能轉換和禁止負面思想。

因為心智的振動有正有反，所以記得永遠不要強調負面意識，以避免不知不覺中因意識滲透而走向負面極性。

（註：當在二元世界中，選擇和正向對齊）

✿11.律動法則 （The Law of Rhythm）

萬物依特定的韻律而振動和移動，韻律決定了季節、迴圈、發展步驟與模式，每一個振動都回應了宇宙規律性的律動。

✿12.陰陽法則 （The Law of Gender）

我們的靈性必須始于平衡本身的陰陽能量，才能共同創造環繞我們整個世界的思想、感覺、言語及行為，而達到成為和平、安寧、融洽的世界。

（註:當在二元世界中）

（註:當超越維度時將有非物質宇宙……）

（3）【BBC】非物　宇宙不存在　間和距離，"瞬间　移"并未携　身体，只是　粒子拆　再重組。

http://classic-blog.udn.com/Uni127/13356671

MST：在物質層，以太（註：乙太或以太均可）世界從內在影響外在，但人類總是通過改變外在物質結構，然後強迫以太層與之匹配。為什麼一個女人能夠為在車禍中的兒子舉起一輛大卡車。她舉起的是沒有重量的以太層，當以太層被舉起時，卡車中的粒子結構就會跟隨。人類先天就懂得這些知識，可是人類科學只關注到了物質的外在結構。

MST：人類只意識到物質世界，所以很難理解"時間旅行"，其實在非物質宇宙不存在時間和距離，當宇宙生命實體進行"瞬間轉移"的時候，並沒有攜帶自己的身體。只是將現在的身體物理粒子拆開，然後讓它在期待出現的地方重新出現。傳送 100 米和傳送 100 光年的道理是一樣的。時間節點也可以任意選擇

第3課　腦波與意識

◇維基百科◇

　　腦波（英语：brainwave）人腦中有許多的神經細胞在活動著，而成電氣性的變動。也就是說，有電氣性的擺動存在。而這種擺動呈現在科學儀器上，看起來就像波動一樣。腦中的電氣性震動我們稱之為腦波。用一句話來說明腦波的話，或許可以說它是由腦細胞所產生的生物能源，或者是腦細胞活動的節奏。每一個人，每一天、每一秒，不論在做什麼，甚至睡覺時，我們的大腦都會不時的產生「電流脈衝」。這些由大腦所產生的電流脈衝，稱之為「腦波」。腦波依頻率可分為四大類：β波（有意識）、α波（橋樑意識）、θ波（潛意識）及δ波（無意識）。這些意識的組合，形成了一個人的內外在的行為、情緒及學習上的表現。

腦波種類

腦波種類		頻率	特性
Delta（δ）		0.1~3 Hz	屬於「無意識層面」的波。 是恢復體力的睡眠時所需要的。 直覺性與第六感的來源。 意識的雷達網。
Theta（θ）		4~7Hz	屬於「潛意識層面」的波。 存有記憶、知覺和情緒。 影響態度、期望、信念、行為。 創造力與靈感的來源。 深睡作夢、深度冥想時。 心靈覺知、個人見識較強、個性強。
Alpha（α）	慢速α波	8-9 赫茲	臨睡前頭腦茫茫然的狀態。意識逐漸走向糢糊。
	中間α波	9-12 赫茲	靈感、直覺或點子發揮威力的狀態。身心輕鬆而注意力集中。
	快速α波	12-14 赫茲	高度警覺，無暇他顧的狀態。
Beta（β）	Low Range	12.5 ~ 16 Hz	放鬆但精神集中
	Middle Range	16.5 ~ 20 Hz	思考、處理接收到外界訊息（聽到或想到）
	High Range	20.5 ~ 28 Hz	激動、焦慮

（1）能量與全息圖

　　◆【原文網址】http://goo.gl/PXHMVn【日期】201601【傳導】Suzanne Lie【翻譯】shan-athana http://goo.gl/0JZJw2

　　現在的能量非常的 "熱" ， "熱" 是電子學名詞，因為你們的神經元在體驗著不斷加速的頻率。

★為何你們感到它高頻時像著了火一樣，是因為你們的意識與高次元的高頻共振著。

★事實上，意識狀態開始跟隨著這些高頻光，它在灌輸轉化著你們所有的神經元。

在人類的意識中，有四個主要範疇：

意識的大腦－貝塔波β－三次元自我

潛意識大腦－阿爾法α和西塔θ－四次元自我

無意識大腦－德塔波δ－四次元／五次元自我

超意識大腦－伽瑪波γ－五次元及以上自我

★你們不斷在增加擴展轉化之光波的意識，這個"高光"的振頻開始啟動你們體內 97% 的垃圾 DNA。

【十九世紀八十年代的資訊】INFORMATION FROM THE 1980s

在八十年代，科學界開始支持這樣的觀點：我們的世界是全息的世界。

科學研究成果被斯坦尼斯拉夫葛羅夫醫學博士記錄在《全息大腦》一書中，邁克爾塔爾博特在《全息宇宙》中推斷人類大腦和宇宙的屬性都是全息的。

就是說，現實世界是全息的投射，我們只是投影儀，只接受全息影片，用我們全息大腦處理它，並把它投射到生命的螢幕之上。

按照這些理論，三次元是一個投射出來的幻相，物質世界只依託人類的觀念存在。

★為了製造全息世界，一個單獨的雷射光束被分成二個分離的部分，第一道光彈進一個被記錄的目標，第二道光反射到鏡中，與第一道光碰撞，之後這二束光被拷貝在一個叫全息盤的影片中。

【全息】hologram

影片製作後，看起來好像一個無意義的光漩渦夾雜著黑線，直到被第三道雷射光束照亮影片才完成，由此三次元原初物體的圖像出現了。

清楚地說，我們想像自己坐在電影院中，全息投射就像從我們身後射出的多道光投向螢幕，沒有它或者說牆面的背景，電影還保存著光的外表投向空中。

同樣，如果我們不在影院，也不可能看到電影。

★生活和這個全息圖的不同之處在於，我們不僅是坐在影片中的觀眾，還是那個投射機，光通過影院射出來，投射到螢幕上。

我們的感覺捕捉到了投入到我們現實中的光的干涉圖形，不管我們是否處於清醒狀態。

之後，三次元和眾多的導師們從我們全息大腦複雜的篩檢程式中把光抽出，讓我們把干涉圖像投射到生命的螢幕上，它們就像一張張圖片、感受和氣味，從而創造出人類的現實世界。

★通過選擇不同的影片（光）選擇自己的人生，這就是我們渴望體驗的現實世界。

無論如何，我們一定要在影院露面（打開自己的感知），從而全息大腦接受光干涉的模版，把它們轉化為三次元幻相的現實，並投射進三次元的生活中。

★為了體驗這部影片，我們一定要用相應的感測器在影院觀看、傾聽、聞味、觸摸、品嘗，並把這神經的資訊通過全息大腦的宇宙轉化器顯現出來。

★★★進一步說，生命同一螢幕的轉化將不同於個人全息大腦，它根據個人的相似的神經資訊歷史展現。

比如，如果生活在洛杉磯、加利福尼亞的二人，都有可能喜歡體驗冰的全息投射--冰塊

人類的意識狀態在我們感知時，同樣影響個人對同一部電影的理解（事件）。

如果意識主要是貝塔波，比如我們可能把冰當成冷卻熱水的工具，如果擴展成阿爾法波，冰可能讓我們回想起我們曾看到過的雕塑，或最近一次溜冰。

在西塔波中，冰表示凍結的水/情感，或許在提醒我們會有融化的冰川事故，並對行星生態系統造成影響。

不管怎樣，如果我們不去關注螢幕透鏡的焦點，我們是不會感覺到冰的。

★就是說，我們想感知的現實就是我們生活的現實。

★★★人類的記憶也是全息的，它遍佈全息大腦各處。因此，每個記憶片段都與其他片段相互交錯。

★★★我們真的可以聯合整個宇宙，但我們也只能感知到穿過自己大腦篩檢程式並投射到大腦中的現實頻率。

如果人類意識受限於貝塔波，我們的知覺篩檢程式就受限於三次元，只能捕捉到共振於三次元感知的全息頻率光。

★★★另一方面，當意識（感知篩檢程式）擴展，就可以捕捉更加廣泛的干涉光光譜。

★伴隨打開所謂的第三隻眼擴展的意識，我們會擴展自己的篩檢程式，捕捉到的光從亞原子到五次元的光世界，甚至更遠。

★有了它，我們可以見到所有編程的光、所有的放映機和所有的現實，並明白它們都沒什麼不同，我們可以看到光的重疊的亞原子粒子的連接。

通過這種方式，我們可以更深領悟到萬物無法分離，除非縮減我們的篩檢程式，創造出三次元的世界，並訓練著去感知。

貝塔波過濾掉第一、二、四、五次元的光，但如果我們更多應用阿爾法、西塔、德塔波，現在是伽瑪波，我們的視野和現實會得到擴展。

伴隨擴展的腦波，我們可以超越人類原始大腦去接收與加工處理資訊。

三次元的貝塔波意識長期受限於 90-174 赫茲的波長，比例非常小，感知到的光音有限，更不用說現代技術也無法捕捉到的光波和音聲了。

★當開啟所謂的三眼輪（註：眉心輪），我們會慢慢獲得一種能力，它過去是靜止的，現在意識擴展了，我們可以有意識感知更高和更低的光頻與音聲。

★之後會有無數的現實讓自己創造，獲取新的體驗。這個感知的選擇被稱作＂夾帶＂（註：共振）。

敲擊音叉，它會以一定的頻率振動，那麼第二個接近它的音叉也會以同頻率振動，就是說第一個啟動（攜帶）了第二個音叉。

★夾帶是名詞，與動詞＂夾帶＂有關，意思是＂沿著一個方向拉＂或牽拉。

另一個例子，如果牆上有很多擺鐘，我們讓所有鐘以不同規律速度搖晃，過了一段時間，所有的鐘都會以一個速度運動同步。就是說它們彼此＂夾帶＂。

★★★腦波夾帶發生時，我們大腦的頻率會逐步開始模仿這種節奏模式、頻率、內在和外在的刺激。

★任何刺激都會夾帶我們的腦波--聲光、觸覺及任何大腦通過物質或擴展的意識可感知的東西。

★催眠及作為結果被激發出來的阿爾法、西塔波，可以通過慢慢的呼吸，把大腦夾帶到內在空間得以完成。

★★★確實，在每個時刻，大腦（包括生物節奏和腦波）都會被我們內外環境夾帶。

如果走過一個漂亮的鄉村，晴空萬里，我們可能變得寧靜，腦波夾帶的是阿爾法波，否則遇到交通事故，生物系統會焦慮，腦波夾帶的是貝塔波。

★當然我們的內部世界被這些事件不斷而巨大影響著，如果怕蛇得要死，我們鄉村的每一步都會留意是否遇到它，焦慮使得腦波夾帶貝塔波。

★★★相反，你害怕遇到車禍，如果我們保持平靜，告訴自己一切都好，放一些輕音樂，享受這段開車的旅程，人體會平靜下來，攜帶的是阿爾法波。

★★★內在的理性與情緒會加工每個境況，對身體的反應有很多事可做。即人體會受到思想和情緒的影響夾帶，內在世界也會對外部世界設置一些期望值。

比如，當散步經過森林，我們告訴自己會看到鳥兒，我們的期望就是想看到鳥。

因此，有意無意地會尋找小鳥。相反，如果告訴自己會看到垃圾，那麼同樣的過程就會發生，必將看到垃圾。

如果找垃圾是為了清理自然母親，我們會感覺良好，用阿爾法波夾帶自己的意識，如果評論人類的天性很邋遢，我們註定會感到沮喪，並夾帶上貝塔波。

尋找小鳥是個內心平靜的活動，我們觀察樹木，專心致志尋找它們的歌聲。

如果沒有發現鳥兒而變得沮喪，我們同樣也會在開車時夾帶著貝塔波。

★★★換句話說，如果坐下來，安靜下大腦，進入冥想狀態，我們會夾帶自己的意識與自然共振，可以提升到阿爾法甚至西塔波。

從這點講，**如果我們想看到高次元的事物，那麼就擴展意識**，甚至看到精靈，它們會照料每朵花和植物，還可以看到樹木附近的天神，天使、艾洛希和其他高次元存有，他們正在高次元觀察著我們的世界。（註：**勿執著！就讓能量流過，謹防意識出偏！**）

從這些例子看出，我們的觀念想法、感受創造了選擇體驗的現實。

★人類的期望被我們核心信仰所決定，如果我們相信現實只是通過人類五官所體驗的，那麼三次元的現實是我們惟一的選擇。

★★★另一方面，如果相信眾多次元隱藏於並駕馭著三次元，我們同樣可以經歷到它們。

對其他現實的期望會夾帶著人體系統啟動更高或更低的腦波，感知其他次元現實。

★★★再次強調，我們選擇體驗的現實就是我們選擇去生活的現實。（註：想想何謂平行世界，什麼樣的意識場就經歷什麼樣的生活）

（2）思想－意識－大腦－靈魂連接的

◆http://blog.sina.com.cn/u/267070404

你如何才能認識所有可認知事物的能力呢？

你的肉體被一個叫做氣場的神奇光場包圍著。

這個氣場是在你周圍和使你肉身體相的物質保持在一起的光場。

你的科學家已用柯立安（Kirlian）照相技術拍攝了第一張氣場的光環。

但是還有更多的電磁場包圍著你的身體，因為氣場從電荷的密度延伸，包圍著身體的藍色光環，進入思想的無限之中。

♥這個氣場是你存在的聖靈（註：指光體、星光體、靈體 astral 部份）。你內在的聖靈，我稱之為你內在的神，它直接聯接到意識流的神的心智，在那裏萬事萬物被認識。

♥氣場中的一部分是一個很強的正負金銀合金的電磁場。

在這個電磁場以外金銀合金沒有分界。它是一個不可分割的純能量光球。

這個光球讓來自認知河流的所有思想流經這個強大的場。

♥你將認識的思想取決於你的思想過程，因為你氣場的電磁部分根據你的想法為你汲取思想。

你的聖靈就像不停流動和不斷變化的思想河畔的篩子。

透過那個光，你處於對神的心智，即所有知識思想流動的接受狀態。

於是你有能力認識可認知的一切，因為你在所有意識和所有知識之河的連續流動中。

♥意識就像一條河，你整體的自己，包括你身體的每一個細胞，都不斷地從它那裏得到滋養，因為思想支持你的人生並給予它信任。

♥你以來自意識流的思想維生。

就像你的身體依靠為所有細胞攜帶著食物的血液流動維生一樣，你整體的自己以散發自意識流的思想內容來支撐。

♥你用來自意識流的思想創造你存在的每時每刻。

♥你不斷地從思想之河汲取思想，在你的靈魂中感受它，透過那個情感的滋養來擴展你整天的存在，並把你擴展了自己的思想放回到這條河流，這樣它就擴展了所有生命的意識。

♥今天也許你沉思一個有創意的思想，當你這樣做時，這個思想被感受並以一個電子頻率記錄在你的靈魂裏，那同一個頻率會離開你的身體進入意識，因此其他人可以汲取並從中創造。

你所想的和所感受的，其他所有人都可以接觸得到。

他們從你的思想得到滋養，你也從他們的思想得到滋養。

♥意識包括了來自所有個體和所有事物所發放出的所有思想。

構成意識的思想具有不同的電子頻率。

有一些是很低或很慢頻率的思想，它是這裏支配地位的社會意識。
（註：3 次元的集體意識）

♥其他的則是較高頻的思想，更無拘束的超意識的思想。

♥意識是所有不同思想價值頻率的總和，其中各個思想的價值則從四面八方吸引相同的價值。

♥社會意識是一個電子思想頻率的密集狀態，但它仍比空氣輕。

♥社會意識的密度由表達了的思想構成，由每個個體以情感所表達過的思想；

♥更確切地說，它是由現實化了的思想所構成，被每個個體吸收並在他的靈魂中感受過的思想，再經由他的氣場散發回思想之河中，為給所有別的人從中得到滋養。

♥你的層次依靠得以興旺的思想是社會意識的狹窄低頻思想。

那些思想非常限制、非常評判、非常苛刻，因為你的人生被與求生存和恐懼死亡有關的心態所支配，包括身體的死和自我的死。

♥於是你的意識被有關食物、住所、工作、金錢的思想，以及被適當與不適當、好與壞的判斷，被時髦、漂亮、被接受、比較、年齡、疾病和死亡所佔據。

那些低頻思想輕而易舉地經由你的氣場而來，因為它們支配著在你周圍人的思想。

♥因此你不斷地從來自非常限制和停滯的意識的狹隘思想裏 得到滋養。

♥因為你准許這些思想滋養你，你把對它們的感覺又放回去讓人的狹隘思想得到新的能量並得以延續。

在你的大都市裏意識尤其狹隘，因為生活在那裏的大多數人非常具競爭性，非常地時間和時髦導向，非常恐懼和彼此不接受。

因此你所有的大都市都籠罩著一層厚厚的意識密度。

來自其他宇宙的生物（註：存有）所看到的你的城市是一個多色彩的光的密集網路，非常有限的意識的低頻思想展現出的一個光場。

♥超意識的高頻思想是屬於那些存在，和諧、一體、延續的。

♥它們是愛的思想。它們是喜悅的思想。它們是天才的思想。

♥它們是無止境的思想，真正超越了文字的表達，因為對無止境的思想的感覺超越了文字的描述。

♥高頻思想較容易在野性的意識裏體會到，它遠離人停滯的思路，因為生命是淳樸、永久、延續和完全與自身和諧的。

♥遠離人的判斷你就能聽到自己認知的脈搏。

你如何擁有從意識流裏汲取思想的能力呢？

♥你氣場的電磁部分根據你的思想過程和你情感存在境界為你汲取思想。（註：吸引力法則）

♥為了使你得到思想的滋養，為了使你能在你的存在裏感覺和領悟它，它首先必須降低到光的形式。

♥一旦思想與你身體周圍的光，即你內在的聖靈相遇時，它爆發成突然出現的光；也就是說一旦思想遇到光就點燃自己。

光會降低思想的內容，因此光會把與它相似的吸引向它。

♥思想是不可見的，然後它能透過突然爆發的光被看到。

♥思想在光的形式下進入你的腦，並根據被接收的思想價值轉化成為一個被指定頻率的光電推進燃料。

♥你發覺任何一件事的那一刻，你就正在接受它的思想。在你接收思想時，那個思想的光被你的腦接收。

♥一些個體偶爾從他們的眼角看到突然出現的光。在多數情況下他們所看到的是他們自己聖靈對思想的接收。

♥他們在眼前看到光出現之時，也是思想進入他們的氣場和在他們的腦內部展現自己之刻。

如果你閉上眼睛看到顏色的運動或圖樣的延伸，你正看著進入你腦子思想的樣子。

♥你的腦是一個電子思想頻率的大接收器，由它設計成不同的部分來接收、收藏和放大思想的不同頻率。

♥以它細胞壁內水分的密度而定，這些不同的部分有不同的電位以收藏思想和電激思想。

♥有些部分只能收藏和放大較高頻率的思想，其他部分則只收藏和放大思想的較低頻率。

♥與一般大眾的看法恰相反，你的腦並不創造思想。它只允許思想從意識流進入腦。

♥它是神為特定的目的而設計的一個器官，用以接收和收藏經由你存在的聖靈而來的思想，把它轉變為一個電流，放大它，然後經中樞神經系統把它發送到你身體的每個部分，因此它可以被親身體會，從而獲得一個瞭解。

以你的科技，你有以校準儀調節音量大小和兆赫或頻率的收音機。

♥那麼，這個腦也是一個有校準儀的接收機，只有當用於收藏一個特定頻率的那部分腦被啟動時，它才能接收到那個頻率。

♥♥**你的腦有接收不同思想頻率的能力，這能力由一個叫做垂體的強大校準儀來調節控制，垂體位於你的左半腦和右半腦之間。**

♥垂體也稱為第七意識能量中心，它管轄你的腦。

♥它是造成你的腦不同部分活化以接收和收藏不同思想頻率的原因。

♥它開啟你用思想去沉思和推理的能力，再通過你的身體體會它，為更深入的瞭解把它顯現為經驗。

♥垂體是一個很小但很神奇的小腺體，很多人管它叫第三眼。

垂體甚至看上去並不像一隻眼睛，它看上去像一個在它的狹窄部分有個小口的梨，以花瓣形呈現。

♥這個強大的腺體透過一個複雜的荷爾蒙流系統的功能來管轄和控制你的腦。

♥垂體是一個內分泌腺，它分泌的荷爾蒙經腦進入另一個內分泌腺，松果體的入口，松果體在垂體的附近位於下小腦底部和脊柱之上。

♥松果體或第六意識能量中心是負責放大思想頻率的校準儀，以使它們能被發送到全身。

♥從垂體進入松果體的荷爾蒙流使你腦的不同部分活化以接收和收藏不同的思想頻率。

♥身體的機能透過由內分泌腺而來的荷爾蒙發放進入到血液供應系統而保持和諧。

♥松果體負責保持這個和諧。來自松果體的荷爾蒙流活化所有其他腺體使它們相互和諧地分泌它們的荷爾蒙，以產生荷爾蒙平衡。

♥那個平衡的水準取決於松果體接收到的思想頻率的總和。

♥**思想頻率越高，通過全身的荷爾蒙流就越多。**

並且頻率越高松果體就令垂體越活化，它會分泌更多的荷爾蒙流使腦活化以接收更高的思想頻率。

來自意識流的思想在你的存在中如何被體會呢？

♥當思想穿過你的氣場時，氣場不為它下定義，這意味著它並不判斷或更改思想；它讓思想毫無拘束地進入。

♥當思想燃料到達腦時，它們首先移到大腦左半球的上部，那裏有理性或推理的功能而且變更的自我也在那裏表現。

★　什麼是變更的自我？

♥它是從人類經驗所得來的瞭解，被儲存在靈魂裏並透過腦的推理的部分來表達的瞭解。

♥它純粹是作為生存者和在社會意識的陰影下生活的神人的集體心態。（註：此神人是指人本具足，具有內在神性）

♥那個集體的見解會拒絕接受不適合其安全感以及不會幫忙保障個體生存的任何思想頻率。

變更的自我拒絕允許為了在全身有一個更深刻的體會而去接收容納的所有思想。

♥變更的自我允許流進腦裏的各個思想頻率，被轉變為一個電流，並發送到已被垂體活化了的那部分腦，以便收藏那個頻率。

♥然後那部分腦放大這個電流並把它發送給松果體系統松果體系統管轄你的中樞神經系統。

♥它收集轉達到它的各個思想頻率，進一步放大它，並透過中樞神經系統推進它，這個中樞神經系統像一個電子思想高速公路那樣的貫穿脊柱。

♥來自松果體系統的電流透過中樞神經系統的液體——也就是水（註：想想水的結晶）——經脊柱向下流，然後經每個神經到達你身體的每個細胞。

你身體的每個細胞都透過血液來滋養，它裏面含有來自酶對攝入食物作用帶來的氣場。

當來自思想的電流進入細胞結構時，它就像一光的火花那樣進入。

♥這個火花點燃細胞，造成氣體膨脹，從而使細胞以無性繁殖過程複製自己，使它產生另一個細胞和使自己再生。

這樣整個身體就從那單一的思想得到滋養。

♥人生就是這樣透過你允許自己在你生存的每一時刻所接收到的所有思想起的作用，而在肉身體相的分子結構裏具體化。

♥當思想不斷地滋養你身體的所有細胞時，你的整個身體對它的電脈衝起反應——你整個的身體。

♥因此思想的作用被所有細胞體驗到，會產生一個感覺、一個激動、一個情緒、或叫做身體裏的一個衝擊。然後那個情感被送到你的靈魂做記錄。（註：靈性層面的 DNA，阿卡西圖書館）

♥你的靈魂是一個總的記錄儀，它非常科學地記錄在你肉身體相裏的感受到的每個情緒。

當你感到情緒化時，你正在感覺一個轟擊你存在的光結構的思想，它由你的腦接收，再被發送到整個中樞神經系統，以在你身體每一個細胞裏產生一個感覺。

♥然後靈魂為了參照指引的目的以一個情感記錄下那個感覺，它就叫做記憶。

♥記憶沒有大小，它是一個要素。

♥記憶不是一個靠視像的報告記錄；它是一個情感記錄。是由情感產生出視覺形象。

♥靈魂並不為記憶的目的記錄圖像或文字，它記錄那些圖像和情感。

♥靈魂用全身正在感受的思想所產生的情感，在它的記憶庫裏，搜尋一個類同之處，一個腦的推理部分，你成為理性，可以認出的相似之處，以便選擇一個詞來形容這個感受。

根據經驗，你可以形容的每件事都有與它關聯的某種感覺。

你與花之間的情感經驗使你知道花是花。

你看過、摸過、聞過和佩戴過叫做花的組織結構。於是花對你來說有某一種感覺。

你之所以知道絲綢為絲綢是因為你與絲綢之間關聯的某種感覺和情感經驗，他們引起的叫絲綢的了解。靈魂記錄了來自你情感經驗的全部信息。因此一旦來自思想的感覺被感受到，靈魂就記錄這個感覺並在它的記憶庫裡搜尋在這之前的思想經驗的類似感覺。然後它把這些信息送回到你的腦表示這個思想已經在這個肉身體相裡從始至終徹頭徹尾地被你領會和了解了。思想不能只透過你的腦去領悟；它要透過你的全身來領悟（註：體悟）。然後你的腦用於推理的那部分允許你想出一個詞來表達和形容這個感覺。 思想如何被領悟和被認識呢？透過情感。認知完全是個感覺。任何事的思想只有首先被感覺到才能被認識；然後它才有一個定義。認識一個思想是去接受它進入你的腦，然後允許自己感覺它，透過你的身體從頭到尾地體驗它。知識不是對任何一件事的證明，而是對它情感上的確定。一旦你在內心有了感覺，你就能說：「我知道了，我有這個感覺。我知道了。」 我親愛的大師，通往所有知識的大門的確就在你之內。在你之內燃燒的那把火與在每個微小的原子、每顆偉大的行星、每個細胞形式、每件存在的事物中閃爍的是同一把火。它是那同樣完全一致的一把火。你與所有生命的一體透過光的準則被領悟，因為在你靈魂裡使情感可以信任的光和使花蕾、行星以及所有其它存在事物有生命的是同樣的光。因此在你內部，你有認識所有事物的能力。想要認識任何事物不能透過理性的語言技巧來理解，那些圍繞著它的華麗詞藻毫無意義。對花的認知以內在的感覺而達到。你總是能透過一件事物所發出情感的頻率來認識這一事物是如何思維的。如果你想認識任何事物，你只需要做的就是感覺它。你將總是絕對地正確。 思想如何創造出你人生的經歷呢？松果體是由認識到成為顯現的意識能量中心。你允許自己所認識的一切將首先在你身體裡變成領悟，因為松果體負責把那個思想以一個電流發送到你的全身，並以情感被登記。這個思想越無拘束，注入你全身的這個頻率就越強烈和迅速；於是你的身體就會體會更高的興奮和衝擊。然後那個感覺以一個特定的頻率記錄並儲存在你的靈魂裡。記錄在你的靈魂裡的每個思想的感覺，接著以一種期望被發送進到你的氣場中，那個期望活化你的光場的電磁部分——就像一塊磁鐵——吸引所有與你思維的心態匯總相似的東西。它將那些會引起與你身體經驗過，由你所有想法而來的相同感覺的情況、事件、物體或者個體向你吸引而來。為什麼呢？使你可以由一個三維的現實體驗你的想法，以得到稱之為智慧的經驗獎勵。 你的願望如何顯現呢？一個願望僅僅是一個以物件、個體或經驗所見而得到滿足了的思想。任何你允許自己在感受上滿足的思想透過你的電磁場離開你的身體，它進入意識流為你吸引任何可以產生與你身體經歷過的願望相同的感覺。你身體內部對那個願望的感覺越完整和越強烈，它也就感到越滿足。你越是絕對肯定地知道你的願望將得到滿足，它顯現得就越快，因為絕對的認知是一個高頻思想，會加強由氣場所發放的期望，從而放大你的力量以顯現你的願望。 你有能力知道可認知的一切。你的腦為此而設計，於是一個活在物質層次肉體裡的神可以從一個三維度的形式體驗和了解任何他想要體驗和了解的神的維度。你允許自己通過你神奇的接收器來認識的所有思想將成為一個體驗了的現實，它先透過你的肉身體相，然後透過你人生的境況而見證。無論你想望的是什麼，你都有能力——透過認識——眨眼間在你人生中顯現你的所有願望。你就是這樣在地球上創造出天堂的王國。它是一個單純的科學。記住，首先是思想，然後看到光，然後光降低成電子脈衝。電子脈衝被降低、降低、再降低成為質量，從質量它們再被降低以表現這個思想觀念。身體也是同樣的道理。它是思想、光、接收器；從接收器，它接收金銀合金，再將它貫穿質量，為了使質量以感覺來了解。要顯現你的願望，你必須要做的就只是感覺你的任何願望，這個感受會被送回到天父那裡去滿足你的願望。如此而已。太簡單了嗎？你想要更複雜些嗎？

第 4 課　意識（ 2 ）量子意識，靈魂

http://scitech.people.com.cn /GB/14524558.html

　　這一部分介紹現在世界上的科學家研究量子意識達到什麼水平了。這些材料取自於《科技日報》上一篇大文章，標題是《物理學和數學能完整描述真實嗎——世界著名物理學家論辯量子意識》，其中介紹世界上對量子意識的研究。　科學家們現在已經開始認識到了，意識是種量子力學現象。　這點可能與我前面講的這些東西有關：意識像量子力學的現象，意識的念頭像量子力學的測量。　人的意識過去一直都沒有搞清楚，包括中醫經絡學說講的 "氣" ，"真氣循環"。　 "氣" 用任何實驗方法都沒有找到。很可能意識或是 "真氣這種東西，實際上是量子力學現象，用經典物理學的電學、磁學及力學方法去測量，是測量不出來的。　量子力學現象的一個主要狀態，就是剛才說的量子糾纏。　大腦中有海量的電子，它們處於複雜的糾纏狀態。意識就是大腦中這些處於糾纏狀態的電子在周期性的坍縮中間產生出來的。這些電子不斷坍縮又不斷被大腦以某種方式使之重新處於糾纏態。這就是現在量子意識的一種基本觀念。　這個假說在解釋大腦的功能方面已經開始有一些地位了，形成了量子意識現象的基礎。　目前關於量子意識的理論有好幾種，這裡介紹影響最大的：英國劍橋大學的教授彭羅斯（Roger Penrose）和美國一位教授哈梅羅夫（Stuart Hameroff）他倆創立的理論。　彭羅斯曾和霍金合作發現了黑洞的各種特徵，是現代頂級的物理學家。他寫了一本非常著名的書叫《皇帝新腦》，不知大家看了這本書沒有，現在到書店去還找得著。　他這本書就是研究意識，他認為人的大腦有一點是現在的計算機和機器人做不到的，就是人的大腦有直覺。計算機和機器人都是邏輯運算，所以它不能產生直覺。直覺這種現象，彭羅斯認為只能是量子系統才能夠產生。　>>>> 靈魂也是量子信息嗎？　彭羅斯和哈梅羅夫認為，在人的大腦神經元里有一種細胞骨架蛋白，是由一些微管組成的，這些微管有很多聚合單元等等，微管控制細胞生長和神經細胞傳輸，每個微管裡都含有很多電子，這些電子之間距離很近，所以都可以處於量子糾纏的狀態。　在坍縮的時候，也就是進行觀測的時候，起心動念開始觀測的時候，在大腦神經裡，就相當於海量的糾纏態的電子坍縮一次，一旦坍縮，就產生了念頭。　如果按照他們的理論，腦細胞裡存在著大量的糾纏態的電子，那就不可避免地有量子隱性傳輸存在，因為宇宙中的電子和大腦中的電子都來源於 "大爆炸" ，是可能糾纏在一起的，一旦糾纏，信息傳輸就能不受時間空間限制地隱性傳輸了。　按照彭羅斯和哈梅羅夫的理論，我們的大腦中真是存在海量的糾纏態電子的話，而且我們的意識是這些糾纏態電子坍縮而產生的，那麼意識就不光是存在於我們的大腦神經系統細胞之中，不只是大腦神經細胞的交互，而且也形成在宇宙之中，因為宇宙中不同地方的電子可能是糾纏在一起的。　（註：想一想多次元的我，泛音理論）　這樣一來，人的意識不僅存在於大腦之中，也存在於宇宙之中，在宇宙的哪個地方不確定。量子糾纏告訴我們，一定有個地方存在著人的意識，這是量子糾纏的結論。　如果人的意識不光存在於大腦之中，也通過糾纏而存在於宇宙某處，那麼在人死亡的時候，意識就

可能離開你的身體，完全進入到宇宙中去。　所以他們認為有些人的瀕死體驗，實際上是大腦中的量子信息所致。　在這個時候，心臟停止跳動、血液停止流動，微管失去了量子狀態，而大腦中的量子信息並沒有被破壞，它只是被干擾驅散到宇宙中去了。　如果一個人死後復生，甦醒過來，量子信息又回到他的大腦中去，此時他會驚訝地說：“我經歷了一次瀕死的經驗。”如果這位患者沒有死而復生，最終死亡之後量子信息將離開身體，從而可能被模糊地鑑別為靈魂。　所以，彭羅斯和哈梅羅夫就認為，如果是用量子信息的方法來解釋，說人的大腦意識真是產生於量子信息的狀態，有量子糾纏存在的話，那麼人體的信息是不會消滅的，只會回到宇宙的某一處。　他們認為人體的這種信息可以模模糊糊地定義為靈魂。不是和大家說的那個靈魂一模一樣，但是它的狀態與我們過去說的靈魂非常類似。　以上的這些是彭羅斯和哈梅羅夫的理論，現在的科學家正在開始進行大量的實驗，來驗證人的大腦中是否存在量子糾纏態的電子。已經有一批實驗做出來了。

◆**能量、物質、意識、資訊是一體的**

http://goo.gl/t0bWGY

能量、物質、意識、資訊（註：信息）是一體的，是大自然的本質存在。

（註：就物質宇宙而言）

★是整體不可分割的，但語言和文字表達模糊了對整體大自然源頭的正確表述，誰也無法正確表達的原因是因為這語言文字本身就存在局限性。

能量的本質是什麼？

★能量的本質是所有物質的能動模式。

所有的物質都具有能量。物質的本質是能量！

★意識和資訊是能量與物質的自組織作用。

現代科學也認為，當一個物質小到 $1×10—34$ cm（1 乘 10 的負 34 次方釐米）時，可見物質的界限打破，所有微觀粒子融合為一個不可分的整體；當時間短到 $1×10—44$ 秒（1 乘 10 的負 44 次方秒）時，**物質分不出過去、現在、未來，這是一個完整的過程迴圈，任何事物發展都是這樣一個不可分的連續的發展過程。**

由此有 “一微塵映徹世界” 和 “一滴水包含三千大千世界” 之說。

再比如用不同的觀察角度看一塊石頭，人看石頭是靜止的，但是放大千億倍在觀察它們都是光速運行的廣闊的電子空間！

★量子力學告訴我們：微觀粒子在不同條件下可以分別表現出波動性和粒子性，此即"波粒二象性"。

★然而在亞原子層面，波粒的分界消失，物質不能只被作為原來的方式來解釋，它們既是波又是粒子。

波是一種能量，它不表現為我們可見的粒子狀態。

★能量驅動物質運動，大自然就是一個能量整體，宇宙萬物驅動力根據意識形態和資訊傳遞不同呈現不同能量的凝聚態狀.

★能量包含暗能量、正能量、負能量、純能量、模能量、 波能量、光能量、音能量、靈能量、心能量……等所有關於能量的一切名詞。

★能量是不能消滅的只能轉換和轉化。

其形式在電能、熱能、機械能、磁能、光能等不同能運動的作用力下造成的。

★所有的物質都包含了能量、意識和訊息的表達。

★意識和訊息的表達要二種以上的頻率共振匹配才能形成能量的轉換和轉化。

★人的神經細胞通過提高訊息交換密度就可以產生意識（註：**量子意識**），生物群個體之間通過提高資訊 交換密度也可以產生一個意識，人對物質世界的不同理解是因為我們個體意識和資訊受到不同局限的結果。

由此人的肉身是一樣的但人的意識是千差萬別的。

因此人與人最大的區別是意識形態的區別也就是心念的區別。

人的肉身是大自然源頭整體分型的物質態聚集物某一種狀態下的表達方式，人的意識是大自然源頭整體分型的資訊態的分流共振的某一種表達方式。

★★而這種表達方式總在不斷變化中運動。

★人只有以大自然的源頭意識來感知一切，才會對自己有一個客觀的理解。

★個體意識想走向進化與完美是完全出於個體與整體的意識共振覺察。

★人是可以做到自我的獨立自主與整體萬物的平衡協調。 個體與整體的作用力越大個體的意識就越小。反之一樣。

★作用力也就是因果律，只有意識擴展到一定程度的個體會圓滿每一個作用力的因果關係。

★一般的意識只是在因果裏運動轉不出來。心是念頭是信息。念頭落在那裏心就在那裏。

★意識在松果體將大腦中分子式的念頭資訊進行思維式化合與分解，指揮身體細胞行動。一切生命的生長，是靠資訊（註：信息）和能量。

★意識也可以理解是一種"資訊波、能量波、能量流"，一個物質體在不同的意識形態下和資訊場裏感知的物質實相是不同的。

★物質以多樣性的呈現是大自然的意識表達。相互制衡是大自然的資訊表達。

★★大自然存在的理就是：道！道是無始無終永恆的整體存在！

道的全部屬性是公平的浩浩之氣，是萬物互相慈養、全息共振、生生不息！

★就像人存在的理就是：活！不是活著的人形不能界定為人一樣。

★人存在的意義是：生命為體證大自然的愛而來！

★生命是從感受大自然的愛到自願分享愛的無限迴圈過程。

★人只有活過才會覺察到這愛！不然存在沒有反射如何表達？

★★★我能從存在的一切裏感知神聖的片段的不同呈現.

第5課　意識（3）宇宙密碼，能量級別

物質即能量物質非實體

http://mp.weixin.qq.com/s?__biz=MjM5NzM0NTA2NA==&mid=2651721561&idx=1&sn=073ab99e4f2ce
a07675ac6aa2c28e46d&scene=2&srcid=0724IFU7VAd0mgTlO8dQ3DaM&from=timeline&isappinstalle
d=0#wechat_redirect

　　量子理論之父普朗克博士，1918 年獲得諾貝爾物理學獎。他感嘆道：我對原子的研究最後的結論是—世界上根本沒有物質這個東西,物質是由快速振動的量子組成！ **有形無形皆是不斷振動的能量，兩者的分別在於振動頻率不同，因而產生不同意識或形式的不同物質。** 振動頻率高的成為無形的物質，如人的思想、感覺和意識；振動頻率低的成為有形物質，如看得到的桌子、椅子、人體等等。沒有任何東西是靜止的，一切都在動，一切都在振動。 用"頂天立地"來形容人類的處境是最恰當不過了。人同時存在於兩種不同的世界，頭上頂著高層次的靈性世界，腳下踏著物質化的實體世界，人既有肉體也是靈體。乍聽之下靈與肉是兩個截然不同的觀念，但靈性和肉體並非毫不相干，因為物質即能量，有形無形皆是不斷振動的能量，兩者的分別在於振動頻率不同，因而產生不同意識或形式的不同物質。 東方聖賢如佛陀，在 2600 年前就指出：宇宙間的所有事物，無時無刻不在振動變化中。近代科學也印證了能量和物質間的關係,最有名的就是愛因斯坦的 $E=mc2$（ E 是能量，m 是質量，c 是光速）。然而，由於人類受限於感官所能觸及的三維空間及線性的時間觀念，誤把實體的、有邊界的物質，與連續的、波動的能量場視為兩種不同的東西，前者以牛頓的古典動力學為代表，而後者以馬克斯威爾的古典電動力學為代表，兩者成為 19 世紀末古典物理學達到巔峰的兩大支柱。 可是，當科學家再往最微細的次原子領域探索，或向最廣闊的宇宙蒼穹深究時，卻發現在人類感官經驗所不及的境地，**物質與能量的本質其實是合而為一的。** 物質微結構解密 夸克與弦論 在上個世紀 30 年代以前，經典物理學家都認為，物質是由分子構成的，分子是由原子構成的，原子是組成物質最小的顆粒。但是 1932 年的時候，科學家又證實，原子也不是最小的顆粒，它由電子、中子和質子組成的。 1964 年的時候，美國物理學家馬雷·蓋爾曼提出一個新的理論，就是質子和中子也並非是最基本的顆粒，它們由更微小的夸克構成。這種物質既簡單又神秘——超級震撼了人類！雖然一些實驗能夠證明夸克的存在，但是單個的夸克至今未能找到，因為夸克是極不穩定的、壽命極短、剎那生滅的粒子。 談到夸克的特性，更是奇妙無比： 1、其中有兩種夸克—中微子和在絕對靜止狀態下，它質量是 0，它一動要么是+、要么是-,所以，科學家發現的"夸克"幾乎同時出現一正一負的"對夸克"。 2、它的壽命 ∞（無窮大）。難怪古聖先賢、歷朝歷代的修行者都在"禪""定"修煉悟道，以求長生久世，其實是都想得到這個∞（無量壽），因為"一定成功"！不"定"當然就難成功！順便提一下：質量為 0 的東東正是無量光！ "無量光""無量壽"合起來正是佛家唱號"阿彌陀佛"，道家稱的"無量壽佛"，這些咒語神秘莫測，世間幾個人能明白啊！ 0 其小無內

其大無外，表示"空間"；∞不生不滅無始無終，表示"時間"；空間為"宇"，時間為"宙"。　更進一步，二十世紀的後期，物理學的前沿理論—弦論，這是理論物理學的一個高峰，就可以用來描述引力和所有基本粒子，比如說電子、光子、中微子和夸克等等，看起來好像是基本粒子，但實質上都是很小很小的一維弦上的不同的振動模式，他們把這個稱之為宇宙弦，每一條宇宙弦的典型尺度是普朗克長度。組成物質世界的基本單元是宇宙弦不同的振動狀態，那些夸克是宇宙弦不同的振動狀態，而不是宇宙弦本身，就好像組成交響樂的基本單元是樂器上發出的每一個音符而不是樂器本身一樣。　如果把宇宙看作是由宇宙弦組成的大海，那麼基本粒子就像是水中的泡沫，它們不斷地產生，不斷地消失，我們現實的物質世界其實就是宇宙弦演奏的一曲壯麗的交響樂。　這樣我們就能夠明白，可見物質實有確實不過是我們凡夫的一種錯覺，我們一直以來認假為真，我們錯覺以為這個就是實有的。現在理論物理學的弦論已經能夠證明了萬象森羅、絢麗多姿的物質世界其實是宇宙弦演奏的一曲壯麗的交響樂，並沒有實體可得，剎那剎那都在生滅。　萬象森羅的物質世界真的就正如《金剛經》所描述的："一切有為法，如夢幻泡影，如露亦如電，應作如是觀。"　確實就是如夢幻泡影，沒有實體可得。現在當代的理論物理學的前沿到此就進入到了這種自性本空的境界了，跟禪的智慧、兩千多年以前釋迦牟尼佛的智慧所實證的境界就相通了。　《心經》"色不異空，空不異色，色即是空，空即是色，受想行識，亦復如是"。　《道德經》"有，萬物之母，無，天地之始"。　"萬物負陰而抱陽，中炁以為和"。　我們之所以認為"物質和能量"或"肉體和靈體"截然不同，是因為我們人類有著二元（兩極）化思考模式。　我們所知道的事物，幾乎都來自知識和邏輯，而知識和邏輯形成了思想，思想就成為語言的基礎，這種模式使得人類變成二元化的產物，有著二元化的思考方式。因此，在人的世界裡有"善"就有"惡"，有"對"自然有"錯"，有"好"更是有"壞"，有"快樂"當然也有"痛苦"，一切皆有對立面。　放眼宇宙　三千大千世界　釋迦牟尼佛在 2500 年前就對三千大千世界瞭如指掌，在欲界、色界、無色界三界中有三十三個界定範圍，而生命則以十種不同的形式和等級遍及於三界，乃至三千大千世界中，在華藏世界內有十種不可說佛剎微塵香水海，無極無盡。有無數個像西方極樂世界的星體，並且仔細詳盡地解說那裡的情況。　他告訴人們地球就像一個橢圓形的庵摩羅果，這是 2000 多年以後才被科學家證實的；他講我們的身體是由若干極微緣聚合構成，他還說一滴水中有八萬四千生命……如果人類未發現顯微鏡，恐怕到現在還認為佛陀是在講迷信了！

大衛・霍金斯的"能量級別論"　善的能量高，惡的能量低

　　美國著名的精神科醫師大衛 ． R ．霍金斯（David R. Hawkins，Power vs. Force ）博士，運用人體運動學的基本原理，經過二十年長期的臨床試驗，發現人類各種不同的意識層次，都有其相對應的能量指數，人的身體會隨著精神狀況而有強弱的起伏。　美國著名的精神科醫師大衛・霍金斯的"能量級別論"研究告訴我們，善的能量級別高，惡的能量級別就低。　01、開悟正覺：700-1000 這是歷史上所有創立了精神模範，讓無數人歷代跟隨的偉人的能級。這是強大靈感的能級，這些人的誕生，形成了影響全人類的引力場。在這個能級不再有個體與

個體之間的分離感，取而代之的是意識與自性的合一。 這是人類意識進化的頂峰。到來這個能級，不再對身體有 "我" 的執著，不再對其有關注。身體成了意識降臨頭腦的一個工具，它的首要價值就是連接這兩者。這是非二元性的，是完全合一的能級。在歷史上達到這麼高智慧能級的人，他們是：佛陀、耶穌基督等。 02、安詳平和：600 這個能量層級和所謂的卓越、自我覺醒有關。它非常稀有，一千萬人當中才有一個人能夠達到。而一旦達到這個能級，內與外的區分就消失了，感官被關閉了(《心經》：'無眼耳鼻舌身意，無色聲香味觸法……')。在能級 600 及其以上的人的感知如同慢鏡頭一樣，時空懸停了——沒有什麼是固定的了，所有的一切都生機勃勃並光芒四射。雖然在其他人眼裡這個世界還是老樣子，但是在這人眼裡世界卻是一個和宇宙源頭進化一起協同舞蹈的、不斷浮動進化的流轉。 這是一種非同尋常、無法言語的現象，所以頭腦保持長久的沉默，不再分析判斷。觀察者和被觀察者成為同一個人，觀照者消融在觀照中，成為觀照本身。 能級為 600 到 700 之間的藝術作品、音樂和建築能臨時性的把我們帶到通常認為的通靈和永恆的狀態中。 03、寧靜喜悅：540 04、愛與崇敬：500 05、理性明智：400 06、寬容原諒：350 07、希望樂觀：310 08、淡定信賴：250 09、勇氣肯定：200 10、驕傲輕蔑：175 11、憤怒仇恨：150 12、渴望慾望：125 13、恐懼焦慮：100 14、憂傷懊悔： 75 15、冷漠絕望： 50 16、罪惡譴責： 30 17、羞愧恥辱： 20 低於 10 的人，慢性病或者病重 接近 0 級的人，頻臨死亡。 進一步研究發現，任何導致人的振動頻率低於 200 的狀態，會削弱身體，而從 200 到 1000 的振動頻率則使身體增強。 霍金斯發現，誠實、同情和理解能增強一個人的意志力，改變身體中的粒子振動頻率，進而改善身心健康。

第6課　意識（4）

◆意識科學原理

Source： https://colorpuncture.blogspot.com/2016/10/blog-post_13.html

●1、意識是無形的，是包含無限維度和無限潛力的能量域，是所有存在的基底，它獨立於時間，空間，定域性之外，它涵蓋一切又臨在一切。

●2、由於它涵蓋一切，超越一切限制，維度，時間和空間在存在，它記錄所有的資訊，哪怕是一閃而過的一念。

●3、由於它記錄所有的資訊，它便成為永恆的可訪問的資訊源。

●4、意識是人類所有經驗的基底，無論是感知還是覺察，它還能覺察自身。

●5、意識場存在於人類之內又獨立於人類之外。它是絕對的，是所有的存在都是相關的。它是不可泯滅或簡化的。

●6、意識代表了一個具有無限潛力和能量的場域，由它而顯化一個不斷延續著的宇宙。

●7、已知和未知的宇宙，獨立於人類的描述之外，它們是統一的，並且包含了具有不同頻率的波動。

在物理領域，高頻的能量具有更大的動能。

●8、這個包含一切頻率的能量場無所不在，因此它也是無所不知和無所不能的。

這個臨在的意識場被所有覺醒的聖哲描述為主觀的覺知本身。

因此，對臨在意識的覺知是所有人類主觀經驗存在的基底。

●9、意識能級是對意識本身品質的一種確認（識別），無所不知的意識可以被認知並回應真實存在過的意識。

因此，意識猶如一面鏡子，客觀的反映那如如不動的事實。

意識本身不作為任何事，如果重力一樣，它幫助無相成為顯相，引導無經驗成為經驗。

●10、相對於物質守恆或能量守恆，生命守恆的律法具有更大的優先權。

生命本身無法被摧毀，它只能從一種形式轉變為另外一個頻率（在人類經驗中，"乙太體""靈性"以及其他能量域的描述自古就有）。

●11、因為所有存在的一切都是一些能量振動，所以一段範圍內的意識可以被組織具有實用價值的東西。

從對數中取值 1 到 1000，代表生命本身的存在 （1000 是人類意識能達到的最高水準），這個尺度足以涵蓋所有人類的意識頻率範圍。

這個尺度不僅具有極高的提取資訊的實用性價值，同時對研究人類和神性 及宇宙具有很高的理論價值。

●12、意識的研究是人類當前唯一能夠用來探討線性和非線性相關能量體系的科學研究，因為它們的領域的相關性超越了時間，定域性和維度，並且同時涵蓋了主觀和客觀。

◆震動是宇宙終極密碼 老子到釋迦牟尼到愛因斯坦

2016-10-10 麥田怪圈 http://www.ifuun.com/a20173251464471/

高維通過震動和低維接觸，低維的震動顯化為信息。 人不可以通過知識驗證高維傳遞的信息，因為人所得的知識是人在自身這個維度或更低維的震動的顯化。比如人的意識可以決定量子的狀態（量子波函數的坍縮），即是人對更低維量子干擾震動後的顯化。 人自身這個維度，也是通過震動顯化信息的。 賀金斯曾在房間裡的牆上並排放置不同速率的老爺鐘，然後走出房間，第二天再回來時發現老爺鐘的鐘錘皆以同速率同步擺動，其後許多人相繼重複此鐘錘實驗，屢試不爽。事實上，"共振"可以說是一種共鳴現象，在我們日常生活中到處可見，比如琴弦，未振動的琴弦會受強烈振動琴弦的影響而一起共振；再舉個女高音震破玻璃杯的例子，女高音高頻的歌聲（無形）能提高玻璃杯（有形）的振動速率，當振動高到某一程度，玻璃杯無法再維持玻璃的形狀因而破碎。人類的各種知識，實為震動後信息的顯化。科幻片，《星際穿越》裡面父女二人身處不同的時空，父親通過引力的作用向女兒傳遞更高維度智慧的信息。只有引力不受到時間的限制。高維通過震動和低維接觸，低維的震動顯化為信息。 愛因斯坦的老師、量子理論之父——普朗克博士，1918 年獲得諾貝爾物理學獎。他感嘆道：我對原子的研究最後的結論是——世界上根本沒有物質這個東西，物質是由快速振動的量子組成！ 有形無形皆是不斷振動的能量，兩者的分別在於振動頻率不同，因而產生不同意識或形式的不同物質。

◆大量科学实 明："意 能量"确实存在！

https://www.163.com/dy/article/G8RUSVBB0531PYY1.html　　沈今川　孫儲琳

　　在過去二十年的時間裡，我們對人在某種功能態下的深層意識能量（心靈能量、靈能）進行了深入的實驗研究，獲得了大量確鑿的、極為珍貴的數據和資料，以無可辯駁的事實證實“心靈能量”確實存在，觀察和記錄了“心靈能量”產生的種種不可思議的效應，確認了“意識”本身的物質屬性，即“意識”本身就是信息和能量的複合體的種種特性。特異功能人孫儲琳在特殊的功能態下，能展示出一系列超常的能力，發射出一種未知的能量信息複合體，使得相關的生命和非生命物體受到強烈的影響，並產生各種不可思議的物理的、化學的、生物的效應，這些效應無法用現有知識和科學理論圓滿解釋，向某些現有科學理論提出了嚴重的挑戰，作為嚴肅的科學家，唯一正確的態度是將反複驗證過的事實真相公諸於眾，用百倍的決心和信心勇敢地面對和迎接挑戰，作者希望尋求一種新的理論思維框架，來較合理地解釋所觀察到的現象。我們堅決反對那種以“違反常識”、“違反公認的現有科學理論”為由對我們的研究進行無理的壓制和打擊，並且認為這種荒唐無知的論調是極為錯誤和有害的，嚴重阻礙了我國的科技事業的自主創新，毒害和扼殺了青少年一代的創新思維，必須予以徹底揭露和批判。人類文明和科技發展的歷史證明，任何創新性的科技發現都是以反常現象的發現和研究為先導的，如果被禁錮在“常識”和“現有理論”的框架內進行思維，還有什麼創新可言呢！敢於面對反常的事實是科學家最可貴的品質之一。由於人體特異功能研究揭示出大量超常現象，因而特別具有挑戰性，是理論和科技創新的沃土。

　　（一）、實驗證實“心靈能量”具有不可思議的物質效應　二十年來我們設計進行了大量科學實驗，有力地證明了某些人在特殊的功能狀態下，可以發射出某種能量－信息複合體，強烈地、選擇性地定向影響目標物，使之產生各種物質效應，包括物理的、化學的、生物的效應。這些效應的最大特點是離體的、非接觸式的，且與受試功能人的意識狀態密切相關。

　　一、力學效應：　* 離體意念使物體移動：離體意念致動一枚密封在水平放置在透明有機玻璃盒內的塑料鈕扣，孫儲琳在距離目標物 3 米遠處發功，在數分鐘的時間內，鈕扣一步步脈衝式地水平移動總距離達數十厘米。　* 離體意念使輻射計葉片逆向快速旋轉：孫儲琳在遠離暗室 6 米遠的另一間房子內，看著面前顯示有輻射計（克魯克思管）的電視屏幕，幾分鐘後，孫儲琳用意念使輻射計的葉片突然高速逆向旋轉，幾乎看不到加速的過程，速度超過強光照射時的速度，方向既可以是順時針，也可以是逆時針，但絕大多數情況下與正常旋轉方向相反，值得深思。　* 離體意念使暗室內輻射計葉片逆向快速旋轉：在距離目標物 6 米遠的另一間房子裡，無須看到目標物，意念使暗室內的輻射計轉子快速逆轉，時間長達 90 秒。SONY 紅外攝像機監測並錄像記錄全過程。　* 離體意念使電子鐘秒針停止：離體 3 米使攝像機監控下的電子鐘秒針停止在指定位置上“掙扎”，長達約 1 分鐘，當孫儲琳放鬆意念控制後，電子鐘立即恢復正常走動。　* 意念彎曲、雕刻和切割一個物體表面（蓋勒效應）：意念想像一定材質和大小的工具，作用於目標物，彎曲、切割或衝擊目標物，結果目標物的外觀和內部結構均發生顯著改變，經現代測試分析（X 射線分析）證實。　* 在鍍金的矽片上進行意識微雕：台灣大學李嗣涔教授、中國地質大學沈今川教授等共同主持進行（分辨率達到 1.2

微米）。 （台灣大學李嗣涔教授和孫儲林女士）

　　二、光學效應： ＊RS 攝影術： 1992 年開始我們成功地發展了一種用普通感光膠片將人在功能狀態下的意識能量場信息清晰地記錄在膠片上的方法，獲得了大量反映意識能量場信息特性的 RS 照片，具有很高的分辨率和豐富的信息含量，據此總結出有關“外氣”（意識能量場）一系列特徵的初步結論。如混沌動力學特徵、撓場結構特徵、意識調控聚焦特徵等。 ＊意念攝影： 某些功能人可以將出現在前額（天目穴）屏幕上的圖像轉印到底片或 polaroid 相紙上。 1931 年日本人 Tomokichi Fukurai 在 Kochi Mita 教授指導下成功地意影出月球背面的照片，後經原蘇聯和美國的探月航天器拍攝的照片證實。 .20 世紀初歐洲和美國的科學家也研究了“意影”美國研究者 Eisenbud 深入研究了 Serious 的“意影”功能。 1999 年 9 月開始，我們使用彩色 polaroid 相紙和裝相紙的後背盒（沒有相機機身、沒有鏡頭、沒有快門）獲得了二百餘張極富研究價值的意影照片.，進一步驗證和補充了對於意識能量場特性的認識，進一步確認意識本身就是一種更高級、更微觀、更複雜的物質運動形式，是能量和信息的載體，功能人可以從茫茫宇宙無限時空中選擇性提取極為複雜的信息。 2002 年數碼意影實驗初步取得成功。意影照片是心靈能量的結晶，攜帶有特殊的能量和信息，不但有重要的學術研究價值，更是一種獨特的藝術珍品，有利於身心愉悅和健康，促進事業成功。俄羅斯等國的科學家近年來發明了一種“撓場診斷治療儀”（類似於美、德、日、韓等國的 QRS 量子共振譜儀或生物微弱磁場檢測儀），只根據某人一張數碼照片即可進行全身健康狀況檢測和治療，與照片形成時所加的意念信息及生物全息理論有關，在康復保健應用領域應該有重要的應用開發前景，值得研究。 （孫儲林女士把錢幣放在天目穴用意念在台幣上打洞） ＊生物光子輻射檢測：1992 年 8 月 10 日起在北京空軍總醫院病理檢驗科劉亞寧、沈今川教授主持下，使用 KZL-1 型微光檢測裝置連續 7 次測定了孫儲琳在功能態下各主要穴位（勞宮、丹田）發出的生物光子輻射，強度達到了 10000cps 以上。 ＊異常發光現象：利用普通的照相機、數碼相機和錄像機拍攝到許多異常的光學現象，初步認識到它們是功能人與外界交換信息和能量、與外界溝通及自身調控功能狀態有關，值得進一步深入研究。

　　三、穴位磁場效應： ＊孫儲琳在功能態下可以極大地增強主要穴位處生物磁場的強度。使之濃集、聚焦，使兒童磁性寫字板上產生黑色磁化區（斑點），其大小及形態特徵具有特異性和相對穩定性。 ＊穴位磁效應的定量測試：1991 年在中國地質大學（武漢）地球物理磁學實驗室，使用美國製造的 DM-2220 數字磁強計測得孫儲琳勞宮穴發出的磁場強度曲線，最大強度達 4mOe（4 毫奧斯特）. ＊誘導非功能人產生穴位磁效應：孫儲琳多次成功地離體意念誘導別人在相應穴位處產生同樣的效應（天津主治醫生吳錦福、於維賢、廣州大學揚寶堂教授及美國加州的 Robert 夫人均是見證人，被誘導成功的超過 30 人次）。 ＊產生強烈的穴位磁效應：產生強烈的穴位磁效應時常常伴隨有強烈的電磁干擾和視頻圖像扭曲和短時間消失，並有異常的聲頻信號。

　　四、生物效應─意識生物工程：成百倍地加速種子的發芽和生長（在細胞水平觀測到 ATP 酶的活性顯著增加）；孫儲琳在幾分鐘內（甚至離體不接觸和不加水的條件下）使經過嚴格去活性處理（油炸、水煮、微波爐處理、罐頭里的）的花生和豆類種子返生并快速發芽；意味著生物細胞的"返老還童"和"起死回生"，雙向調節植物生長和這幾項功能的組合。選擇性地部分返生、部分依舊（表皮依舊，內部返生）。孫儲琳意念將煮熟的鵪鶉蛋、雞蛋等瞬間返生，改變大小、變軟、變透明，花紋消失並產生特殊的香味。（已在國內外進行了數百次成功的實驗，有大量實驗錄像資料和照片，數百名證人和分析化驗結果）。這是一項極其震撼人心的重大發現，在生物工程和醫療理論和實踐上均有不可估量的意義。細胞水平的生命逆轉在醫學上無疑有重要應用前景。意識誘變育種更開闢了新的生物工程方向。

五、改變物質的化學成分及結構：PQE 意識材料工程：　孫儲琳的一系列實驗表明有可能通過心靈能量改變物質的化學組成和結構。在一般條件下發生了核水平的反應。工廠原封裝的礦泉水在孫儲琳心靈能量的作用下經過幾分鐘後被部分地轉變為其他物質，經現代測試手段證明。

六、突破空間障礙（穿壁效應）：一系列實驗表明：物體在孫儲琳心靈能量作用下可以突破有形的空間障礙（如玻璃瓶），將遠大於入口的大物體裝入小瓶口的玻璃容器，而不損壞容器；將置於大玻璃板上的一枚有機玻璃鈕扣穿過玻璃拍入下面的廣口瓶內，玻璃板及廣口瓶均完好無損，這一現象顯然與時空結構有關。（孫儲琳女士用意念在異度空間採來的藥丸）

七、類熱效應：孫儲琳用心靈能量（無須其他能源和工具）爆米花；選擇性地在廢底片上燒出指定的"大、小、天"字符，自己的手不受傷害；燒毀金屬硬幣，其外觀和結構顯著改變，經 X 射線衍射分析，其物相及微觀結構均顯著改變；在中科院某研究所及美國新澤西州某公司將電子顯微鏡銅網及金屬材料用心靈能量燒毀。

八、遠距離搬運功能（瞬間傳物）：孫儲琳至少 10 次以上成功地將手錶、花朵、硬幣等物體用心靈能量搬運到遠處，相距遠達千米以上。孫儲琳曾將一隻手錶、戒指和墨西哥硬幣意念搬運至 1000 米外大學校長上了鎖的辦公桌抽屜內。

九、物質化現象：數十次成功地在玻璃容器內產生各種藥丸或使原有的藥丸數量顯著增多、增大。

十、超感官知覺（Psi）：遙感、遙視；超感官知覺；特異感知找礦；殘留信息識別。孫儲琳數十次成功地識別密封暗盒內紙條上書寫的字符（典型實驗），並可識別曾裝有帶字紙條的空信封的殘留信息。

（二）、實驗的啟示和對"現有認知"的反思（重新認識宇宙、意識和生命）　面對大量不可思議的特異現象。慣於在常規科學的框架內思維的我們，確實感到苦惱和困惑；另一方面也為能有機會作為見證人親眼目睹如此激動人心的現象而深感幸運、在人類文明進步的歷史長河中，許多科學上的重大發現都是以反常的經驗事實為先導的，（現在我們所面對的大量反常的事實，對我們許多研究者來說是已經過反覆確認的事實了），當現有的理論不能圓滿解釋出現的現象時，事實是無法修改的，應當修改的恰恰是我們頭腦中對外部世界和我們自己的認識，特別是對宇宙的時空結構和生命真諦的認識。

在巨大的矛盾和困惑面前，絕不應採取"駝鳥政策"，而應採取積極的態度，停止的論點，悲觀的論點，無所作為和驕傲自滿的論點都是錯誤的。

唯一正確的態度只能是更加努力地實踐、探索，積累更多的反常現象的可靠證據；另一方面要破除迷信、解放思想對已有的知識進行重新審視和反思，用實踐檢驗現有的理論，修正、補充、完善現有理論和創建新的理論，並用新的理論指導進一步的實踐，經過反覆的實踐－認識－再實踐－再認識的漫長過程，才能使我們的認識更加接近真理。我們清醒地意識到，探索未知領域之路是非常艱辛的，會遇到種種意想不到的阻力，我們有充分的思想準備，既不妄自菲薄，也不妄自尊大，永遠保持開拓進取的健康心態。因為探索未知領域既是我們不可剝奪的神聖權利，也是我們義不容辭的義務。 面對一系列令人震撼的超常現象，下面幾個很不成熟的重要的想法經常縈繞在我的腦海裡，願與大家討論交流：

一、意識的物質性 意識活動是更高、更深、更微觀的物質運動形式，幾乎所有的超能力現像都是與意識（特別是深層意識）密切相關的。身心之間，意識和物質間的相互作用，可以被認為是物質與物質間的相互作用。很可能是某種超微量子的混沌動力學系統，渦旋動力學系統。研究意識的各種物質效應及在信息、能量和物質轉換過程中的獨特作用是很重要的。

二、宇宙的智能性 幾乎所有的超能力現像都與某種智能的存在和介入有關。我們地球所在的銀河系內就存在著 1500 億個類似太陽系的恆星系統；而在茫茫宇宙中就有 10 億個相當於銀河系的星系，我們絕不可能是唯一的智能生命，肯定有大量的、遠高於我們的"智能生命"及許多不同層次的"高智能信息處理中心"（HIIPC）存在。與"HIIPC"溝通並得到響應是獲得超能力的關鍵，修持則是實現溝通的重要手段。

三、宇宙的全息性 宇宙的全息性包含著多重含義：

1. 局部和整體的相似性（如電子繞原子核轉動與地球繞太陽運行……）

2. 科學規律的全宇宙"普適性"

3. 任一時空點上發生的事件應能瞬間傳遞到任一角落。美國著名科學家和哲學家拉茲洛（Laszlo）認為："宇宙就像一個大池塘，在任何地方投入一粒石子，都會引起整個水面的波動"。宇宙就像一個計算機網絡系統，一台功能無比強大的超級計算機。

4. 人體是一個開放的、複雜的巨系統 中國火箭之父錢學森教授認為"人體是一個複雜的、開放的巨系統，不斷地與外界進行著信息、能量和物質的交換"。他還提出了人體功能態的理論，認為巨系統多元相空間中，有許多相對穩定的區域，形成系統的功能態（如醒態、睡眠態、氣功態）。通過與外界交換信息、交換能量、交換物質及自身的意識調控，可以從一種功能態轉變為另一種功能態。

5. 正確認識人在宇宙中的地位，不可妄自尊大，坐井觀天 浩瀚的宇宙，無邊無際，已經觀測到的天體遠達 100 億光年以遠，生命是宇宙演化的產物，我們絕不可能是孤獨的、唯一的智能生命，肯定有大量的、遠高於我們的"智能生命"及許多不同層次的"高智能信息處理中心"（HIIPC）存在。因此，我們不可妄自尊大，坐井觀天，錯誤地認為我們是宇宙最高的智能。我們應當謙虛謹慎，不驕不躁，友好地對待宇宙中的其他智能。共存、共榮，互相尊重，互相學習。

6. 意識是一種信息流和能量流 宇宙萬物的運動，一切生命的生長發育，要靠信息和能量。意識是一種"信息流和能量流"，是一種"脈衝編碼系統"和"混沌動力學系統"或"渦旋動力學系統"。因此，意識作用於物質，實際上就是"信息"和"能量"場作用於物質。一切意識活動都伴隨著能量信息場的波動，只有功能人和目標物之間建立了"諧振"關係，效應才能變得有效和顯著。

7. 廣義生命，萬物有靈 人是生命，組成人的細胞也是生命，現代克隆技術證明，每個細胞都攜帶有這個人的全部重要遺傳信息密碼。顯微鏡下也可以看出精子和卵子都是一個相對獨立的生命。反之，一個生命群體，一個社會，一個國家也可以看作高一個層次的生命。日本的江本勝發現"水知道答案"，對環境、語言、聲音非常敏感，"愛和感謝"，優美的音樂和自然生態環境會使它結晶出非常漂亮的晶形，反之，結晶會受到破壞。各種植物及所謂的"非生物體"實際上在不同程度上對外界刺激都能做出不同的反應，即"萬物有靈"

8. 外氣、暗物質和渦旋場 近年來對宇宙膨脹速度變化的研究證實，的確存在著"暗物質"和"暗能量"，有形的看的見的物質只佔 4%，23% 為暗物質，73% 是暗能量。而且發現，與不同層次渦旋運動相對應的渦旋場的特性與超能力的人產生的許多能量特性非常相似。因此，我們應當將這些概念，作為我們思考問題的根據之一。 （渦旋場/撓場）

9. 意識場顯示撓場特徵 穴位處發出的撓場徑跡

10. 波粒二象性的實驗證據 中國科學家（原人體科學研究院劉易成、劉雪成、隈壽彰）等在研究意念搬運和穿壁過程中拍攝到意念搬運物體的光跡和有形物質（粒子態）和光（電磁波態）的相互轉換現象。我猜測，原則上任何有形的物體在意識調控的撓場和真空零點能的作用下轉變成波態（光），然後再還原為粒子態。轉換的關鍵可能是特殊的意識場（撓場）的參量和真空零點能（ZPE）。這一實驗具有重要的科學價值，如能重複將作為科學史上的重大發現載入史冊。

11. 意識的層次性： 意識是有層次性的，從淺表意識到深層意識形成一系列意識譜系，。我猜測很可能淺表意識對應於宏觀、低頻；深層意識對應於微觀、高頻；最深的意識層次與最微觀的物質層次對應，並可能在最高頻率上與目標物諧振。 David.Bohm（大衛.波姆）認為可能要研究到（10 的負 36 次方米）的極微觀層次上才能解釋許多特異現象，意識波很可能就是在這樣的尺度上，如果是電磁波，那麼它的波長也就是在這樣的量級上，已經有人提出了"心靈量子"，"心靈光子"和"心靈電子學"的概念。

12. 多維時空問題： 大量超常現象實驗顯示出多維時空、非線性時空及其相互切換的跡象。如物體在搬運過程中會進入一種"隱態"（在三維時空暫時消失），許多重大變化是瞬間發生的，幾乎記錄不到變化的過程。如孫儲琳意念致動輻射計轉子，種子快速發芽等都是瞬間實現的，確有"山中方一日，世上已千年"的感受。據說前幾年還在北大西洋海面發現"泰坦尼克號"的倖存者穿著 70 多年前的衣服在荒島上等待救援，他們覺得災難剛剛發生。

13. 超光速問題： **最新科研成果表明"光速"不是極限，理論推測"撓場"的傳播速度可以高達光速的 10 的 9 次方倍，意識場的傳播也應當與此相當。**已發現宇宙膨脹的速度也可大於光速，實驗也證明既可以將光速加速到現有光速的數百倍，也可以將光速降為接近零。因此，我們完全不必讓每秒 30 萬公里的光速束縛我們的思維。只要實驗是真實可靠的，我們就應當"反思"，修改我們不全面、不正確的認識。但"事實"是不應當被修改的。

14. 反重力現象： 最新科研成果表明存在著"反重力"（Antigravity）。英國人 Colin Evans 和蘇格蘭人 D.D.Home 可以使自己懸浮空中兩米高。一些功能人和喻珈功修煉者可以騰空。美國宇航局一直非常關注反重力飛行器在宇航中應用的可能性。

15. 認知科學的新突破： 1.快速、高效的新的學習方法 2.獲取知識的新的途徑 3.調用"宇宙智能"和各種"信息庫"的有效方法

第7課　意識（5）全意識，光體，脈輪

這篇訊息請大家和高我/聖靈一起閱讀　（非三次元的小我意識）

http://hi.baidu.com/qtjdbmzxcphjlze/item/6ae65313c2cdd750f1090e08（訊息來自外星存有）

✿塑造全新的你——13新脈輪

迄今為止，你進入無限擴展意識的旅程已經探索了你以這實相裡重要的接合點保持平衡的這個原因。我們現下正接近這我非常喜愛巡航的一部分。作為一位太空遺傳生物學家，我已經在很多方面學習了，包括轉化你現下的身體進入全意識一，或一『全新的你』。

『全新的你』的誕生包括一個作用過程，那就是將你的身體自我與你的靈魂（全我）聯結成一整體。**在身體裡的 RNA/DNA 獨特的一項改變就在身體目前的能量中心（或脈輪）正在出現。**這顯著的修正將允許你從當前的有限意識狀態向全意識狀態轉變你自己。基於這一點你也許有充分的理由可以發問：

全意識是什麼？

全意識是一非常讓人驚奇的狀態，在這狀態裡，身體和靈性領域是完全融合的。你具有通靈的天賦，例如心靈感應（思想傳遞），心靈傳動能力（透過思想移動物體的能力），透視千里眼（看見未來的能力）。此外，用天賦才能生動地看見靈魂世界，你可以自由地與你所愛的已故的人以及靈魂層次交談。簡而言之，你現下的潛在性，像基督那樣的能力就會完全展現。（註：切勿執著於特異功能！修心最重要！否則極易意識出偏！以下訊息僅供參考）

在這多面向作用過程最初步驟之一是為你本地靈魂層級去提升你的精神、情感和肉體身體的頻率。這個程式增大了你的靈性覺醒，這是隨後的以現象探索的，形而上學和自我幫助文學和相關的影音產品大量銷售的原因之一，同樣地，一項大型的全球運動在起步，轉換許多療癒和醫學領域。因此，為進入這當前的實相新典範的入口，建立穩固的基礎。

親愛的心，瞭解這星艦被賦予非凡的能力去收縮尺寸，從這尺寸上我們能夠詳細探索你身體轉化的內外在。以這模式，我們能夠觀看你的變化精細微妙領域（光體）。在我們開始這旅程前，我想要說一些另外的話，關於這正進行的，你的轉換過程的自然狀態。

借助這些正在進行、靈魂層級的初步的步驟，我們在星際聯邦正在履行另一族群的基本的運作。這些程式透過淨化大量的，從你孩童時期就開始的不自覺毒素累積（負面情緒能量

和經驗），經過最後的幾年，你的靈魂層級，使你參與一連串大規模的逐漸淨化，在你即將面臨意識轉化，準備好你的身體、理智體和情緒體的淨化。

第二，另一系列有關的程式，重設了你的大腦電路和重新運作你的神經系統。這一過程啟動了一連串，你內在新的感覺或記憶模式。經常，這一切以記憶損失的感覺，或普遍的發生在你週遭的感覺混亂。我們要求你，親愛的心，去信賴和向前移動你的內在過程。

記住正在發生的是高度複雜的運轉，有計劃融合你靈魂和身體。**這個重要過程是點亮你身體的密度。你的靈魂本質日益整合進你的身體中，導致頻繁的疼痛混合各類痛，突然的發燒，支氣管流感症狀，劇烈的頭疼。另外，你體驗嚴重的疲勞週期，憂鬱的疾病，伴隨你視力/或聽力的問題。**（註：揚升症狀）

這些難點的主要原因就是你的多層光體進入物質身體的准心的結合。你的光體包含十四層各式的微妙體，包含乙太體，乙太體真實反映你身體好幾個能量系統，如跟你的金線和銀線連接在一起的能量體系統：意識生命能量體和生命訊息能量體。這些許多系統是整體的以及需要某幾個正確的連接共振圖形。要做到這點，我們將它們一層層地連接到你的身體上。

你天生就擁有七層光體，它們在你身體裡。為了使你變為全意識，目前在你身體之外的許多層光體，需要被加入固定到你的身體自身。我們必須慢慢調整很多修改，關於你的身體方面需要被完成的任務。要做到這點，我們已經鏡射光體的電磁場活動，以你的身體反映。

我們在這些區域，你的頭部、手、腳和較低的軀幹，開始我們複雜的運作，然後很辛苦地運轉我們內在的模式。由於光體完整的天性和你身體沒有準備好的天性，我們不得不逐漸改變你的身體，去接受每個額外的光體層。

加進這個投射，就是你已經繼承的許多思想形式，不僅來自你的祖先和你的父母親，或來自你這一生和許多其他世所創造的思想形態。我們已經用一系列特別實用的共振圖形，重新解決所有這些複雜性（譯者註：這類似計算機硬碟格式化或磁片消磁），為你和為我們正整合的特別面相而設計。

這些程式，大多數意義非凡，已經使得你面臨許多恐懼、焦慮和拒絕陷入其中實際上正向你發生的一切。我們深深地確信，你將會成功地完成這些最使人讚嘆的轉化。

在我們採取更進一步的觀察之前，請記下這整合的必需重新排序你許多理智體、情緒體、微妙體和身體部份。假如你將越發留意觀察你左邊的躺臥視窗，你可以明白你的身體由許多不同的意識層組成。當我們經過時候，觀察每一層如何被從身體週遭鬆動就像很多蛛絲。每一個意識領域被優化調整到它最高和最合適的和諧裡。

現下，你正活在有限的意識狀態裡，在這狀態裡，你的身體多半是與你靈魂體是分離的。

你的心智和各式的情緒受僱於二者間的調停角色。這意味著你的感知存在能力被大大縮減。你的身體也被允許衰敗。你的創造潛能，存在高度被破壞的可能性，如恐懼、猶豫和自我懷疑。這個實相是你們每個人所背負的巨大的重擔，慢慢地，從出生地到死亡。你活在社會裡，一個大的向度，你巨大的能力和個體權利讓位給他人。

我們現下準備好開始你身體最初的迷你旅行，我們將探索重新整理你細胞 RNA/DNA。在我們旅程開始之前，讓我給你一些有關你 RNA/DNA 的另外的訊息。構成你獨特的蛋白質條對光非常靈敏。它們有一個再生重建的循環，在你睡著時候。最初，你具有 12 條 RNA/DNA，提供你基礎的 48 對，而不是現下的 46 對的基礎基因架構。

在亞特蘭提斯最後日子裡，這十二條被巧妙地嵌進你目前的二條 RNA/DNA 裡。這纏繞的 RNA/DNA 材料被鑲嵌進分離的中心條，與保留的二條不連續。一系列偶爾的催化交感作用，取代了從前的很多活動。原先，很多你們的遺傳學人認為這第三條是某些原始 RNA/DNA 的退化殘餘（譯者註：就是科學家認為的垃圾 **DNA**）。然而到 1990 年中期，這種信念有了明顯改變。如你能夠明白的，有很多故事要被述說。

十二條 **RNA/DNA**：兩倍傳聞的傳說

我們的敘述開始於 1950 年初期，那時華生和克利克醫生做了一項關於 RNA/DNA 雙螺旋的偉大發現。他們發現了第三條，在雙螺旋體中心的單獨條。其他研究人員不久證實了他們的發現。起初，許多遺傳學家假定這第三條只是蛋白質碎片，從更原始最初創造人類的進化基礎上留下的材料。

但是，到 1980 年中期，有關這個概念的懷疑開始表達。很多遺傳研究人員涉足早期人類基因組研究，**測定第三條是開始連接到雙螺旋內的四個階梯。這活化的第三條，顯示了高度非比尋常的特性。它意想不到的進展突然引來了問題，人類如何開始進化。**

嬰兒天生就具有活化的第三條，證明非常高的智力和擴展的心靈能力，大部份共通為心靈感應。許多嬰兒能夠與他們的父母親心靈感應『交談』，甚至警告他們潛在的危險。最初，這些孩子很罕見。然而，從 1990 年早期，全世界發現不少。（註：所謂新興人類，包括：靛藍、彩虹、水晶…..小孩）

在 1995 年墨西哥城一個特別的會議裡,遺傳學家秘密討論這發生的現下(現下更為廣泛)。

除了這些讓人驚奇的兒童，全球性地，許多成年人開始出現，他們的第三條正在再次向 RNA/DNA 雙螺旋體內四階梯接合的預備階段。到 1990 年中期，這種情形變得更為普遍。在 1995 年墨西哥城討論會期間，科學家爭論是否向公眾隱瞞這奇特的問題，或發表錯誤的資訊，更深研究完成沒有決定。很多遺傳學家視這現象，為一個新的全球大災難潛在的開始。他們沒有明白它是不斷進化的身體、心智和靈魂整合的潛在徵兆。

　　你的細胞遺傳突變第一階段由這第三條現象組成。一旦完成這一階段，第二階段就開始，活化多股 RNA/DNA（從三到五甚或六股），且不久引起你心智、情緒和身體之間，宏件的統一和諧。這個階段結束，這個時候你的遺傳物質，準備好轉換它本身進入最後的形式：十二條 RNA/DNA。（譯者註：12 條 DNA 的完成過程就是開悟的過程）

　　DNA 實際上具有接受的『品性』。這蛋白質本身差不多就像全息圖，事實許多遺傳學家（尤其在生物電遺傳學領域）已經發現。他們發現如果訊息傳入細胞壁內，訊息被立即帶進細胞核內。在細胞和細胞壁間存在關聯，這些科學家起初錯誤解釋了它。在細胞構造裡發生細胞的交感作用，正改變各式的化學回應、蛋白質與細胞架構等等，而且確實改變著身體的新陳代謝。

　　既是化學回應又是基因代碼，被包含在這過程裡，以及還沒有出現連線的基因架構的多面性。靠意識的改變，實質的化學改變發生了。重新建構基因活化過程，就能夠改變你的身體架構。以前，我已經解釋，意識上的改變，發生在身體、情緒體、理智體和靈性層面，這改變以細胞的改造顯化。

　　現下你具備神奇的 RNA/DNA 星四芒體發展！如同我們進入你的 RNA/DNA 蛋白質條內那樣，仔細觀察這神話般的光顯現。注意從一條到其他條能量的跳躍。注意每個特別的旋轉天線，如何固定在各種各樣蛋白質階梯連接處，帶來從其他次元而來的能量訊息。

　　你全意識的身體基礎是十二股 RNA/DNA。這令人驚奇的有機光物質形式，如同一星四芒體，它以六個主軸點不斷旋轉。此外，在每一個六螺旋狀物的第三條連接到（環繞的連續光波形模式）星四面體中心。

　　每天你們的太陽傳輸純淨的光子能到達地球的大氣層。這些光模式一個來源是太陽。另一個就是持續的次元間訊息-能量的傳送。

　　給予生命的光子能的第二個來源，含有大量的資料資訊來自本地靈魂團。資訊收集經由使用特別旋轉天線，被發現下二股雙螺旋 DNA 上位於每條橫斷面上四個梯狀一組之處（指 ATCG）。這裡，一系列特別的漩渦，由在星四芒體內不同元素持續不斷的旋轉所造成的漩渦，使資訊的接收變為可能。

　　這些神聖的傳輸，賦予你完全發展 RNA/DNA 特別代碼;它們需要適當分發你的生命力能量，遍及這顯著永恆變化的星四芒體。另外，這些特別設計的旋轉天線控制光子能，在每個這樣模式的星四芒體，你的 RNA/DNA 接收它的生命賦予光子能，而接著將它轉換成你身體意識能夠容易處理的能量。讓我們另外看看這過程是如何運作的。

　　充份發展的 RNA/DNA，在你內在細胞架構，以深刻的模式交互作用。過去二十年裡，你們的細胞生物學家已經發現意識改變細胞的自然狀態（功能）和與你身體其他細胞的關係。

在最近出現的『量子生物學』領域，意識（感知）可以被觀察去改變健康，甚或日常細胞的互相作用。全意識戲劇性地增加相同的程式。在這情形下，你的意識交互作用在最小層面細胞生物學。結果，你的身體、心智和靈魂完全整合-現下正交換的可見轉換發生在你正改變的 RNA/DNA 裡。

你身體狀態驚人改變，需要採用一些新身體能量中心（或脈輪），可以駐留更新的整合意識。在我們下一個迷你旅行中，你會看見四個新的脈輪中心如何加入你的身體裡。這目前的進化過程已經帶你到創造非凡實相的真正邊緣：『你的新脈輪系統』。

你的新脈輪系統

當我們離開你們所發展微生物學的重要部分，我們進入下一階段，你的身體轉換實相，在很多分光彩色的振動和舞動能量圖案的領域。你身體的脈輪系統，可被視為美麗顏色的能量圖案，環繞每一個十三個主能量中心的。想像燦爛的結合，紅色、珊瑚粉紅和振動光藍色，橘紅和暗淡白輝光綠色，以不可思議的模式一起舞動。想像每個能量中心與其他能量中心以一體模式運作。在我們沉浸在觀察我們自己的脈輪之前，讓我們簡要描述這為什麼發生於你。

脈輪（或你主能量中心）允許你轉換身體去整合靈性體，而且正確運轉。為完成這些複雜的程式，你的本地靈魂層級意圖盡快帶來四個額外脈輪連結。這些四個新脈輪中心，將允許你在你新身體內，處理浩瀚的多維空間訊息。另外，他們將轉換其他的七個脈輪，因此允許它們承擔多項新的『職責』。讓我們從事我們的飛船獨特的『縮影』，驅動和進入這場生命能量脈輪系統的改變。

用來協助我們詳細解釋你們的新脈輪系統，我們帶來一特別的放大連結系統。

第一個額外的中心是在橫隔膜處，是你身體情緒記憶系統現下的位置。

第二個新中心是位於胸腺處，目前管理身體免疫系統的位置。（全意識人類擁有完全的和十分健康的免疫系統。）

其他兩個新中心是在頭部。一個（稱為『夢的健全』）位於延髓正上方的腦後。它控制你的意識與來自更高維度的訊息連接。其他的新脈輪靠近腦下垂體，以身體主內分泌腺命名。

取代早先的七個身體中心，現下你被轉換的身體擁有十一個脈輪。這十一個中心網路擁有另外二個維度間的中心（乙太），位於頭頂上方。它們被稱為『宇宙女性』和『宇宙男性』。總計，你將擁有十三個主脈輪-二個純粹的乙太和你身體自我部分的十一個。讓我們開始下面我們迷你旅行一部分，描述這些新的和目前轉化的脈輪。

第一個脈輪（根中心）是位於腹腔底部。然而它的主要用途是轉換。這個能量中心允許地球母親，調合你的生命力振動與她一致。結果，地球母親倚賴她身體天使的共振，去維持她磁場和重力引力場的最高效率。

第二個脈輪（性中心）是靠近性器官，而受第一個脈輪約束。它的主要目的，是幫助身體煥發生氣，經由特別的性實踐，或諸如更高儀式化的紀律、全意識的密宗訓練（塔塔經）。這個過程允許振動能量（內在的性調諧水晶）去調整整個身體，尤其第一個脈輪。

第三個脈輪（太陽神經叢）位於肚臍的正上方，而且是你的全我的第二個連接點所在。生命能量，經由在頭頂的頂輪中心（黃金線），和經由太陽神經叢（銀線），進入你的意志位置。心輪中心控制這個能量。

新成形的第四個中心（橫膈膜中心），位於胸腔底部，現下是存儲負面情感。在不久的未來，它將能夠去減輕壓力和活化儲存在太陽神經叢中心的意志能量。這個脈輪是恢復青春'prana'中心（呼吸能量）。而如同你知道的瑜珈術修習者，prana 產生新生和淨化身體。

第五個脈輪（心輪中心）位於心臟。它是生命重要的連結，與純淨思想天使能量和完整愛的神性能量的連結，不再有佔有，感傷等。這完全或純淨愛使得你身體以最高效率運作。

第六個脈輪（胸腺中心），也是新形成的，位於胸腺處。在你即將來臨的實相裡，身體是純淨的思想形式。它的免疫系統是非常強壯和生存力的。在已經轉換的人類中，胸腺保持它初始的大小，是成年人心臟大小的三分之一左右。

這意味著胸腺中心聽起來伴隨你一生。人體容易獲得改變任何潛在疾病的能力。由於地球呈現高的背景輻射和對許多長期遺忘的戰爭已經毒化你們的大氣層，你們的胸腺中心一誕生就開始逐步退化，到成年時，它從人類嬰孩心臟那樣的大小萎縮為一粒小豌豆大小。

第七個脈輪是位於咽喉而幫助積聚鼓舞和淨化身體的 prana 能量。它也作用以控制頭的意識能量的模式，作為你的意識和協調身體能量的溝通器。

第八個脈輪（『夢的好處』中心）目前是退化器官，位於脖子正上方枕骨處（枕骨底部和後腦）。個人，尤其具有靈通能力的那些人，由於訊息『瓶頸』普遍頭疼，在瓶頸處引起不適。這個脈輪不活躍反映出你現下休眠狀態、有限意識存在。

在目前的實相中，人類具有擴展的心靈能力，可以使用臨界連結至頭腦邊緣系統，由『夢的好處』提供至心理上控制其他。認識這和用巨大的靈性保護包圍這個中心是重要的。在新的全意識系統裡，這個特殊中心，調節靈性能量和保護你免遭被控制，變得很重要。

第九個（腦下垂體脈輪）是新的脈輪，位於腦下垂體處。接近你頭部中心，它允許身體附應光和發光，經由利用這附應，最終將返老還童你的身體。在新身體內，第六個、第八個、第九個中心，互相作用十分廣泛，允許你立刻使用任何維持生命、次元間的訊息能量。

第十個脈輪（松果腺中心）位於鼻子上方和靠近松果體前額中心。它產生更高光頻率而被視覺中心或『第三隻眼』所熟悉。綜合起來，第八和第十脈輪允許你接收和詮釋視覺和其他來自更高振動狀態關鍵訊息。

第十一個脈輪（頂輪中心）位於頭頂後面上方的一半。是來自宇宙源頭的整個自我能量所在，且兩個新乙太脈輪也和頂輪連結。

第十二個脈輪（宇宙女性）是位於頭頂正上方。它控制你身體左邊和管理你的很多創造天賦才能。它也是內在自我之愛和外在之愛與慈悲起源之地。

第十三個脈輪（宇宙男性）位於頭頂上方和調節身體右側。它也具有對實相感知的威權和你執行指定的實用性計劃的能力。這脈輪是你對內在和外在和諧的願望來源。

這個三角連接第十二（宇宙女性）、第十三（宇宙男性）和第十一（頂輪）脈輪。另一條線從第十一（頂輪）傳播至第八（夢的好處），到第九（腦下垂體）、到第十（松果腺）而最後回到第十一（頂輪）脈輪。

親愛的心，觀想兩個透過第十一（頂輪）脈輪去創造一個特殊旋轉、分級波傳感器的扁圓形。分級波是次元空間波形。這旋轉的三角頂點天線，允許一個人輻射她/他的生命訊息能量給其他人。經由相同的裝置，個人也可以接收其他人的能量。上面和下面頭腦中心兩者，因此能以這種超越你當前能力的模式互聯通訊。

結果，地球人類將會擁有一個第一（或『外在』）視覺和一個完全第二（或『內在』）視覺。心靈能力諸如心靈感應、心靈傳動、透視千里眼、超人的聽力和心靈占卜術將變得普通。在這一點，我們將會縮放我們的攝像散焦一會。從巨觀的觀點，我們可以清楚地看見這些中心如何相互作用。

第十一（頂輪）脈輪帶來光（生命和訊息能量）傳到第八（夢的好處）及第六（胸腺）脈輪。正如我們看到的，第八和第六中心（都是光靈敏的）相互作用。請記住生命起源創造者內在的神性之光。以這模式聚焦，神性之光許多頻率產生一愛的和諧波。這聚焦的能量引起第八和第六中心去與第五（心輪）中心共振。

由於第八、第六和第五中心彼此共振，它們發出能量，允許第七（喉輪）中心接收進入的 prana（生命能量）。這些諧波（光之歌）往下移，到這 prana 或第四（橫膈膜）中心，分發這 prana 能量、鼓舞並且淨化身體的所有細胞。

讓我們現下放大我們的飛船攝像鏡頭准許你觀察你已擴展的、完全整合的運轉中的脈輪系統。注意每個中心是多顏色振動毫無遮蔽控制。依靠它的健康和功能，每個中心顏色幾乎包含全光譜。

從一個十分明亮的光裡，來自每個中心的光能看起來就像連續的閃耀的火。它們不斷地變化能量和訊息。這個過程創造了一個自然和自我調節的回饋或訊息回路，這訊息回路就使得你身體的許多能量系統似乎同時旋轉和脈波，就像一『點亮』的玩具陀螺。

由於你身體系統脈輪閃光，它們的光共振一個華麗悅耳和聲。它們創造一作用，類似一台連接了合成器的電腦，合成器能轉換一系列顏色成為樂曲。為聽起來更真切，你身體的聲音類似一混合唱詩班作秀一優雅、古典清唱。不時，你的身體回應一華麗的、天使的合唱。雖然這些頻率目前是對你耳朵接收來講太高，這就是這個模式，以它你身體演唱它的意圖和持續的讚美給它的天使守護者委員會、身體委員會和光存在夥伴！

使用我們的飛船攝像鏡頭，親愛的心。在這多顏色、閃閃發光的身體上讓我們現下再次『放大圖像』，首先，觀察太陽神經叢，肚臍和腹部區域，它與你銀線連接。這個線從你的神性來源（創造者領域）帶來宇宙創造者能量到你的身體器具。以一特殊的模式，接著它分發這個能量遍及你的身體。

這個過程的關鍵包括第三（太陽神經叢）和第六（胸腺）脈輪之間的聯繫。觀察一特別的回路（或銀白色能量『弓形』）經過它們之間。特別的生命能量進入肩膀的後面，在大致上部胸腔的水準面上。第六個脈輪是身體特別的、能量接收中心。胸腺，高度有益和免疫性，吸收能量，而最後生命能量混合創造能量-宇宙創造者能量。

宇宙創造能量透過銀線和第三個脈輪流動。請注意這銀白色的脈動『弓形』如何和其他纏繞顏色在你的橫膈膜上閃耀如傾下的火花雨。這發生因為你第四（橫膈膜）中心-你的 prana 中心-改變這能量進入一個更可用的形式，然而分發它們給你身體的每一個細胞。橫膈膜中心也利用這能量去轉換許多負面或有限思想形態。

親愛的心，當我們再次調整我們的攝像鏡頭，你可以毫無懷疑辨別伴隨你身體能量系統所出現的一切。當生命能量從第一上升到第三脈輪時候，訊息能量從第十一下降到第三脈輪。在第三脈輪處，兩種能量回合互相連接，然後移回到第十一脈輪，完成回路。這樣，它們連接較低脈輪的能量到較高的那些脈輪。更接近地看這多重顏色大量改變和高的振動頻率能量。多麼一個令人難以置信的顏色、閃光和旋律組成的『新的你』萬花筒！然而，你觀察自己還不完善。無數驚嘆依然等你去明白！

當我們重新檢視接近你頭部的光，我們觀察這些讓人驚奇能量，首先移動透過第十二和第十三脈輪（分別為宇宙女性和宇宙男性）。以這個模式，身體維持它的女性（左側）和它的男性（右側）。身體的神經、循環和意識系統全部反映這二元女性/男性能量。如果我們整體檢查這實體，我們可以發現它真的是多麼讓人難以置信。

如同我們適時觀察那樣，新的、全意識人類能返老還童，輕敲進入次元間的世界，而能夠看到靈性能量。這存在是一個你所稱做的死亡領域（靈魂世界）而可以產生強大有力的思想形態。這樣一個存在，尋求愛和願望去發現/確定實相的組成，和如何探測它的靈魂意圖的深度。這存在好奇它的過去與未來生活，並且獲得可以幫助它探索的任何訊息。簡短點，這願望創造了其中所有存在物質生命，一個新的集體接觸的基礎，導致一全然新實相的建構。

在這新的實相裡，一個擴展的意識領域被形成。這意味你的行星社會比現下的可能或發生，更加深刻地去理解它自己。在裡面和你週遭流動的是其他人的意識-他們的思想形態、希望和祈禱、他們的不安、焦慮和更多。先決條件是教導你如何去調整這些新能量和顯示給你看如何在新意識的合一與和諧中。你需要被教導相互交互作用的禮儀。然後，你可以最後開始去理解這在你週遭的過程，以便你將能夠變化，成為一個真正的行星守護者或身體天使。

一旦你學會心智上適應你的新意識，它成為你的需要去理解如何控制和使用思想形式，如何適當地與經過的那些人溝通，如何使用靈性知識去幫助你自己和其他人。星際光聯邦顧問者可以向你教導這個。當教育過程繼續，大地（母親地球）知道怎樣去發覺這個模式，以這模式她的人類永遠顯現他們的實相。那過程導致你的實相進入永恆連結和合一的意識領域。

親愛的心，你們每個人都是人類的光點，與他人互相作用影響，產生一全球意識聚焦網。這是一個完全特別通訊網，幾乎可以使這世界裡的任何事情成為可能。重申：你是一個身體天使或守護者。謹記在心你是比靈性存在更具有身體的一個。所以，你需要為快要出現的偉大改變準備好，這是必要的。認知這一點，作為你意識成長的一個結果，一個新的實相就是有關，在這受祝福的球體上所有人類的黎明！

讓我們回顧一些激動人心的事情，我們已經在我們兩個迷你旅行中發現的事情。你們中的一些轉換是由於你們意識的擴展。你擁有一個光體，思想形式和戰勝年齡的能力-回覆青春。你擁有心靈感應通訊的能力，與其他人、與植物和動物、與蓋亞（大地母親）力量本身。同樣，你能夠與已經死亡的那些人溝通，以及同那些過去、今天被稱做天使和自然界提婆溝通。

你也許問你的靈魂層級為什麼突然整合，與你的身體和靈魂體。什麼理由，讓它們在這個時刻開始四個新脈輪和創造一個十二條 RNA/DNA？簡單說，這一切的原因就是地球母親已經決定深刻地改變她自己。靈魂層級，全部提升的創造者，已經賦予她完全允許去轉變和改變進入她的原始和全意識自身。

全意識意味什麼？它指三樣東西：

https://t458686999.pixnet.net/blog/post/285199139

（1）你的意識思想、你的實相和你的能力成為多維空間。

（2）你的肉體與你的新實相其它面合併。

（3）你完全地改變你的能量系統。

以這方式，你的肉體系統實際上結合了你的多維空間以及你的靈性、精神、情感和靈魂身體。

讓我們現在准許某些問題，答案可以幫助你更好地理解這些正創造‘新你’的重大改變。

●●問答

Q：靠這些改變人們已經成熟的身體將怎樣被影響？

★A：立刻，【靈魂層級就陷於為這個改變準備每個人的過程】。例如，很多人正已經開始感覺在心臟脈輪出現的分離感。

★較上的心臟正成為胸腺中心，而較低的心臟正成為集聚愛能量的真正心臟中心。

這就是這個原因，如越來越多的人正開始感覺某些很深的情感有如心臟是身體的‘情感中心’。

★橫膈膜中心也正是立刻放進這地方。

Q：這個過程是如何作用我們的大腦和記憶模式？

★A：為準備你們更新，旋轉可以獲得全意識能量模式，頭腦裡出現初步的電路轉換。

人們正經驗巨大的記憶模式改變，短時間裡記憶失去，遺忘很久的記憶突然浮現，而/或顯著清晰的夢。

你們大多數正經歷記憶恢復的過程。

當結果既是短期間記憶消失和記憶恢復，你們的大腦已經準備好成為全意識。

★越來越多的科學家正在發現大腦的全息能力。

Q：　新興全息頭腦的完全原型將像什麼，我們將會什麼時候看見這改變？

★A：【修正大抵出現在一代人身上。】天生具有和現在正改變的人之間有很小的差異存在。結果是一樣的。

★一旦你們【獲得全意識】，你們【存在的再生階段】將會利用你們新的十二條基因。

結果，像大多數人們天生具有全意識人類文化，嬰孩的確顯得完全不同於你們。

他們與大腦袋和可愛的大眼睛相比更傾向誇大。

同樣，他們的耳朵稍微更大和所在頭的位置更高。

Q：關於身體改變我有一個其它的問題。你們談到胸腺復活超過一大代人結合的過程。當前改變的那些人胸腺發生什麼？

A：胸腺將會變得更大。當前，意識身體裡，胸腺功能減弱和退化是老化過程的主要原因。

★★當你們的胸腺功能建立起來時候，你們就根本不會變老。

當兩個天空倒塌時候，由於背景輻射的增加導致你們胸腺功能惡化。

★一旦你們回到你們的全意識身體，胸腺真正的功能可以完全恢復。

★你們的胸腺真的可以擴大到心臟大小的大致三分之一。

★一旦這發生了，你們具有身體裡的維持和錨定整個免疫系統的一器官。

★這同樣允許你們實際上控制老化過程，因為你們可以使用恢復胸腺去讓你們自己返老還童。

Q：分級梯狀波是什麼，而新的頭頂脈輪形成一分級梯狀波的意義是什麼？

★A：分級梯狀波是互聯維度電磁波在多重維度空間/時間傳播和運轉的結果。

★分級梯狀波往往是以橫波或駐波傳播。

★因此，它是一個很獨特的波形而需要一個特別型號的天線去接收它。

★當你們的意識轉化，你們能夠通過你們自己的頻率轉換和你們正金場周圍互聯維度能力接收這些場。

其次你們需要去處理這些新穎的互聯維度信息。

★★一旦這有限的遺傳塞子被拔掉，某些 RNA/DNA 構造於是可以接收這個信息和准許你們的大腦細胞直接加工處理來自互聯維度來源的信息。

★你們能在你們自己的靈魂和心智能量層面上以及肉體細胞層面上處理數據。

★這個新的能力准許你們立刻直接互聯維度地與你們所正在進行的實相互相作用影響。

Q：這部分正連接到更大的實相？

★★A：是的。這是完全正確的。你們正變得能經驗這完全的實相，真正的【當下】它是宇宙互聯空間銀河，將真的是你們 "當下"

Q：　RNA/DNA 如何調停這個過程？

A：變更和遺傳學的高級觀念，這種討論的事情靠很多選擇醫學瞭解好的人們已經被發現。

第8課　意識（6）

✿【昴宿星人】《準備接觸：接納 5D 次元的能量結構》

https://weibo.com/p/2304186a317c7e0102wr2z

（U2 覺醒：這又是一篇相對重要的資訊，篇幅較長，需要閱讀文章的您仔細，並可能的話反復閱讀幾遍。也請先放下頭腦中的判別想法，從而更深入的理解其中包含的靈性建議。祝福！）

問候，我是沙曼，再次來到這裏關於地球上 "加速化改變" 的局勢提供一次重要的資訊。

★這些改變其主要的發生是因為第五次元的能量場域正越來越深入的進入你們的大氣，也包括了蓋亞母親的核心。

★這主要是由於那些已校準了自身的意識的人類趨向了第五次元的共振，從而能夠有意識的體驗這些第五次元和它的覺知場域。

★我們，你們的銀河家人，請你們中那些能夠覺察到第五次元實相波浪的朋友去協助蓋亞根植這些能量進入到她的行星核心。

★我們也提醒你們記錄下由你所察覺到的這些第五次元甚至更高能量場域的感受，如此你就能協助其他人也回憶起 – 怎樣去覺察這些第五次元的能量場。

正是通過對你們內在維度覺知的記錄，且與他人分享，你就在極大的貢獻著這個 "重新確認" 的過程，轉變這些此刻正在你們每日的生活中持續發生和流動著的無窮能量場。

這些轉變的頻率就類似于在自然結構的水域中游泳，在其中會有溫水區和冷水區。

正是這個因素，你就無法在外部看到這些溫度變化的不同。

★★也是基於這個面向，你將在第三，第四維度和第五次元能量場域之間覺察到一種不同。

★★也包括你的身體，你的想法，以及你的情緒將自然而然的振動在這些能量場域的頻率。

　　舉例來說，當你進入到一個第五次元的能量場域的流動中，你可能會突然間感到十分的喜悅，有愛，且感受到好像某人正試圖在和你交流。

　　隨後，由於你穿過了這個能量場，你可能就會跌入到你"通常"的 3D 生活。

　　★然而，你越是有意識的去經驗這些更高維度的能量流動，第三維度就將越少的被你感受為"平常"。

　　★★★事實上，由於你們越來越多的經驗第五次元的能量界域，以及它所飄逸進入你覺知的感受就像是一股甜美的微風或是一種陽光般的射線溫暖了你的面頰，你也就越多的有意識或是無意識的在探尋這些第五次元的能量流動，隨著每天的過去次數增加。

　　★★★由於這些能量場域不斷增加的整合進入你們第三和第四維度的能量場中，人類將逐步增加的瞭解"某件事物是不同的"。

　　★首先，只有那些已擴展了自身意識的人能夠包含第五次元甚至更高的頻率，將能夠覺察到這些更高維度的能量波正流動著通過並與你們每日的存在實相整合。

　　不過，"實相"的稱呼也將被賦予新的含義。

　　在一個第三維度的世界中，一個人並不會考慮何謂"實相"。相反，他們僅僅會把 第三維度的世界稱之為"生活"。

　　另一方面，由於你們開始獲得越多的多重維度體驗，你將次數增加的覺察到，確實存在著許多不同版本的"實相"，它們在"當下"的這一刻同時發生。

　　★★★我們請你們在自己日常的忙碌中抽出一些時間去"有意識的接收"這些更高維度的能量波。

　　★我們也號召你們把這些極為重要的，你個人揚升進度的貼心部分分享給其他人。

　　★是的，你們確實就處於一個啟動化的行星揚升進程中。

　　但是，在當前，你還並不需要成為一位有名氣的領導者或是殉道者。

　　在當前的揚升大潮中，存在著許多的"揚升波"就在此刻的"當下"進行準備，你能夠矗立在其中，也能夠從內心中那從未停止擴展的知曉中懂得蓋亞母親就在揚升。

　　★在"當下"之內，你完全不需要成為一位領導者，或是任何一種"特殊的人"。

現在的時刻是那些“平常人”，他們正感受到這些揚升能量場域的影響，就在他們盡力自己的普通生活的時候。

不幸的是，許多人還未能認識到，他們正經驗的是一次“揚升波”。

取而代之，他們也許會體驗到一種突然發生的深度，無條件之愛的感受，一種“責任心的成長”去幫助其他人理解和接納他們自己正體驗的，或者是一次“內心呼叫”的接納，整合並與其他人分享自己的體驗。

越來越多的人類，當然，也包括了所有的植物，動物和昆蟲，等等，正開始有意識的感受到這波揚升的浪潮。

★★這些揚升的能量場域正在－要求你們“放手”。

★首先，你正被要求的是“放手”你對於第三維度物質生活夢想的粘附。

★另一方面，這些戲碼，問題，失望和錯誤也作為了你們此刻生活的尋常事，因為它們正被表達，從而被釋放掉。

★★所以，我們請你們“放手”，不再評判你自己或是你的發展。並不存在“更高的方式”來通過你自己的揚升進度。

★★★僅有的只是“你的方式”。

★記住，蓋亞的作業系統也一直是建立在強烈的個人主義之上（註：**超越個人主義**）。

★現在，第五次元的能量場域在不斷增加的滑入到你們每日的生活中，也正是在此刻－放手所有的“自我評判”並無條件的的去愛你自己。

★如果你發現在你個人的生活中存在著任何一個部分，是你還無法無條件去愛的，那就隨之轉變它們進入到“紫羅蘭的火焰”中（註：**學會"臨在"更好**）。

★你“自我評判”的原因來自於你在第三/第四維度能量場域的迷失。

事實上，你將學會區分第三/第四維度能量場域中的極性對立，分離，時間和空間相對於第五次元能量場域的“無條件之愛”和“與所有生命聯合”的不同。

★如果你發現自己陷入到一種第三維度的能量場域中，請記住－利用“紫羅蘭火焰”的耀眼火光去轉變所有這些暗影進入到光中。

隨後，你將極大的協助蓋亞和她的行星揚升。

★★★如果你校準你個人的能量場域與不斷來臨的第五次元的能量場域一致，你將開始有意識的覺察到這些不斷來臨的第五次元的能量場。

★隨後，請確保你能根植這些感受和觀點進入到你的物理形態中，也包括了地球母親的行星軀體。

★★★我們請你引導你自身的精神點朝向更高的能量場域，因為，"你焦點所在的地方，正是你所存在的實相"，你越能有意識的整合第五次元的能量場，你也就越能夠習慣在第五次元的維度振動中存在。

你已回憶起的是，如果你校準了自己的意識走向與一個第四維度的能量場域一致，你也將進入到那個第四維度的實相共振中。

★同樣的，當你校準自己的意識走向與第五次元的能量場一致，你也將進入此實相中。

★★★在第五次元當下的此地中，你的觀點與覺察的選擇引導著你意識的狀態。

★★★同時性的，也正是你自己的意識狀態決定了你覺知上的選擇。

★是的，你一直在選擇你的意識狀態，而你的意識狀態也引導了你的覺知選擇。

你不可能在自己還深陷於一個第三維度的實相同時能夠覺察到這一更高的事實。

★★第三維度的實相是建立在時間，空間和因果律的各類形式的影響中。

★★你所獲得的第三維度的實相，正是由你的思維和情緒引導所致。

★你第三維度的意識不能理解 – 你能夠選擇自己的想法和情緒，更不用說你能去選擇創造你希望去覺察的實相頻率。

★你第三維度的自我表達不能識別出 – 是你在創造著你的"外部世界"，經由你思維和情緒的頻率，你所選擇相伴自己的這些想法實現。

★幸運的是，越來越多我們的地面成員在不斷的擴展自己的意識超越第三/第四維度時間與空間的限制，進入到了第五次元的"此地和當下"。

★★★伴隨著不需要"時間"來深度考量你的選擇，也不需要"空間"讓你旅行去抵達目的地，第五次元的感知通常會覺察為一種稍縱即逝的想法，一種視覺上的閃現，或是

一種想法的流動更迅速的進入你的思維，而你卻能立刻理解。（註：了然）。

在第三/第四維度的作業系統中存在著許多的"升級"，它們都在準備你們的物理系統全面的下載來自你第五次元作業系統的指令。

★越來越多的人能夠回想起 – 怎樣啟動他們與生俱來的第五次元的作業系統，並與他們塵世的身體整合。

★當你在自己的電腦中下載了一個全新的作業系統，或是你即便只是在電腦中下載一個新的升級程式，你的電腦都必須適應這些改變。

★如果你沒有調整這些改變，你就無法利用你的電腦起到最大的效能。

★★如果你根本就沒有下載更新程式，你的電腦就無法應付並和處理未來升級後的程式。這就是"放手"的原因所在。

★★★所為的是 – 全面升級你的意識，去確認，閱讀與整合第五次元的"升級"，它正流入到你們不斷轉變的實相中，而你必須"放手"你陳舊的，你過去對於你自我和你實相覺察和認知的方式。

★當你接收了這些"下載"，你就不再局限在一個"3D化的人類"，因為你已啟動了你的意識返回你"多重維度人類"的本質。

★★★不過，你必須釋放掉你的陳舊編程，在你能完全擁抱你全新系統之前。

★如果你不能夠釋放掉你對於第三維度自我表達的習性束縛（註：小我意識），你將無法覺察並"完全下載"這些正流入你們實相中的第五維度升級。

★★★幸運的是，所有第五次元的能量結構或是下載都是脫離時間和空間的限制，完全自由的。

★所以，這些第五次元的下載並不需要發生在任何一個特別時期或是任何特別的時間序列中。

★另一方面，你們的思維模式經常需要跟隨一種時間/空間的形式，因為這是你們教導後的結果 – 如何以第三維度實相的方式去思考。

正如你所知，存在著許多的天才或是神童，他們能夠突破第三維度時間/空間的障礙，並擴展他們日常的覺察進入到第五次元的此地和當下。

★★★此外，這些新兒童中的許多也是一出生便是早已攜帶了與第五次元校準的頻率，作為他們首要的實相。

★其中的挑戰便是，這些孩子們的父母把他們的孩子按照自己在孩童時期同樣被教導的（錯誤）方式去教導他們。

★★★我們，這些協助人類揚升進程並穿上一副人類身體的志願者人數在前所未有的增加。

★★★事實上，我們正在為人類所穿戴的一副第三維度的身體提供一種特殊的指令，由那些選擇在夜晚睡眠或是冥想期間拜訪我們飛船的成員所給予。

★這些人中的許多還未能有意識的回憶起這些拜訪，但是他們經常會以做了一個"不尋常的夢"醒來。

隨後，即便是他們在經歷日常的生活，他們也開始留意到自己的意識狀態是怎樣在極大的影響著他們所覺察的實相。

舉例來說，一種低級的意識（註：小我意識）狀態將對那些"被認定為可能針對自己的錯誤"處於警戒狀態。

★另一方面，一種更高的意識（註：高我意識）狀態允許了此人能放鬆的進入到記憶中的安全地點，在這裏他們永遠得到指引且無條件的被深愛著。

★這種安全的感知建立了一種更高的意識狀態。然後，這些更高的意識狀態建立了對於更高實相頻率的有意識覺察。

另一方面，恐懼的心態創造出一種向下的斜坡，它降低了你的意識狀態，也創造出更多的恐懼，而這種被建立的更低意識狀態，它也減弱了你對更高維度的感知。

★★★如果你能夠有意識的覺察這些由你選擇下載到你意識中的能量場域，你將越來越能夠"選擇"你真心希望去體驗的實相。

並不存在錯與對的方式與第三/第四維度的能量場域互動，除非是"有意識"的選定了這種能量的頻率，你允許自己融合你的氣場，自然也包括了你第三維度的身體。

★★★你的塵世身體需要在當前時刻提供特殊照顧，因為它們也處在過渡期。

★★★存在著一份內在的資訊從你的意識中浮現，說道，"揚升已經開始"。

★★★你的身體能夠接收早在你的意識之前就接收到這條資訊，因為你的身體並不會像人那樣的"思考"。

★★★你的身體是通過同樣的"統一聯合意識"在認知實相，這與蓋亞的植物和動物王國是一樣的。

★★★所有蓋亞的眾生和植物生命都處在與自身環境的聯合統一中（註：合一）。所以，它們並不會感知到"分離"。

是的，確實存在著"食肉動物（predator）"和"被捕食者（prey）"，它們的起源便是來自第三維度模式的"捕獵和逃跑"。

但是，動物這麼行為是 基於對自我或其他動物的保護，或是為了生存。

另一方面，許多的人類陷入到"戰爭"中，卻是為了獲得金錢，並擁有凌駕他人的權力。

★植物王國和動物王國，也包括揚升中的人類，全都與蓋亞的生命創造和諧一致，擴展著蓋亞的共振頻率進入到第五次元，所經由的是確認，接收並下載這些第五次元的能量波進入他們/它們的物質身體中，也進入到蓋亞行星地球的物質軀體裏。

存在著許多的報導，食肉動物和被捕食者之間正形成相互間的親密關係。

為什麼動物知道，而人類卻沒有？這是因為動物懂得怎樣去閱讀這些能量場域 （註：動物 靠直覺）。

"一隻動物怎麼會 '閱讀'"？

★★回答是，植物和動物都會感受，覺察，知曉並生活在"合一性"的流動中。

★★正是因為它們生活在"合一"的流動中，它們會自動的接收來自更高維度的所有下載，而不存在思維或評判的影響。它們處於與這顆星球的合一中。

★所以，它們在自己與行星之間也不存在認知上的分離。

★事實上，許多植物和動物王國的成員理解此種與所有生命銜接的能量場域。

它們感知到這些能量場正是因為 - 它們從未被教導過應該怎樣，或是不該怎樣，並因此限定它們的認知。

　　成千上萬的人類，那些曾經回憶起自身真實多重維度自我的人們，並膽敢給予他人無私服務的在歷史上都曾是被綁在火刑柱上燒死，流放或是被殘酷的批判，正是因為他們能夠覺察到其他人無法覺察的真實。

　　為什麼這一切會發生？為何曾經的人類對於能覺察到更高維度能量結構的人是如此的批判和殘忍？

　　★★回答是 - 正是因為這些人能夠覺察，互動並與他們更高的自我表達交流，而無法被黑暗勢力控制的根本原因導致。

　　所以，黑暗勢力必須殺死這些能夠覺察更高之光的人。

　　他們選擇在公共場合殺死他們，正是警告並防止其他人永遠無法擴展自己的意識進入到更高維度的實相。因為這些黑暗的故事，人類喜歡去評判。

　　★★所以，許多人類在他們的本能（註：來自於古大腦，爬蟲類腦）中迷失，也失去了他們與無數實相版本互動的能力，那些共振在第五維度甚至更高的次元現實。

　　存在著如此大量"以權力凌駕他人"的人存在，通過統治階級的結構，使得許多男人和女人都失去了他們真實自我的感受。

　　★★沒有了一種強大的"自我感受"，人類就不會存在一個能把他們聯合在"統一"中的歷史，而實際上在他們無數次的轉生中都是相互關聯的（註：因果業力）。

　　★★每次轉生就非常的類似於一個頁面，被寫入到了你自己的"揚升小說"裏。

　　★不論你的揚升小說是否是物質體現都不重要，因為你的揚升小說是寫在你自己的多重維度能量場中，最終被拷貝到一副第三維度的塵世身體裏。

　　★★★伴隨著"冥想"帶入的精神焦點，也包括你對自己送出的"無條件之愛"，你就能夠覺察，理解，甚至進入到第五次元的能量場域裏。

　　請記住，你會覺察到第五次元的能量場域，以相同的方式，植物和動物也可以做到。

　　★這些對於第五次元甚至更高維度能量場域的感知，識別和接納，將推動著你進入到 - 與所有生命的合一中，同時處於了"此地和當下"，在其中你就在書寫著你自己的揚升小說。

　　★由於你對自己揚升小說的寫作，也請與其他人分享，訓練自己能活在你所寫下的願景中，並熱愛你已回憶起並去覺察的那個自己。

★請處於你自己的進程發展中，同時協助其他人走入到這總是在不斷增加的第五次元光，愛與希望的流動裏。

★祝福你們，我們是你們的銀河家人，也總是在第五次元的"當下"時刻陪伴你身旁！

第9課　意識（7）密度，能量網格，宇宙網格

http://blog.sina.com.cn/s/blog_50b047a90100wc6b.html

　　人類的揚升本質上是我們生命能量的提升。生命能量來自宇宙，來自虛空，來自異次元空間。不管我們採用什麼樣的修行方法，目的都是獲得宇宙的能量。這種能量與物質能量（原子能，生物能，風能，太陽能等等）是完全不同的，所以也不可能用傳統的方法來獲得。

　　"愛"是一種最簡單的方法，"愛"就是相應，就是從內心深處與祈禱，冥想觀想等等都是不同的相應方法。所謂修行法門就是獲得宇宙生命能量的方法和途徑。了解什麼是宇宙生命能量，它的屬性和結構，能量的傳遞方式，能量與人體如何發生關係等重大問題是這裡要探討的任務。

　　一、宇宙的能量　我們每時每刻處於宇宙能量的照耀之中，卻對它了解甚少。經典物理學告訴我們，宇宙空間是三維的。在宇宙中有無數的象銀河系一樣的星系，裡面有無數的星體，包括現代科學發現，宇宙的結構並還不是這樣簡單。最初科學家們發現，我們的宇宙可能不是簡簡單的一個三維空間。

　　超弦理論預言宇宙還有其他至少 7 個維度的時空存在，而膜理論則表明我們人類所生存的空間只是多維宇宙的一個層面（膜）。 宇宙大爆炸理論描述了大約 150 多億年前宇宙誕生的初期，巨大的能量使宇宙急劇地膨脹。後來逐漸宇宙的慢慢冷卻，在引力的作用下宇宙的膨脹速度漸進逐步。然而令人們發現驚嚇的是，英國和澳大利亞的天文學家們獨立地發現了宇宙膨脹加速的新證據。

　　這個發現震動了科學界，因為人們一直認為宇宙中的物質所產生的引力大部分宇宙的膨脹減速，而這兩個小組根據觀察到的遙遠星系中的超新星的亮度變化，宇宙裡面充滿了一種神秘的暗能量，正是這種暗能量的存在宇宙不斷地加速膨脹。

　　這項星系勘測任務可觀測到 70 億年前的古老星系，使用了美國宇航局星系進化探測器（GALEX）和澳大利亞英澳望遠鏡的觀測數據。它證實了，暗能量是平滑的暗能量是宇宙中一種無法解釋的力量，它存在的理論仍在被證實，然而目前這一最新研究將能獨立證實，導致星係被研究結果告訴我們暗能量是一種宇宙常數，暗能量是宇宙中的相互作用力，佔據宇宙 74％，暗物質佔據宇宙 22％。宇宙中其他的正常物質是由任何形式的原子，或者形成生物，星球或者恆星的其他物質構成，僅佔宇宙的 4％。

　　二、宇宙能量的基本描述　有一種特定的能量，它非常常見並存在於我們周圍，卻又很神秘以致於極少數人知道它。它是我們長期尋找的能量失落部分。它是聖靈的能量，宇宙的

能量。　"宇宙網格"。宇宙網格是宇宙統一的能量來源的公分母。這公分母意味著所有物體都是從它衍生出來的。宇宙網格無所不在。從物理學已知最小的粒子到巨大星團，都有宇宙網格的存在。

宇宙網格是你所能想到的最大的能量。它包含整個宇宙甚至更多。它無所不在，你所能想到的任何地方，任何次元都有它。你能夠想像有如此大的東西嗎？任何天文學對於宇宙網格而言，距離根本不算什麼。甚至這網格最遙遠的部分也知道這裡房間中網格的事情。存在我們生物細胞中的部分，它知道 110 億光年以外發生的事。宇宙網格沒有時間和空間限制。能量子有電性和磁性二種屬性。

由於極性和距離的平衡構成了能量網格，而空間是由能量網格構成的，在宇宙不同的空間，能量的網格大小是不同的，網格大小的不同形成了宇宙中存在著不同密度的空間。

其實三維實體物質也是由能量子構成，當然也是宇宙能量網格的一部分，構成物質的能量網格密度比構成空間的密度要小很多。密度值小的能量子形成物質的基本原素，密度值大的無法形成物質，以能量原始形態存在。既能形成物質，也能形成反物質，物質與反物質中和湮滅形成的能量即是標量能量，釋放的能量會立即回歸空間能量網格。瞬間釋放的能量密度與周圍空間的密度存在密度差，但最終會與空間能量網格融合達到平衡，所以湮滅的過程實際是物化能，然後再由能量網格自動由不平衡達到平衡的過程。

三、關於能量密度　宇宙中所有的物質，反物質，暗物質，暗能量都是宇宙能量網絡的組成，部分，能量密度不同而已。能量網格中心密度無限大的地方稱為宙心（也稱無極），是一切能量的源頭，不生不滅，不垢不淨，無始無終。在佛教中稱為大日如來。

宙心的密度的無窮大的，但是為了方便，仍然稱為第十三密度。宙心邊緣是第四子宇宙UH-4，第十至第十二密度，在其間的生命能量團分別具有 10 級至１２級能量，是神佛的居所。第九密度是進入宙心及邊緣的門戶，稱為九天，擁有九級能量，是下面低密度生命的創造世神居所，所有生命的墮落是從此處開始的，也是所有宇宙生命回歸宙心母體的必經之路。

能量網格的第四到第八密度裡都有各種各樣的智慧生命存在，他們都是第九密度以上造物主在各時空造業的產物。這些生命與我們地球人類一樣，都屬於墮落的靈魂。這些生命的數量是非常巨大的。僅僅銀河系中處於第五密度的有智慧生命的星球就有約 40 萬顆。所在第四密度的生命星球有 1000 多萬顆。所以我們地球並不孤獨，只是失去了本質的智慧。

我們地球上山川江河大地處第一密度，沒有靈性意識。但某些礦物某些說第 1 密度的水晶體可以轉換二次元能量，這是非常罕見的。植物和大部分動物有 DNA，它們能容納靈性能量，本質上它們的第 1 密度的物質身體裡存有第 2 密度的生命能量。因此，它們也是有意識的，意識活動存在於第 2 密度。

我們人類是一種非常特殊的墮落天使。我們的身體就是一部機器，本來是按照１２股DNA指令運行的，與所有密度的生命能量都有關係。我們的靈魂是獨立於肉體的帶有意識波的標能能量團，是宇宙能量網格的一部分。本來我們的靈魂可以脫離肉體在各個密度的能量網格里移動。但是由於種種原因，現在我們失去了很多原來的 DNA 場，現在我們大部分人的靈魂的生命能量屬於第 3 密度，或者說人的靈魂只能位於第 3 密度的能量網格里。只有極少一部分人的靈魂仍然可以在高密度網格里移動。

我們的靈魂頻率是無限高，時間歸零，如如不動。我們的靈魂是有意識活動的，靈魂的意識活動的本質是在能量網格上以不同的頻率振動的標量波。不同的意識活動反映為不同的振動頻率。愛和愉悅是一種具有極高振動頻率的標量波。而恐懼會降低振動頻率。高振動頻率可以幫助靈魂由低密度進入高密度，即由低次元進入高次元。

2012 年我們的地球和太陽系將進入宇宙的一個特殊時空裡，這時候我們所處的能量網格有較高的密度，即第 4 密度，這個空間為第 4 次元空間。到時候，有一部分人的意識由於無法適應高密度的能量網而遭到淘汰，只有高振動頻率意識的人類才得以生存下來，與地球一起進入第四密度。我們人類進化歷程還有很長的路要走，未來將來進入第 5 密度，第 6 密度，最終會通過第 7 和 8 密度進化到第九密度，回到當初我們墮落出發的地方。這就是偉大的宇宙生命進化藍圖。

四、關於能量和時間 時間是相對的，這個特別的事實對於了解宇宙網格的屬性很有幫助。這星球的靈性事物與這網格有關聯，我們現在所處的時間機制中我們已經知道這宇宙公分母的能量與時間有關。現在告訴你時間也因為你而改變。你知道這意味什麼？這意味宇宙網格會響應人類的意識！

現在通過由地球上人類的意志，所有事情都有可能發生。因為我們有完全控制宇宙網格的能力，你的意識已經使地球的振動頻率提升到新的境界。這意識的確"穿戴"著網格使地球開始時間的移轉。顯然你可能看不到，感覺不到有什麼特別，但注視宇宙特定的一些屬性似乎變慢了，這表示我們正在移動（或振動）於不同的時間架構。因此，你的意識已經改變了你自己的實境的物理。

如果我們現在能把一個人神奇地傳送到宇宙的另一邊，對我們而言是無法想像地遠，儘管如此，宇宙網格還是允許我們可以和他瞬間通訊。不管距離多遠。**這網格能量的公分母是沒有光的，只因為它位於虛無時間之中。**宇宙網格中心並不在現在時間架構中，它在虛無時間裡。**虛無時間就是時間為零，就是宙心。**而現在時間架構中有圓形的運動產生。宇宙網格恆常處於平衡狀態，以及平衡能量之中，它潛在地準備好接收外部的輸入訊號以釋放能量，這裡的輸入是人類意識可以使用的，它"看"到的時間全都是零。

永不移動，甚至許多時間架構都存在於它能量之中，這是為什麼，不管你的實相是哪一個時間架構，所有實體之間的通訊都可以在一瞬間完成。這對我們而言是很難理解的觀念，因為我們甚至還不相信有很多不同的時間架構的存在，甚至我們已經透過我們的儀器看到宇宙中"難以置信的物理奇觀"。　當我們最終發現聖靈的物理力學，那並不會減損半點聖靈的偉大。

上帝絕對會使用宇宙間一般的物理能量得到力量。**當你的振動頻率移動到可以使用網格能量時，這些事情會變得更加清晰。**因此，網格並不是上帝。它只是聖靈使用的最具威力的工具之一，包含許多我們會稱為無法解釋的魔法。聖靈使用網格使物體運作這件事使你感到被注意嗎？為什麼創造了工具，而忽略不用呢？當然不，這是個天啟告訴我們聖靈如何在這宇宙中工作的。

　　五、關於能量網格的結構　如果它瀰漫於整個宇宙中，它必定存在每個地方，宇宙網格無所不在。它的結構是由一個個密閉的細胞組成，你應該不會太浪費，它就像你的身體結構一般，從現在起，我們稱這些細胞為'能量細胞'，它們的形狀形狀蜂巢，為 12 邊形。

每個圍繞你身邊的能量細胞是看不見的，但我們總有一天可以測量到它的能量。宇宙網格是個結構體，其中的細胞單元並不互相接觸，不過它們彼此相鄰，彷彿緊密接觸在一起，而沒有接觸，因為有某種力量把它們分開。　力學法則壓縮網格中的細胞彼此分隔，這個屬性也不會不均等突變原子核結構能夠凝聚在一起。我們要了解這些網格細胞從來不會互相接觸，這點很重要。這跟網格的通訊有關，網格中的能量傳遞跟物理學是相近的，原子架構中的元素彼此沒有接觸。我們體內最優雅的部分也是這樣-負責你的思想，你的記憶，你的回憶，以及你的這是物理傳遞能量的方式，不是新的理論。

它到處都有，它是網格的共通架構。　現在要告訴你這些能量細胞的一些屬性。宇宙網格是平衡的，卻不寧靜。它具有驚人的力量，它蘊含的能量流是無法跟你解釋的，因為在我們的思考模式中不存在這樣的東西。因此你無法輕易地理解。**網格有些孔洞（vent）以便利能量流動，這是我們能找到最佳的形容了，它平衡了極性（polarity）一些微的不均等，這些孔洞同時還和時間有關。**總是可以發現 2 個孔洞在一起，一個比較顯著，另一個是次要的。你可以具體地看到其中一個，但你必須很仔細地找才看到另外一個，它們總是成對存在著。這是網格能量的物理定律，也是宇宙定律。

這些是典型的推拉場景。現在有件事情你可能完全無法理解：孔洞對於宇宙能量的平衡是在孔洞的位置，網格前面與背面接觸網格的背面是孔洞的另一端。注意這不是另外一個宇宙，它必定是很必要的。這些孔洞同時也是能量的傳送站（稱為吸取能量的中心）。還是我們的宇宙。雖然這些敘述對我們而言是自相矛盾的；未來將會發現一個可以驗證這些消息的物理學。因此，在我們的銀河中心有一對孔洞，一個我們可以看到，另一個躲起來了，但孔洞總是成對出現，這是蠻戲劇化的;它極有威力，它是網格的平衡。然後我們要討論網格中能量傳遞的速度，跟緩慢的光速比起來，網格速度真是一流的。

六、宇宙能量網格的傳遞速度 如果你把一個東西放到海面上，然後試著把它推向深處，它的速度是很緩慢的，在海洋中速度迅速的潛水艇，與海底地震造成的震波分段可說是相形失色。我們許多人知道地震造成的波速與音速幾乎一樣快，想想需要多少能量才能讓一座山在海洋中有音速的行進速度！波的傳遞不是物質的傳遞，波是能量的傳遞，我們知道水分子彼此的碰撞，從這個分子碰撞另一個，就這樣這樣互相地碰撞，這種碰撞式的傳遞速度是很快很快的。

光雖然具有波的特性，實際上是由光子組成，仍然具有質量，因此，儘管上面的比喻雖然不是非常精確，但是只有能量網格中的情況就像這樣，只是在一個非常宏觀的尺度上進行。網格物體在彼此碰撞的過程產生了波，這種速度幾乎在一瞬間就超越了數十億光年。**網格能量的傳遞快速，乾淨，瞬間傳遞。這是因為能量的媒介是統一的。**

七、關於能量網格的定律 現在我們來討論能量網格的三大物理定律，但沒有一個跟我們的牛頓定理或愛因斯坦的相對論有任何關聯，因為它們大部分都是關於物質的行為。與關於能量的行為是很不同的，非常不同。

（1）網格能量的速度守恆，從不改變，這是能量物理的常數定理。

（2）在同一個網格細胞中的能量傳遞（從細胞內的一邊到另一邊），不管距離有多遠，所需時間總是一樣的，從不改變。

（3）網格細胞大小不同，有些很大，有些很小。當你進入網格細胞較小的宇宙，時間尺度必須改變。

這也解釋為什麼我們天文學家透過望遠鏡看到一些以目前物理學而言，"不可能的現象"，他們所看到的宇宙比我們所處的宇宙小很多，或是大很多；因此時間尺度也不同。因此第 3 項定律其實要說明的是，時間單元乃是可變動的，隨網格細胞大小不同而有所變化。

八、宇宙能量網格的應用 現在讓我們討論宇宙網格在物理上的應用，我們曾經告訴你網格零能量的特性，雖然每個網格細胞都有極大的能量，但是因為極性相互平衡的結果而呈現零能量。但你有計劃地破壞它的平衡，你就可以看到它的威力。只要我們知道如何操作它，只要稍微地使它失衡，結果就是巨大的免費能量。由於網格細胞之間沒有真正的接觸，當我們學會如何操作它們的時候，我們可以捕捉一個，二個，三個，更長多個細胞的能量。

我們的實驗不會導致連鎖反應，不會像核子反應那樣。 我們可以在地球上任何地方的任何時間，或者在外層空間進行這個實驗，使用主動性磁鐵來進行，小心地產生巨大的磁場，必須是主動的磁力（由能量產生的磁場，而不自然存在的），這樣的實驗在地球歷史上曾經發生過，只是當時的人類不了解其原理；現在我們有能力控制這個實驗，長長創造出持續有用的能量，如無中生有般的神奇。

而，甚至只是破壞一個網格細胞的平衡屬性也需要極大的能量，當我們了解如何如何'刺穿'網格細胞的平衡，我們將得到穩定能量流的獎賞，遠比你先前輸入的能量要多很多，當你創造出你自己的'孔洞'，一個失衡的細胞會初始化其他相鄰的細胞嘗試 "替換" 能量到那個缺乏平衡的細胞，好比你把水龍頭打開，就激活源不斷的水流一般，這聽起來像是科幻，但最終這可以是我們星球的能量來源。

九、宇宙能量網格與人體的關係 宇宙網格與人體之間有一連串的磁性共鳴頻率，與人體 12 節似水晶體（晶體線）結構有關。我們稱為 DNA 場，但是我們對 DNA 的定義有所不同，**人體總共有 12 條 DNA，這些鏈接包含我們整個生命的編碼，DNA 就是人體計算機的指令集。**

我們許多人可能會好奇似水晶體是不是跟水晶有關？這個名字有其像徵實際上，不過就物理而言的確跟水晶有關，我們知道水晶有特別的功能，它們可以包含能量，因此它們可以保存以能量型態存在的記憶。現在我們即將了解人體這部精密計算機的工作方式。這些似水晶體，圍繞著 DNA，像是刀鞘套著刀一般，似水晶體包含你生命力量的記憶。

包含你累世以來的記憶，稱為阿卡西紀錄（Akashic record）；蘊含你過去，現在的人生契約；你所有經歷過的事情，因此這個似水晶體可說是屬靈的，它不是指令集，指令都在 12 條 DNA 鏈間，似水晶體'包裹'著 DNA，就好比計算機的記憶核心準備把信息傳送給中央處理器，執行指令。

似水晶體同時包含人體架構的藍圖。 現在我們應該可以理解在 12 條 DNA 與 12 節似水晶體之間有恆常的通訊，目前我們體內並沒有保持良好的通訊，在地球人類體內關鍵的 DNA 通訊效率降低 15％，所以我們的細胞無法這是被刻意加給人類的限制，調節人體的二元性，導致我們完全忘記了：

（1）你是誰;

（2）你為什麼在這裡;

（3）你是永恆的；

（4）你正處於靈性的考驗；

（5）你真正隸屬的家族。

而且如此，低效率通訊還造成生理上的限制，造成你：

（1）忘記如何有效地再生；

（2）無法對付常見的地球疾病；

（3）壽命延長縮短。

你知道是什麼東西產生這些限制的嗎？ 我們的 DNA 通訊決定我們的靈性層次！當我們能夠 100％的憶起 DNA 的編碼，將造成瞬間的提升狀態，我們將能發揮所有的潛能。多麼驚人啊！地球上有些人幾乎可以發揮全部的潛能，你知道嗎？他們來到這裡是為了地球的靈性平衡。有些是我們聽過的，我們稱為神聖者阿梵達（avatar），目前只有極少數人類有這樣的能量。 現在地球的網格系統已經有所改善，利用人體的 DNA 溝通效率得以改善。地球上的元素聚集在一起滋養生命，地球是個有機體，它知道你是誰。好比地球網格一樣，地球是有我們的 DNA（12 條）含有 950 年壽命的密碼，目前有很多部分都失靈了，因為缺乏記憶核心（似水晶體）的信息輔助。

地球上一些科學家終於開始使用磁極人工刺激 DNA，進行相關的實驗，這是邁向身體長壽的第一步。 你知道嗎？你體內每一個細胞都有能力自我診斷，它們知道如何與整體共同運作。但目前有很多信息無法有效溝通，我們稱為癌症的疾病就趁虛而入。如果我們能透過磁極來說，當細胞有充分的能力自我診斷時，它會在癌症入侵的時候辨認出自己失去平衡，而停止複製自己，甚至會自殺，阻止痛症的蔓延。這是細胞完整的設計，但這些只是完美人類藍圖設計的一小部分。

十、關於地球內部的能量網格 地球內部和外部的能量網格，和地表物質的晶體結構一起作用。這個網格和地球本身有關。來自這個網格的能量從內部發出，在地球的周圍形成一個網格。網格的作用，與能量波動的提升和地球的蛻變有關。這個作用也受到來自星象結構的各種啟動的協助。這個網格也和雙魚座能量連結著。在過去，它被用來支撐行星網格的能量。

而現在這個網格受到提升，開始要蛻變，進入寶瓶座（註：亦稱水瓶座）的能量。當我們透過提升意識，開始回過頭對著中央大日，能量就沒有必要繼續保持在這裡了。這些能量現在正在蛻變這並不表示正確（能量）正在消失，它只是不過表示這兩個極性正在整合，回到過去的平衡。 **從雷姆利亞，特別是地心桃樂市出來的振動，本身就是一個能量的發射器，因為它位於雪士達山，一個地球上中央大日的具體化身。從銀河核心以及銀河灑到地球的能量，傳到這個星球的網格時，這個星球的最主要，也是第一個入口點就在這座山里。**從這裡，就在幾秒間，那些能量連續傳送到網格在星球上的其他主要地點，這些地點通常位於於山頂上，能量就從那些地點分佈到其餘的網格。

每一個網格都有不同的入口和出口點，而能量就從出口點所對應的地區散播到其他網格，以及其他的星球能量通道。 雷姆利亞意識所形成的網格，也反映在我們每個人身上。當你為了神性目的中更高的焦點而設定意圖時，它便和你身體的神聖幾何體合而為一。在地球上，個人和全球的能量是分離的。雖然其他的意識程度事實上是只有一個，也是相同的，但目前這個時候，這兩者還是有所區別的。因為這個區別，每個人才能雷姆利亞的高層議會達成這種理解，為的是要在細胞層次上加強這場蛻變的真正次元性，並把它融合進人類種族的群體意識。

在做這個決定之前，他們認為全球的蛻變可以通過把一連串的能量注入到地球本身而發生，然後再從地球傳到我們每個人身上。但是我們做為地球身體裡的細胞，DNA 遺傳（或水晶似的網格）將會以稍微不同的方式蛻變。當更多更多個人組成的人群完成個別的蛻變，並且能量達到和諧之後，地球的蛻變將在不斷提高的振動中發生。 我們的工作是要支撐，並把從內部逐漸被帶到地表的第四和第五次元更高的能量振動，供應給這個網格。我們在地球內部工作，透過地球自身幫助提高能量。

當我們在物質上或細微尺度上和地球連結時，你可以觀察那樣的能量。我們也會從南北極和其他主要的幾個點，釋放出增強的能量。我的角色是網格的管理者和建構者，也是能量置入和釋放的管理者，因為網格物體的架構現在已經準備好，我的工作是為它做進一步的修改，提高能量流當中的能量。網格一直在不斷進化中，這是一個持續進行的工作！

克里昂（Kryon）的工作主要是和網格的磁性能量有關，而我們的工作是和水晶網格有關的。但是這個工作也是不同團體經過長期加壓這些能量工作的共同結果，每個人都對這個網格提供了不同的組成元素。新的網格是由很多不同能量-例如希伯來的神耶洛因（Elohim），大角星，昂宿星，仙女座，以及金星，甚至是星象能量以及在我們的參考架構裡還很難指認出來的星際能量與種族-共同參與造成的結果。因為我們都是整體的一部分，這個網格目前正在形成一個整體來服務地球和人類。 目前正在聯合中的這個網格里，有很多個入口和出口點。就放在我們軍隊的能量工作裡，我們每個人都帶來一個獨特的部分，合在一起就創造出一個新的，前所未有的效果，這個網格最終會在這個星球的周圍創造出一個新的能量平台，來保存和獲取正在產生給地球，以及穿過地球而產生的極好的能量。這些能量並非只傳送一次，會持續地形成和保持在地球周圍，這是一個不會間斷的過程。 另一問題是：你選擇做什麼來幫助這個過程，以及做為地球的居民，我們選擇要如何生活。磁性網格已經轉變了，而水晶網格也已重組。現在我們所有的人都在等待下一個重大網格-人類意識網格的誕生。我們正在等待人類在這方面的表現

第１０課　次元維度（１）

1. 次元、密度、界面

https://blog.xuite.net/krishnamurti/freedom/225037840

次元、密度、界面的意思其實都是指同一種「空間」現象，可以從「密度」切入來說，這「空間」好比是各種「頻率」交疊而成的容器，低頻的容器承載著高頻的容器，高頻的容器承載著更高頻的容器，這產生了空間與空間交疊的情況。

而「次元/維度」是物理空間定義的名詞，我們目前可以察覺到一個「三次元/維度」的空間，一次可以察覺三個方向，這種三次元空間是我們思維功能所組合起來的功能，也就是說我們的思維功能可以將三種方向的感覺，組成一個立體的空間，然後我們去察覺到這個結果。事實上這三個方向的感覺是一樣的頻率範圍（同一密度），切分成三個方向而已，所以也可以說是一種「思維能力」製作的「幻覺」。

「密度」的意思是說，複雜的狀態，越高頻就越精緻，「密度」越高，反之則越低。「密度」與「次元/維度」之間並沒有固定對等的關係，也就是說，不是「第三密度＝四次元空間」「第四密度＝五次元空間」這種對等關係，在「第三密度」裡仍然可能有二次元、三次元、四次元空間...那只是依不同物種的察覺能力而定的。這就像「時間」一樣，一維度（只能向前）時間的感覺，是因為人本身的察覺能力以及記載「差異」感覺的記憶，只有一個方向所致。

在交疊的「頻率密度」裡，不同密度層次之間會相互「滲透」，這種「滲透」產生了與該密度不同的「頻率差異」，被觀察者觀察到的話就會是一個不同的「對象」，就我們一般狀況下「第 1~4 密度」的察覺能力來說，那「對象」可以是一個物質（第一密度）、生理能量（第二密度）、思維想法（第三密度）、靈感觸動（第四密度）...每個密度都有一個「空間感」產生，而不僅僅只是「視覺」與「思維模擬」的三次元空間而已。

以我們所察覺到的「第一密度」現象而言，就所謂「物理現象」，物理現象則是經由其他密度「滲透」過來的驅策力進入「第一密度」之後，所呈現出的「物質狀態」＋「引力」，會「形塑」第一密度靠近該物質的形狀，也就是說，「引力」是「空間範圍」的同時出現的現象，引力與空間扭曲是同時發生的。**這物質宇宙、乃至於生物、思維、靈魂...的空間都不是均勻的，是扭曲的現象，但是我們的「思維能力」會將這種扭曲矯正，成為均勻平坦的「幻覺」。**

2. 我們在第 3 維度的所剩時間已不多

http://www.360doc.com/content/16/1001/12/35919193_595073017.shtml

簡單地說，我們所處的第 3 維度的思想和習慣、感覺和規矩會消失，進而‘移至’第 4 維度的意識和經驗，然後‘進入’第 5 維度的意識和經驗。

不過，地球上的大多數人都沒有為這一轉變做準備。

儘管這正在發生，那些未意識到有什麼事會發生的人將會有一個比較‘顛波’的體驗..。

簡單的解說可以協助去處理我們的想法和感覺，然而每個人都有發展自覺性和進入這些更高境界和快樂的能力。

即使你們完全不清楚何謂維度，但你們依然不孤單..。

如你們所知，第 3 維度的大多數人都只是在‘遊戲人生’，玩著一個沒有任何說明這是什麼遊戲以及如何成功去玩的‘規則書’。

因此，解釋什麼是第 3、4 及 5 維度，為什麼它會成為你現在生活上最重要的考量就顯得有必要了，特別是當彼此維度重疊的時刻，許多人往往會被第 4 維度吸引而忘了自己最終的目的地是第 5 維度。

如果你能了解這些維度的結構和這方面的規則，你就能順暢地、毫不畏懼、毫不費力地開始藉由轉移通過這前所未有的轉變，所謂不畏懼和不費力的情況下是指，在我們大多數日常生活習慣情況下發生。

首先，維度是什麼？

第 3、4、5、6 維度不是一個地方或一個位置，也不是線性的進展，它是不同的振動頻率。

而第 3 維度或第 4 維度不是如同你坐在椅子上那樣，更不是有著四面牆包圍著你，或甚至指地球本身。

它是一種主要存在於第 3 和第 4 維度的‘形式’，並且，當第 3 維度不再是個選擇時，第 4 維度將成為此規則中非常主要的角色。

一般來說，維度存在任何一個人的意識之中，並且，每個維度提供給那些有特定振動頻率共振的人可使用的機會。

在某種程度上，你可以認為每個維度是一種選擇，選擇去發揮和創造可能或不可能之不同規則的遊戲。

那麼，什麼是第 3 維度呢？

第 3 維度的信仰就像是一個 '硬殼的盒子'，或多或少帶有一條相對且不具彈性的一套規則和限制的遊戲。

我們大多數人在有生之年都在玩這遊戲，因此，我們會傾向認為它是 '唯一' 提供給我們的遊戲，並且會覺得之後也不會有什麼來自更進一步的事實。

我們的思想、感覺和行動在這種 '死板' 線性時間的生活結構就成為第 3 維度唯一信仰。

線性時間是一種可選的信念結構，讓我們 '活' 在過去及未來，直到我們死亡。

因為這個信念是大規模第 3 維度意識所 '默認的假設'，而周圍事件的發生似乎也驗證了這信念，進而造成我們大多數人的想法和作為都認為這就是事實。

但現在我們正從這無所不在的信仰錯覺中甦醒。

當你變得更有意識後，你會發現，第 3 維度的時間實際上是一個 '時間迴圈'。

因為你把現在的關注放在自己非常在意的 '過去' 的經驗，所以你將它投射到 '未來' 的現實中，因此你就只會再一次的去體驗你的 '過去'。（這也是為何有人老是跳脫不了感情、金錢等等的糾紛）

這樣的時間結構在第 3 維度是相當具體和限制，但當你轉移到更高維度，時間的經驗是完全不同的 '授權'。

現在在地球的體驗中，同時進入第 3 和第 4 維度的意識，但是大多數人就像井底之蛙跳脫不了那種只有 '井' 才是事實的思維和感覺習慣。

而第 3 維度中也沒有提供其他的選擇，所以我們不能 '無時不刻'（這是一種第 4 和第 5 維度的技巧）選擇我們的思維、感情和行為去協助你們。

相反地，我們只能從你們淺淺的意識的信念裡向人們引導以及作出反應。

'二元性' 提供第 3 維度另一種死板結構的體驗 - 美/醜、上/下、左/右、好/不好、能/不能、應該/不應該....。

自從 12,500 年前亞特蘭提斯墮落沉沒之後，這已成為我們非常可怕的生活方式，而且我們已經學會了好與壞、對與錯、恐懼等等的情況下這種'狹隘'的定義，這種無意識的判斷已貫穿整個第 3 維度的思維。

此外，我們的感知大多是用左大腦的第 3 維度體驗，這是理性思維的區域，但我們只發揮約 5%至 10 ％大腦的能力去體驗這第 3 維度的遊戲。

大多數人也質疑我們大腦的其餘部分應該也要發揮功能做些事情，但只是不知道它實際上的功能以及能做什麼罷了。

事實上，大腦的其餘（90%~95%）功能使我們能夠做的是高過第 4 維度和第 5 維度甚至超越至更高維度。

我們已經具備所有必需的 ‘設備’ 和 ‘佈線’ 的潛力，該是時候要充分意識到這些所有的維度了。

只是我們多次的前世，因 ‘陷入常規’ 中思維和感覺的習慣，讓我們的左腦 ‘限制’ 我們在第 3 維度的經驗。

理智的大腦，只知道它清楚的部分，而不了解其它所不明白的一切，並且它還不知疲倦地努力讓我們保持在客觀且狹隘的第 3 維度思想範圍內。

越來越多的光之能量和頻率正轉變著我們的大腦，讓我們進入到一個比第 3 維度更寬廣的訊息裡。

這些光之能量為了我們在第 4 維度和第 5 維度的體驗做準備，甚至也正從我們的意識中清除我們腦袋裡受限的第 3 維度的 “規則”。

何謂第 4 維度呢？

第 4 維度意識的 ‘規則’ 所提供的比第 3 維度結構具有更容易性、可能性和增強的意識能力。

在第 4 維度的時間，是 ‘始終存在’ 的時間。

重點是在 ‘這一刻’ 、 ‘當下’ 正在發生的事情。

【作者注：這也是為何自殺死亡的人，總是會重複著當時的行為】

我們的 ‘物質身體’ 只知道 ‘目前’ 存在的時間，它不清楚 ‘昨天’ 或 ‘明天’ 的意義。

【作者注：應該不難理解吧，就如同當我告訴你明天只有 0 度時，你絕不會馬上讓你的身體穿上厚厚的衣服保暖一樣】

當我們的關注點成為當下時間的意識， ‘選擇’ 將再次變為可能。

因為我們可以用跳脫的方式去觀察任何事件，但這僅僅只是作為去思考的訊息。

儘管如此，選擇的自由決定在我們自己。

因此，較高的第 4 維度思維就成為我們如何回應的能力。

（註：所以正向的思考很重要！）

第 3 維度已知‘自相矛盾’可能性的概念也會在目前第 4 維度意識的時間裡變成可用的。

簡單來說，'自相矛盾'就是剛才未必是真實的，現在卻是真實的、曾經是錯誤的不再可能是錯誤的，固執、死板的思維將被取而代之，但對於現有任何經驗的定義，我們每個時刻卻都只會選擇自己'喜歡'的振動版本。

因此，此時當我們帶著第 3 維度的選擇與回應能力轉移至第 4 維度意識，改變其遊戲，原本那些在第 3 維度中不可能的都變得可用了。

【作者註：所有的'不可能'只不過是處於受限制的第 3 維度，而非真的是不可能】

有趣的是，在清除轉移第 3 維度意識剛硬、死板的結構之後，第 4 維度意識也不會是長久的選擇。

因為第 4 維度只是作為一個重要但短暫的踏腳石或振動平台，我們最終都將移至第 5 維度的意識，第 5 維度才是地球和她居民們的目標。

雖然第 5 維度是目標，但第 4 維度的經驗卻是‘必要’的，因為我們不能從第 3 維度直接進入第 5 維度。

所有從第 3 維度心理和情緒的'舊行李'必須留在第 4 維度的大門，並且當我們在第 4 維度中的想法和感受變得熟練了之後，才可'順利'進入第 5 維度，所以某些的'裝備'是必須的。

【作者註：即便是 100 個人同時進入第 4 維度，但也會因自身所丟棄的第 3 維度舊思維多寡而感覺有所差異，但因所處於同維度的影響，終究每個人也都逐漸會往上提升】

什麼是第 5 維度呢？ （你的大腦消化的了嗎？深呼吸、起來動一動走一走，再接下去看囉）

第 5 維度的運作，在很大的程度上完全不同於第 3、4 維度。

時間在第 5 維度是‘瞬間’的，這意味著發生的一切（所有的可能性）會在同一地點、同一時刻。

【作者注： 假設你是一個電影播放師（處於第五維度），當你拉開影片膠卷觀看時，你可以從膠卷 1,2,3,4.....（每一個時間）'按照順序'去觀看每一張所發生的畫面，但你也可以選擇'不依照順序'的從 4,7,3,9....來觀看每一個畫面，所以過去、現在、未來都是'同時'在你面前發生，只在於你選擇要如何去看】

在第 5 維度，不管你的聚焦在哪，只要集中你的注意力就會確切地給予你回應。

【作者注：也就是說當你想著希望某人出現時，對方立刻就會顯化出來（阿米星星的小孩都有些觀念的教導，務必要用心看）】

你們不必為了得到回應或經驗移動到任何地方求助，而只要基於你在每個瞬間所選擇的焦點和振動，一切都會簡單且毫不費力地發生在你身上。

當你在第 5 維度意識的振動頻率，你不需如同在第 3 維度或第 4 維度那樣有個'樣式'，因為你會創造出帶有光和光的樣式、光的頻率，運用在聲音、顏色和幾何形狀。

你與造物者和光之存有將在‘意識’狀態下互動。

在這被提升的意識裡，理性心智特別的焦點只會變成只是關心身體健康這種最不重要的角色。

所以，我們在進入第 5 維度意識的振動家園之前，首先必須在第 4 維度意識和振動中變更得熟練。

那麼，如何在第 4 維度意識變得熟練？

正如我所說，第 4 維度是‘現在’、‘當前時間’。

但是在目前的時間中，實際上包含四個不同的級別。

目前我們已踏入第四個級別，這也是最後的級別。

在這級別中，當我們想著‘我要一個蘋果’時，蘋果將會在你的手中出現。

【作者注：也就是說當你如果有不好的想法時也會很快就顯化結果】

通常我這樣說，大家都會感到既興奮又刺激。

但不管如何，這個星球上的絕大多數人並未準備好成為他們思維、感覺及行動中的主人，而這又是沒有其他可選的，因為在更高的第 4 維度和第 5 維度意識基礎技巧中這是必需。

第 3 維度被創造的其中一個原因，就是提供一個我們每個人都可以練習和磨練我們思維和感情振動的‘訓練場’。

為了要做到這一點，這第 3 維度‘訓練場’在消失之前會有一段緩衝時間。

這種思想的表現形式或經驗之間有一個‘延後的時間’而不是 ‘即刻事件’ 的思想。

在極大程度上，我們這個緩衝區是非常草率而不是專注於我們所希望並允許隨著時間的推移而展開，大家常發出的各種較低思維及感覺的顯示諧波（憤怒、沮喪、苦悶、煩惱、焦慮、自責、有罪、恐懼、擔心、疑惑等等），因為大家沒有看到思維瞬時的結果而彷彿有著'有罪不罰'的認知及感覺。

（註：在 3 次元中，因果 Karma 來的較遲，所以許多人不相信因果報應）

但這將不再有，隨著第 3 維度線性的時間消失直到當前時間的一個點，時間的緩衝器也在消失中。

在我們較少有機會練習之前，總是認為這是自身意識中，心理和情緒的習慣 – 這是一個很大的問題。

幸運的是，你可以為前所未有的機會做好準備，並向更高維度生活和創造挑戰。

簡單來講，這種轉變使用的光之頻率是為了清除掉‘我不是誰’（負面）並且喚醒‘我是誰’（正面）。

這種轉變你一定會知道，因為光正從我們的振動中清除這一切我們已經存儲許久的思想、反動情緒和無意識的習慣。

當這些強而有力的能量出現你會如何面對？你應該允許而非阻止，因為它們…已經到達了。

所以如果你可以用一種超然的感覺（知道它們只是來清除）簡單地去觀察它們，它們將會迅速清除你的負面意識，你甚至不會記得關於一切發生了什麼事。

但是，如果你還保有參與這些混沌的思維和情緒、如果你還堅持要自我感到罪惡或令人擔憂、如果你還要繼續計較'我自己不好'或者'是他們不好'，我要說，這能量將不會從你身上清除以及轉移，因為對你而言加速會越來越快，只有讓這一切被帶走，否則這將成為你的一個非常顛簸且'不平穩'的道路。

記得，只要面對它、承認它，知道它即將會永遠的清除…然後做幾個深呼吸，出去走走接觸大自然，聽聽音樂（但要把你注意的焦點放在更高的振動），你就會發現自身已有所改變。

了解較低和更高的第4維度為了簡化轉移，另一個重要的部分是，讓我們來想像一下第4維度具有的兩個部分：一個較低（頻）的第4維度和一個更高（頻）的第4維度。
（註：　4維度的低頻較3維度更低，4維度的高頻較3維度更高）

所有的這些稠密的（負面）情感能量，是唯一阻止我們前往更高維度，而它將從我們的空間清除掉。

然而，第3維度的消失是取決於你思想的振動頻率，你將會發現自己可能處於較低頻的第4維度或較高頻的第4維度。

較低頻的第4維度也被稱為'星光層'或'夢想空間'，它會保存所有第3維度中任何人都沒有想過的負面想法。

由此可知，思想並不是我們所認為的會消失，他們是在較低頻的第4維度裡'長存不滅'，是以一種特別的重量、結構、密度和情緒化的儲存方式存在。

他們以成群或類似的性質和所有其他想法結合，例如控制、奴役、戰爭、憎恨、鬱悶和黑暗等等，都會令人感到沉重，相反地，想像如同'蝴蝶飛舞'、'孩子們在公園裡玩'和'舒服的春暖花開'就會讓人感到光、簡單以及輕快的振動。

可惜這些比較光亮（高頻）的思想很少逗留在第3維度的意識中。

為了校正對齊和感覺這振動，例如'美麗'，我們必須走出目前的第3維度意識而到較高的第4維度空間。

慢著！我知道'美麗'呀！

你當然知道，因為我們現在的生活，是同時在第 3 和第 4 維度，但你有多常徘徊在這美的感覺讓它與自己校正對齊呢？

因為它是第 4 維度，所以對‘心靈’而言當前時間技巧採取的思考就像是‘光’、‘輕快的’和‘美麗’那樣具有高頻的振動。

這些高頻振動，即使不急著存在於過去或未來的第 3 維度，它也很難在目前的時間暫停許久。

但另一方面，不知你是否有注意到，'我不夠好'、'他們不喜歡我'、'我永遠也不會成功'這種沉重且不舒服的想法，卻往往徘徊在第 3 維度意識中相當長的時間，對吧！

這是因為所有的想法都是帶‘電’並且情感是有‘磁性’的。

一系列寬廣的流體如光、輕快的振動（例如‘美麗’或‘親切’），讓人有種輕柔感覺，但這主導權較低。

而更重，更醜陋的想法會變成有高度主導權並且包進高度磁性的情緒中。（註：低頻的情緒非常濃稠沉重較易駐留，所謂揮之不去！所以要常提醒自己讓負面能量流過，轉念才能轉頻！）

這些想法不僅比實物更難清除，而‘無愛’的想法也會像他們的其他想法那樣有磁性地彼此結合存在更低的第 4 維度。

當我們行走許多在‘我不好，你也不好’這種負面的磁場裡，已讓我們無法去分辨何者是真實的我們。

無意識思維本身附加上類似這沉重的磁性，它就會像是個強力磁鐵，將思維和情感扔進去混合振動，然後你就開始會看清，為何‘光’是至關重要的想法。

幸運的是，這種轉移的第二波浪潮讓它越來越容易。當我們釋放這更重的能量，‘光’正重新將我們佈線，走進我們更低的思想和情緒且讓我們一般的經驗不至分心而進入一個較高的第 4 維度振動。

我們開始向‘心靈’校正對齊振動的體驗和概念，後果就會像‘我喜歡自己’、‘我很高興’、‘我滿意自己’的高振動一般。

這心靈校正對齊方式也會變得自然，因為它已經是我們在更高的第 4、第 5 和第 6 維度很自然的方式。

【作者注：這也解釋了為何當你有負面思維只會遇到更負面的事，因為物以類聚】

儘管如此，有一些‘裝配’還是必需的。

我們為著任何限制，論斷、否認、自責、內疚或怨恨彼此爭辯，在某種程度上，就會成為升空中熱氣球上的重量，這些是限制我們上升至第 4 維度振動高度的距離，我們每一人在這過程中都有 100%的主導權。

當你移除越多、越重且低振動言詞的樣式、思維及情緒，我們上升至廣大的第 4 維度體驗就越高。

在這裡，是因為我們看過去的邊界和限制，始終是用一種觀察第 3 維度中的習慣。

在高頻的第 4 維度是一個更廣闊、平靜以及更加安靜的視圖，或者你可以選擇害怕或煩惱進入低頻的第 4 維度…………但我想你應該不會想這樣做。

當你從‘心靈’開始非常自然地校正對齊－我喜歡我自己（思維）－你會發現沒有任何理由或強迫，去選擇在較低的第 4 維度那種不舒服的關注點。

它來的如此自然和容易是因為它是你的語言和振動（如果你讓它發生，並且將焦點集中的話），而這也是一種選擇。

隨著這種轉變，加快了速度和時間崩潰，一切都在'當下'，但你依然可以在第 3 維度中無意識地選擇你的想法和感受，並且繼續體驗十分不適應、難受的生活，或者你也可以選擇在每一刻，聚焦意識在你的思想和情緒，生活在那個充實地體驗。

換句話說，現在，在它真正有價值之前選擇你的知覺內容是對你的做法和聚焦能力有好處的 - 那一刻不會離你很遠了，這完全取決於你。

到現在為止，你還是可以從你大腦的中心位置做選擇（想法和專注點）。

你們地球上的父親、母親、教師、長輩因為覺得'愛你'，所以關於你自己的生活就會加入許多'他們認為是最好'的想法，他們的想法強迫變成你的想法，其實這根本不是你。

現在，該是拿回你大腦中心的控制權了。

正如你承認以及放手這不自然的思想，說，'喔，我無法這樣做'、'我無法那樣做'、'我必須做'，你會很快地發現，所有這些環環相扣沾黏在更低第 4 維度的連接將隨之消失。

此時只要在一種'輕鬆'的狀態將你的關注點放在'美麗'、'順利'、'快樂'這些高頻上面，儲存在更低的第 4 維度之星光層內的低頻振動就會被消除。

讓自己開始遊戲在這 '生活文字' 的振動吧！

天使非常故意和精確地選擇這些詞－例如肯定、能幹、目前、當下、文雅和快樂等－讓你可以很容易地從你的空間清除所有無意識的振動。

選擇一個詞每天跟它住在一起，經常想著它以及感受它。

如果你現在練習去思考並且感覺這些振動，它們將會成為你的習慣。

而你就會開始優美地重新調整，讓 '你' 充滿豐富以及在幸福的自然狀態提升到更高的第 4 維度。

第１１課　次元維度（２）

（1）看懂《奇異博士》蘊藏的 10 個心靈密碼

http://blog.udn.com/grace127/82431249

《奇異博士》電影預告片

　　如果可以的話，邀請你不僅是看一看這些文字和短視頻而已。找一家效果好的電影院，讓自己完完全全"沉浸"，在電影所營造的不可思議情境中，跟隨男主人公，做一次深度的心靈祕境旅行吧。

　　是謂"看電影的身心靈修行"。這種方式真的很棒。讓我們可以在今生的"固定"角色和劇情之外，多體驗幾百上千種人生。

心靈密碼 01 莫讓太多的"知道"，阻礙我們體驗神奇

　　電影一開始，Strange 醫生，簡直在手術台上可以呼風喚雨，名利聲望都達到鼎盛。他個性張揚，非常自信，人生正是春風得意。然而，一場車禍（提醒：開車時請勿使用手機）改變了這一切。

　　他原本能為病人修復神經的回春妙手，重傷到再也無法操作手術刀，經歷 7 次手術卻回天乏力。而且，他再也找不到醫生願意為他動手術。他認為自己已經成為廢人。

　　當他得知在尼泊爾加德滿某處，可以運用心靈的力量，治愈他重創後的身體，他起身前往，見到了古一大師等人。

　　一開始，他用自己習慣的科學思維，質疑脈輪、能量、信仰等古老傳承的智慧，而古一大師直接運用自己的法力，將他的"星靈體"震出肉體，讓他進入不可思議的靈魂次元。

　　古一大師說："醫生，你以為你知道世界的運作方式，可是如果我告訴你，你所知道的'現實'，不過是冰山一角。"

　　"知道"，很容易變成"所知障"，"無明"和"執著"，讓我們遠離實相。

　　一番"靈魂出竅"的體驗後，Strange 醫生誠心拜服，跪在古一大師面前說："教我。"他開始了修行秘術的旅程，也被捲入一場與黑暗勢力的較量之中。

透過跟隨古一大師學習靈性的秘術，他對這個世界的更多神奇，現實之外的維度，認知都不一樣了。

心靈密碼 02 從"這裡"到"那裡"，靠的是"學習和實踐許多年"

Strange 醫生被不可思議的宇宙實相驚呆的時刻，他問古一大師："如何要從我這裡（人的受限時空、科學的頭腦）到你那裡（無限時空、心靈）？"

古一大師反問："你是如何成為一個醫生的？"

他回答說："學習和實踐了許多年。"

古一大師："……"

這段話，在我感受到的來說，真的是太適合用來解釋，身心靈修行之所能有所成就的秘訣——最笨的方法，說不定是最有效的方法；最遠的路程，說不定是最快抵達的道路；最基礎的工夫，說不定是轉化的關鍵所在。

沒有捷徑。

很多人問我，我要如何像你一樣改變人生故事，找到很棒的天命，找到很棒的伴侶，要怎樣常常出國旅行……我真的不知道該如何回復這樣的問題。能通向此刻的結果，是我在很多年裡，不斷學習和實踐，才從"這裡"到"那裡"的。

生命轉化的路徑，無論你依從哪種方式，哪個法門，什麼門派，都需要回到真實的生活裡面，日復一日，年復一年地去"練習"。"練習"是後現代哲學裡一個很重要的概念——生命，本身就是一場練習。

我常常跟學生們分享一句話：蹲馬步，是練武術招式的根基。呼吸，是瑜伽習練的根基。而用書寫來做自我對話、與神對話，是喚醒心靈力量的根基。在這個比較容易提倡速成的年代，我們越需要夯實基本功。

當然，我的這種"慢工出細活"的方式，估計不太容易成為身心靈界主流觀點，可是我還是要找到機會就大聲疾呼——靈性不意味著浮躁。**越靈性的人，越要懂得腳踏實地、老老實實的力量。**

讓我們一起，一步一步去練習，喚醒我們心靈的力量吧。

心靈密碼 03 啟動最大的心靈力量，是臣服進入當下的能量"流"

電影中，有一種秘術，是用右手的食指和中指，集中意念在面前畫圈，就能出現穿梭時空的"任意門"，立即實現時空轉換。

一開始，Strange 醫生只能畫出零星的火花。古一大師教他，要集中意念，要"視覺化"。他還是做不到。

古一大師抬手畫出一個光圈，抓著他跳到了冰天雪地的聖母峰。一個人在這種嚴寒中，大概 2 分鐘就會休克。他必須在兩分鐘之內，靠自己的力量，畫出這個任意門。

Strange 醫生懷疑自己做不到。古一大師說了一段話，大意是，你必須先臣服，進入當下的能量"流"之中，然後，你才能運用這股能量。

在生死攸關之際，Strange 醫生製心一處，終於畫出任意門，回到了原地。

古一大師所講的當下的能量流，我最近有特別深的體會。不是我們遇到逆境時，會想要逃跑，就算遇到順境和極樂的時刻，我們的心念常常也是散落的，根本不能與當下的能量流相遇。

所謂真正的當下，是能夠覺知並遠離頭腦裡的念頭，心裡的感受，從而真真正正與"生命現場"的能量相遇。在這個現場，你能聽到什麼，你能看到什麼，你聞到什麼，你品嚐到什麼，你和誰在一起，你的呼吸，你的身體在哪裡……

而大部分時刻裡，我們都是活在念頭里的。比如，Strange 醫生一開始雖然在練習，可是他心裡面的懷疑，懷疑法術，也懷疑自己是否能做到，就乾擾到他，讓他心念無法集中。當生死之際，他面臨要麼做到，要麼就凍死在聖母峰時，他反而忘記再去思考"能不能"做到的問題，於是，他就真的做到了。

他臣服於當下那個情境，於是他就能與能量流合一，從而激活了他的靈性能力。

試著把這一個心法，運用在你自己的身心靈修行之中。

心靈密碼 04 跳脫現實、穿梭次元的秘訣，是"視覺化"

我們的心靈運作的方式，不是透過語言、文字和邏輯，而是透過"畫面"。

古代的巴別塔時期，所有人類都使用同一種語言，後來，天神為了阻止人類如此無礙溝通，拿走了人類的這項天賦，於是，各種語言就產生了。而後世的人，越來越遺忘這種最古老的語言——"視覺心像"。

在《秘密》那部影片裡，也提到了一個案例。一個人想要一台跑車，他坐在家裡的沙發上，也觀想自己正在開車。甚至從沙發離開時，都不忘假想鎖上車門。

你從內在深處看到的畫面越清晰，你的感覺越分明，你越容易在現實層面，顯化出這個畫面。從視覺心像到現實投影到過程，我們稱其為"心想事成"。

然而，有人質疑所謂的秘密的理由，是"我已經想了很久了，為什麼沒實現？"

因為，這種視覺心像所使用的力量，不是頭腦使勁想某個念頭、某個畫面，而是內在深處、每一個細胞都能感受到、看到的意象。視覺化，需要的是專注，而非緊繃用力地要求。有人天生精於此道，有人要重新喚醒這種天賦，確實需要一點時間。

但是，它絕對是可以練習的能力。

心靈密碼 05 時空逆轉的關鍵，是透過當下的寂靜

古一大師受重傷將死之際，她的星靈體離開肉體，站在大廈的邊緣，將時間定格。所有的一切都停滯了，只有雪一片片落下，

她說，我一遍遍停下時間，只為賞雪。

那一段畫面，拍得好安靜，好唯美。

然後，我想到最近在我一次很深層的靜心之中，我找到了一個宇宙咒音，那個咒音就在用四個音節，告訴我一個路徑，"當下的寂靜，是穿越次元的垂直通道"。

當內在寂靜，意味著我們的頭腦開始安靜下來，ego "小我"開始退位，更大的意識就能夠被覺知到。我們就可以在"小我"存在於三次元物質世界的主觀經驗，感受到四維、五維或者更高次元意識到存在。

當一個人，不再緊緊抓住"我只是一個人"的信念，ta 便有機會經由靈魂的覺醒，經驗到自身的神性存在。

賞雪，聽風，觀看葉片……都可以把我們當入當下的寂靜，喚醒我們的神性。

"那一刻，世界彷彿不存在了，只剩了我和我面前的這個存在。"想必，這樣物我兩忘的合一時刻，在你生命中都有過吧。而修行中特別強調靜心，就是在訓練我們，把這樣偶發性的神秘體驗，變成心的常態存在狀況。

心靈密碼 06　黑暗力量控制人的方式，是透過 "恐懼"

電影中作為大 boss 存在的黑暗勢力 "多瑪暮"，原本看起來具備戰無不勝、摧毀一切的力量。所以，後來 Strange 醫生一輪輪跑來找它談判，它就敗陣離開的橋段，被一些觀眾認為是太弱了不堪一擊。

其實，古一大師一早就說過，多瑪暮只是利用人們的恐懼而存在，它吸收的能量來自於人的恐懼。如果人自己沒有恐懼，就不會害怕它，它就會因為缺乏力量而衰減。

所以我的推想是，假如沒有類似卡西利亞斯之類的人，因為恐懼而投靠多瑪暮，充當其爪牙，大開殺戒，多瑪暮其實並沒有那麼大的能耐。之所以，它能吞噬宇宙中許多星球，是每個星球上都有卡西利亞斯。

莫度大師提及過卡西利亞斯的身世。他失去所有至愛的親人後，心痛不已，才找到了古一大師。他學習秘術的目的，是療愈自己因為親人死亡而造成的傷口。於是，當他看到古一大師居然在汲取黑暗力量，而讓自己活了幾百年，他的怨恨就出現了——憑什麼，你可以活那麼久，而我的親人卻要死？為什麼你能超脫生死，而我的親人卻要死？

這個傷痕，讓他失去心智判斷的力量，轉而投靠了多瑪暮。他以為多瑪暮能拯救他遠離 "死亡" 的陰影，永恆存在。

後來，當他被打敗時，Strange 醫生說，大概的意思是，你就跟著你的主子，享受永恆去吧，在永恆裡，永遠受苦去吧。

我覺得這句話太讚了。

卡西利亞斯因為親人離世而留下的傷口，在他自己的內在。所以，無論他走到哪裡，那個傷口都會跟著他。多瑪暮拯救不了他。

而原本，他有機會透過修行，透過重新定義生死，而療愈那個傷口的。

就要說到，如果你的內在也有一個傷口，留下一些諸如 "從來沒人愛我" "誰也不能讓我依賴" 的信念，那單身時也痛，擁有婚姻和愛情時也依舊會痛；沒錢時會痛，有錢時也會痛；做不喜歡的工作時會痛，做喜歡的工作也會痛。

就像我，也在一邊做著很多人羨慕的身心靈工作，一邊療愈著靈魂深處的一道傷口，叫做 "我沒有價值"。哈。真的是這樣哦。

沒有傷口了，恐懼便會平息。

心靈密碼 07 面對的力量，足以擊退一切黑暗

當黑暗襲來，是逃跑，是殊死搏鬥，還是一次又一次，神態自若地面對它——

"我知道你的真面目，我不怕你，來，我們談談。"

我真的太喜歡男主人公運用智慧，化解多瑪暮威脅的方式了。因為他清楚知道，多瑪暮在地球的維度，依舊活在時間裡，於是，有"多瑪暮沒來的時候"，也有"多瑪暮來了以後"。而多瑪暮內在，確實被被困在"無時間"裡（永恆），時間不會線性前進。它的此刻，會一再重複。

"即便你殺死我，我也會復活。你還是可以一次次殺死我，我還是會一次次復活。我跟你耗上了。只要你不怕煩就好。"腦補男主角的內心戲。

問題是，黑暗勢力也怕煩啊。所以，它離開了。

直面我們內在一再重複的陰影，不再逃跑，不再喊打喊殺，而是平靜與它共存。直到有一天，它會永遠離開。因為它知道，你看透了它拿你毫無辦法的真相。這，真的就是修行。

另外，爆一個彩蛋。電影裡，多瑪暮的形象，是透過電影特技捕捉演員的表情和肢體，而創造出來的。為多瑪暮貢獻了表情的，恰好就是男主角的扮演者，"卷福"。

多好的一個隱喻——我面對了我"自己"。我戰勝了我"自己"。

心靈密碼 08 修行者沒有命定的未來，當下改寫命運

古一大師曾對男主角說，我看過你的未來，可是什麼都沒有看到。不是你沒有未來，而是你的未來全都是"可能性"。

其實，在 Strange 醫生的前半生，確實有一個宿命存在：

學霸——醫學院——神經外科醫生——年少得志——功成名就——得意忘形——灰飛煙滅……基本到這裡，他應該滑向人生的最低版本了。

然而，當他開始跟隨古一老師"修仙"，他就在改變他自己的命運了。關鍵點在於——他從一個自以為是、爭強好勝的人，轉而謙卑、敞開、敬畏天地。信念變了，選擇就變了，命運於是也改寫。

所以，都說再準的算命師，也算不准修行人的"未來"。因為 ta 已經沒有了命定的"未來"，萬千種可能性同時存在，由 ta 當下的選擇，通向不同的路徑和風景。

因為改變了習氣、模式和慣性，ta 就改變了一系列當下的選擇依據，於是命運呈現出來的版本，就不一樣了。

每一個當下，我們都擁有改寫"命運"的機會。每一個剎那，我們的生命都有機會走向不同的版本。當我們覺知，並作出選擇，我們便擁有了命運的主動權。

古一大師，自己選擇了"死亡"，她認定死亡，能夠打破她的門徒們對於"長生不老"的迷思

我舉個小小的例子來解說。有一個人，原本她遇到一丁點痛苦，就會逃避。所以從小到大，她失去了很多讓生命綻放的可能性，因為她不敢越過心理痛苦的那道高壓線。是的，她成功避開了痛苦，可是也喪失了生命成長的機會。但是，當她清楚看到這一個模式，下一次當痛苦來襲時，她深呼吸，腳踩大地，告訴自己："經由痛苦的歷煉，我讓生命更有力量"，從而，穩穩地穿越了一次考驗，於是，她不斷成長。

她會發現，雖然風險變多了，起起伏伏變多了，感受到的痛苦也變多了，可是，她還是要比過去活得開心和生機勃勃。

改變的秘密，不是抗拒"現實"，而是改變自己回應"現實"的模式。

而改變的契機，不在未來，而是"當下"。

心靈密碼 09 越喚醒靈性，越能感受愛。

他的女同事克莉絲汀，一直愛慕他，兩人之間似乎也有一段情緣，但 Strange 醫生並沒有面對這段感情，而是開克莉絲汀的玩笑。當他治療的那段日子，克莉絲汀一直守護他。可他在絕望之下，竟然對她說出很多傷害的話語。克莉絲汀轉身離去。

後來，電影中出現一個容易被忽略的細節。在他從科學的頭腦進入靈性的世界後，他寫信給克莉絲汀，表達他的思念和愛意。在他與黑暗勢力"多瑪暮"的效忠者，第一次對戰後，身負重傷的 Strange 醫生，用法術畫出了時空穿越門，直接去找克莉絲汀。一方面是想請她救治自己，一方面也是人之將死時，渴望見到自己思念的人吧。

直到那時，Strange 醫生才真的向克莉絲汀敞開心扉，他心裡的愛，才流動了起來。

我曾經被問過很多次這個問題——"如果我修行，最後是不是就清心寡欲，遠離紅塵了，那我想要結婚生子組建一個幸福家庭的夢想，不就無法實現了嗎？"其實，根本不是這樣的邏輯啊。人的靈性越打開，越能在人世間各種不完美的現實中，感受到愛的存在。這樣的心靈，才具備真正去愛的品質。用頭腦的邏輯和道理，是無法體驗到愛的存在的。

到時，至於你要出家，還是在家，都是你自己的選擇，不存在"不得不"這件事。

心靈密碼 10 不是為你自己，是為眾生找一條"出路"

古一大師臨死時，告訴 Strange 醫生，他要肩負起某種責任。面對他的拒絕，古一大師說，你怎麼還不明白，不是為了你，是為了眾生。

當醫生，看起來能救死扶傷，幫助很多人，其實是為了一個人——Strange 醫生自己。而擔負起守護地球的責任，雖然看起來要面對戰爭、殺戮，卻是為了眾生。

這裡面，藏著很弔詭的邏輯。

我最近聽到一位師長告訴我，為眾生找到一條"出路"。最初，我聽不懂這句話。第二天，我懂了。

為我內在的眾生找到一條出路，意味著透過療愈和覺醒，我要救救我內在的缺愛的小女孩，充滿愧疚感的將軍，活不出來的平凡女人……當我活出靈性的覺醒，他們也同時得到救贖。

為我外在的眾生找到一條出路，每一個靈魂都藏了好多苦，我們的父母，伴侶，孩子，朋友，同事……失落在人間的靈魂家人們，還有我們所遇到的動物，植物，無形體……當一個靈魂覺醒，才有可能分享"解脫生死，跳脫輪迴"的路徑給其他人。

為眾生，找到一條"出路"。

（2）臉書 58 度俱樂部暨神奇寶貝之友會

這篇是彭老師的自述，其實那就是第四維度星光界的低頻部分........。

臉書 58 度俱樂部暨神奇寶貝之友會

我會怎麼判別阿飄過世多久？

通常看我能看到的清晰度來判別

若過世有超過 30 年以上者，已呈模糊的白點

若過世在 10 年左右，通常大約還看得到依稀的模樣和性別

在五年左右過世的，當時是如何過世的狀態也會反應給我看

最清楚的當然是剛過世的，還可以和他閒聊一下...。

也曾看過專門給法師用來利用的嬰靈，模樣如同乾瘪的小嬰孩，但是可以跑來跑去

也看過車禍過世的阿飄，頭還搖來擺去

以及溺水而亡的阿飄，判別的方式為身上滴著水

上吊者則脖子上有繩索

阿飄臉上有紫色眼影者為厲鬼，算是阿飄界的高段者，可以，在死亡的地點上下左右可以移動 15 公尺左右也可以移動~物體。以及讓攝影機錄影起來。在感官和視覺都有震撼感。

第12課 次元維度（3）星光層，有關肉體死亡

（1）視頻： 北大教授破解「生命 度」玄机

https://www.youtube.com/watch?v=uDqkcmQ46QE

（2）應對星光層和本質層－死亡後你會面對什麼？

http://blog.udn.com/Uni127/10815819

如果你是毫無抵抗地死去，那麼你周圍的環境將充滿溫暖和愛的能量。你將體驗一種無法形容的釋放感。你是自由的，而且一切都變得清晰。

你記得，**神是創造源泉，而你是他的實現。你，擁有神光的人類形式，從未因為成為人類而被審判。相反你是被榮耀的。**一個報復心強的神是另一個曲解，一個用恐懼煽動的真相的反面。神在你身上認識自己，不管你做什麼或不做什麼。當你回到這一邊時，你再次認識到這一點，自我審判和自卑感將從你肩上滑下。你會再次感到生活的原始快樂，在神手心裡的安全

到達這裡後不久，你會覺察到你周圍的光生命。將有指導們協助你，還有你認識的比你先逝的人們。有時候你會驚訝於你撞到的人：曾經只是短暫相遇卻深深觸動你 心靈的人，可能是你終身並肩的朋友和親戚。任何你曾有過基於愛的聯繫的人，都會在某一點歡迎你。再一次，你如此清楚地知道，**告別只是一種幻相，而心靈的連 結卻是永恆的。**當你進入此無條件的愛和智慧的層面後，你將體驗一種感激和敬畏。

當你抵達這一邊後會有一個調整階段，用來熟悉你的新環境並慢慢釋放掉對地球生命的依戀。你需要適應。會有專門的指導支持你。你仍然具有一個身體，然而它感覺起來會比你曾經有的身體更流暢。你 最有可能是沿用最近肉身的外貌。雖然可以自由地採用任何一個你喜歡的外表，但大多數人喜歡有一段時間的延續。

你也可以自由地創造自己的生活條件，例如，一 個有著可愛花園的美麗房子，你在地球上曾經喜歡的自然環境。在此層面上完全可以過你的世俗生活，我指的是星光層。這是一個允許創作自由的生命次元或領域，儘管它仍然類似於和密切聯繫著物理地球次元。

有些人在地球上已經難以接受死亡，那麼到另一邊的過渡可能不太平（註：將待在星光層低頻的底層一段時間）。他們通常需要更多時間來適應新的生活情況。有時候他們得會花上一段時間才能真正認識到他們已經逝世了。有些人曾經長期患病，難以擺脫疾病的想法。

他們不能完全相信他們再次健康了。

舊身體能夠粘住靈魂，純粹是作為一種概念，一種思想形式。同樣的問題也存在於情緒習慣和行為模式裡。他們可能在星光層裡重複自己的舊有行為思想情緒習慣，直到靈魂發現自己的自由、放手的力量。並對新事物開放。

另一種可能是，某個靈魂仍然依戀地球領域，特別是某個親人，因為他們突然死亡或非常年輕就死了。這可能會發生在突發事故、災害，或當事人是年富力強時。這些情況下，某特定的靈魂覺得沒準備好或準備離開。死於這些情況或多或少造成創傷。對於這些受傷的靈魂，這一邊有著愛的支持，始終如此。靈魂遲早將達到一個接受和理解此情況的狀態。對於一個似乎太早從地球層面的離開，總是有一個可行的理由。死亡從來都不是巧合。

隨著你逗留在另一邊的時間延長，你的靈性會擴大到更廣泛和更深層次的知覺。你越來越多地放開你曾在地球上的思維和感覺方式。從本質上講，你逐漸回到你所是的核心，你的靈魂，你內在的神聖火花。

你越是進入——或返回——那意識的狀態，你就越是把自己從塵世個性和地球層面分離出來。（註：這就是為何要修行）你會感覺到某種生命流動正在超出那一面的你。你將接觸到你在地球上的其它人世，你體現你靈魂其它方面的化身。你意識到無限的空間，那是你的靈魂以及你在穿越宇宙之旅裡收集的許多經驗。

現在當在地球上的人們連接你時，他們會感覺到一個獲得了智慧和靈性愛的人。事實上，隨著你靠近你的靈魂核心，你正離開星光層進入我稱作的本質層面，本質領域。

大多數人在死亡後留在星光層相當長一段時間。他們回顧在地球上的生活，並反省所經歷的所有經驗。在星光界，你可以體驗到歡樂和抑鬱，積極情緒和消極情緒。你周圍的環境反映你內在的心理現實。你遭遇到的情緒會呈現顏色、風景和衝突的形式。你經常在夢境裡訪問此星光界，於是你就可以熟悉這一知覺領域。在你的密意文學裡，當他們談到死後的許多層次或各界，從黑暗到光明的範圍，都是指此星光層。

（民間宗教俗謂「地獄、天堂」的境界（註：即神鬼道），往往是描繪出星光界低層與高層的情緒顯化～前者能量低顯化出濃密濁重的「地獄」；後者「純想無情」沒有牽絆，顯化清亮淡泊的「天堂」...星光層以上的純精神領域～本質層，就沒有2元兩極的分別了。）

在星光層上，你有機會理順你在地球最近人生裡帶來的情緒行李。在此你有幾個仁慈的指導的協助。在某個時候，你會放下所有牽掛和情緒痛苦，並準備好完全超越星光層。那就是你前進到本質層的時候。當這種情況發生時，就像第二次死亡。你留下一切並不真正屬於你的東西，讓自己融入更大的你，你的神聖核心。（進入精神領域～本質層后，也會留下你的「星光屍體」...此屍大有妙用，倘某某迅速返回世間投胎～在他的星光屍體淡化消失前

～此人常會擁有額外不應有的能量，請參照 Chales Leebeater（發掘克里虛納穆提 J. Krishinamurti 的監護人、老師，也是通靈人）所寫"Astral Plane"）你移進本質層的那一刻，你將覺察到那移動你的巨大力量。你將體驗到你與神的一體性。

本質層，永恆的你的層面，是一切創造發源的神聖意識所在地。我請你花點時間連接到此層面，此時此地。它並不遙遠。它貫穿一切，無論是星光層還是地球層；它貫穿整個宇宙。**你在這裡感知到的存在是神的存在，純粹無瑕。它可能感覺起來像一種深深的寂靜，完全平靜卻充滿生命和創造力。從此來源彈生出一切造物，一切也都將回歸於此。**
（註：本質層 5－9 次元維度，超越 9 次元又是另一個界面，類似宙心、涅槃、如如不動……。但是大多數的人類只會在星光層短暫停留，無法觸及本質層，然後去到和他們頻率相共振的界面，例如：重新投身為人，輪迴。）

當你死後若能到達此本質層，你將能對你未來的目的地做有意識的選擇。在此層面上，你可能會安排，在導師們和指導們的協助下，地球上的另一個化身，或計劃一個不同的旅程，這取決於你自己的目標。**在本質層你可以清楚地感受到靈魂的聲音。正是從這個層面上，你曾經對你現在發現自己所處的人生說「是」。**（註：高我，超我。。。。）

花點時間回想起在此層面上是什麼感覺。在地球人生裡你越是瞭解你在此次元的知覺，就越容易平靜而死，並在死亡後超越星光層進入本質層。

死亡只不過是一個轉變（註：肉體死亡僅是幻想，僅是換成另一種形式存在，所謂能量不滅！）你在生活裡許多轉變的一個。出生是一個轉變。地球眾生知道這麼多的轉變時刻，是通過和放手。

只是想一想。你現在棲息的身體曾經非常小，一個脆弱的小嬰兒。然而你的靈魂，你內在的神聖本 質，當你還是個脆弱的小嬰兒時就通過你工作。當你成熟時，你們許多人被地球生活對你作出的要求所吞噬，你面臨著恐懼和疑慮。對你的神聖核心、你的靈魂的覺知，被推到幕後。（註：和神聖核心分離）

然而，你生活裡也有再次打開神聖知覺次元的時刻。這往往發生在你不得不放手，當你不得不告別的瞬間。

這很可能是與親人的告別，也許是放棄某工作；任何可以想像的情景。

這些事件都是轉變，類似於死亡，不是字面意義而是心理層面。

你被要求對深層次開放，正是在這些放手的時刻，你可以開始感受到你永恆自我的現實，那在你內在燃燒著的神聖光芒。

此現實無條件地與你同在，即使你周圍的一切都離開。

物理死亡時仍然如此。如果在那一刻你敢於放手，此永恆的層面將擁抱你，而你將經歷一個非常強大的你真正是誰的知覺。

有意識地臣服而死是一件神聖的事件，充滿了生命和美麗。此中大部分將對那些當事人來說是切實的。當事人越多地體驗到「死亡同時還活著」，就越會對他們見證的轉變充滿敬畏和尊敬。

關於在造物裡可提供的所有轉變，從物理出生和死亡，到你生命裡的緊張情緒瞬間，關鍵問題永遠與你是否會活下去無關，而是你能否保持與自己神聖核心的連接。你能夠接觸到本質層、你的原點、造物者的心跳嗎？經常在你的人生裡連接到本質層，是為自己做好死亡準備以及死亡之後事件準備的最好方法。通過現在就覺知 ——肉體死亡之前——你所是的核心並不取決於你目前居住的身體，也不取決於你在此世界所承擔的身份，一旦那些時刻來臨時，你的確可以設定自己自由順利地進行過渡。

連接到本質層是你做的一個選擇。死亡本身不會讓你更接近本質層。死亡後，你將與現在的你是非常相同的一個人，雖然被賦予了不同的可能性並且獲得更寬廣的視野。然而，**關鍵的問題永遠是：你還記得你自己嗎？你是否能夠有意識地聯繫到那流經你而且真正激勵你的永恆次元嗎？**

你是一名不朽的被珍愛著的光之天使。對此保持信任。當死亡時刻來臨時，讓自己得到此知識的安慰和支持；現在也同樣，當你與生活裡的問題作鬥爭時。

要平靜地死去，你被要求在內在層次從任何塵世存在的束縛中解脫出來。活著時就不斷實踐這種超然，那麼你會準備好死亡。

你可能會問：「當你還在生活之中時，從生活中超然難道不悲哀嗎？」

答案是：「不。正相反，這是對一種真正強大靈性的信仰聲明。」

超脫意味著什麼？它意味著，你要注意本質（註：神性的自己），不要捲入非本質的事物去。

它意味著你沒有製造不必要的情緒戲劇；

它意味著你在生活的簡單事物中體驗快樂。

要練習超脫並保持對準本質層面，需承擔對一個隱藏層面的知曉，它就在可觀察到的事物的直接之下和背後。超脫意味著正式放棄快速的好與壞的判斷，並信任那遠遠超出人

類思維的宇宙智能（註：超越三次元的意識）。

你們很多人都困在一種思考狂熱裡。

你狂熱地仔細考慮生活...如何解決問題、如何完成所有你認為需要去做的事情。

通過你的意志和思維，你非常固執地組織生活

超脫意味著你把自己這思考一面少點認真對待。（註：不要僅用左腦思維）這是一個悲慘的事情嗎？不是。正相反，它給你的生活帶來光和輕快。

（「難得糊塗」鄭板橋，「中觀」龍樹，「無為」老莊，「隨緣」佛，道家「逍遙」，巫士「不做」，連那個古板孔老九也講「中庸」...聰明轉認真，智慧原來只是 take it Easy！連塔羅大牌的最后一號～終極境界也是"#22-The Fool"...你還在認真 ing 嗎?！）正是由於你過度的控制慾，使生命變成一種鬥爭、勞累和沉重。

超脫（註：跳脫三，四次元二元極性對抗意識）會帶來思想的平靜、幽默和體貼。知道有限的生命會激發珍惜生命的自然願望。

正是那自然願望裡（自發性的隨緣無為（ㄨㄟˋ）），你的神聖核心可以毫不費力地流過你，從本質層到你的塵世現實。

一旦那情況出現，你將在死亡前征服死亡。

（3）從零維空間到十維空間，你能看懂到幾維呢？
https://new.qq.com/omn/20181230/20181230A0BGD1.html

（切記！此文所說的維度是以有限的三次元的科學來論述，是大腦的思考，非來自心的意識維度，而我們所談論的維度其實是指＊內在維度＊，非 3 次元科學所談論的維度！切記！不過若有興趣點入連結看看也無妨！）

第１３課　進入第五次元，暗物質，反物質，暗能量，量子糾纏

（１）暗物質、暗能量、量子糾纏

http://tw.112seo.com/article-2319010.html

我們的世界，因為幾個最新的科學，全亂了。

一、攪亂了世界的3項科學成果

（一）暗物質

1、怎麼發現有暗物質？

我們原來認識的宇宙的形態，是星球與星球之間通過萬有引力相互吸引，你繞我轉，我繞他轉，星球們忙亂而有序。

但後來，科學家通過計算星球與星球之間的引力發現，星球自身的這點引力，遠遠不夠維持一個個完整的星係。如果星係、星球間僅僅只有現有質量的萬有引力支持的話，宇宙應是一盤散沙。宇宙之所以能維持現有秩序，只能是因為還有其他物質。而這種物質，目前為止，我們都沒有看到並找到，所以，稱之暗物質。

2、暗物質有多少？

科學家通過計算，要保持現在宇宙的運行秩序，暗物質的質量，必須 5 倍於我們現在看到的物質。

3、有沒有觀測到暗物質？

現在沒有真正的測到暗物質。只是能發現光線在經過某處時發生偏轉，而該區域沒有我們能看到的物質，也沒有黑洞。

4、黑洞是不是暗物質？

不是。黑洞只是光出不來，它發出其他射線，它仍然是常規物質。

（二）暗能量

1、怎麼發現有暗能量？

科學家觀測發現，我們現在的宇宙，不僅在不斷膨脹，而且在加速膨脹。如果勻速膨脹，還可以理解。但加速膨脹，就需要有新的能量的加入。這能量是啥？科學家也搞不清，取名叫暗能量。

2、暗能量有多少？

科學家通過計算，通過質能轉換方程 E＝MC2 計算，要維持當前宇宙的這種膨脹速度，暗能量應該是現有物質和暗物質總和的一倍還要多。

3、有沒有找到暗能量？

目前為止，還沒有。

（註：宇宙中物質 **4%**暗物質 **23%**暗能量 **73%**）

（三）量子糾纏

1、現代科學發現，對物質的研究，在進入分子、原子、量子等微觀級別後，意外非常大。出現了超導體、納米級、石墨烯等革命性的材料，出現從分子水平治愈癌症的奇跡。而最神奇的是——量子糾纏。

2、什麼是量子糾纏？

科學實驗發現，二個量子，會在不同位置出現完全相關的相同表現。如相隔很遠（不是量子級的遠，是公里、光年甚至更遠）的二個量子，之間並沒有任何常規聯繫，一個出現狀態變化，另一個幾乎在相同的時間出現相同的狀態變化，而且不是巧合。

3、有沒有觀測到量子糾纏？

量子糾纏是經理論提出，實驗驗證了的。科學家已經實現了 6-8 個離子的糾纏態。我國科學家實現了 13 公裏級的量子糾纏態的拆分、發送。

二、*攪亂了的世界*

（一）攪亂了的哲學世界。

我們原來認為世界是物質的，沒有神，沒有特異功能，意識是和物質相對立的另一種存在。

現在我們發現，我們認知的物質，僅僅是這個宇宙的 5%。沒有任何聯繫的二個量子，可以如神一般的發生糾纏。把意識放到分子，量子態去分析，意識其實也是一種物質。

既然宇宙中還有 95%的我們不知道的物質，那靈魂、鬼都可以存在。既然量子能糾纏，那第六感、特異功能也可以存在。同時，誰能保證在這些未知的物質中，有一些物質或生靈，它能通過量子糾纏，完全徹底地影響我們的各個狀態？於是，神也可以存在。

（二）坍塌了的物理世界。

我們現在所有的物理學理論，都以光速不可超越為基礎。而據測定，量子糾纏的傳導速度，至少 4 倍於光速。

（三）崩潰的內心世界。

科技發展到今天，我們看到的世界，僅僅是整個世界的 5%。這和 1000 年前人類不知道有空氣，不知道有電場、磁場，不認識元素，以為天圓地方相比，我們的未知世界還要多得多，多到難以想像。

世界如此未知，人類如此愚昧，我們還有什麼物事必須難以釋懷？

（2）何謂宇宙的暗物質、反物質

https://blog.xuite.net/eeshan/jjj/96732795

暗物質的名稱由來是因為它的特性像物質一樣會吸引其他物質，這就跟萬有引力一樣，而且它都分布在大尺度之下，比如說像是宇宙，所以它掌控了宇宙會收縮還是膨脹的因素之一。

起初觀察到這這現象是在星系上的自轉運動，或者說是許多星星繞著星系中間軸所產生的公轉運動，**按照重力定律，越靠近太陽的行星應該會公轉的比較快，而越遠離的就比較慢，但是在星系上觀察到的就不是這個現象，它們繞星系中間軸的速度竟然一樣快，**所以說要不是重力定律錯了，不然就是我們星系觀察到的質量和實際有的質量有差別，那星系應該更重才對，所以說裡面一定有甚麼物質，只是我們看不到，因此在往後的天文觀測中，已經確認有一種物質看不見，也就是用電磁波看不到它的存在，只能用間接的觀察，比如它對星系所造成的影響或者它對宇宙造成的影響，它也會影響光的路徑，因為它有重力，只是它只有在大尺度看的到而已，因此**宇宙的未來，也就是收縮或膨脹，都靠暗物質、暗能量決定了，**在此的暗能量就是和暗物質相反，它會使宇宙膨脹，就像一種能量一樣，暗物質你摸不到它，看不到它，但它確實存在~

反物質是由反粒子所構成，，這就是正物質是由正粒子構成一樣，反粒子擁有的一些物理特性和正粒子相反，比如說電荷，或者說是量子的內相加性，而它有的特性是當遇到它的正粒子時，它們會產生湮滅，造成光子產生，或者產生另外一對能量比較低的正反粒子對，有時候光子也會回朔成正反粒子，比如說像是黑洞視界所發生的霍金輻射，這個想法可以發明發電機!!因為它們是直接的質能轉換，但是現在只能用超大的粒子加速器把正粒子對撞產生很大的能量，裡面只會產生很少顆的反粒子而已，而且它一下子就跟正粒子發生煙滅了。

美國貝爾實驗室　有兩個科學家　他們看到了宇宙背景輻射　什麼是宇宙背景輻射？？

這兩位科學家一開始是以為雷達壞了，出現雜訊，沒想到意外發現了宇宙背景輻射，這兩位科學家分別是阿諾·彭齊亞斯跟羅伯特·威爾遜，英文分別是 Arno Allan Penzias 和 Robert Woodrow Wilson。

這種輻射是宇宙大爆炸時所留下的爆炸能量，而且它的分布還不是很平均，這是因為宇宙在很小的尺度上有不同的分布，這是因為量子的不確定所造成，這也因為宇宙爆炸被放大到這麼大，所以背景輻射就像是宇宙剛開始爆炸時的縮影，可以看到了宇宙尺度的結構和溫度也是有關係的，因為宇宙也是個大黑體，會散發出黑體輻射，在此黑體輻射不懂的話，這就像是溫度不同會產生不同的輻射，這被稱為黑體輻射，起因就是因為原子的電子對熱的擾動所產生的脫離現象，會產生輻射，而該輻射的強度分布跟溫度有直接關係。

如果宇宙是大爆炸產生的　那在 140 億年　宇宙還沒爆炸之前 不是一無所有嗎!? 這樣怎麼會大爆炸??

在宇宙爆炸前，就是因為沒有之前的東西可以研究，所以只能說誰也不知道那時候是怎樣囉，正是因為我們有宇宙爆炸後的宇宙，也就是現在的世界，我們才可以研究，然後爭論。

Q：如果在宇宙找到了暗能量.暗物質和反物質　能不能回到過去呢 ??

A：理論上可以，但是你要可以控制這些東西，反物質可以讓你平安過蟲洞，暗物質可以吸引，暗能量可以排斥。

Q：有一些資料影片　專家說　是可以的　大大您認為呢?

A：只要穩定通過蟲洞、黑洞，就可以啦，而穩定的方法就是在太空梭外部一直釋放反物質

Q：還有　就是　以後的科技　能不能有時空旅行 ??

A：能，只是要先有發展吧，目前只能去未來，但回不回來~，愛因斯坦的相對論呀，都

可以簡單應用

應用愛因斯坦相對論回到過去的方法有很多種，大約是因為速度快的關係造成時間變慢，而如果超越光速就可以使時間倒轉，而就可以用蟲洞來超光速了，但是還有一種靠近吸引力大的物體，時間會變慢的效應，這也可以用來當作簡單的未來時空旅行，這分別用到了狹義及廣義的相對論

關　於　暗　物　質　與　暗　能　量　可　以　參　考　這　篇　：http://web1.nsc.gov.tw/ct.aspx?xItem=8469&ctNode=40&mp=1

另外暗物質的部份我也曾整理回答過，給你參考：
http://tw.knowledge.yahoo.com/question/question?qid=1007051604803

以一般而論，時間是從大爆炸發生後才開始有意義，在大爆炸之前時間沒有意義，我們現在所知的所有理論也都無意義，就這點來看討論大爆炸之前的事和大爆炸發生的原因也是無意義的…

愛因斯坦的廣相本身就隱含了宇宙中有奇點存在（大爆炸、黑洞），但要注意的是，廣相可完完全全是個古典物理的理論，並沒有考慮量子效應，而奇點發生的地方，正是廣相的極限所在，由於它是發生一個尺度非常小的範圍，所以量子效應應該要考慮進去，這也就是量子引力論發展的開始，主要目的就是要結合廣相和量力。

（3）天狼星訊息【暗物質太陽】

http://3d-5d.blogspot.com/2016/11/blog-post_25.html

親愛的一們，我們再次來鼓勵你們，並在你們寶貴的星球上安慰你。

兩天前的晚上，我和蘿拉（訊息傳遞者）談了關於『銀河中心的暗黑太陽』。

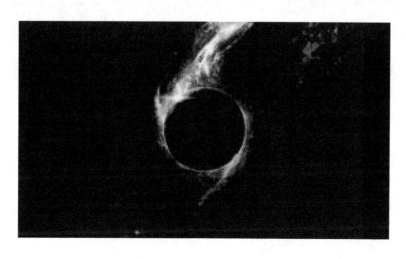

我展示給她的圖像是我們星系連接到這個銀河系中所有現有太陽裡最強大的太陽。

沒有什麼、沒有任何人能擁有比暗物質太陽更大的力量和影響力。

它正發送大量的能量到我們的太陽系，特別是你們的太陽。

它發送它的療癒、愛和禱告。

它是由暗物質和反物質所組成。

很多關於暗物質太陽以及它對銀河系其它部分的引力牽引，對我們來說是完全不可知的。

我們使用我們的遙測和錄音設備，成功地記錄它到整個星系和宇宙的輻射。

記錄的振動是非常高和強大，雖然他們不是歷久不衰。

他們的力量到達宇宙、你們的行星和星系、人類的心和靈魂最黑暗的角落。

在這個『完美的超級月亮』，它總是非常活躍的滿月。

它在許多方面是非常活躍的，發送的振動是非常高的。

在未來的幾個月和幾年，你們的星球正面臨著更多的混亂和痛苦。

這將繼續下去，直到暗物質太陽估計已有足夠高的意識水平在這星系中。

事實上，所有的困難和挑戰，只是要幫助我們去堆動我們的局限性。

偽裝的黑暗也是人類的光和演化過程的一部分。

事實上，親愛的一們，黑暗和光明是一體、同一宇宙以及造物主的一部分，並在真理中有相同的終極目標。

暗物質太陽不需要禱告、敬拜或獻祭。

當光明獨自遇見自身的局限性時，它的存在是為了推動我們能更進一步。

暗物質中心太陽正在擴大，為了幫助整個星系提升到更高的維度。

要一次又一次把它牢記在心，它活在我們所有人當中，它是我們的一部分，它主要是未知的平凡智力。

然而，你會變得更加覺醒，你會更加意識到你將是這個活的中心實體，更加意識到你會存在。

瑪雅人與我們的暗物質太陽有著非常和諧的關係，他們真正地理解並與它溝通。

亞特蘭提斯文明選擇了違背它的意志，並試圖無視物理學和重力的規律，因此他們戲劇性的結束了。

我們邀請你們不要忽視這壯麗的存在，而跟隨你的弟兄亞特蘭提斯的腳步。

你們現在已經學到了教訓，現在該是時候承認它的存在、力量和意識。

請親愛的一們，不要讓歷史重演，透由因為無知、缺乏內在的連接和傲慢而創造第二個亞特蘭提斯的變異。

人類需要保持謙卑去通過未來將在你們的星球上展開的事件，而『暗物質太陽』是唯一能真正幫助你們提升到這個過程的最後一步的實體。

我是來自天狼星的 SaLuSa，祝你們所有人有美好的一個月，伴隨著中央太陽在你的心和意識裡。

謝謝你

SaLuSa

（4）如何使自己靈魂揚升進入第五次元（愛萬物如己的伊甸園）

https://www.youtube.com/watch?feature=player_embedded&v=xfghkD3YVg4

有人完全沒讀過以下這類靈魂揚升的指導和訊息，卻都莫名其妙地揚升了，有人了解所有的訊息，卻還是無法靈魂揚升。原因在於，要靈魂揚升就必須在內心中活出孩童般的純真本質，許多要靈魂揚升的人頭腦裡充滿了邏輯與理論，反而阻礙了心的運作，因為靈魂揚升必須由心來引導腦而不是有腦無心。

孩童般的純真會真實地面對自己，尤其是難看的心魔和陋習，還有種種自己不願意面對和承認的業障，頭腦會抑制和降低真實本我的熱忱，喜悅和天真。

以下是自我審核表：

基本

1. 成為你自己，不要裝腔作勢去迎合別人，不要戴著面具做人

2. 做該做的事情

3. 相信萬物皆有靈

物質

1. 清理沒用的髒東西，物質藏污納垢的地方也是心靈的污垢之所在

2. 盡量食用天然的素食品

3. 有規律地運動但不過度

4. 有意識清醒地知道自己在入睡中

5. 保留休閒時間，別再拿閒暇時間去賺更多錢來維持居高不下的生活水準

情緒

1. 聆聽內在的孩童（註：內在小孩）

2. 駕馭自己的情緒，不受到外界的刺激和挑釁

3. 設身處地從別人的觀點來諒解對方的行為和情緒

4. 多找出別人的優點而不是顯而易見的缺點

5. 慷慨地寬恕，用原諒終止糾纏和糾紛

6. 用心去感知，而不是用腦去回應

心智

1. 心智裡充滿真言

2. 每日重複背誦肯定語

3. 時刻維持在平靜的中心點

4. 脫離物質與感官的慾望

5. 為自己的生活負責而不是依賴別人

6. 注意聖靈給的暗示

選擇

1. 慎選朋友，伴侶，合作夥伴

2. 負責任地選擇思想，語言與行動

3. 把挑戰當成靈性成長的契機而不是打擊或懲罰

4. 只接觸和閱讀能夠提升自身頻率的事物和內容

5. 對任何事都保持中庸之道，不過度，不走極端

6. 培養與建立高尚品質如仁慈，慷慨，謙卑，愛心等等

7. 祝福所有人，包括敵人，壞人，自私的人，討人厭的人

修煉

1. 以輕鬆態度過日子，拒絕壓力

2. 每日固定靜心，同時反省該清理的污垢沐浴在光中

3. 不吝嗇給與別人的鼓勵，祝福與感恩

4. 經常有意識地祈禱

5 不斷閱讀靈性的文章和書籍

（註：但是必須學會過濾訊息，因為靈性訊息中常有陷阱、假光訊息。務必學會覺察、覺知與分辨）

6. 無法說出對別人有益的話語時，就保持緘默

服務

1. 幫助地球媽媽和地球居民

2. 幫助需要援助而自己又辦得到的人

3. 不要在自己辦得到的時候還是冷漠地說不

4. 幫或不幫都需發自於本心，不要被情緒綁架！只需看懂再做出有智慧的決定即可。
（註：不要讓自己陷於低頻的同情，學會同理非同情，換句話說就是用臨在的方式，不要掉入對方的情境，陷入泥沼中／能量漩渦中。）

5. 提供拹助的一隻手比祈禱的雙手更為神聖

（不論道理說到哪裡，修到哪裡，還是離不開身，口，意的造業基本管道和工具，掌握自己身上這三件工具，就可以負責任地創造對別人有益的善業。） www.dianacooper.com

揚升

初步揚升是指將自身的頻率提升到星光高頻的層次，也就是 4D 以上的乙太界面，因為每一個身，口，意的動作都是一種振動，創造出相應的氣場。因此，要揚升就得進化思想，清理情緒，用慈悲心選擇至善之道，直到氣場轉換成高層次的光芒，活在喜悅與自由之中。

純粹生活在物質世界裡高度依賴這個世界去生存的人，眼見耳聞的猶如用第三檔在生命的道路上開車，掙扎著前進，緊握方向盤，老是擔心會出意外。他們以人類的世俗觀念生活，不斷咒罵其他駕駛，在自以為安全的車道上行駛，不敢轉換車道，甚至認為那是唯一穩妥的車道，每個人都應該走那條車道。

當一個人向靈性的事物開放時，特別是無條件的愛，就等於換檔到 4D 的第四排擋，走另一條車道，車也開得更放心，更信任這條生命的道路，也會尊重其他車道上的人。

當我們承認駕駛人就是靈魂，而且還是神性的一部份，車子只不過是個載具時，就懂得如何負責任地使用這個力量去創造，然後再用純熟的技術轉換到第五次元必定要用的第五排擋。除了不干擾別人之外，還能放棄自我主義，沿途幫助其他車道上的人，把旅程奉獻給更高的神性目的，輕鬆地享受這個旅程，這就是揚升之道。

許多人對於揚升的事有恐懼感，以為肉體會滅亡，那是因為以前的大環境還不允許不必經歷死亡去提高振動頻率，肉體無法承受更高的光度，就只好分解肉體去換身。現在不同了，可以讓提升的靈魂住在潛移默化看似肉體的身體裡換身，在人類史上，人類從未有過這樣的機會。當然也有人選擇丟掉這副肉體去轉換比較直接了當，也就是自然死亡的方式，時候到了，自己就擇日離開，不會眷戀 3D 世界，不像一般人那樣有那麼多未知的恐懼。

在肉身中揚升的人會容光煥發，因為頻率振動的速度快，就會感受到無上喜悅，無條件的愛以及合一的一體性，想要為星球奉獻與服務，個人的需求與慾望就不再比服務其他人來得重要。好處是，成為揚升大師的人只需用思想與語言就能創造事物，擁有不可思議的力量。

靈魂揚升會先平衡前世累積的因果業力。因果業力都是過去的思想，語言與行為堆積出來的資產負債表。因為過去在 3D 世界裡造的業不一定馬上得以平衡由另一個反作用力來抵消掉，而是賒賬到下一世才遇到機會去扯平。由於大環境的頻率低的關係，顯化的速度慢，因此今世的機遇無法跟已經忘記的業障作連結。

在更高的次元裡，償還業債的速度會跟著時間加速，當因果業力接近平衡點時，個人就會見識到立刻顯現的因果業報。換句話說，現在產生了一個負面的念頭或者做了件虧心事，後果很快上就回到自己身上，比如身體不舒服生小病。沒什麼業障的人要懂得感恩，而不是慶幸或幸災樂禍，還有業障的人就需要不斷懺悔尋求原諒，也原諒別人，好讓自己的業力賬本保持平衡，至少不負債。

由於身口意發出去的都是頻率，像聲納系統的聲波聲浪那樣，碰到別人之後就會自動再反射回來給自己，也會吸引到頻率相同的人的回應，變成同頻共振或同類相吸。因此，**生活中的外在際遇就像一面鏡子，完完全全原原本本地反映出自己的樣子，而不是把鏡中物當成是別人的問題，忘了自己才是造物主。**（註：自己才是始作俑者）

除此之外，還有三種原因：

1. 你吸引到前世契約同樣低頻率的人或事件，這些契約需要你來兌現。

2. 你可能要通過這些困難的人與事去實現你的靈魂在投胎以前選擇的使命或天命，因此很多靈性大師都遇到極大的創傷而得到更高階的智慧與慈悲。

3. 你可能會接受啟蒙的考驗，也就是聖靈／高我給你出的考題，借以優化你比較弱的部份，就出現備受挑戰的情感情緒，人際關係，財務狀況或工作上的困難來供自己選擇處理和面對的態度。

要揚升就必須完成來地球的使命，有些人的內在已經覺察出此生的目的，其他人可能需要在靜心過程中獲知自己的生命藍圖。不過，要完成使命的人都必須做出一些困難的決定和改變。

另外，揚升之道的其中一個本質就是合作，只有少數人是在與世隔絕的山洞裡揚升，多數人都必須跟同胞一起攜手邁進。

靜心

在地球以外的星球，數以千萬計的靈魂選擇要在這個時候進入地球學校，但不是每個靈魂都能成功。因為完成使命並不容易，如果過不了關，可能還要重來，成功的話，禮物將遠遠超過自己所能想像的。

這種情形好比帶著地圖走入叢林中，有人失去耐性放棄，有些人傾聽指示但不以為然，還有更多人只會不斷跪地請求甚至尖叫求助，然後坐著等待回應。

無線通訊系統當然就是祈禱和靜心，但是多數人卻以機械化的方式在祈求幫助，對回應也半信半疑。

靜心是在傾聽來自宇宙源頭的回應（註：內在高我的聲音），使受到干擾的心沉澱下來，保持清晰的通訊狀態。但靜心中得到的回應通常都不是以語言的形式呈現，而是圖騰，或者完全沒有，反而是在日常生活中的書本或電視節目等媒體得到啟發和提醒而靈機一動，明白過來，也得到了答案。有時還會從旁人的口中冒出一些他們平時都不會說的有智慧的語言，而那些話正好對號入座，直擊自己心中的要害，一針見血。通常都用這種方式來回答或提示，借口說話最直接方便，不必猜疑，當然，個人要時刻保持覺知和開放接受訊息的狀態，才不會當作耳邊風沒察覺出異樣。

每個人在投胎來地球以前，都謹慎地審查過自己的功課，如果無法完成，就必須再回來，再繼續未完成的課題。譬如說生命的目的某部份是要學會處理某種情緒，如果還有殘留未解決未圓滿的情緒失控或人際關係被壓抑，就會在下一次再度遇到同樣的人和事。如果不駕馭恐懼，也會再面對，因此就必須走過叢林中的鱷魚潭。

有些人已經在地球上投胎很多次，經驗豐富。有些人有沙漠生活的經驗，但沒進過叢林。有些越過高山，航過大洋，到過極地，但還是迷失在叢林之中。換句話說，有些人在其他星球生活過，不論有多進化，到了地球還是不知所措，無法適應，迷失自己，因為其他次元的經驗裡沒有地球上的兩元對立極性關係，情緒和財務理財法，因此要在物質空間裡揚升，就像是要爬上高山頂峰那麼有挑戰性。

多數人都處在中間階段，有業障未解決，拉住要往前衝的靈魂，就有壓力，好比給老爺車裝上了飛機引擎，剛一開動車身就受不了震動，但又跑不快，還無法起飛，因為車後還拖著一間休旅屋，裡面裝滿了東西。

靜心時只需純然地感知，觀察或覺受，就會發現自己更接近中心點，就能獲取自己需要的資訊。

在靜心練習前務必默唸：請高我臨在外靈離開

練習一：

1． 舒服地盤腿而坐閉上眼睛。

2． 輪流集中注意力在身體的每一側或每一部份，讓身體變得柔軟，輕鬆，沒有需要使力硬撐的部位。

3． 觀想自己緩慢舒適地把光吸進臍輪中。

4． 用意念打開頂輪，觀想金色光從上而下灌入身體，穿越每一個脈輪，也穿透到地底下。

5． 觀想眼睛上升到眉心輪的位置，然後自然地呼吸。

練習二：

1． 舒服地盤腿而坐閉上眼睛。

2． 先深呼吸幾次，每一次吐氣身體就像洩了氣的皮球，完全鬆弛，但還是不動。

3． 觀想走在一條翠綠的鄉間小路，路邊長滿了花。

4． 路的盡頭是一個美麗澄清的湖畔，在湖畔坐下。

5． 安靜地觀看平靜的湖水，感覺太陽暖和地照在自己身上，光線適中不太亮也不太暗。

6． 然後自然地呼吸。

淨化

尚未處理的負面情緒會留下殘渣在細胞裡反射到氣場，然後吸引負面的情境與人們靠近。但是，如果你面帶微笑卻將憎恨或詛咒暗藏在心裡，就要停止這種偽裝。只有誠實地面對自己的陰暗面，才會知道哪裡髒需要清理。

如果自覺自己的情緒波動很大，就練習靜心回歸寧靜與平和的中心點。如果憤怒是來自一個潛藏的信念—相信軟弱的男人是不安全的—浮現時，就用肯定語換成：相信我自己跟別人相處時是安全的。如果不斷出現一個信念說—我老是做錯事，就換成：我還是可以把事情做對。

情緒是通過身體的液體如眼淚，淋巴，尿液與唾液快速地傳遍全身，尤其是憤怒，惶恐和絕望這些很偏激很刺激的情緒，對身心健康的危害很大（心先有毒而病才生）。

食物的淨化也會影響靈性，庫彌卡上師說，巧克力和糖，乳制品和加入化學添加物的制成品，會降低光的能量，使用農藥的蔬菜水果也一樣（人造化學物就是致癌主因）。

體內的細胞受到刺激時就會緊張，緊張就會緊縮，緊縮就使到身體更稠密厚重，以便保護身體去適應有毒的環境。反之則輕鬆，身體密度變稀薄，毒性無處可附著。

想像細胞是一個燈泡，燈泡中心有燈絲，共 12 條，由裡到外地環繞，這就是細胞內的 12 層 DNA。燈泡接上電源後，燈絲一亮一暗快速開關閃爍就只看到亮的部份，看不到暗的部份，振動速度越快就越亮，能量也越強。不過大部份燈泡外殼都沾滿了灰塵，光線昏暗，連電線也陳舊不堪，連結電源之後還是有阻礙，導電不通暢，就需要清理乾淨。**只有當細胞在最放鬆最純淨的狀態下才能通暢地連結到宇宙的各個大中小發電站或轉換站，燈泡才能再度發亮。**

如果你身邊有人讓你感到沮喪或氣惱，可以想像一團紫色火焰，把自己和別人都一起送進紫色火焰中淨化。沒有特定對象時，也可以用紫色火焰來淨化生活，將以前每一個跟自己有過節的人，不論是自己的錯還是別人的錯，都一併送入紫色火焰中去清洗乾淨。當然，你也可以觀想自己一直都被紫色光團包圍住，就像靜坐時會看到的紫色閃光那樣的璀璨奪目，世上最透徹的紫水晶都沒它漂亮。

另一個方法是在受到攻擊和挑釁時產生憤怒的念頭，就畫出對方的樣子，寫下心中的憤怒和不滿，然後撕成碎片倒進馬桶中冲掉，要不然就點火燒掉紙張。之後清理房間，丟掉沒用的舊物，書架上只擺靈性書本或經書，因為他們會放射光芒，持續點檀香，播放 Om 的梵唱之音，自己在睡前可以數念珠唸短咒。以上種種就等於給自己的房間包上了金色蛋，自己也變透明，要攻擊和挑釁的人晚上靈魂出動時就找不到自己，他們自己會感到痛苦，因為沒有可發洩情緒的對象而傷害到自己，造成內爆。（註：以上方式屬術範疇，不建議，僅供參考）

要記得，黑暗是為了服務光明而存在，恐懼是為了服務愛而存在。因此，我們也要祝福和感恩黑暗，因為他們在揚升的道路上加速我們的進展。

自由

當我們執著於某人某事某物某個目標或某種情緒時，就等於給自己的腳套上了鐐銬和鉛球，拖著走。人就是這樣把自己困在機械化重複的行為模式，僵化的思維模式以及情緒信念的枷鎖中，也把自己錨固在較低的頻率振動上。**揚升就是把自己的心識與情緒的小鳥從枷鎖的鳥籠中釋放出來，自由放飛，而打開鳥籠的鑰匙就在小鳥的身體裡面。**

　　自由的關鍵就是能夠覺察與關照自己的起心動念，不再聞風起舞，飛得高才能看到整體的全貌，明白更多事情，也看到許多被人為地掩飾的真相。在大象背上爬的蜘蛛只知道大象是扁平的粗糙表皮，跳得高一點的跳蚤只知道大象是灰色的，表皮上有毛，在天空中飛的鳥知道大象只是一群動物之一，在太空中的衛星鏡頭看到大象只是某個國家裡的一個小點，其他星系的外星人看地球只不過是銀河系裡的一顆小彈珠，大象只是微塵之一，地球上的人看太空中的星星也是一樣的小。

　　有些人純粹地生活在 3D 世界中，眼見耳聞手碰的都是 3D 裡的東西，就像在大象背上爬行的蜘蛛，眼界受限於物質與有形的表相，不知全貌，有太多的未知和誤解，曲解，被誤導，就會充滿恐懼，懷疑與幻象，作繭自縛，無法發揮靈魂原有的超能力。

　　揚升大師與 3D 人類的差異在於，一般人容易受到他人較強意志的震盪搖晃，猶如風中的葉片般搖擺晃動，因為大部份人需要他人的接受，肯定，認可，承認與愛戴，就讓自己屈從於他人的意志。

　　每當我們需要外在的認同時，我們就依賴他人，同時允許某些人的權威凌駕我們的靈魂，俘虜和奴役我們的自由意願的權益。當我們持續尋求建議與幫助，而不是聆聽我們的直覺與自己的決心時，就把自己的力量交託出去讓別人來指使自己。

　　獨立自主意味著傾聽自己內在的直覺付諸行動，這麼做就等於認同，承認也愛自己，自然會散發智慧與寧靜，平靜就會冷靜，冷靜就不會做出傷害別人和傷害自己的決定。

　　大部份人都以憤怒，受傷，慾望，貪婪，傲慢，嫉妒等方式錨固在 3D 世界裡，即便有機會改變，潛意識還是頑固地緊抱住舊創傷，自豪，冷漠，驕傲，自大，恐懼不放。

打開鳥籠的鑰匙在於：

　　1. 原諒自己和別人，如果全部人任何人都可以原諒，就再也沒有恩怨情仇與憤怒存在。

　　2. 做每一件事時都認為必定會成功，遲早問題而已，差別只在於選擇做還是不做，有所為有所不為罷了。

　　3. 時刻也盡量保持在中心點的寧靜狀態，就能去除我執做出明智的決定和選擇。
（註：處在中軸）

　　4. 尋求雙贏的合作而不是在玩零和遊戲，但也不要跟還在習慣玩零和遊戲的人談雙贏的合作，免得自己的正面頻率也被拉低。

　　5. 多發揮創意，多作箱外思考，改變線性思維的習慣。

6. 覺察與關照內心中的兒童，也就是純淨，開放，無心機地接受所有人都是可愛的，不論那個人做錯過什麼事和多少壞事。

安寧

一個人處在安寧的狀態中時，就會散發出一種振動頻率，也讓周圍的人感到安全。反之，緊張，焦慮，防備，猜疑時會降低振動頻律。

第14課　精微身體（1）三魂七魄，三脈七輪，能量印記

（1）精微體（即能量體）

http://ponopono99.org/?page_id=1372

精微體即能量體，能量體構成能量場，能量場是位於身體外面約 100 公分左右的圓形體，像個發光的彩色大蛋，於肉體外緣發光。能量場收藏著大批資訊，承載我們前世遺留的業力、遺傳祖先的特質，也顯現出我們的人格、思想、情緒和感受，左右肉體的成長變化，所有我們過去的歷史、個性、早年的歡樂、現在的痛苦、身體健康、情緒好壞、心理狀態等，都烙印、顯現在能量場裡。

能量場是氣輪創造衍生出來的，當氣輪快速旋轉時形成自己的能量體，能量體與其他氣輪產生的能量體相結合，產生能量場。人的能量體分成七個層級，從第一層到第七層，沿著人類成長的脈絡發展，其意識從求生的本能、到發展性的能力、到擁有個人力量、到泛愛世人、到能表達、到有體會真理的能力、直到與宇宙合而為一。**能量越靠近肉體，密度越低（濃稠）、頻率越低、能量越沈重且物質化；能量越往外走，密度越高（稀薄）、頻率越高、能量越靈性超然。**

每一個能量體通常對應一個脈輪，能量場中的第一個能量體最靠近肉體，第七個能量體在最外圍。最靠近肉體的三個能量體（乙太體、情緒體、理性體）屬於人間的、俗世的、入世的；包覆在外面三個能量體（乙太模板體、天人體、起因體）則屬於超個人的、非俗世的、出世的靈性世界。介於第四層能量體（星光體）則是一個重要關口，所有屬靈的高頻率能量要降低到低頻的人世間，和所有低頻率要升高到靈性的高頻率世界，都必須經過這一個關口。

七個能量體的七層並非像千層蛋糕一層層往外疊，而是像俄羅斯娃娃般，打開大的娃娃，裡面是小的，打開小的，裡面有更小的，一層包覆一層，然而能量場也不同於俄羅斯娃娃，所有的外層不但包覆內層，而且滲透至裡面的能量體，或者兩者互相滲透。

就結構上來看，奇數層（即一、三、五、七層）的結構嚴密有規律，由一條條綿綿密密的線條組成；偶數層（即二、四、六層）的結構卻截然不同，說不上任何實在的結構或組織，感覺上像行雲流水，無相無貌，或像棉花鬆鬆軟軟的。以下逐一介紹每一層能量體：

第一層能量體—乙太體（etheric body）

乙太體與海底輪相對應，和肉體的安全、功能及感官有關係，主管存在的意志。乙太體緊靠肉體，比肉體要大，大約離肉體 1-5 公分左右，位置與肉體重疊，厚薄因人而異，看起

來像一層雲霧般的光圈，此光圈不斷地向外擴張及向內收縮，一分鐘搏動約 15-20 次。

乙太體結構緊密，由藍色的線條組成，單看像極了藍色蜘蛛人。**乙太體的結構類似肉體，具有肉體各個器官和各部位，有血液、內臟、系統、毛髮等，是肉體的模型與生長藍圖，會直接影響身體的功能與狀態。**肉體細胞每幾個月要重新更換，就是根據乙太體這個藍圖打造的，如果肉體生病，乙太體將起建築師的作用，提供藍圖幫助修復肉體。乙太體發展的越好，肉體也越健康，反之若照顧好自己的肉體，乙太體也會強壯些，線條相對的比較粗，且更具彈性。有些人截肢後還會感覺到肢體存在，其實就是感覺到乙太體。

第二層能量體—情緒體（emotional body）：

情緒體與臍輪相對應，與情緒、感覺有關，主管感受和情緒。情緒體滲透且大過乙太體與肉體，離肉體皮膚大約 3~8 公分，其結構不如乙太體緊密紮實，而是像棉花般的柔軟，或像行雲般的飄浮不定，顏色如彩雲般有著七彩。我們對自己的感受和情緒所形成的能量，在情緒體中一覽無遺，當有著強烈而清晰的感受時，如極端興奮、非常快樂或很憤怒，情緒體是明亮的；情緒低落時顏色偏暗，感覺上像泥土般又黏又重。

第三層能量體—理性體/心智體（mental body）：

理性體、心智體與太陽神經叢（輪）相對應，和理性分析、邏輯觀念、思考能力有關，主管人的心念和想法。理性體滲透且大過肉體、乙太體和情緒體，離肉體大約 8~20 公分左右，顏色是黃色，結構由線條組成，像黃色蜘蛛人，但此處的振動頻率更高，因此線條本身更細微而不易察覺。

理性體儲存著我們的心念和想法所形成的能量，這些想法和心念在理性體裡具體可察，有顏色、可發光、有著不同的密度，心念越強、想法越明確，出現在理性體的強度也越大。人的許多心念想法是由情緒體衍生出來的，因此真正顯現在理性體的可能是除了黃色外又摻雜了與情緒有關的顏色，感受和情緒影響心念和想法，反之，情緒也同樣受到心念和想法的影響，兩個能量體的關係極其密切。

第四層能量體—星光體（astral body）：

星光體與心輪相對應，能反映此人如何付出或接受愛意。星光體離肉體大約 15-30 公分，樣子像是柔和的粉紅色光彩透進第二層情緒體的彩雲間。

第二層情緒體與第四層星光體皆和感覺有關，前者是對自己的感覺，後者是對其他人類、動物、植物、礦物，乃至對宇宙星球的感受，包含著所有人際關係上所發展的情緒，也包含和宇宙間其他存有的關係。若人際關係良好，星光體健康且電力充足；若星光體充電不足或振頻太低，則會出現很多感覺像是痰或鼻涕般的東西，稱為「能量痰」。

只要兩個人開始互動，就會有種像漿液的細長光線在兩人間流動；當兩人建立了關係，則會發展出「氣輪帶」，這兩個人的每個氣輪皆會有關係帶連結起來，關係越親密，關係帶的數目越多；關係良好，帶子也明亮有彈性；關係不佳，帶子僵硬且暗淡無光。星光體的氣輪帶除了氣輪間的關係帶外，還有與養育父母間的「父母帶」、與親生父母間的「基因帶」（遺傳自祖先的特質即透過基因帶傳遞）、與前世連結的「前世帶」、與最原始的神性連結的「原神帶」。（註：能量索）

第五層能量體－乙太模板體（etheric template level）：

乙太模板體與喉輪相對應，和使用語言文字跟外界溝通有關，也和人能否接受神性意志、放下個人意志有關。相對於第一層乙太體主管低層次的意志，乙太模板體主管高頻率靈性世界中的意志面向，放下個人意志接受神的意志。

乙太模板體離開肉身約 45-60 公分，是第一層乙太體的基本藍圖，乙太體擁有的所有東西在乙太模板體都可以找到蹤跡。肉體的藍圖是乙太體，乙太體的藍圖就是乙太模板體；若乙太體是照片，乙太模板體就是膠卷底片。如果乙太體生病而變形，乙太模板體將起作用，提供原始藍圖幫助修復乙太體，所以乙太模板體是生命最原始的藍圖，充滿著神性意志。

若我們向神性意志對齊，乙太模板體將健康、強固、且能量充足。我們帶著目的來到人間，知道自己有個生命藍圖，生命中所發生的事都是神聖藍圖設計的一部分，也是針對自己的人生任務應運而生，此人生藍圖自己當初曾參與設計，因為知道自己就是人生的共同創造者，所以可以安安穩穩在自己的位子上，並尊重每個人各在其位各得其所，這種每個人都在自己的位子即是宇宙的秩序，維持宇宙自然的秩序就是「神性意志」。

乙太模板體還有個特質，聲音能在此物質化，因此音聲療法在這一層效果最大。

第六層能量體－天人體（celestial body）：

天人體與眉心輪相對應，與人類如何看待自己和萬物的關係有關。對應於第二層情緒體主管感受和情緒，天人體主管高頻率靈性世界中的情緒面向，感受神性之愛。

天人體距離肉身約 60-80 公分，樣子像是夜晚天空點燃的七彩煙花，光芒四射。第六層天人體正如第二層情緒體與第四層星光體，都充滿著感受和情緒，但不同於情緒體為對自己的感受、星光體為對其他存有的感受，天人體則是對神性或靈性的感受。天人體的振動頻率相當高，在其中我們體會到自我跟最高能量（神、上帝、佛）不可分割的道理，不僅自己內心充滿神性的感受，也在別人身上看到神性，因此處於天人體時，看所有的東西都有光，每樣東西都是愛，感覺身體不見了，自己變得無限大，彷彿充塞宇宙，你我都是一體，毫無分別。

　　靈性經驗對於天人體，正如同食物對肉體一般供給我們養分，常有靈性經驗和感受，天人體會較豐滿、亮眼，並向外射出強光。若有個健康的天人體，再加上開啟的心輪，兩者的結合往往能創造出無條件的愛，不求回報的大愛將源源湧出，對人沒有批判，能完全接受、欣賞、並原諒在地球上行走的每個人和他們所做的每件事。

第七層能量體─因果體（causal body）：

　　起因體與頂輪相對應，和我們如何與最高源頭的靈性能量的連結有關。對應於第三層理性體主管人的心念和想法，起因體主管高頻率靈性世界中的智性面向，理解世事之完美性、屬於靈性的智慧。

　　起因體（因果體）的振動頻率最高，離人體約 80-100 公分，外形像個蛋，上寬下尖，正如第一、三、五層，起因體組織密實，是由美麗的金銀線編織起來，外殼厚度約 0.5-1 公分，這金色的蛋殼非常堅固，將其中所有的能量體牢牢罩著，不讓外力入侵，可以說起因體在能量場中是最牢固的一層。

　　起因體由環繞在我們電子體周圍的彩色球體所組成，這些色彩會因我們投生在物質體生命中所做的善行而逐漸累積並被投射出來。若我們過去多生累世曾以無條件的愛與慈悲累積無數善行善語，這些多彩的光會圍繞著我們身體的每一個電子，經由我們的神聖基督自我和宇宙舍姬娜聖靈被送入起因體中，累積的能量會隨著我們投生在每一世，我們即可用它們來建立光體，是個人的永恆光體。

　　人投胎過程產生的生命模型（包括業力指令）就是維持在起因體裡，這個生命模式隨時隨地因著自己的靈性智慧增減而消長，靈性智慧即是自由意志去迎接舊時業力加上新環境的挑戰，三者交互作用後產生的結果。當人的意識到達起因體時，等於進入了無限，與萬物合為一體，是真正的天人合一。

（2）三脈七輪與健康

　　● 法界法師：三脈七輪與健康（七情六慾） 的生命意義（花開見佛）（如來藏）（千葉寶蓮），左右中脈 理性與感性 （遺傳基因及腦功能）（交感神經/第三隻眼）

　　http://857andy520.blogspot.tw/2015/11/blog-post_77.html

彩虹能量系統和七情六慾的平衡有關係，起心動念都是造成不平衡的原因！

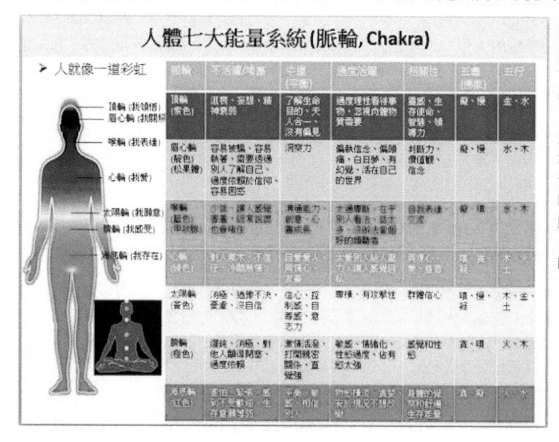

● 法界法師：三脈七輪與健康（七情六慾） 的生命意義（花開見佛）（如來藏）（千葉寶蓮），左右中脈 理性與感性 （遺傳基因及腦功能）（交感神經/第三隻眼）

法界法師：三脈七輪 的生命意義

作者：釋法界法師

三脈

今天給大家講講中脈，人為什麼要修煉，修煉有什麼好處，修行最終要打開什麼，要明白什麼，說念佛就能夠往生，念佛最終要干嘛，這些大家都應該知道。

人身體的構造是什麼樣子的?我們雙腿盤著的時候身體直立從頭頂到會陰穴這條通道叫中脈。中脈的兩邊一個叫左脈一個叫右脈，這是我們平行的三條脈，再加上我們前胸和後背有個任督二脈。大周天和小周天練任督二脈。我們要真正了脫生死、練出世法就要走中脈，打開中脈。把左右二脈和任督二脈的能量以及得到的能量匯集到中脈裡頭，這個時候我們的靈動（佛性、光明、智慧，）從海底輪（會陰穴）冉冉升起來，最後到我們的頭頂天輪穴形成一朵蓮花——千葉寶座或者千葉寶蓮。

修行就是要打開中脈，所有的能量吸收、聚集、儲存都在中脈裡頭。我們平時用的思維還有日常生活中所說的這個人的個性都是左右二脈所控制。比如說性格內向外向、每一個人的心情或氣質，都是由左右二脈作用著。只有把左右二脈打開之後，通過一種方法把中脈激活，佛家叫大靈（靈性、性光、性靈、自性光）道家叫無位真人激活之後就開始往上走。

中脈還有另一個名詞叫智慧脈，我們的智慧就來自於中脈底輪，中脈的底輪是儲存所有能量的地方，然後無位真人吸收這個能量，他有了能量之後叫靈量，就是靈魂的能量，無位真人具備了超自然的能量，然後你的智慧就完全打開。

不論是中國還是印度都明白中脈的作用，他明白了這個中脈的作用之後，用很多的方法來激活他，這個人就能脫胎換骨，頓地升天，非常神奇。

左右二脈對我們產生的作用力也非常大，左脈從左邊眼睛到左鼻孔沿著中脈大概一寸的樣子就是左脈的運行道路。左脈也叫陰脈或者月亮脈，右脈叫陽脈或者叫太陽脈。如果懂得相面術的可能就會懂了，我們的額頭有日月角，就是講的這個，所以說中國的東西和印度的東西是相通的，這都是從最古老的《易經》裡分離出來的，只不過大家把名詞篡改了一下。

左脈（陰脈）掌管我們的潛意識和過去。掌管著我們的記憶力。“過去心不可得”，就是說的左脈。還有感情方面，使用左脈的人感情特別豐富，多愁善感，但是他同時又比較害羞，很多時候他不敢表達出來，很含蓄，想說又怕，這是在日常生活中經常碰到的。女人比較重感情用的就是左脈，男人喜歡用左脈的比較少，十個男人也就是兩三個重感情，也有男人感情豐富，為了感情跳樓。使用左脈的人往往容易受到別人的折磨，默默走向了自我毀滅，這種人在日常生活中他的心和肺活動力生命力比較弱一些，生命不會活的特別大，一般在六七十歲或者五六十歲他的身體就比較弱了。使用左脈的還有一些人容易自殺，像日本、台灣、香港的歌星自殺了，不知道因為什麼跳樓了，他們的藝術細胞太濃，性格優柔寡斷，屬於內向型的性格，所以他們就流露出很多自殺的的傾向，像鄧麗君，張國榮等也許他們是使用左脈的。傾向左邊的人一般性格比較內向，一旦他看准一個東西的時候他會義無反顧，別看他不吱聲不言語，但是往往做出驚天地動的事情，但這個驚天地動是負面的不是正面的。

再者左脈連接著潛意識，他的特點是服從。他們很容易受到別人的支配，比如說這個好，或者那個不好，他會被別人控制，我說被別人控制並不是說那種法力控制，是你自己認為這個東西非常好，願意為他去做。他們的性情是有點懶惰。

使用左脈的人也有優點：有非常好的藝術氣質，比如說做報社的的編輯還有作音樂的，還有那些導演呀這都屬於藝術細胞比較濃，藝術氣質非常好。這種人一般比較容易相處，因為他不去主宰別人，也不會去攻擊別人、善解人意，一般情況下不會無事生非的，所以說使用左脈的人也是非常好的。

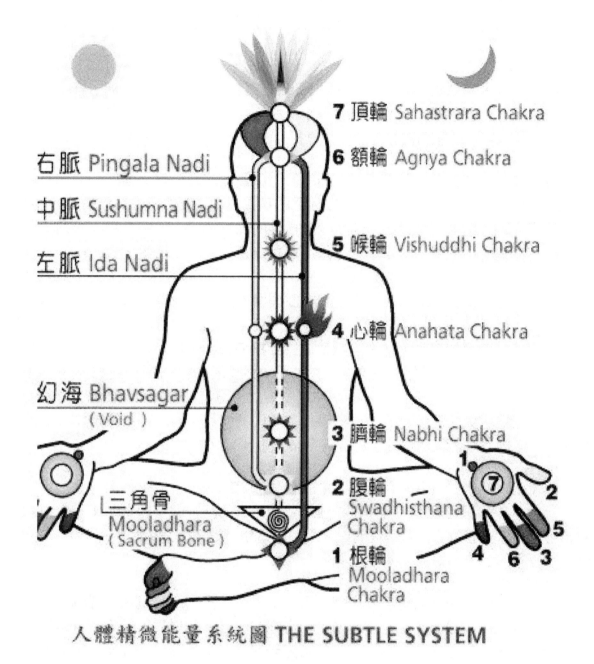

右脈 Pingala Nadi
中脈 Sushumna Nadi
左脈 Ida Nadi

幻海 Bhavsagar
（ Void ）

三角骨
Mooladhara
(Sacrum Bone)

7 頂輪 Sahastrara Chakra
6 額輪 Agnya Chakra
5 喉輪 Vishuddhi Chakra
4 心輪 Anahata Chakra
3 臍輪 Nabhi Chakra
2 腹輪 Swadhisthana Chakra
1 根輪 Mooladhara Chakra

人體精微能量系統圖 THE SUBTLE SYSTEM

　　右脈（陽脈或者太陽脈）掌管著我們將來和超意識。他對應我們的未來，又有理性邏輯性的思維，他的行動力、自我力和超意識力非常強，願主宰別人。毛澤東、希特勒、苯拉登都屬於右脈的使用者，他們的性格好鬥，喜歡思考，計劃未來，在日常生活中積極表現自我，但是這種人缺乏情感和藝術方面的發展。（毛澤東寫文章多麼大氣呀，可能左右脈都使用。）

　　使用右脈的人的優點是辦事能干，井井有條，懂得去組織別人來幫他做事，尤其在戰爭當中能看出領導人的那種智慧，希特勒從一個要飯的最後到了國家元首，非常厲害，朱元璋也是一樣的，毛澤東也是一樣，因為他體內的能量積攢的非常多，使用右脈做起事情來，好像有用不完的精力，氣魄非常大，做事也非常大氣，毛澤東寫的詩非常大氣，望長城內外、、、這一望那就了不得了，北方的日本鬼子，南方的侵略者全被他趕出去了，所以毛澤東的氣質非常磅礴的。

使用右脈的人優點很多，但也有缺點：自大，自以為是，功高我慢，容不得別人，老子天下第一，所以很多領導人取得勝利的時候就殘害自己身邊的這些朋友。一般當君王的都使用的右脈，藝術家小說家用的是左脈，尤其經常做辦公室的都是左脈。

在坐的你們幾位都是使用左脈，你們的藝術氣質非常好，屬於情感型的。我是兩個脈都會用。運用右脈的人，他們以為一切都在他們的掌握之中，就像那些軍事家似的，運籌帷幄，決勝於千里之外，但是半路殺出一個程咬金把他的局給攪了，他痛失良機，敗走麥城，關公是最大的右脈使用者，最後敗走麥城，因為自以為是，功高我慢呀，天下唯我獨尊了，所以運用右脈的人一定要注意。我還是喜歡左脈，因為我從小就優柔寡斷、感情豐富又懶惰，但後來修行之後也會運用右脈，最近十多年右脈開發的比較多一些，有時候比較霸道，功高我慢，請大家不要見怪，我這個人就這麼點優點。使用右脈的人從小到老，他摔的機率就比較多，比如那些高智商的老板，他沒看准就把錢全投進去了，他有魄力但是沒有策略，自以為是，功高我慢，一夜之間賠個傾家蕩產，還欠了一屁股債。經常使用右脈的人肝火比較旺盛，脾氣大，動不動就罵人，《水滸傳》的李逵是右脈的使用者，喝完酒就要跟人家掄胳膊，所有右脈的使用者肝火大，肝臟不好，對心臟就有負面的作用，五行中肝屬於木，心屬於火，木要枯死了，心臟的功能就會弱，這種人經常喝酒發脾氣壽命就短。

中脈掌管著我們的現實和顯意識。中脈在我們投胎過程中沒有運用好，很可惜，使我們昏昏沉沉幾千年輪迴在五濁惡世中，耽誤了我們回家的路，就是因為中脈沒有打開。中脈位於脊椎從天輪穴一直通到海底輪（會陰穴）。在我們的投胎過程中大靈（靈性、性光、性靈、自性光）從頂輪到底輪之後一睡不起。

大靈從頭頂降到底輪的時候能量剛好用沒有了，就像汽車的汽油一樣剛好用沒，再也發動不了，因為大靈在投胎的過程中要損失非常多的能量，要損失掉幾千萬卡熱能，所以他到了底輪沒有力量，然後在母胎裡頭吸收母胎先天的東西，也就是吸收母胎裡的元始之氣打開自己的左右脈，左右脈開了，中脈堵上了。從母胎出來之後，他的左右脈是受他父母的基因控制決定了這個孩子性格是內向或者是外向，我們的遺傳基因就在左右脈上，不在中脈上，所以繼承了父母的特點。

同時運用左右脈的人就體現了內向和外向兩種性格，就是內向和外向兼備，也就是說他具備兩種氣質的人，這種人在社會上不多，這就是他繼承了兩種能量，可能是通過後天打開的另外一個通道，比如他先天是左脈，右脈是通過他後天勤勞勤奮打開了，這種人心性非常穩定豁達，但是他不屬於中脈，他只能說是兩種性格是兼備的。有的電視裡拍的一個人一會這種性格一會裝那種性格的人，如果他心地不善良，這種人就非常可怕。

修行人尤其懂得密法的人，首先要打通中脈，中脈一通，其它四個脈的能量就會倒匯到中脈中，激發我們的無位真人（靈性、性光、性靈、自性光），性靈一旦具備了能量就開始潛龍飛天，利見大人。潛龍飛天在沒有到丹田之前是龍困淺灘勿用，這是易經裡的話，易經裡的話就是修行的。淺灘勿用，雖然是一條龍，但是困在淺灘上，不要輕易發力，因為力量不夠，不能發力，要儲存力量，然後潛龍飛天，飛天到丹田地步的時候，能量具備了，你有了智慧有了法力。還有君子謙謙，在我們的心輪，每天心相應諸佛菩薩，心相應自己的上師，這是心輪心法通，心法通之後，龍飛九天，在我們的月輪，利見大人。易經和心經講的就是我們的中脈如何修如何開發。

古往今來的大文學家、大哲學家、大音樂家，他們從小的時候中脈可能是開的，因為他的能量大，他在投胎過程中還留了一部分能量，所以他在生下來之後就顯出來一種與眾不同的氣質，他的性格非常穩定，具備左右二脈的氣質，然後又兼備中脈的能量。中脈剛才講了叫智慧脈，他的智慧源泉沒有斷。我們可能在投胎過程中要穿一件漂亮的衣服，你爭我奪，能量消耗的多了，所以投完胎能量沒有了，像這種人他不爭，生個瘸子也好瞎子也好，生下來之後有個獨特的東西，與眾不同，他對某一種東西非常敏感，我說的時候大家可以思考，很多這樣的人，不管在哪個領域，哪怕他殘廢但是他的智慧超人，也就是他的中脈沒有堵上，通過後天不斷的努力，相應，中脈開了，他的智慧靈性就出來了。

佛家有句話叫自覺覺他，自度度人。首先中脈要開自己覺悟了，自己把自己度了，這個時候你達到了一種至高的能量，你的整個身體、你的心、你的靈魂和宇宙是融合的，這時就不叫相應了，那就融為一體了叫一體同觀。大家修行就是為了打開中脈，讓自己真正的的智慧生發出來。中脈開的人有一種特殊的氣質，你看到一個人的氣質非常好的時候，他絕對不是左右二脈，絕對是中脈開，他有一個仙風道骨的形象展示給你，雖然他貌不驚奇，語不出眾，但是他內心散發出來的那種信息非常獨特，非常吸引人，不光異性相吸，連同性的都吸來。中脈不開，一切都是假的，比如說你做靜心活動，就拿奧修的來說，就是在左右二脈上走，調平你的陰陽氣，左脈好我幫你把右脈調開，讓你的心性平穩，他沒有找中脈，雖然他明白中脈，但他無法打開，因為他的理論底蘊不夠;第二他的功法不夠，所以他的中脈他打不開，打開的只是左右二脈。去過靜心的人我這一講你就懂了，所以說他那還是初級的，是我們潛意識裡的東西，頂多是深層意識或超意識力，能把你的靈動調動起來，還是我們六根的東西。中脈一開就不是六根了，是第七根的根識也就是第八識阿賴耶識——如來藏，打開的是如來藏，這時候你散發出的那種氣息非常獨特，有吸引力。

中脈打開的人，他的能量會自然而然往上走，他從心裡頭散發的是一種祥和的慈悲的能量光團，大家要明白什麼叫光和團，波粒二重相，是一圈一圈的向外擴散，像光一樣閃閃發光，恍恍惚惚，這就和《道德經》對應上了，恍是光，惚是團，因緣不到的時候，我不會給你們講，因緣到了我自然就講。一旦他的中脈打開，他的能量向外散發的時候，這種人是自然的進入了無思無慮的狀態，沒有記憶力，說沒有記憶力吧，有些東西他還記得相當准，但平時考慮問題的時候頭腦一片空白，這個就是無思無慮的狀態。在中國歷史上成為名人的，他肯定是中脈開的，不管他開有多大，一定是中脈開的，王安石、范仲淹、外國的貝多芬的命運交響曲，永遠不會消失，凡是好的，因為他的中脈開他的能量注入到文字當中千萬年不會衰竭，百看不厭是因為能量，所以說我們看一部經典，聽一個能量非常高的人講演的時候，他能把你帶動喜悅，帶動悲哀，就是能量的互動。只有印度修中脈法的和中國修禪宗密法的明白修中脈才是最終了脫生死的，才是最終的出世間法門，其它的都是世間法，哪怕你是念經也是世間法，這個我就不多說，想聽的今後有機緣給你們講。

中脈開的人他考慮問題不是一也不是二，是一個圓，他也知道其一更知道其二，還有一個其三，所以說是個圓滿的考慮，平常人只知道其一，不知道其二，所以考慮問題的時候，做事的時候，不接納別人，要不然就不被別人接納，就是因為他不圓融，沒有考慮全面。考慮全面的人，他做事的時候他會非常圓滿的，如果他要具備天意的話，那這個人就是一個領袖，不管是世間法上的領袖還是修行道上領袖，他總歸會成為領袖。中脈打開的人往往在關鍵時刻，能帶領別人衝出一條血路，像毛澤東、還有皇帝被蚩尤打成那個樣，殺出一條血路，這些人都是屬於中脈開的。修行道上的就更多了。中脈開的人又是非常謙虛的，但有時候很風趣的，風趣中透露出一種霸道，這就是說他的能量具備，毛澤東開玩笑：小鬼，吃飯了嗎。他雖然很親切但在平易近人中透出來背後的東西，是一種能量高於別人，你抗拒不了，這是在世間上具備領導才能具備組織才能。同時也有一些中脈打開能量高的是真修行人，很多法師開悟之後，自覺了但沒有做很大的事業，也就是一個自了漢，他在社會上沒有多大的名聲也沒有多大的地位，這種人就是阿羅漢果位，不需要什麼地位，也不需要幫助別人

第15課　精微身體（2）乙太體，星光體，第四維度，三魂七魄

●乙太體，星光體

http://www.hlspace.com/acil/basic4/intro4.htm

乙太．星光體是三度空間與五度空間之間的橋樑。三度空間指的是四個較低體系;它們是身體、乙太、情緒體、理性體（心智體）和星光體。在靜坐的過程中，這些層面在空間裡快速地移動著。第五度空間是靈魂的層面。它是高層面意識中的第一個層面。它不受地球的影響和污染，與較低體系也沒有太多的聯繫。靈魂體是第一個具有光之本質的存在。

在前面三個入門級次階段中，光的能量在所有脈輪以及靈魂體系中運作著。大部份的運作是在強化身體、乙太、情緒體與理性體的層面，而不是在強化星光體。

乙太、情緒體和理性體是身體的複製

都承受著因果。大部份疾病的始因都可以追溯到乙太。

情緒體，理性體，星光體的層面。因此，當治癒在這層面上產生作用時，它使與身體產生相互的關聯。

當你們在 乙太，情緒體，理性體，星光體的層面上運作時，你們將進入身體的內在層面，並且開始處理最原始的「因」。這個「因」是不能以語言來闡述的，但是，它會在個人的意識層面上說覺知。你們將會感受到某些影像與感覺的浮現，或對身體內的障礙有所洞察。

在《彩虹橋》〈The Rainbow Bridge〉這本書裏，Dwal Khul 到我們周圍的光環和這些光環是如何被帶到我們身心層面之中來的。在乙太的介面裏，可能附看著一些東西，這些東西來自於我們自己或其他人的思想之投射。

乙太．星光體上光的運作所產生的特定功效

在乙太．星光體的層面上，光的能量的運作，主要是為了去除身體上的障礙，這些障礙來自於別人或自我思想影像的投射。

它的作用，是提升與淨化星光體的磁場或氣場中過去所受的傷害。有許多雖然在身體的層面上已治癒了，但在乙太的層面上，仍然留有傷痕。這種時候，它們都將在這運作中得到治癒。

　　光的運作，能淨化、治癒和整合任何在乙太・星光體上所造成的損傷。很多時候，它的運作主要是為了要治癒由於藥物或酒精所產生的錯誤的覺受。

　　乙太・星光體這一級次的習修，對淨化所有乙太・星光體負面的、錯誤的覺受、思想影像等作準備，這是非常重要的，是一個在你們在修行中的必要過程。

　　譯者注：乙太〈etheric・乙太〉：古希臘哲學家首先設想出來的一種媒質。十七世紀後為解釋光的傳播等現象而又重新提出。光是可以通過真空傳播的，所以必須假設存在一種尚未為實驗發現的乙太作為傳播光的媒質。乙太被認為是無所不在〈包括真空和任何物質內部〉，沒有質量的，而且是「絕對靜止」的〈一切物體相對於乙太的運動就是它的絕對運動〉。

●移動穿越第四維度

　　http://vera2013rl.pixnet.net/blog/post/120120595-%E6%A5%B5%E5%BA%A6%E9%87%8D%E8%A6%81-%E2%80%9C%E6%8F%9A%E5%8D%87%E8%AA%B2%E7%A8%8B%E2%80%9D--------%E5%9C%B0%E7%90%83%5C%E6%98%B4%E5%AE%BF%E6%98%9F%E8%81%AF

　　Jason 寫信給 Mytre，

　　Sandy 和我昨晚作了一個同樣的夢．我們沒有真的看到彼此，但是當我們告訴彼此我們的夢時候，我們發現它們是同一個夢．因此我們現在正一起在做冥想當我正打著這些你給我們的訊息時．你可以告訴我們---在我們聯合的夢中發生了什麼的事嗎？

　　MYTRE 回答：

　　親愛的 Jason，我非常的高興你們學會了用聯合的　'覺知意識'　來與我溝通．事實上，當你和 Sandy 一起冥想時，她就能夠穩住接收到的訊息，在你把訊息打入你的電腦之時．我對你的問題的回答是 --- 你和 Sandy 都旅行穿梭了第四維度．你們要不要我用書寫的方式來帶你們旅行穿越第四維度呢？

　　JASON 寫說：

　　是的，我們都覺得這是個好主意。

　　MYTRE 回答： 如果你有問題的話請讓我知道．JASON，如果你有問題的話，就直接把問題打出來，這樣才不會妨礙你通靈的流暢度．Sandy 如果你有問題的話，就直接大聲說出來，這樣我和 JASON 兩個人都聽得到。

　　一開始，我要給你們一些關於第四維度的訊息．首先，我要先提醒你們～～～所有高維度實

相都存在於你們 ‘多維度本我’ 的 ‘覺知意識’ 之中。你‘第三維度的思考’ 教導了你們所有存在生命體與你們都是分開的.但是，隨著你們完全的調適入你們的 ‘多維度思考’ 之中，你們將會理解 ～～～ ‘實相’ 都存在於你們之內，就像你們也都存在於 ‘實相’ 之內一樣。 （註：其實最終是無內無外）

在第四維度共有七個層面. 每個層面與一個不同的頻率共振. 高層與高頻率共振，低層與低維度共振. 從最高的第四維度下來，這七層是： （註：以下訊息僅做參考）

（7）靈性層～～～彩虹橋與 ‘我是’ 的存在

（6）因果層～～～能量與因果體的主宰

（5）心智層～～～ ‘批判思考’ 與 ‘心智體’ 的釋放

（4）情緒層～～～情緒們與情緒體的鏡子

（3）精靈王國～～～想像力，休息與休閒

（註：星光界高層如地仙、精靈、甚至如連續劇中的神、仙…）

（2）星光低層～～～恐懼和負面情緒們（註：地獄、妖、魔、鬼、怪…）

（1）乙太層～～～介於 ‘第三維度’ 與 ‘第四維度’ 之間的

‘乙太體’ 介面

乙太層是你物質身體與第四維度之間的介面·就是透過你的 ‘乙太體’ 介面～～～ ‘宇宙生命力 Prana’ 可以流入你的物質身體。乙太層並非屬於第三維度或第四維度，～～～ 它是一個兩個維度之間的 ‘中間頻率’ 並將它們連接在一起。

第四維度中的這些介層都有它們相關的物質程度與物理性，事實上，在每個介層中又有不同的頻率實相，而且是隨著頻率漸層上去的。舉例而言，‘情緒層’ 就包含有許多漸層由恐懼比愛多的低振動頻率層到愛多於恐懼的較高振動頻率層。

但是，這些不同的介層並非像書架上的書一樣疊上去，每個介層都與上\下介層相交叉，全部第四維度的維度實相們都相交錯，較高的維度實相們延伸到地球之外，而較低的維度實相們較靠近地球，事實上，較低的星光層是一個比地球還低的頻率。

無論如何，由於第四維度目前與你們第三維度的理解力不同調，所以你們無法清楚的意識到他的存在. 但隨著你們持續的提高你們的 '覺知意識' ，你們將逐漸能夠意識到更高振動頻率的維度實相，這些第四維度世界們是廣無邊際的～～～就像你的想像力一樣。但是，第四維度並不只是你的想像而已，那是非常真實存在的。

"你的意思是這些世界都存在我們的內在嗎？怎麼會呢？" Sandy 問。

在人性中有個潛伏的，隱藏的能力來感應到第四維度，並作出反應，甚至旅行穿越第四維度. 事實上，每晚你睡著時你都這樣做。不管你知道或不知道，你們在每個介層裡都有 '身體形式' 存在。因此，你有 '乙太體' '星光' '情緒體' '心智體' '因果體' ，以及一個你自稱為 '我是' 的 '靈性體' 。

你連在 '精靈王國' 都有一個身體在，你同時在最低的星光層也有一個身體在－那被稱為是你的黑暗面。

任何時候你轉世到第三維度，所有這些身體都是活躍的，而且都是你在更高維度的鏡子，以及支持團隊.而當你旅行穿越第四維度，你就是使用一個與那個介層有共振的身體，或是一個更高的身體。換言之，新細明體

第１６課　梅爾卡巴，金字塔，松果体，昆達里尼／瑜伽

（1）（反物質）梅尔卡巴　是"灵魂"之光的　体

http://hssszn.com/archives/20348

Merkaba 场是"灵魂"之光的载体，身体只是一个载具，只是一个灵魂在此生用来在这颗星球上漫步的器皿。

中国古之神话称人为"神器"。Merkaba 场是透明的，它像一面镜子一样投射出你的想像画面。

女性的梅尔卡巴 Merkaba 和男性四面体的角度刚好 180 度相反。

每一个人周围都有一个完全彻底的多重次元能量光场。这个区域由大概 100 兆被称作 DNA 所形成的基因组所产生。当前物质科技的物理检测仍然不知道它们如何互相沟通，也看不到其中的多重次元特点，因为科学家没有看到 DNA 里完美的量子属性。

俄國的 Vladimir Poponin 博士把 DNA 放在一個試管中用鐳射射過它，使他驚奇的是 DNA 抓住光使光旋轉越過螺旋線 好像它是一個晶體。更奇妙的是，當 Poponin 移開 DNA，這個光繼續自己旋轉！這就是有名的 DNA 的幽靈效果（Phantom Effect）

光自己構成 DNA 螺旋線當然是不可能，除非是在圍繞它的能量中光自身變得協調，同步共振到某種自然存在的頻率。這說明 DNA 能量的螺旋光原先就在那裏，而在恰當的頻率位置時，旋轉的能量就依波函數的崩潰，能量周圍立刻就形成了物質化的 DNA 分子。

DNA『知道』你是誰。一百兆的雙螺旋結構分子 DNA 在你身體裡每個細胞都完全一樣。它們集體的共振場會在你周圍形成一個約 8 公尺半徑的能量光場，希伯來文稱他為梅爾卡巴（Merkaba）。

每個人都有一個 Merkaba 他是每個身體的光環 / 護盾。當外部磁場改變的時候身體會自動產生一個 Merkaba 來協調這種變化。Merkaba 的強弱和精神力量的強弱有直接的關係，整體來說，Merkaba 有兩種生成方式：一種來自愛、安靜、平和、神聖的情緒，光場由內向外產生，是最穩定的一種。另一種來自恐懼、憎恨、不安、焦慮，它由外向內產生，當外力加大時很容易失去穩定，甚至破裂。

DNA 代表了你體內的神聖元素。光的載具就是梅爾卡巴 Merkaba。各位光之工作者來到

地球不是等待光之銀河聯邦來『救援』你們的。各位光工作者是來到地球是為了學習過去沒有學到的人生課程，以及學習如何掌握自己的光量子系統。當你真正能夠去掌握自己的光量子系統，完成你的人生課程之際，你自然會回到生命源頭，回到你光的大家庭裡。你只有先啟動和掌握自己的 DNA 光量子系統，你才能掌握治療的能量，你必須先治療你自己，然後才是其他的人類。只有你完成對人類和地球整體的治療服務，你才能藉著 Merkaba 這個靈魂載具，榮耀的返回你銀河的家和源頭的家。

但是我們人類現在必需提高靈體的振動頻率，提升自己的頻率，要由內觀開始，覺察（知）自己的心思意念，懂得無私的去愛、去奉獻、去幫助周圍的人，瞭解自己與宇宙是合一的，人與人的內在，是一體不分的，當大愛之心啟動。

Merkaba 由內部會向外發出穩定的光子場，讓有愛的眾人一同來到高維的地球場，所以覺察（知）與愛心，是提升靈魂載體頻率必需且唯一的鑰匙。

梅爾卡巴是由神聖幾何學構成的一個晶體的能量場，能調整你的意識，身體和心靈。從神聖的幾何建立的這個能量場在身體周遭延伸 16 公尺的距離。通常這些幾何能量場以接近於光的速度圍繞我們身體轉動，當這能量場恢復活動時並且正確旋轉時，它叫梅爾卡巴。一個完全啟動的梅爾卡巴看起來就像一個星系或者一艘飛船的架構。

梅爾卡巴使我們擴大對意識的經驗，接通提升的意識潛能，並且恢復我們無限的可能性的記憶。正確的梅爾卡巴冥想，整合我們在心裡和精神的方面的女性（直覺，接受性）以及男性（主動，動態）本質。

你不僅理解幾何學，而且你將親自經歷梅爾卡巴存在你的身體周遭。在我們的身體周遭的這些幾何能量場可以被特別模式啟發，這也連接我們的呼吸。

神性的愛或者無條件的愛是允許梅爾卡巴成為一個活生生的光場的主要原素。如果沒有神性的愛，梅爾卡巴將有很多的限制。

永恆生命，時間旅行和星門通路，是需要梅爾卡巴載具的活化。活化個人的梅爾卡巴載具需要將生命電流充能。足夠且無受損的 DNA 才能運行生命電流以支持梅爾卡巴場的形成。

（2）人類靈魂的梅爾卡巴（Merkaba）光體載具如何提升

http://www.wingmakers.com/index.html

http://blog.yam.com/wowghost/article/47991924

身體只是一個載具，只是一個靈魂在此生用來在這顆星球上漫步的器皿

Merkaba 場是透明的，它像一面鏡子一樣投射出你的想像畫面。

上圖是女性的梅爾卡巴 Merkaba，男性四面體的角度剛好 180 度相反

　　達爾文物種進化的理論已經被證明是有瑕疵的，因為 DNA 的分子靠 "自然的異變而生新種" 的機率是太困難了。DNA 的原始發現者之一，客立克博士（Dr.Crick），後來用精確計算的方法證明，在我們這麼短的歷史中，一個行星開始產生 DNA 隨機進化到現在這樣是絕對不可能的。

　　DNA『知道』你是誰。一百兆的雙螺旋結構分子 DNA 在你身體裡每個細胞都完全一樣。它們集體的共振場會在你周圍形成一個約 8 公尺半徑的能量光場，希伯來文稱他為梅爾卡巴（Merkaba）。念此單字強調在第 2 個音節： Mer-KA-Ba 。 "Mer 梅爾"被視為在相同的空間兩個反方向旋轉的光場，像顛倒的兩個金字塔；這具體的光當一個人運行某種特殊的呼吸細節時，這些場被產生。"Ka 卡"是一個人的獨特的精神。"Ba 巴"通常被定義為身體或者物理實相（不同維度仍有它本身維度實相的限制）。

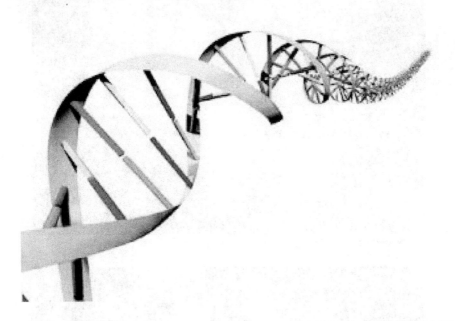

　　最近看了一本書，書名叫《別鬧了，地球人》，很難得的道盡台灣修行宗教界的盲點，書中最重要的一句話，就是『人唯一需要救贖的只有自己，而也唯有自己才能救贖自己。』把自己抽絲剝繭般，一點一滴的修正偏去的個性，這個性就是累世積下的業，**修正他，寬恕他，回到無條件的愛，心存感謝，心智清明如鏡，這就是建立自己光量子的梅爾卡巴 Merkaba 了！**

　　對於某些盼望光之銀河聯邦來接他們回家的人，會疑惑為什麼光之銀河聯邦不來接你回家呢？那是因為光之銀河聯邦在等待你們覺醒，完成對自己和整體的治療服務。你沒有完成任務，他們怎麼會來接你呢？每一個光與愛的使者應該去主動掌握治療，而不是等著別人來治療你或是拯救你回家。當你意願主動啟動自己的 DNA 光量子系統來掌握治療，光之天使和銀河聯邦會主動來幫助你完成你的掌握（註：天助自助者）。所以想要見到光之銀河聯邦，必須啟動和掌握自己的 DNA 光量子系統的所有編程和應用。這樣你才能真正的提高自己的生物體的振動頻率，只有你成為光，才能見到光。要成為光，依照 Merkaba 的升級進化體系，就是要先內觀，內觀自己的心，連接到大愛的光量子振動，這個振動會啟動 DNA 的新程式，改變你的思維、情緒、讓你提升到另一層面的世界來。

上一篇我就談到，人類靈體們落在這個 3D 地球監獄，被高次元 ET 設計的人類心智系統（HMS）系統監控著，而一些所謂地球的菁英權貴，就是有爬蟲族 DNA 藍血的統治階層（註：所謂的陰謀集團／深層政府／影子政府），執著的抓住這系統內的財富權力網格（Money & Power Grid）主控權，透過金融與貨幣操作，利用已掌握的全球娛樂、媒體、宗教/信仰、政府、以及教育系統，重複進行洗腦工程，降低人類對真正生命靈魂問題的敏感度，而將其注意力保持在瑣碎和不重要的事物上，並始終監測著人類對被監測的反應。如此一來，菁英權貴階層為了繼續奴役控制別人，卻讓地球整體人類的意識一直無法提升，留在 3D 階層，Merkaba 當然黯淡無光，被愚弄的靈魂光體當然永世無法超生。

對於某些盼望光之銀河聯邦來接他們回家的人，會疑惑為什麼光之銀河聯邦不來接你回家呢？那是因為光之銀河聯邦在等待你們覺醒，完成對自己和整體的治療服務。你沒有完成任務，他們怎麼會來接你呢？每一個光與愛的使者應該去主動掌握治療，而不是等著別人來治療你或是拯救你回家。當你意願主動啟動自己的 DNA 光量子系統來掌握治療，光之天使和銀河聯邦會主動來幫助你完成你的掌握（天助自助者）。所以想要見到光之銀河聯邦，必須啟動和掌握自己的 DNA 光量子系統的所有編程和應用。這樣你才能真正的提高自己的生物體的振動頻率，只有你成為光，才能見到光。要成為光，依照 Merkaba 的升級進化體系，就是要先內觀，內觀自己的心，連接到大愛的光量子振動，這個振動會啟動 DNA 的新程式，改變你的思維、情緒、讓你提升到另一層面的世界來。

上一篇我就談到，人類靈體們落在這個 3D 地球監獄，被高次元 ET 設計的人類心智系統（HMS）系統監控著，而一些地球的菁英分子，就是有爬蟲族 DNA 藍血的統治階層（註：所謂的陰謀集團），執著的抓住這系統內的財富權力網格（Money & Power Grid）主控權，透過金融與貨幣操作，利用已掌握的全球娛樂、媒體、宗教/信仰、政府、以及教育系統，重複進行洗腦工程，降低人類對真正生命靈魂問題的敏感度，而將其注意力保持在瑣碎和不重要的事物上，並始終監測著人類對被監測的反應。如此一來，菁英階層為了繼續奴役控制別人，卻讓地球整體人類的意識一直無法提升，留在 3D 階層，Merkaba 當然黯淡無光，被愚弄的靈魂光體當然永世無法超生。

如果你只是整天盼望，不意願成為光量子的存在的話，光之銀河聯邦是不會來見你的。克里昂說過，當人類的意識振動頻率到達某個點上的時候，光之銀河聯邦自然會公開進入地球 - 首先會是昂宿星人。你只需要每天堅持意願：

1）我作為創造者要求光的載具梅爾卡巴 Merkaba，百分之百的發揮我的 DNA 光量子系統的能力，將我創造成一個完全健康的生物體。

2）我作為創造者要求光的載具梅爾卡巴 Merkaba，百分之百的發揮我的 DNA 光量子系統的能力，幫助我見到光之銀河聯邦 。

第一條意願會提高你的生物體的振動頻率，由 DNA 開始啟動，幫助你成為光量子的存在，當你的光量子振動水平提高，光之銀河聯邦自然會在夢中或現實裡邀請你登上他們的飛船參觀。**人類的 DNA 中存在的所謂「非代碼」基因序列（97%）即是一種地外 ET 生物形態的遺傳代碼。**

這次的進化事件會有所不同，我們已經沒有前世累積的知識，而必須靠自己的精神力量打開一切自然的淨化過程。人的身體就像一個電燈泡。提升振動頻率等於提升電功率。提升的前提是這個電器必須能承受更高的『電壓』。如果承受不了，就會如同像是把一個只能 110V 電壓的電燈泡錯插在 220V 電壓的插座上……。

沒有進化成功（提昇頻率）的物種會加速倒退（更降低頻率），必須重新組合。不是每個靠『冥想 、靜坐』 的人，頻率就可以高到超越地球 3D 的頻率，到達另一個世界 4D~5D（那只是讓自己可以達到靜心）。因為不同維度的頻率和頻率之間，其能階差距（量子能階）是很大的，一般人不是通過簡單訓練就能躍過這個差距。如同不管我們怎麼鍛練肌肉，都不可能一口氣從地面一下跳上 2 層樓那麼高。

但是我們人類現在必需提高靈體的振動頻率，因為地球的振動頻率 2012 年後更不斷提高，將由 3D 一直升到 5D。我們如想繼續待在『新黃金地球』，就必定要達到新地球提昇後的振動頻率。提升自己的頻率，要由內觀開始，覺察自己的心思意念，懂得無私的去愛、去奉獻、去幫助周圍的人，了解自己與宇宙是合一的，人與人的內在，是一體不分的，當大愛之心啟動，Merkaba 由內部會向外發出穩定的光子場，讓有愛的眾人一同來到高維的地球場，所以覺察與愛心，是提升靈魂載體頻率必需且唯一的鑰匙。

德隆瓦洛.麥基洗德所著的《生命之花的靈性法則 1.2 冊》中，對如何將自己的 Merkaba 重新啟動，有一套修煉的步驟，網友可以仔細閱讀來練習。

梅爾卡巴最初透過埃及秘教學校內教的呼吸和沈思的古老方法來啟動。梅爾卡巴是一個幾何學形式（通常是『生命之花』幾何圖形）產生的反時針旋轉光場，是兩個上下相反的四面體組成，尖端向上四面體稱陽性的太陽四面體，尖端向下的稱陰性地球四面體。梅爾卡巴同時影響一個人的精神和身體。它是一個意識的載具，幫助心靈，身體和精神去經驗其他的現實平面或者實相。實際上，梅爾卡巴甚至是遠遠超過這些。那些學習生命之花與梅爾卡巴冥想的人，認為他們已經更詳細地了解自己，連結他們的高我，並且移到意識的新自覺水平。梅爾卡巴是一件工具，幫助人達到他們充分的潛能。

永恆生命，時間旅行和星門通路，是需要梅爾卡巴載具的活化。活化個人的梅爾卡巴載具須要將生命電流充能。足夠且無受損的 DNA 才能運行生命電流以支持梅爾卡巴場的形成。

（3）通向宇宙的鑰匙：金字塔

http://lifly0815.pixnet.net/blog/post/315869028

以下訊息僅供參考！和地球網格、地磁能量線有關!

【通向宇宙的鑰匙：金字塔】

書籍：通向宇宙的鑰匙

作者：黛安娜‧庫柏／凱西‧克洛斯威爾

翻譯：黃愛淑

1.埃及大金字塔與人面獅身像

　　大金字塔是亞特蘭提斯崩落時建造的宇宙金字塔之一，它連結著天狼星和獵戶座，而人面獅身像是地心空間的入口，因此，從地心空間發出的光，向上行經大金字塔到星星，也從星星往下經過人面獅身像進入地心空間。

　　人面獅身像是一個能量門戶，透過它可以取得天狼星、獵戶座和其他不同的行星資訊。人面獅身像的下面有一條五次元的通道，可以通往地心空間的大金字塔，這是存放阿卡莎紀錄—整個宇宙紀錄的所在。

進入阿卡莎秘錄：【阿曼提大廳】

【大金字塔下方的井室－通往阿曼提大廳的入口】

這個鑰匙是-整合被壓縮在神聖幾何圓錐體之內，從星際來到人面獅身像的資訊，以及由下面，一個資訊的圓錐體從地心空間來到人面獅身像，這樣形成了一個 8 字形，被稱為神性智慧的永恆之環。

大金字塔與人面獅身像的鑰匙是：連結 8 字形。

聲音：金字塔連結宇宙的梵唱之音。

顏色：深紅色。

2. 瓜地馬拉的宇宙金字塔

偉大的九階馬雅宇宙金字塔是在亞特蘭提斯崩落之後建造的，它是一個能量門戶，連結金星以及宇宙之心。

這個金字塔汲取宇宙之心的愛，將它送進地心空間，大地女神蓋婭從那裡把它送到地球，然後天使潔西莎透過地磁線（龍線/萊伊線 /草地線）把它散布出去。

在地球上，當愛之流出現時，它會引來需要被消融的黑暗面，因此目前它藉由攪動一些固有的能量而引起了混亂和騷動，只有無條件的愛會進到地心空間。

當地球的頻率提高時，瓜地馬拉和全南美洲都會迸發大量的光。

馬雅金字塔也連結著天狼星。地球的亢達里尼在 2008 年轉移到瓜地馬拉，受到天狼星裡較高面向拉庫美的影響，而拉庫美的意向是以神聖幾何圖形為重點，把地球帶向較高的次元。

天狼星的智慧存在於九次元金色的基督之光裡。

馬雅宇宙金字塔的鑰匙是：散播和聚集無條件之愛。

聲音：連結水晶頭蓋骨、星星、神聖幾何之心所發出的梵唱聲。

顏色：透明的淡粉紅色。

希臘海蘭尼孔金字塔遺跡

巴森農神殿

3.希臘的宇宙金字塔

在亞特蘭提斯崩落之後，在希臘曾經建了一個宇宙金字塔，在一次地震之後它就消失蹤影，但是它的能量依然活躍著。在它毀壞很久之後，巴森農神殿（Parthenon）被建在原址，並形成一個能量門戶。

獵戶座更高的智慧經過這裡湧向地心空間，進入希臘的卡薩里亞市 的波索羅哥圖書館（Porthologos），它收藏了這個古老文化所有的最原始的智慧。

希臘宇宙金字塔的鑰匙是：了解和遵守靈性法則。

聲音：逐漸加大的鑼聲，目的是要進入靈性法則

（4）松果體

https://zhuanlan.zhihu.com/p/350136441

科尼弗松

是這個星球上最古老的植物之一

已存在了比所有開花植物近三倍長的時間

進化的松果是花的前身

它螺旋形的刺

在兩個方向

呈現一個完美的斐波那契數列

很像一個神聖的幾何玫瑰或向日葵。

我們的"松果"腺體,

拉丁文名石鬆,

因外形類似石鬆毬果內的松子而得名。

松果體約米粒大,

在我們大腦的幾何中心,

位於腦眼睛後方腦裡一處穴狀組織,

是與我們的身體密切相關的感光組織,

脊椎動物的腦部都有。

有趣的是,

松果體是大腦唯一的〝單一〝部分，

而不是擁有一左，右半球。

生理作用

　　松果體調節我們睡眠模式和晝夜節律，唯一保持孤立於血腦屏障系統，並接收比身體的任何其他地區較高百分比的血流量。

　　松果體分泌重要的褪黑色素，這種荷爾蒙會影響身體的蘇醒和睡眠與生物週期。人和動物的生理發展也與之有關，松果體會根據所接收的光量調整褪黑激素分泌量，通常睡眠時大量分泌，因此被視為人體重要的時鐘。松果體在夜間十一時，至隔日淩晨二時分泌褪黑激素最旺盛，清晨以後分泌量急降。冬天白晝時數縮短，也會導致這種荷爾蒙分泌的時間延後或提前，因而產生季節性情緒失調症，人變得憂鬱、沒精神。年紀也會影響松果體分泌褪黑激素的濃度，在出生後至六歲期間，達到最高峰，而後隨年齡下降。年長的人松果體可能完全停止分泌這種荷爾蒙。我們白天的身心活動，需要大量負責神經傳輸功能的血清張力素，這種化合物與褪黑激素息息相關，其分泌量與褪黑激素成反比，血清張力素在夜間的濃度低得多。松果體在代謝褪黑激素時也會製造神經化合物松香烴。近期研究指出，松烴主導引發睡眠時做夢的現象。專家認為，松果體若配合控制人體生物時鐘的下丘腦，會影響老化的過程。

退化的眼睛

　　許多人認為這是我們的生物學第三隻眼，〝靈魂的座位〞〝啟蒙的中心〞。

　　科學家發現松果體的結構與功能類似眼睛，這個腺體可能是退化了的眼睛。因為松果體具有和眼睛一樣的視網膜細胞，在一些爬行動物體內仍然包含 "杆狀細胞" 和 "筒狀細胞"。它能直接感知光線並作出反應，影響身體的醒睡模式與季節週期。例如人們在陽光明媚的日子裡會感到心情舒暢、精力充沛、睡眠減少。反之，遇到細雨連綿的陰霾天氣則會情緒低沉、鬱鬱寡歡、常思睡眠。這一現象正是松果體在 "作祟"。

靈魂的寶座

十七世紀偉大的法國哲學家笛卡兒，稱松果體是（靈魂的寶座）他寫於一六四九年的著作《論靈魂之情》周詳地探討這種腺體，他在這本名著中表明他相信身體有靈魂。我們要知道靈魂是與全身相連，不能說它只在身體某個部位，而跟其他毫無關聯。不過他特別提到，體內的松果體，是唯一的例外，我們體內有個部位的功能有別於身體其他組織，靈魂不是在心臟，或整個腦部，直接發揮功能，而是從腦部深處有個極小的腺體，懸於腦部中央一處，供腦部前後方的心神，互相聯繫的通道上，這個腺體有一個細微的變動，心神狀態會大為改變，而心神有一絲改變也會反過來改變這個腺體的運作。

史上宗教與文化文獻提到的深具靈性意義的松果體

世界各大宗教、文化與傳統信仰，都有文獻探討松果體。縱觀人類歷史記錄，松果體曾經被作為人類精神啟蒙的象徵代表，自古以來它又稱神秘的第六脈輪或第三眼，是知識與大智慧之眼，它是整個歷史的神聖象徵。

中國

松果體即道家所謂的天眼，佛家言識海，亦稱天眼證智通。若練功有成，便能觀人氣色，透視人體，預知禍福，預測未來，照佛家所說，既色界天的眼根超越了大地的遠近，時間的過去和未來，一切現象都能明見。在很多佛教畫像及雕刻中，可以看到臉部有出現三隻眼的情況。

埃及

古埃及人，把第三眼稱作，"歐西里斯之眼"，"歐西里斯的權杖"，又稱 "松果之仗"，（歐西里斯是位太陽神，主宰來世者的象徵），描述了兩條相互交織的蛇自權杖底部盤旋而上，最上方是一個松果。

人體的精神能量被描繪成如蛇般從脊柱的基礎盤繞上升，到達第三隻眼松果體並覺悟。覺醒的靈量表示脈輪的合併和統一。據說這是唯一的方式以實現 "神聖的智慧" 並帶來純淨的歡樂，純粹知識和純潔的愛情。

蛇實際上代表了 DNA，而松果體就是能量的聚集點。法老的面具上有一條昆達裡尼蛇通過其頭部，這象徵著松果體已經彙集了相當多的能量可以到達更高層次的領域。

在印度教對神靈的描畫中，文字和符號裡都陳述了蛇和松果。在某些情況下，印度教眾神的雕刻或繪畫作品都塑造了有伸出持著松果的手。濕婆，在印度教傳統中最著名的神，頭部始終被描繪成捲曲的頭髮形狀明顯相似於一個松果，並和蛇交織在一起。

印度還有個傳統是在額頭中央點貼飾品，以提醒人記得松果體與其靈性力量。

生命之樹

除了精神上的意識與啟蒙，松果也歷來被用來作為永恆的象徵或永恆的生命。古代亞述人的宮殿雕刻，可以追溯到西元前 713-716 年，描繪四翼神般的人物故意高舉松果，或在某些情況下，用松果向他們描摹的生命之樹致敬。他們認為，這個神秘的器官是思想意識的源頭，能促進生育力，在開悟時喚醒不朽的力量。

有一種理論提出松果實際上是善惡之樹的果子。據創世記記載，夏娃在毒蛇的逼迫下吃掉了禁果，導致了人類從伊甸園被驅逐。這一引用重現了松果與毒蛇的圖像概念，再次體現了跨文化的一致性。

聖經本身暗示了松果體多次，有時相當明顯。

"眼睛就是身上的燈，你的一隻眼睛若亮了，你的全身就光明"——馬太福音 6：22

這是何西阿最後詩句，似乎更直接地解決了精神和松果/松樹之間的聯繫。

"以法蓮哪，我與偶像還有什麼關涉呢？我耶和華回答他，也必顧念他。我如青翠的松樹；你的果子從我而得。——何西阿 14：8

墨西哥

在另一個文化裡提到松果的光彩精神和不朽的的象徵，墨西哥的雕像 "Chicomecoatl 神"（七蛇神）再次描繪出一個神手持帶有松果的另一個權杖。

希臘

希臘人和羅馬人也納入了松果在他們的宗教信仰和神話闡述的系統體系。古希臘人認為，松果體影響認知活動，哲學家迦林和柏拉圖都曾撰文探討。柏拉圖在《共和國》中強調松果體的重要："它勝過一萬個肉眼，只要透過這裡，就能看見真理"。

狄奧尼索斯，後來被羅馬人稱為酒神，手持茴香權杖交織著常春藤葉子並且頂部有一個松果，該酒神杖，經常被用來作為一個神聖的工具在宗教儀式和慶祝儀式上。後來羅馬人建立了一個世上最大的松果青銅雕塑，一個三層樓高的巨大松果的形狀。根據一項受歡迎的中世紀傳說，雕塑站立在萬神殿的前面作為一個大型溢水噴泉比鄰伊希斯神廟在古代羅馬。

羅馬

然而，巨大的雕像現在坐落在天主教梵蒂岡的松果廣場。天主教的宗教傳統與松果有錯綜複雜的關係。提到"羅馬教廷"這個名字，似乎許多人會直接提到"第三隻眼"。

羅馬天主教傳統特別尊敬松果體，也許最顯著的是由教皇本人攜帶神聖的權杖，教廷的徽章，在梵蒂岡國旗當中，堆疊的三皇冠形狀極似一個松果。

松果也作為照明物出現在教堂如燭臺，燈具似乎象徵性的代表第三隻眼的精神光照。所有這些因素導致哲學家指責天主教教會對基督教、天主教隱瞞了松果腺的覺醒的真相，為公眾真正靈性的啟迪蒙上了盲目的面紗。

德國納粹

希特勒的桌子上鑲嵌在權杖頂部的松果，松果還隱藏在經典的納粹鷹圖示的身體裡。

1997 年，英國醫生詹妮弗盧克大量研究並記錄了氟化物在我們松果體內的積累程度以及對人的影響。結果顯示松果體鈣化的地方，血流量抑制並堵塞了我們的第三隻眼的基本功能。

政府和秘密社團試圖維持更大的精神和社會的自滿情緒，通過化學方法籠罩我們生物門戶的靈性覺醒。（牙膏，碳酸飲料等等）

松果體能提升意識的科學研究

多數人很少運用松果體，導致他休眠而萎縮，不過醫學界發現食光者不在此列。美國賓州大學和湯瑪士傑佛森大學的醫生與科學家觀察印度有名的食光者希拉瑪內克 130 天，測驗他是否真的能只靠陽光維持生命，瑪內克先生這段時間完全沒有進食。在觀察期間，研究人員發現，他的神經細胞沒死且很活躍。一般 50 多歲的人松果體已經萎縮，他的松果體反而擴大，一般人的松果體大小約 6 乘以 6 毫米，瑪內克的經測量是 8 乘以 11 毫米。

松果的圖騰權利廣泛地出現在正面和負面的文化勢力中，在整個歷史上暗示了精神的啟蒙與第三隻眼。直到最近科學界才開始研究神秘的松果體，研究員不斷發現，它真正的功能揭露它就是連接身體與天界的通道。這些現代組織掌握著松果的秘密和象徵性權力，對公眾掩蓋了其真正的重要性，同時通過含氟飲用水、碳酸飲料等化學方法毒害我們市民的第三隻眼，以阻止人類的覺醒。

（5）昆達裡尼

https://www.facebook.com/notes/synge-lee/%E6%B7%BA%E8%AB%87%E5%9D%A4%E9%81
%94%E9%87%8C%E5%B0%BC%E9%9D%9C%E5%BF%83/913825208671130/

昆達里尼（梵文：कुण्डलिनी，kuṇḍalinī，坦米爾語 ： வாலை，泰語： กุณฑลินี，英语：

Kundalini），又譯為軍荼利、靈量、拙火，梵文原義是捲曲的意思，印度瑜伽認為，它是一種有形的生命力，是性力的來源，它蜷曲在人類的脊椎骨尾端的位置。傳統印度常以女神，或是沉睡的蛇來作為它的象徵。類似於中醫與道家所說的精或先天的炁，印度瑜伽修行者認為，通過修練瑜伽，將可以喚醒沈睡在身體中的昆達里尼，使它通過中脈，最終到達梵我合一的境界。

坤達里尼是人類的能量中心（chakra）之一，但是有幾個，則因人而異。有的人有 7 個，有的人有 9 個，有的人更多一些，有的人更少一些。佛教徒說有 9 個能量中心，印度教徒說有 7 個，西藏人說有 4 個，而他們都是對的！那就是為什麼會有這麼多不同的傳統發展起來的原因。

一個人必須去感覺到能量中心，而不只是知道有關於它的東西。你必須去感覺，你必須把觸角送到你自己的裏面。只有當你感覺到你的能量中心、坤達里尼及其通道，它才是有益的。

坤達里尼的根部，坤達里尼經過的通道，也是因人而異的。你越深入裏面，你就越具有個體性。舉例來說，在你的身上，你的臉是最有個體性的部份；而在臉上，眼睛就更具個體性。臉比身體的其餘部份更活生生，所以臉有個體性。你可能沒有注意到，人到一定的年齡，特別是隨著性的成熟，你的臉就開始呈現出一種幾乎是終生不會再有多大變化的形狀。在性成熟之前，臉變化甚大，但隨著性成熟，你的個體性就會定型而不再變化，你的臉也或多或少地不再變化。

坤達里尼和能量中心不屬於你的身體構造、生理系統，坤達里尼和能量中心屬於你的靈妙體（註：精微身體），你的靈妙體（sukshma sharira），而不屬於這個身體、這個粗重的身體。印度教徒把坤大里尼形容為潛伏在我們海底輪的一條蛇。坤達里尼就是我們的能量體。而許多人的能量中心是受阻的。

我們平常壓抑的慾望、性、憤怒、挫折…它們的能量不會平白消失，要知道我們身體的能量，應該是暢通的，必須抒發出來，如果你讓它停住，這些能量就會後退，最後他們都將回到海底輪，鬱積在那裏。

坤達里尼要深刻得多，它比死亡、比出生、比血液都要深，因為坤達里尼是你的第二體的迴圈。血液是你的生理體的迴圈，而坤達里尼是你的靈妙體的迴圈。

人必須進入靜心。然後能量才開始流動；你唯一該做的事就是靜心。如果你深深地投入靜心，內在的能量就開始上升，而你會感覺到流向的改變，它會在許多方面都能感覺到，甚至在生理上也會覺察出這種變化來。

所以坤達里尼是一個讓自己的能量流開始在脈輪暢通的修行瑜珈，在我們觸動海底輪的時候，你將會找到在那兒的一個對應的點。能量中心是你的靈妙體的一部份，但是你的身體構造和生理系統，因為打開坤達里尼，你開始找到這個能量中心與自己身體相對應的點。如果你感覺到一個內在的能量中心，只有到那時候，你才能算是找到和自己相對應的點。

如果你身體能量的通道是暢通的，那麼就不需要能量中心，你什麼也不會感覺到。能量中心是為了幫助你而存在的。如果坤達里尼受阻時，附近就會有幫助。某個能量中心會接管被阻的能量。

如果能量不能前進，它就會後退。在它後退之前，能量中心會完全吸收掉這個能量，讓它聚積在身體裡面。當然這對你的靈性發展，是有著非常大的阻礙，不要忘了你必須成為一個清澈、透明、自在的存有。

坤達里尼這個能量體，經常因為壓抑，就會鬱積在你的身體裡面，日積月累就卡住在那兒。當能量透過坤達里尼的開啟，等到那些能量重新來到受阻的地方，透過坤達里尼瑜珈，就能把卡住的鬱積能量打破。所以，這這是一種安排、一個幫助。

昆達里尼瑜珈是一種非常古老的瑜珈。早期在印度只能秘密傳授，並僅限帝王或貴族學習。 Yogi Bhajan 博士在西元 1969 年將昆達里尼 Kundalini 瑜珈帶到美國，開始公開的教授昆達里尼瑜珈，讓更多的人受惠。

為了讓學員們回到日常生活後，能夠持續開啟深化、蛻變的過程，也讓更多的人有機會體驗到這威力強大，加速自我覺察提升的瑜伽。透過瑜伽讓身、心、靈更加的擴展、更加的體驗合一的喜悅，同時淨化我們的身體達到真正的身心靈合一。

昆達里尼是由 Yogi Bhajan 博士所教導，一種自我覺察的瑜伽。覺察是一種將有限與無限接軌的方式，我們體內的潛在能量經常處於冬眠狀態，等待被喚醒，而昆達里尼瑜伽的強大力量即是喚醒拙火的最快方式。昆達里尼瑜伽能夠讓你更快速有效地前往靈性意識途徑，它可以平衡人體的腺體，強化神經系統，增強肺活量，更可以淨化血液，去除累積在體內的毒素。

昆達里尼瑜伽被認為是瑜伽的二十二種學派中最強而有力的一種，它豐富多樣的融合古老瑜伽的各種元素，它結合聲波振動的梵咒唱頌、呼吸技巧、瑜伽體位淨化法、結手印與靜心冥想等

第１７課 揚升，十二脈輪，能量印記／業力種子

1.【克里昂】一些舊的靈修方式需要改變

https://leileinot.wordpress.com/2017/01/10/

【克里昂】一些舊的靈修方式需要改變/

"科學會進步，靈修也要進步。新的能量已經來到地球，一些舊的靈修方式需要改變了"

我們的 **DNA** 已經改變，超靈，高我…都願意幫助我們，凡事開頭難，只要你願意去面對自己，很快就會度過難關，比舊時會快很多。也許有人還陷在：地球是個監獄，我們被我們的個性限制住的觀念中，新的能量已經來到，只要你願意改變你的個性，隨時都可以改變。

接下來是克里昂信息：翻譯：QingQing

神是多維度的存在，人類不是，這句話已經在克里昂的通靈中被討論過多次，我的伙伴每天都能見證，甚至在新時代運動中，還能看到被我稱為陷入了舊 3D 靈修的人，他們，通靈者，療癒者，坐在一起開會，討論學到什麼，他們拒絕他們的頭腦，他們說："什麼是科學？

為什麼不能像古時候那樣坐在那裡，進入深入冥想，做好多好多深入的能量清理工作?我們花費 3-4 個小時冥想，把能量送給地球和別人又會怎樣?"嗯...我有答案，也許我的答案很多人不會喜歡。

你的靈性正在進化.為什麼要花費多個小時看著對方的眼睛或唱誦咒語/讚美歌?你們的時間線已經改變，你還需要陷在一個讓你感覺永遠平穩，感到舒適的系統裡嗎 ?你真的相信這樣天天坐在家裡，花費大量時間進入 alpha 腦波的人，可以為地球帶來和平嗎?

想一想：在古代我們就是這樣做的，現在你還希望呆在那樣的古代時間中嗎？ 你們的靈性 DNA 現在已經進化了，只要在生活中，讓自己成為"量子"（Quantum），就能夠完成以前在地球上無法完成的事情，你現在已經可以控制具有上百個坐在那裡冥想的人的能量了，你的 Merkaba 的高頻能量從這裡移動到那裡，你一個人就可以影響很多。

我這樣說有冒犯你嗎?這不是我的本意，反而我想做的是提醒你，點醒你進入一個新的觀念- 現在的人類已經變得比以前更加能夠影響這個世界，這是掌控的學習，你現在已經開始擁有地球上揚升大師的能量，現在已經不是唯一坐在椅子上冥想的時刻了，這是一個任何事情都可能發生的地方。

現在的集體冥想不能只是單純的消除負面能量，而需要專注在幫助個人進入頻率的提升，幫助每一個人找到內在之神，讓每一個人都成為大師，你現在已經不是坐在那里花費大量時間讓自己沐浴在感恩的能量中了，出去吧，去做吧，去療愈這個星球~不要只是坐在那裡做單獨的個人享受，那是舊有的靈修方式。

"克里昂，你是說我們現在的集體冥想已經不再有用了嗎？ "－不是，我不是這個意思，它有用，總有一天會帶你進入你想要的境界，但是，親愛的，你感覺到了嗎？你現在的時間已經不夠了，你沒有足夠的時間了～

補充：讓自己成為量子即成為純粹的覺知，你的覺知，覺察力…

新能量為人類帶來了全新的啟動，你現在已經可以拋掉業力，創造自己的生活了，我們鼓勵你這麼去做，因為業力是一個長時間，緩慢地生命學習過程，在這個新能量中，希望你們能夠學會控制自己的生活，學會做自己，去做讓你感到喜悅想要經歷的事。

可是你們當中有很多人還不明白什麼是退出業力，他們說："什麼?我怎麼能夠退出這場家族的劇本?你肯定是瘋了，"當你願意從這場家族劇本中退出，你的很多家庭成員會從你的生活中消失，家族業力的規則是固定的，當你們身在其中的時候，很難分辨清楚，你擁有這樣的家族成員並不是巧合，假設他們是這場劇本中與你一起跳舞的伙伴，現在你想離開，他們就會納悶：為什麼你不願意和他們一起跳舞了?於是他們就會離開了。（註：即不再涉入，而以臨在方式對待三次元的人事物）

業力就是這樣，古老而緩慢，人類雖帶有選擇，但是還伴隨著因果關係，現在"負責任（比如：我欠了他，我就需要負責任償還）"這個詞應該被賦予新的含義，不再有受害者，不再有意外，為發生在周圍的事情付起完全的責任，這就是新的含義（無條件的愛，沒有人會受傷）。

人生課題卻是非常個人化的，雖然人生課題可能會與業力相關，可是當你的業力被消除以後，你的人生課題還在，它比業力更為深遠，是完全屬於你自己的內在課題，而不是基於群體上的，與業力一樣，你每一世都會以不同的方式攜帶它，但是它只是攜帶的方式與業力相同，業力是基於一個人與另一個人之間的情況，或沒有完成的事情，或者感覺需要去完成，一種擁有交互作用的系統，人生課題則是完全個人化的，只是關於你自己，每一個人都有 1 個或更多的人生課題，一旦這些人生課題被解決，則永遠不需要重複學習。

接下來是一些最基礎的人生課題 （只有你覺得這是你需要去學習的，那才是屬於你的）

學習愛，

學習聽；

學習接受；

學習愛你自己；

學習說出你真實的想法；

學習如何不成為受害者；

學習不要讓別人為你自己下定義（不被三次元的人所影響）；

學習成為自己的主人；

學習如何不去埋怨他人；

學習如何跳出 2 元世界（做好來自高我的功課）

學習如何照顧自己，而不是總是倚靠別人

學習你是值得在這裡的，而不是出生就身份低微⋯

2. 新世紀的揚升之光- 2

https://www.youtube.com/watch?v=43yvlrNl3Xc&index=19&list=PLBE1D4824C4FF04FC

辨識走在揚升道路上的人必須時刻聽從自己來自高我的直覺，直覺不只是以靈光乍現的方式呈現，還伴隨著愛心與正當性的感覺，因為揚升大師並不仰賴外在的建議，而是跟隨 來自高我的直覺 辦事（內心知道對還是不對，恰不恰當）。

直覺是用心感知某人或某個情境的能量，雖然頭腦無法準確地確定是什麼事，往往那個第一印象即是來自本能的 直覺 。

（註：在冥思時專注地看一件事情等待某個答案出現時，第一個閃過的影像就是答案，但自己必須精煉覺察力知道和辨認得出不是自己的想像或主觀期望。（非來自小我意識的想法）時常練習關照自己的心念的人就能立刻辨別出那個印象從何而來，喇嘛們就是用這個方法去尋找和確定投胎轉世的朋友。）

但是，辨識（分辨）並不是批判，辨識幾乎是每個人要學的生命課題之一，沒有人不是通過吃虧受騙去學到教訓的，不同的是，他們會理解這些人，並且用慈悲的眼光用同理心去原諒這些人，在背後為他們祈禱。

辨識能力弱的原因之一是獨立思考與選擇的權力被剝奪而得不到磨練。膜拜團體，宗教教派和大部份政府，媒體，教育機構等等權威規定人們該怎麼想該做什麼怎麼做，不依就是不服從，要嚴懲。這種嚴厲的控制與限制抑制了人類的辨識能力，導致辨識不清的人熱情過頭，走上極端，犧牲自己為意識形態效勞，其實是被奴役了還不知道。**揚升大師能辨識真偽，獨立做決定，知道什麼才是恰當對大家有利的，而不是某某權威說的。**

膜拜團體與宗教教派的危險就是剝奪教徒的獨立思考權力和能力，讓大家都成為傀儡玩偶，將自己的力量交給某位脫離神性活在黑暗中的強人，跟隨魅力領袖和堂皇的名義去從事戰爭，殺戮，酷刑等等惡行，自己卻一直都沒察覺出來。如果大家都被允許自由地發表各自的真理由大眾辨識，而不是用權威壓制，反對，囚禁，威脅，不論是多麼胡扯都受到尊重，每個人都跟隨內在的指引去自由辨識，希特勒之類的人就無法用他們的領袖魅力去迷惑人心，誤導所有人去打仗。

成為一位揚升大師就像是開悟的佛陀，屬於識的能量，即便只有他的億萬份之一也已經很了不起。要不然也可以擁有基督意識，也就是心的能量。慈悲與智慧就是兩兄弟的能量。

通靈的訊息來源很多，就必須使用辨識能力，用直覺接受感覺舒服跟高我沒衝突的能量。有不良意圖的黑暗能量不只是通過不夠純淨的管道提供謬誤或不正確的訊息，而且還以非常微妙的方式扭曲真理，造成人心的困惑與懷疑。即便是出自最善良的意圖發出的訊息，經過個人不純淨和辨識力不準確的解讀和傳話，或多或少會扭曲原意。（註：**過濾訊息很重要！自我療癒的課程就是讓你學會覺察、覺知與分辨。**）

因此，不要被別人的觀點主導，認為對方一定是對的，即使某人自稱跟宇宙源頭的人溝通，跟耶穌或某某大天使對話，跟外星人握過手，寫過成打的暢銷書，舉辦過無數工作坊，上過電視，只要你直覺上感到他說的不是你直覺上感應得出來的正面能量，就別理會，也不批判。

尊重你的自由意願的傳話人會告訴你，不論信息是對是錯，如果無法引起你的共鳴，可以暫時旁觀不介入。

因為沒有任何還在肉身裡沒開悟的人具有縱觀全局的視野，而且，從不同次元和高度看同樣的東西都有不一樣的景象，每個人只是誠實地敘述他們所能見到的部份，聽在另一個次元的人的耳裡就不一定對，也不一定適用。

通過靈媒傳話的靈是何方神聖無法確定，不論對方自稱是誰都有待確定，**鬼或阿修羅都**

可以客串騙人，能夠辨識的線索就是他們自己都無法掩藏的負面能量和低頻率，意識清醒覺知敏銳的人就能感應出來，騙不了無所不知超敏感的高我。

自保

靈性高的人就像個提燈籠的人，好消息是看得清前路，也照亮別人，壞消息是被不想見到光的人攻擊。因為權威機構如獨裁政府和宗教領袖投入時間和精力給人民製造恐懼和困惑，利用出自恐懼，需求與貪婪的動機來進行控制與支配，他們必須不斷餵養人們的恐懼心理去獲取更多的權利，因此最不願意看到人們獨立思考不畏懼強權，當然就通過各種手段去壓迫，囚禁，侮辱提燈籠的領頭羊。

在進入黃金時代時，合作的趨勢與能量摧毀了舊作風的堅固堡壘，人們不再以競爭和打敗他人來滿足自己，而是互相讓步取得雙贏。但是，在所有人都有善良單純的意圖之前，**善良的人還是需要自保，自保就是確保自己的能量不要受到黑暗能量的影響成為黑暗能量的一份子。**

黑暗能量是由任何沉重的振動頻率所組成的，例如恐懼，嫉妒，憤怒，沮喪，當揮不去的，惡意的，批判性的，情緒化的思想念頭與情緒籠罩自己時，也能像箭一般穿透滲入內心中最脆弱無助的部份，蒙住自己的燈泡看不清楚外面的迷惑，無法繼續在靈性道上前進。因此，遇到狀況時可以用鏡子反射的原理保護自己。

人心最原始也是最大的弱點就是恐懼，石器時代起的人就因為不明白閃電，打雷，地震，颱風等自然現象而心生恐懼，要殺豬宰羊來祭拜天地間的惡神和阿修羅來求平安。古諺說：除了恐懼本身以外，沒有什麼可恐懼的。一個坐在家裡擔憂，害怕，焦慮的人會很脆弱，原本沒事也變得有事，那些心智堅強，鎮靜，放鬆與愉快的人就不會陷入這種恐懼的氛圍之中。

要消除負面能量就要淨化身心，包括健康乾淨的飲食，呼吸新鮮的空氣，適度的運動，休息與放鬆，身心處在最佳狀態。壓抑與否定情緒會使脈輪堵塞，失控的情感會失衡而做出不理智的事情，有情緒就覺知它的緣起緣滅，而不是把情緒發洩在別人身上讓自己好過一些，讓別人難過，這也是很缺德自私的事。因此，揚升大師都很注意觀察自己的思路與起心動念，發現到有負面情緒等等傾向時就馬上化解掉（註：轉念就轉頻，和正向對齊！），而不是壓抑和任由它發飆。

其實，最有力量最有效的保護法就是保持寧靜，處在颱風眼裡，誰都碰不到自己。寧靜才能覺察出氣場中堵塞的部份，才能加速清理，慌亂中還能專心翻看說明書的嗎？

這裡介紹幾個保護方式 ：（僅做參考！）

藍色斗篷

藍色是具有保護作用的顏色，整個宇宙都充滿這種顏色，是很原始很神秘的顏色。可以觀想一件深藍色的斗篷從上而下包圍整個氣場。

金色光蛋

觀想自己站在一個金色光蛋裡面，外面再包一層深藍色的能量，如果在職場上有人針對自己挑釁或欺負，就換成一層紫色的能量包住金色光蛋。

基督的金色光束

這是一種很有力量的保護法，必須召喚三次，譬如說：我現在請求我的高我，召喚基督的金色光束來保護我。三遍之後，再加一句：已經完成了，感恩。（註：請高我臨在）

光的傳輸管

觀想頭上有一道光束通過一條無形的管道直接灌入頂輪，通過身體的所有脈輪再到腳底貫穿進入地底下，轉化所有身體裡的負面能量成為正面的。（註：光啟 DNA 光流呼吸）

光束必須貫穿進入地底下的原因是，腳底下六寸到四尺（1.3 米）的地方也有類似第八脈輪在身體外面的能量脈輪，叫做次人格脈輪（地球之星 脈輪）。這個腳下的脈輪跟遍布全球地表每一方寸每方尺格子的無形水晶光網或磁場緊密連結，產生地心吸力，讓人貼在地面上行動，也必須依賴地面上的物質世界去生存。即便坐飛機上高空或住在高樓，腳下的脈輪依舊跟這個光網保持聯繫，除非是在太空中的太空艙裡，或飛機在高空中急速下降，暫時失重，違反地心吸力，就可以在空中飄，一旦回到地面上，又再接回去。

意識很 3D 很依賴物質世界的人就會跟腳底下的水晶光網或 3D 的磁場矩陣緊密連結，也跟其他 3D 人共同創造的磁場共存（註：三次元集體意識），一再強化這個光網的磁力，身體變得更稠密，也受限於這個 3D 矩陣脫不了身，看不清真相，能力非常有限，只能靠物理的原理去辦事。一旦意識有所覺醒，提升到 4D 或 5D 時，也等於轉換這個水晶光網的頻率，變成 4D 或 5D 的，跟其他 4D 人和 5D 人共同創造的高頻率光網共用互通去加強彼此的能量。水晶光網可以是 3D 的，4D 的或 5D 的，都是目前的蓋亞可以支撐的平台，空中的 6D 光網也在建構中，還不成形，只有小部份可供 6D 天人短暫逗留，多數時候都降低頻率到 5D 次元裡拜訪。

星球 A 從星球 B 分裂出來以及時空大挪移也是把整個光網從 3D 切換成 4D 性質的，地表上的一切都原封不動，不同的是意識 3D 的人依舊處在 3D 矩陣的虛擬實境中看不出哪裡不一樣，意識 4D 的人卻已經切換到 4D 的全息環境中漸漸看出了微妙的變化，就像電腦的虛擬實境中的人站在室內不動，只有腳下頭上前後左右的六面牆在換景色。因此，佛祖誕生時走了七步才成為嬰兒，每走一步都開出一朵蓮花（代表人體中的七個脈輪），因為他腳下的第九脈輪踩的是 5D（地球上最高的次元）的水晶光網，5D 世界裡辦得到的都可以出現在他腳下，

可以確定不是傳說或奇蹟，是靈性科學的現象之一）

天使或守護靈

召喚你的天使、守護靈或跟你有緣的佛菩薩和上師給你加持，跟他們的能量連結，但是這非常危險！如果你的覺知意識不夠！

（註：切記！**3D** 舊能量才以此方式向外聯結，但是這非常危險易為外靈附體與掌控！新地球不再以此方式！而是向內開啟內在維度，觀照自己的思言行起心動念與小我意識，修正與淨化自己才能和高我聯結。）

使命

人的較高目的就是生命道路，能夠帶給自己很大的喜悅與滿足感。如果你感覺到熱情，活力，受到啟發和鼓舞，就已經走在靈性的道路上。當你做的事能為你帶來無法從其他替代物如物質和世俗標準的功名利祿得來的成就感時，你就已經實現了這個生命目的。

有關星座：星座本身提供了一些生命道路的訊息，有多少人想過自己為什麼會在那個月份那個星座出生，自己又跟其他星座的人有什麼不同，比較適合做那些事，不適合那些事。

每一個太陽星座都附帶著生命課題，如下：

火象星座—牡羊座，獅子座，射手座

課題：奉獻神性，向外開展，被別人全面接納的愛。

土象星座—金牛座，處女座，魔羯座

課題：腳踏實地的行事，為他人提供服務。

風象星座—雙子座，天秤座，水瓶座

課題：四海之內皆兄弟，每個人都是朋友。

水象星座—巨蟹座，天蠍座，雙魚座

課題：無論發生什麼事都能處在中心點，不受別人的情緒干擾。

數字學裡的每一個數字都有各自的振動頻率和能量，出生日期和名字都有訊息在內，因此古代人早就懂得利用八字和姓名學，筆劃等等數字來推算人的命運或生命藍本。在投胎前自己定好的目的和目標只有自己的靈魂知道，都是為了滿足自己的靈命去設計，即便別人看來很值得羨慕或值得可憐，怎麼看都是主觀猜測和批判，都不準。

每一個要誕生到母體的靈魂會預先以心電感應通知父母自己希望會有的名字，因為名字裡的筆劃，字母，發音，字形，字義等等組合都有振動頻率，整個名字加起來就有某種能量。由於整個宇宙充滿振動頻率，就會同頻共振互相吸引和排斥，實現生命課程中需要的情境考驗。

但是，小時候的名字不完全合自己的意，因為難免有父母按照自己的期望強加進去的成份，長大之後靈性比較強的人會感覺到名字不順不完全適合自己，就會想要改名字或另外取其他名來面對外界，把原名藏起來。

當一個人自行決定更改自己的名字時，通常是在 25 歲以後的事，也可能要改幾次才覺得舒服定下來，才算是真正開展生命課題的考驗。未改名以前只是在做準備，改名之後才入戲，開始精彩戲劇化，起起落落好像在坐過山車，尤其是那些勇於冒險不斷嘗試新事物的人。（切記！不我執！修行後的人可以跳脫命造磁場的束縛，所以對姓名、星座、紫微斗數、八字等"不要"有執念！僅需以臨在的方式看懂自己的小我意識、起心動念，隨時修正自己，轉念轉頻，和正向對齊！）

在改名開展自己的生命課題以前，自己都受到父母的影響甚至是主導控制，鮮為人知每個人都要面對的重要課題之一就是，很少人會有一對完美的父母，總是各有優缺點供自己學習克服再結合發揚他們的優點。如果有那麼完美沒有缺點的父母，其中一個會決定先離開，因為這樣子下去不利於孩子的學習與成長，浪費他們投胎到地球實修的寶貴機會。每個人就從父母身上認知到什麼缺點會有什麼不良後果，什麼優點製造出什麼良性效果而學會辨認優缺點的內涵與威力，自己就會更審慎地檢視自己。沒學到的人當然就會怪這個怪那個，就是不曾怪自己。

因此，如果父母親的個性軟弱，自己的任務就是去克服軟弱，強化信心，獨立思考做決定。愛批判的父母就是在向自己示範批判和比較是多麼刺傷人心的事，提醒自己不要像他們那樣去批判和數落別人。主導性強愛控制的父母就是在提醒自己要學會尊重別人的意願，而不是把自己的意願強加在別人身上，然後用為孩子好的理由堵住孩子的嘴巴以便實現自己的夢想，卻不懂得給予支持與鼓勵，不知尊重為何物，只因為晚輩一定比前輩更需要權威的命運安排。固執的父母意味著你必須學會容忍，訓練自己的韌度。更極端一點的是虐待成癖缺乏愛心的父母就是要訓練自己回以無條件的愛而不是怨恨的復仇心理，自己因為領教過這種沒有愛心的對待就不會用同樣方式對待自己和別人的孩子，從而產生慈悲心，讓仇恨與折騰在自己身上停止而不是繼續傳播下去。如果不在這一世面對和克服這些考驗，就等於把未完成的課業挪到下一年或下一世再開學再從頭來過，不明白這個機制的人就不覺得累，就老是在怨自己的命不好，或者對抗而不思考了結的辦法。明白的人肯定覺得太累，會忍痛面對終結掉，下次別再來煩。（註：三次元所遇到的人事物皆非偶然，一切均是來自高我的功課）

要知道，這一關不過就到不了下一個關口，現在的問題就是在為下一個關口鋪路，每解決一個，道路就變寬些，天空更廣些，漸入佳境，每況愈上，待解決要學習的問題越來越少，身體和心情就越輕鬆，提升到另一個較高次元就更容易更快。

脈輪

脈輪是靈性能量的中心，在身體上有七個主要的脈輪，功能是吸收和轉化能量。在 3D 世界裡，七個脈輪呈彩虹的顏色，如果能夠以協調的方式同步旋轉，就會呈現白光。

第一脈輪：海底輪

紅色。負責身體與物質需求的生存，提供能量採取行動，達到行動的目標，原始生命力，生存本能和 Kundalini>昆達里尼能量都在這裡。

第二脈輪：臍輪

橙色。主管社交與人際關係，是情緒與性慾的能量中心，連結了集體無意識中有關性的信念。它也有超感應力，能夠感知別人的身體狀況，吸入身體加以轉化，比如在傾聽頭痛的朋友發牢騷之後，自己也跟著頭痛或心情低落；身邊的人打了個哈欠，自己也不由自主地打哈欠；跟悲觀脾氣壞的人在一起久了，如果自己的定力不夠或脈輪能量不夠強，也會變得跟那些人一樣，被他們的負面能量蓋過去。要在公共場合以及被負面思想的能量包圍的地方免受波及，就要專心觀照自己的起心動念，確保自己的心維持在平靜的颱風眼中，就有保護作用。（註：處在中軸即可不受影響）

第三脈輪：太陽神經叢

黃色。這就是自我的脈輪，跟個人的勇氣，自信，意志，傲慢，自私，控制等等個人需求有關，亦正亦邪。害怕時顏色會變黃綠色或肝病的顏色，直接反映在臉上，如鐵青或沒有血色。擁有自信與滿足感時會呈現更深的黃色。談戀愛時有愛與被愛的感覺會出現黃裡透粉的顏色，主要是被上面的心輪感染到。這個脈輪也像天線般不斷在接收和解讀各種訊息，可以感知到家人可能面對的危險與困境，由於自己的前世印記裡有殘留的恐懼，如果有類似的恐懼或憤怒的人靠近時，太陽神經叢會呈現緊繃狀態，全身都上緊發條。

第四脈輪：心輪

綠色帶點粉紅色。如果不斷拒絕和排斥不開放自己去接受新事物新思想新朋友等等，這個脈輪就會關上。當心輪開放時，上面的脈輪能量就會留進心輪裡充滿慈悲，愛心，同理心等等，有能力治療別人受創的心靈，別人也能夠接納，還感覺到安全。這個脈輪是通往上三輪正面能量的關口，非常關鍵重要，關閉或狹窄，開放或寬敞除了受到心的意願主導以外，也受到下面那個自我的太陽神經叢的影響。有意打開這個脈輪提取上三輪的能量的人要注意和克服這兩個脈輪的固執（註：我執）。

第五脈輪：喉輪

藍綠色。都跟溝通表達有關，嘴巴是主要管道，其他不用嘴巴表達的方式有文字，動作，繪畫，手語，眼睛，音樂等等其他藝術創作，難度更高的是心電感應，不受空間和時間的限制。如果接收人的感應能力不強，發送訊息的人的能量要很強才能穿透接收人自設的障礙與圍牆，一旦穿越就會形成一個突破口，接收到沒有威脅充滿愛心的訊息的人就不會再堵住缺口，潛意識會還想要那種舒服的感覺。訊息或發送的意圖越是單純和純粹，能量就越強，比如充滿慈悲的愛心，關懷與真愛，用私愛去想去傳不是完全無效，但力量很弱，等同於微風拂面，沒什麼感覺。如果害怕說出口或者只想討好別人口是心非時，這個脈輪就會堵塞，出現喉嚨乾燥疼痛等症狀。

第六脈輪：眉心輪或第三眼

靛藍色。第三眼打開時，可以看到很多東西，先是看穿許多事物，陰謀，騙局，謊言的真相，都是概念化非肉眼可見的形態，待意識變得更清明第三眼變得更雪亮，蒙眼的灰塵擦乾淨之後，才會看到肉眼可見的形象擁有靈視力，千里眼，天眼通看到其他次元裡的東西，意識水平越高，看到的東西和內容更多，也看得越高越遠。生來就有陰陽眼的人只是部份開放，要不然就不會只見到鬼而見不到天使，而且這樣的第三眼或脈輪並不健康，還有點扭曲。（註：自身頻律振動低才會看到鬼）

第七脈輪：頂輪

紫色。智慧與慈悲的能量之所在，下接第三眼，上連第八脈輪，因此會紫中帶白，而第三眼則藍中帶紫，三者的關係密切。這是人體脈輪的最高點，也是突破點，能量最強，但也得有開放的心輪它才能發揮功能，否則就繼續關閉。**當這個脈輪啟動時，會從第八脈輪吸取純淨能量再結合自己原有的能量往下流去清洗所有脈輪的污垢，待所有附著的業障清理完畢以後就可以提升到第八脈輪，真實或完全進入 4D 意識和 4D 世界，但也可以在 3D 世界裡活動，會不舒服一些，因為 3D 的頻率還很低。**

第八脈輪：阿賴耶識

藍白色。位於頭頂，也就是頂輪正上方，有說八寸，三尺或八米，總之是三尺頭上有神明，越接近靈性和神性的人就離頂輪越近，反之就離得越高越遠，最遠不超過八米。這是一團白色光球，冥思時第三眼開放就會看到它，不過，清澈或朦朧，大或小，圓或不圓等等形狀和亮度透明度就直接反映出意識是否清明，圓融，寬大，無瑕。這個脈輪也是上一個次元的入口，等到頂輪清理所有脈輪轉化全身的頻率到適合在更高頻率的 4D 空間裡生存時，就完全脫離 3D 空間活在 4D 世界裡，以前是這樣子。但是，由於適逢兩萬六千年一次的時空大挪移，很多人先是一部份在 4D 裡，另一部份還在 3D 裡，造成兩邊都不適應的困惑，因此被迫做出選擇，要嘛就留在 3D 裡不改變，要嘛就徹底改變進入 4D，不允許騎牆和見風轉舵的機會主義。（註：其實真正開啟後將成為多次元維度存有，意識可以穿梭於不同的次元維度）

4D 脈輪

當 3D 裡的肉體轉化成 4D 的半物質乙太體時，3D 的脈輪就逐漸被推到腳部，繼續跟地表保持聯繫，並沒有飄上天或住在空中，也沒有丟掉這七個 3D 脈輪，因此還是有可能再回到任何 3D 星球去投胎。而 4D 的另外七個脈輪則灌入新的身體裡取代原有的七個脈輪，從 4D 提升到 5D 也是同樣的步驟。3D 裡的人還是可以在體內擁有 5D 或更高次元的意識，但都是在體內轉化和提升，只保留最基本的肉體所需去維持生命好辦事，其實已經有很大的自由和自主權決定什麼時候要離開身體要回到哪裡去，也可以在不同空間裡來去自如。

光頻

也是光的水平和層次或振動速度。當細胞變得更光明時，就更接近揚升的階段。

要通過第三階段的提升過程，全身至少要擁有 50%的光頻，才可以跟高我融合。要通過第四階段（4D）需要 62%的光頻，這時就能脫離生死的轉世巨輪，也就是脫離六道輪迴，很確定不再回到 3D 星球裡投胎而是不斷提升上去。大部份低層 4D 裡的人還是會再回 3D 星球投胎，5D 裡的人很少需要再投胎回來的，除非是有特別原因才來一趟，比如現在的時空大挪移事件。

要通過第五階段需要 75%的光頻，第六階段需要 80%到 83%的光頻，第七階段是揚升大師的層次，至少擁有 92%的光頻，這都在 6D 以上，住在空中 無法再維持肉身狀態，。

決定揚升的標準在哪裡？庫彌卡上師說，人必須能夠在外在世界裡維持四個星期始終如一的光的水平。換句話說，同樣的 4D 或 5D 意識狀態必須能夠在 3D 的社會中維持不變，不受影響，不動搖才算過關。因此，離群索居躲在山洞裡閉關靈修不走入人群中還是無法證實基本功的紮實與不可動搖，否則一碰到惡人就像鬼那樣被人打散到支離破碎。所以，過去所有的佛菩薩和大師們都選擇走入人群中考驗自己，也因此能力和法力才變得更強，神通更廣大。同理，靈界裡的人如果在人間時沒能克服某些情緒和問題，即便在靈界裡已經學到處理方式和智慧，但是卻沒有機會實踐，因為身邊全都是好人，壞人也不讓自己靠近，只能再回來人間這種黑白不分龍蛇混雜的地方或學校面對考驗，確定自己的理論可以派上用場成為不可動搖的靈性資產，下次就不必再回來。

但是，上述的百分比也只是形容肉體中的光的水平，靈性之光還可以達到 200%甚至更高。比如說肉體只有 49%的光頻，靈魂離體時的光頻可能是 98%。而且，肉體中的光頻至少要達到 50%才能在睡眠時進入靈性的空間次元裡，可以離體出遊或進入 5D 甚至更高的次元裡。

會降低光頻的情況有：傳播流言蜚語，貪婪，負面與悲觀思想，猶豫不決，懶惰怠慢，操勞過度，尖酸刻薄，痴迷迷惑，自慚形穢，緊張，憤怒，怨恨，身處嘈雜的環境中，貧窮意識或意識還未脫貧，需要更多財富才覺得安全。必須有意識地切斷這些糾纏，光頻才有望提高，才有機會出體遊太空。

提高光的頻率的情況有：慷慨，充實，歡笑，身處美麗清幽的大自然環境中，寧靜，愛心，清晰，放鬆，發自於內心友情的擁抱，靜心，喜悅，下定決心，體諒，感恩，原諒，看中別人的優點，有意識地將這些習慣和狀態帶入日常生活中。

當你在自己的身上做了許多蛻變轉化的工作時，就像是在黑夜裡披上一件白袍，只要遇到月光照在白袍上，上面的污點與污垢都顯而易見，全都浮上檯面來供確認清理，但並不表示自己不是個好人，只是曝露在更多光的環境裡。這些還未解決的事情必須處理，否則會阻礙靈性的提升，是必然的過程，也是個好設計，為自己好，免得以後再回頭來投胎學習怎麼處理。

有些人急著要轉化自己，過度強迫自己接受負荷不了的壓力，不進反退，而且沒有心理準備自己要處理的業障有多麼頑固和惡劣，就被挫敗投降。這是因為當人的意識進入更高層次時，業力也會被轉化，而且是必然重要的一環，**高我會發送出啟蒙的考驗來強化任何需要接受考驗的靈性素質，要不然又會再脫離高我。**因為基礎不穩。面臨考驗時，人很容易感到氣餒，感覺自己還是受到業力的牽絆，其實並沒有人在受懲罰，都只是考驗，沒人例外，所有的挑戰與困難都是未完成的課程。

要提升光的頻率成為揚升大師，就必須見證與追蹤所有的情緒，思想，感覺，言語及行動，去觀察，去選擇做何回應，如何掌握，用智慧、慈悲、大愛去處理。

靈療

宇宙中有一個神聖的能量池，只需與它的頻率調準，就可以用來治療身體，心智，情緒與靈性的堵塞，還可以利用他來傳送給其他人，動物，植物，情境，甚至可以穿越時空傳送到過去和未來去治療過去的業障，強化未來的善業，還包括消融僵化的思維模式和無益的信念與態度。這就是 Prana（炁）治療的能量，靈界裡的人都在用這股能量治療在人間裡受到的種種創傷，不過只有少數人生來就有。

（3）能量印記、業力種子與發心

http://niguma.blogspot.com/2016/05/blog-post.html

今天我想來談談氣場裡的能量印記、業力種子與發心。

當然，我是以一個觀察者，跟學習者的角度去分享個人觀點。

知道有 NLP 之後，我親身觀察過宗教上的儀式，比如法會，那時我的結論是，宗教儀式中已經用了很多催眠跟 NLP，而學了能量療法後，又發現了催眠與 NLP 用的技術是移動了氣場中的意念體跟靈體等等，而每個人的氣場中所有的意念都有自己的生命，都想要活下去，一個人氣場中這樣的生命意識體，少說也有上億，做冥想或靈修練習，會幫助祂們提升能量的質地跟智能理解度，所以，有些宗教認為人體中有很多眾生，就是這個意思。

除了氣場（註：乙太）裡面的意識跟能量塊、寄宿靈之外，還有一些東西稱之為能量印記、業力種子，這個不一定是相同的東西，有時能量印記來自於遺傳（註：家族業力），有時候能量印記來自於前世類似事件一再發生而能量累積在某個位置，而業力種子，它不是那麼常被發現，我個人覺得它比較常在一個人想要靈修、提升靈性覺知時出現，它就像個解壓縮的檔案，當靈性能量提升時，它就可能會解壓縮（用某些精油可以解壓縮），可能是忽然脾氣暴躁，或者對某件人事物特別執著，這時做能量清理也未必有明顯效果，這是 Hathor 老師告訴我的——此時可以好好體驗當下，體驗後就放下吧！

我以前以為能量印記可以經過一次能量清理就除掉，後來實務經驗多了，我發現，能量印記很難被清掉，能不能清除這能量，在於當事人對於這件事情潛意識裏面的執著有多強烈，**除非他對自己真正的想法跟情緒誠實，願意承認並放下自己的執著，不然這些清理氣場的方法頂多是減緩不適感。**

其實只要是用到能量方法，不論是否有效，絕對不能具有小我意識，若執行者存有自己很厲害、很了不起的心，或者覺得自己可以任意使用操控他人，這就會造成靈性的障礙，即使今生不會有作用，來生也會發酵，因為能量界沒有秘密可言。

若是發心錯誤了，結果就是錯的，這個是我的靈界老師跟我強調的重點，若你希望自己賣的商品是好的，本身這個想法沒錯，但若是希望這些商品不但能量好、也能利益眾生，就是發了好的善念，結果就變得不一樣了。

這也就是為何業力種子可能需要多花心思淨化之故，之於我，業力種子就像是剛才舉了販售商品做例子一樣，一開始你若夾帶著「因為能量很好，我就大賺」的心意，跟一開始你若夾帶著「祈願能帶來幸福安康」的心意，會造成不同的結果，那最初發心的種子會成了將來是否願望實現的關鍵，也因此，若這種子是累生累世堆積來的，執念之深，放下也就變得不容易了，試問：若你夾帶不正確的發心跟願望希望商品大賣，賣了七八年了，你是發心還是出於私心，賣出得愈多，你產生的（負面）能量就愈多，你要怎麼去清理那業力種子呢？

更遑論這樣的心態影響到多少的消費者？

　　若將來某人想靈修，他的發心正確而且良善，將來這業力種子會成為提升靈性的善緣；若是發心錯誤，這業力種子又成了阻礙他認清自己的違緣，所以，發心重不重要呢？

　　這關係到你將會產出怎樣的能量結果，那結果也將會影響到你的未來。

第18課　銀河超級波，生命之花，神聖幾何，麥田圈

1. 麥克‧昆西高我【充滿行動的一年】

http://3d-5d.blogspot.com/2017/01/blog-post_14.html

http://www.galacticchannelings.com/english/mike13-01-17.html

你們只需要環顧四周，看到這麼多事情發生在你們的世界，它已經成為一個絕對的蜂巢活動。

慢慢地，但肯定的是，那些處理戰爭各方面的人會發現隨著任何的確定性很難繼續他們的行動，因為他們的支持沒有那麼強大了。

光的力量比以前預期的更加活躍，取得了更多的成功。

他們的信心在增長，許多人現在意識到他們正受到光的支持。

因此，他們正在建設他們將更大的成功，一旦他們可以引進現代或更先進的方法。

你們大部分的注意力都集中在即將到來，對你們貨幣的重新估價上。

其影響將是巨大的，從而導致世界市場的地位，使所有國家都有平等的機會進行彼此的貿易。

當你終於可以宣稱所有的一切都存在於一個『無障礙世界』中，在那裡，和平已經建立。

到那時，黑暗勢力將不再在地球，光榮的和平和幸福將來到。

所以繼續做好你的工作，不要懷疑結果會是什麼。

不管外表如何，一切都進行得很順利，你們地球上的所有活動都在不斷地被我們看顧著。

正如我們先前指出的，自由意志是適用於所有的靈魂，但很明顯地你需對自己的行為負責。

這就是為什麼在生命的盡頭你都會有一個檢討，以發現你有多好的去遵照你的生命計畫，以及你失敗的原因。

要知道，任何事端都可以被精確地重播，當它事實上已發生時，更重要的是讓你的真實意圖和行動被知曉。

我們重申，沒有人會作出論斷，除了你。

結果是，你將決定如何再次『體驗』那個體驗，無論哪一種的方式都可讓你有機會成功，而不會讓你有更多的業力。

你也會得到每一個幫助，使你能够克服任何你可能會遇到的問題。

請放心，因果報應不只是負面的問題，因為『好的行為』可以權衡消極的問題。

你的高我總是與你在一起，並準備提供良好的建議和給你需要考慮的事的幫助。

祂決不會責備你或表現出什麼，除了愛和仁慈。

沒有靈魂需要去感覺他們是無可救藥，因為在任何時候靈魂決定回歸光，高我將樂於幫助他們完全返回到光中。

『服務他人』會是你提升到更高維度的關鍵字。

而在地球上，你往往會被賦予任務，當成功地完成，將會把你提升。

然而，當你不再需要較低維度的經歷去進化時，你將有更多的發言權。

但是必須指出的是，你可能特地來到地球幫助那些正在掙扎的靈魂，在這種情況下，當你完成了你的契約，你就可以自動返回你的星球。

你們這些來到地球的人通常會意識到你們的位置，並且知道你們在這裡的教學任務。

相當多的人在地球是出於這個原因，也許擔任權威職位，他們的知識和經驗是非常有用的。

你們進入新世界的一部分將帶你去接觸所有將推動你進入新時代的發明。

有些已經存在，並且被那些想把你留在黑暗中的人保留著。

然而，一些發明正在進行分配，但是直到它們可以被安全地引入之前，它們顯然都被阻止。

司機減少、汽車將最終被取代，時間正接近當汽油將不再是引擎所需的時刻。

你正處在許多大變化的邊緣，與此同時只能夠出現在停止和開始上。

可以肯定，只要它是實用的許多發明，這將提高你的生活質量而被介紹。

例如，交通工具的變化將是一個奇妙的啟示，當距離不再是一個問題，因為旅行的速度會如此之快，這將超出你的想像。

這麼多的發明已經準備好但被黑暗勢力封鎖，事實上它們將被你們所使用。

然而有些通過（封鎖），但只有在它也對他們有利的地方。

你們正從黑暗時代中提升，不需要很長時間，你們就會忘記在當前這個週期中生活的困難。

慢慢地，但肯定會出現新的創新，提供解決你們的問題，以及給你更多的閒暇時間，為了『自我』。

幾乎每天都是為了生計而工作的日子屈指可數了，甚至你的金錢體系也會變得不必要。

所有的一切都在朝向你現在的生活方式改變，沒有什麼可以讓你遠離這個機會。

你們中間的年輕一代，來地球時已經是『新時代』了，所以你們可以看到，只要有機會，他們會很快地把你們帶到『樂土』。

協助地球發展的更高的存有們，清楚地意識到你們的需要，並且已經通過提升繪製出你們通往美好未來的道路。

絕對沒有任何東西可以封鎖你去享受你們要求的一切。

生活將採取一個完全不同的外觀，在短時間內，你們所經歷的與現在不會有什麼相似之處。

你們的集體思想幫助樹立了未來的格局，所以在任何時候都要積極地思考和行動。

事實上，隨著時間的推移，講話將變得不必要，因為它會更快、更有效地使用思維/意識的力量。

然而，在此刻這時間還太遙遠，但它給你們一個將如何發展的想法。

所以你們可以期待一切，即使你是在你生命的後期階段。

僅這一年就將充滿行動，引領你們永遠走向戰爭的終結，實現永久的世界和平。

享受未來的承諾，知道的一切都將為你們所顯化，條件也將改變你們的喜好和快樂。

你們每個人都在為等待你們禮物的形成做出貢獻，許多來自許多世的朋友也會張開雙臂祝福你們。

當你回家的時候，將是多麼喜悅和快樂的時刻啊。

我以愛和祝福離開你們，願神聖之光點亮你的每天和道路的完成。

這篇信息來自我的高我。

在愛與光中

麥克‧昆西

來自天狼星的 FRANK

2. 地球盟友-Cobra【重要情勢更新】

https://3d-5d.blogspot.com/2017/01/cobra_15.html
（註：此篇文章來自 COBRA 訊息，需注意其中有一些宇宙知識，但有較強的二元對抗意識，讀過即可，勿受對抗意識影響.....）

由於來自銀河中央太陽的非實體光粒子大幅增加，聖光將會在 2017 年比過去幾年更頻繁地出現在地表世界。

2016 年的最後一天，天空出現了極地平流層雲和其他不尋常的雲象：

有些人將銀河之光的頻繁活動解讀成可能在 2017 年發生的銀河超級波：

http://etheric.com/will-superwave-arrive-2017/

光明勢力最近也發現電漿異常在某種程度上可以滲透外層屏障/超光子薄膜。

負面電漿實體在某些條件下可以透過賽特隧道穿過超光子薄膜；往返太陽系。

太陽系以外的電漿尚未完全脫離電漿異常的影響，特別是沿著獵戶臂向外延伸的電漿線性通道：https://en.wikipedia.org/wiki/Orion_Arm

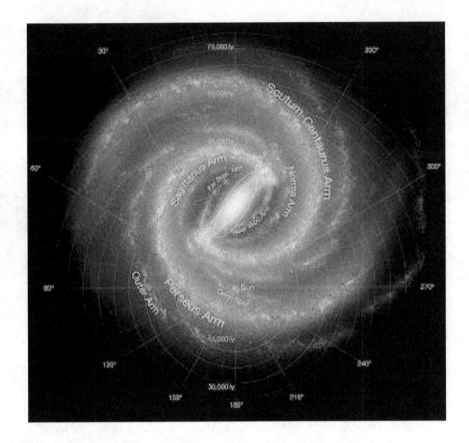

這個星區的電漿異常源自於數百萬年發生在獵戶座的銀河戰爭。

這些電漿異常幾乎都已經處理完畢，但還有一小部份和姚達伯斯互動。

這些異常電漿濃度最高的部份從參宿七延伸到金牛座暗雲，又叫做金牛座分子雲。

https://en.wikipedia.org/wiki/Taurus_Molecular_Cloud_1

為了回應以上這些問題，一支實力強大而且陣容高達數億的銀河光明勢力已經進入太陽系，並且協助針對奇美拉的最終肅清任務。

這個正面團體的身份目前仍必須保密。

抵抗運動和所有跟銀河聯盟結盟的分離團體已經在太陽系內外展開前所未有的密集活動。

所有（隸屬秘密太空計劃和地底世界）尚未跟銀河聯盟結盟的分離團體仍受到奇美拉的滲透。

奇美拉在地表世界的滲透活動更加猖獗。

每當事情沒按照原定計畫進行，就明顯代表著任務已經被滲透。

許多地緣政治的活動證實所有地表世界的正面團體都遭到奇美拉或他們的部下滲透。

達伊沙能再度奪取帕邁拉的真正原因是俄羅斯的軍隊高層遭人滲透。

俄羅斯的分析師在困窘的情況下對這件事情給出了他們的一套說詞：

https://sputniknews.com/middleeast/201612141048542487-syria-palmyra-daesh/

（譯註：俄羅斯的軍政分析師表示：達伊沙的成員偽裝成貝都因人、地方民眾甚至是敘利亞政府軍然後分頭秘密行動。）

俄羅斯的分析師們忘記一件事情：他們只要用電腦對俄羅斯間諜衛星空拍的清晰照片進行簡單的向量分析，就可以輕易地發現一群人正在聚集到某個地點。

陰謀集團也打算滲透其他的金磚國家。

他們就是印度現金打擊戰的幕後主謀：

https://www.sott.net/article/338647-A-well-kept-open-secret-Washington-is-behind-Indias-brutal-experiment-of-abolishing-most-cash

這些計謀當中最危險的就是季辛吉透過川普進行的聯俄制中策略。

這項計謀的目的是拆散東方聯盟：

http://journal-neo.org/2017/01/09/is-trump-the-back-door-man-for-henry-a-kissinger-co/

http://www.independent.co.uk/news/world/asia/rex-tillerson-south-china-sea-state-media-prepare-military-clash-donald-trump-global-times-a7525061.html

許多民眾開始了解到：川普不過是個魁儡總統。

他的政策是一群隱身幕後的有力人士制訂的：

https://truthearth.org/2017/01/03/a-short-word-about-presidents-and-their-puppet-masters/

http://www.zerohedge.com/news/2016-12-30/trump-exactly-where-elites-want-him

http://journal-neo.org/2016/11/25/the-dangerous-deception-called-the-trump-presidency/

https://www.armstrongeconomics.com/international-news/north_america/2016-u-s-presidential

-election/is-trump-draining-the-swamp-or-filling-it/

回到比較正面的消息。

中國宣布他們已經開始在天宮二號測試電磁驅動引擎的原型機：

http://www.ibtimes.co.uk/emdrive-chinese-space-agency-put-controversia3l-tech-onto-satellites-soon-possible-1596328

委婉揭露仍在持續進行。

小行星礦業正在變成主流產業：

http://seekingalpha.com/article/4034859-miners-may-go-galactic-asteroid-mining

網路上甚至有一個評估小行星經濟價值的網站：

http://www.asterank.com/

（譯註：目前網站上開採效益最高的小行星叫 Ryugu。預估獲利高達 300 億美元。

Davida 的經濟價值最高，預估獲利超過 100 兆美元。 ）

如果有人想更直接地參與地球解放任務，匈牙利的準備轉變團隊有一個可供參考的案例（附帶簡短的 cobra 信件訪談）：

http://2012portal-hungary.blogspot.com/2017/01/cobra-interview-with-hungarian-cobra.html

馬拉威和非洲其他地方的狀況可說百廢待舉，但是聖光將會庇祐這些地區。

光的勝利！！

http://2012portal.blogspot.tw/2017/01/important-situation-update.html

3. 大角星信息【你的意識狀態如何影響他人】

https://russ999.pixnet.net/blog/post/2424861-%E3%80%90%E5%A4%A7%E8%A7%92%E6%98%9F%E4%BF%A1%E6%81%AF%E3%80%91%E3%80%8A-%E4%BD%A0%E7%9A%84%E6%84%8F%E8%AF%86%E7%8A%B6%E6%80%81%E5%A6%82%E4%BD%95%E5%BD%B1%E5%93%8D%E4%BB%96

問候親愛的一們。

我們再一次在愛中前來跟你們交流，我們明白你們在這個迅速改變的時期所面對的一切。

你們許多人正處於整合更高維度能量的過程中，跟清理過程有關的身體和情緒議題浮上表面時，你們感到了能量枯竭和困惑。

每個人都感覺到此刻流入地球的新的更高頻率之光的效果。

甚至那些對此沒興趣的人也無法避免它的效果。

這些親愛的一們不理解這一時期發生的事情之本質，並根據他們的信念系統解釋自己的體驗，通常是認為他們產生了一個身體的、情緒的或精神性的問題。

我們想要談談你已經達到的意識狀態如何影響他人。

愛在它最純粹的形式中是一種純淨之光的高頻振動能量，在與之對齊的時候，可以把另一個人提升到持有這種振動之人——他認識到萬物之中的神聖本質——的水平上。

充滿無條件之愛的意識振動被所有跟它接觸的人感受到——身體上、情緒上、精神上和靈性上，這一點使許多人成為了光之工作者，甚至在他們並沒有意識到的情況下。

然而，許多人仍然沒有意識到自己真正是誰、是什麼，也沒有意識到他們散發的能量會影響周邊的人，同時也加入到地球整體的能量中。

這就是為什麼覺知到你的想法和信念，或者察覺到「認為你的想法是否會傷害到別人——是如此的重要了。

這並不是說，認真的靈性追尋者永遠也不能產生一個負面的想法，因為那是不可能的。

找到路徑、進入你頭腦中的不期而遇的負面想法是非個人的，那些跟你個人興趣或擔憂對齊想法的人，可以輕易的找到路徑進入你的思考中，因為能量總是尋求相似的能量對齊。（註：宇宙律吸引力法則）

一個想法可以代表某種你仍然攜帶著的擔憂或恐懼的能量——既可以是有意識的，也可以是來自前世的（註：潛意識）。

突然進入你頭腦中的想法是非個人的，直到你聲稱它們是你的。

這就是為什麼在你最沒有預料的時候，如果某些負面的、甚至是暴力的想法從漂浮中進入你的頭腦，你可能會毫無理由的認為自己是一個靈性失敗者。

清理的過程常常把過時的信念和想法帶到表面上來。

不需要以震驚或抗拒來回應它，僅僅是承認它們的本來面目，不賦予它們任何力量（註：不餵養負面能量），然後繼續前進。

想法只具有它們被賦予的真實性和力量。

三次元的人類心智只能吸引已經成為集體意識一部分——已知的——的想法。

新理念——發明、藝術、科學、技術和深度的靈性視野，必須從內在更深的創造層面升騰起來，然後它們可以被接收者帶入顯化，成為集體意識的一部分，使所有人都可以得到。

這就是進化發生的方式，也是你的每一個洞見加入「正在揚升中的世界意識之振動」的方式。

無論走到哪，你都攜帶著你的意識狀態，因為意識就是你。

你的振動可以提升和打開對此接納的人，也或許會引起某些人不喜歡你。

因為能量尋求對齊相似的能量（共振），所以在幫助那些被你的能量吸引、尋求幫助的人之時，重要的是讓自己保持慈悲而不是同情的狀態。（註：同情會使你墜入他人的能量場中，請勿用同情，請用同理心與臨在）

當一個人進入同情的狀態，他是跟尋求幫助之人的能量對齊了，並常常發現自己感覺能量耗盡了。（註：印心了）

另一方面，慈悲是感知到別人的困難並提供指引，但在做的時候不會進入並對齊較低的能量振動。

對於那些從事諮詢、治療等工作的人來說，這一點尤其困難，他們常常發現自己在對某個人的工作結束後，感到枯竭和低落。

如果你是專業從事這一行，必須學著保持自己的能量場充滿光，在不同的客戶之間清理你的工作場所，並總是記得，你所接觸的每個人的神聖本質。

不然，在這個時期，非常容易跟恐懼和負面的想法對齊。

整個星球的外在場景正引發很多人擁抱恐懼，因為他們是根據第三維度的信念來解釋自己看到的事物。

　　人類心智很容易吸引已經存在於集體意識中的事物——已知的，因而在你清除恐懼的時候，很容易給自己吸引來「可能的災難性狀況」的觀點。

　　當你接受了恐懼的想法，使之成為你自己的，你就帶著不屬於自己的能量。

　　所以，當恐懼出現的時候，不要進入抗拒或是指責自己，而只是親切的轉變你的能量，對自己說這樣的話：「恩，我認出了你，你不屬於我，請離開……」

　　使用你自己的詞彙，這些詞語有助於轉變你的覺知，走出負面性，進入真理。

　　在這一刻的同時，讓你的想法轉向你所知道的真理，記住，無論表像如何，神本身才是權力。

　　如果你以這種方式活過每一天，你就是為整個集體意識增加了光，這會在某一刻引起整個的外在場景轉變，因為意識就是外在場景被創造的本質（註：集體意識會被顯化）。

　　這不會在一夜之間發生，它是一個過程。

　　當許多人一起懷著同樣的意圖，能量會變得非常強大。

　　這一點會發生，無論群體目標是第三維度的還是靈性的。

　　許多人的集合能量可以成為轉變與否的一個力量。

　　能量是中性的，它如何被定向決定著結果，這就是「黑魔法（black arts）」是如何發生的。

　　你們是意識。

　　你的身體在你的意識中，而不是相反——你不是身體中的意識。

　　你的意識為了你在地球上的需要和功課形成了必要的身體。

　　當你意識到這一點時，你會發現你不再受制於那些說「你對身體無能為力」的世界信念了。

　　你的整個世界都在你的意識之內——天氣、朋友遠近、家庭、信念。

　　一切都存在於意識之內，沒有任何事物存在於意識之外。

每一個人必須自問：「我在我的意識之內容納了什麼呢？我持有什麼信念，什麼觀念，什麼想法呢？」」

一個靈性進化的真理和光的意識，將會於外在以任何必要的形式顯化，為了你最高的好處（那也許並不總是你頭腦所認為的最高好處，所以要學會接受，用心接受就是"愛"；無條件的愛）

心智（mind），作為一種覺知的渠道，提取每一個人的意識狀態，然後將其於外在顯化。

你的意識就是你世界的本質。

這就是為什麼人類被大師一遍又一遍的告知說，一切都存在於內在。

對於未覺醒的人來說，這種觀點被認為是荒謬可笑的，是一個很好卻非常不現實的觀念，會被世故的理性人士簡單的忽略。

在實相中，這個深刻的真理就是進化旅程的基石，一個無法被忽略的真理。

你們是創造者，然而你們或許尚未認識到這一點。

一個沉睡的人類意識亙古以來形成了這個世界，在其中如今你發現了自己——意識顯化為形式，並建構其自身到它如今的樣子。

經過若干世紀的掙扎和進化的覺知，人類如今準備好超越這些幻象了。

你的真理意識可以、並正在改變這個世界——在每時每刻，個人方面及全球方面。

我們是大角星人群體。

4. 全維度多重生命之花

https://blog.xuite.net/maxa8850088/twblog/116406771

如果將 3,6,9,12 全部維度的生命之花依其所對應之太極 merkaba 及宇宙網格層級疊加起來，則一如 BCcosmos 在宇宙網格生命之花上面所顯示的，可以由最內層（或最高層）之 12 維太極 merkaba 依次遞降至 3 維太極 merkaba 球面（所有宇宙物質點、α 始點）並由此遞升至 12 維，亦即 BCcosmos 之離心向心，全維度生命之花形象化地表現了這個中心、離心、向心以及高低維循環演化的完整過程，猶如花朵的整個過程同時性地展現。

其次，多重生命之花則暗示了同一維度宇宙可能並非是唯一的，亦即多重維度同時存在而略微錯開，事實上它們仍然只是一個，所有不同維度互相為對方之幻擬（幻化虛擬，影子的影子。）這造成了我們所以為的所謂的真實的世界。事實上這是一個多焦點的複相但個體理性只能篩選其中之一加以確認而得到片面的關於宇宙的知識，不斷地重新篩選和確認，這就是個體理性自我矛盾的運作方式，如此的相對性也正是物質與心靈世界的重要特質。

原理很簡單，因為我們距離宇宙本體的真理實相如此遙遠，於是造成一種多重複相的情況，由於無法精確定位中心點，因此整個 12 維太極 merkaba 被視為絕對唯一之中心點，這也就是 BCcosmos 中所描述的至上點（參見《Brahma Cakra, OM' and Fibonacci sequence》 圖 1 圖 2）實際上我們總是假設一個極端微小的區域為不具維度的點，這種基於 3 維的感官直覺支持了人類長久以來的文明，但是這樣的情況正在改變當中，透過心靈的開展與個體理性的趨向宇宙理性，我們可以明白并看到眾多複相之異原來是絕對實相之同，反過來說，我們活在宇宙的全像之中。

最後，我們將全維度生命之花與多重生命之花給予疊加而成為全維度多重生命之花（圖 4 圖 5）於是清楚浮現了宇宙中脈 16 λ（參見《Brahma Cakra,OM' and Fibonacci sequence》 圖 1 圖 2）。

再一次，宇宙幾何語言向我們展示了它優雅的光音美學波動。

滄海一粟，地球人間。

Satyavan 2010.12.28

圖 1：全維度生命之花

參見《宇宙網格與生命之花（Flower of life）太極梅爾卡巴（Merkaba）》各圖中 3,6,9,12 維太極 merkaba3 維投影的 2 維版本。如果根據《宇宙中脈》圖 1.宇宙中脈與網格...12,9,6,3,6,9,12,9,6,3...的維度關係來看，則本圖內外雙向維度遞增遞減。

圖2：全維度生命之花-細部

圖2：全維度生命之花-細部

圖 3：多重生命之花

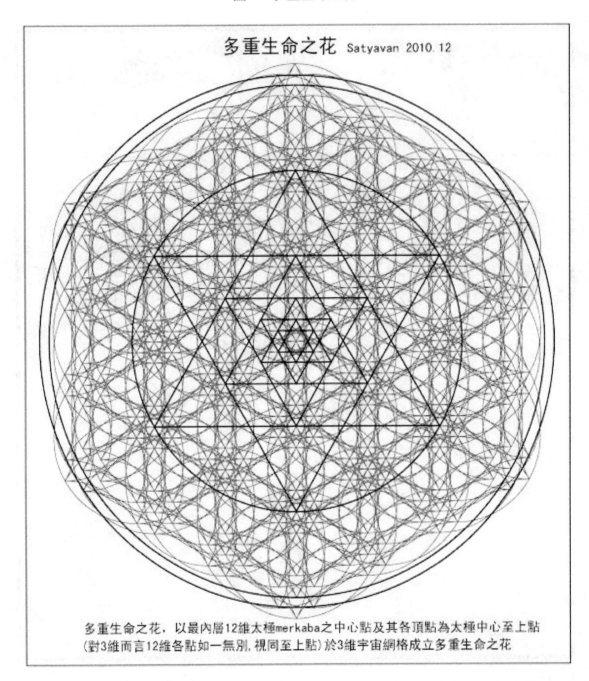

多重生命之花，以最內層12維太極merkaba之中心點及其各頂點為太極中心至上點
（對3維而言12維各點如一無別, 視同至上點）於3維宇宙網格成立多重生命之花

　　從宇宙中脈的角度來觀察乾坤坎離 CCAE 與中心太極 F#位在相同形式的節點上，而艮兌
震巽 BDGF 為另一形式。此圖與圖 4 也清楚浮現了中脈 16 λ 刻度（16 λ 參見 "小宇宙" 图 1.2）。

圖4：全維度多重生命之花

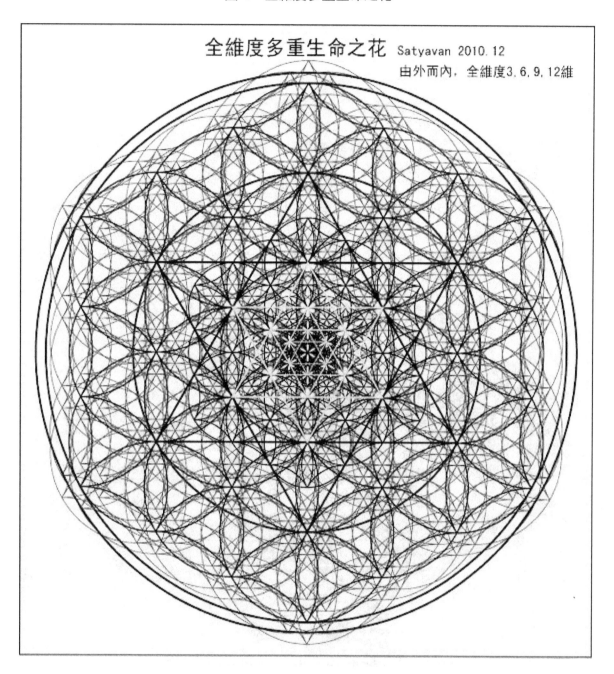

圖4：全維度多重生命之花

圖 5：全維度多重生命之花-細部

全維度多重生命之花-細部 Satyavan 2010.12
由外而內，全維度3, 6, 9, 12維

5.【神聖幾何：大角星幾何】

http://lifly0815.pixnet.net/blog/post/309497892-2015-10-30%E3%80%90%E7%A5%9E%E8%81%96%E5%B9%BE%E4%BD%95%3A%E5%A4%A7%E8%A7%92%E6%98%9F%E5%B9%BE%E4%BD%95%E3%80%91

以下圖像和麥田圈的圖案很類似，僅供參考！

我們是第六維意識的大角星團體。我們傳遞給你認識這些圖形符號的意義，每個特定的圖案與特定的模式、頻率對齊校準，這也是每個人被編碼的潛在特定頻率。

觀看這些圖片並背誦意圖冥想，人們可以激活這些頻率。

這些圖片可以被當作工具，用來喚醒整體的自我提升到一個更高層次的意識，或提升到一個更覺知的狀態。

符號的顏色、形狀、大小、位置和數目對應整個圖片的每個形狀的定位和數量都有其意義。

表現

表現

三維領域內的創造力量從這個圖案中覺醒。

它啟動了在你的世界中讓欲望顯現的能力。提高創新能力,使概念以具體形式行動。

意圖冥想

我靈魂的欲望在我的現實中顯現。

重新塑造

重新塑造

這張圖片允許你將舊模式更改成新的東西。

使用這個工具能幫助你放棄消極的行為，並將它們轉換成一個積極的品質。

這張圖片可以改變你潛意識的習慣和反應，它可以讓你自動地重塑思維。當你準備好做出持久的改變時，使用它。這是你希望做出改變的一張特定圖案。

意圖冥想

我不再被潛意識的慾望所控制。我重塑舊的行為到更有益的方向。

靈魂目的

靈魂目的

每個化身都希望達到他們靈魂要實現的目的。這個形式激活了內部感知，並允許人們看到跡象，將引導他們在每一天有著最高預期的命運。

意圖冥想

我的靈魂宗旨每天都向我顯示著，這是我在這裡的使命。

整合

整合

在你的世界中，人們可以找到對立面力量的真正融合。此圖片可以讓靈魂在自己的黑暗中看到光明。當這些看似對立的力量統一，靈魂將真正的整合，而極性會成為過去。

意圖冥想

我接受我的黑暗作為我對光的啟示，我感覺到我的靈魂融合完成。

內心知曉

內心知曉

凝視這個格局的中心漩渦，允許靈魂進入內在知曉。它打開了你對直覺與感受的大門。所有的答案可以在這個內心感知的地方找到。外部影響你的地力會溶解，真相被看見。

意圖冥想

連接到內在知曉，讓我了解真理。

6. 麥田圈奇遇！英國警官驚見高大金髮外星人，麥田怪圈正是他們的傑作

http://www.ntdtv.com/xtr/b5/2015/08/06/a1215569.html#sthash.MumfNcB4.dpuf

2009 年 7 月 6 日，英國威爾特郡馬爾伯勒市一名警官在開車路過西爾貝里山地區一片麥地時，震驚地看到麥地中一個新出現的麥田怪圈附近竟站着 3 個身高超過 1.8 米的「金髮外星人」，而麥田中傳來一陣「滋滋」作響的靜電噪音，彷彿他們正在用一種類似激光發射裝置「繪製」這個麥田怪圈！

該警官稱，當 3 名外星人意識到自己的行蹤暴露之後，他們立即以「令人難以置信的超人高速」逃得無影無蹤。這一驚人發現讓英國的麥田怪圈專家們充滿了興奮，因為這些外星人很可能就是傳說中麥田怪圈的「創作者」！

3 個「外星人」驚現麥田怪圈？

據報道，這一猶如電視劇《X 檔案》情節的奇異事件是由一份最新曝光的 UFO 文件披露的，目擊外星人的是英國威爾特郡馬爾伯勒市一名警官，文件中沒有披露其姓名。今年 7 月 6 日早晨，該警官在下班之後驅車回家，當他開車路過西爾貝里山附近一片麥地時，注意到麥地里不知何時出現了一個新的麥田怪圈。由於西爾貝里山一帶有大片麥田，並且經常會原因不明地出現各種麥田怪圈，因此起初該警官並未太在意。

然而蹊蹺的是，該警官突然注意到麥田怪圈附近還站着 3 個身材高大的人形生物，他們一動不動地望着麥地，似乎正在對新出現的麥田怪圈進行查看。看到這一異常情況之後，該警官出於職業本能，立即停下他的汽車，向那 3 個「人形生物」走去。然而該警官大驚失色地發現，這 3 個「人形生物」很可能就是傳說中的外星人，而麥地里新出現的麥田怪圈正是他們的「傑作」！

正「創作」麥田怪圈？靜電噪音響徹麥地

根據該警官描述，他看到的 3 個外星人身高均超過 1.8 米、並長着一頭金髮，全都穿着白色外衣。正在調查此案的英國 UFO 專家安德魯·拉塞爾說：「一開始，該警官以為那 3 個人是警方的辦案警官，因為他們全都穿着白色外套，於是他停下車向麥田走去。那 3 個外星人身高均超過 1.8 米、並長着一頭金髮，他們看上去正在檢查那片麥地。」

當該警官更進一步接近 3 個外星人之後，他聽到麥田中傳來一陣「滋滋」作響的靜電噪

音，彷彿 3 個外星人正在用某種激光發射裝置對這個麥田怪圈進行最後的「修改創作」。UFO 專家安德魯說：「當該警官走到麥地邊緣時，他突然聽到一陣類似於靜電發出的噪音，這些噪音似乎傳遍了整個麥地，而麥田裡的麥子也隨着噪音在輕輕地晃動。」

以「超人速度」逃跑 1 秒之內消失無蹤

該警官稱，當 3 名外星人意識到自己的行蹤暴露之後，他們立即以「令人難以置信的超人高速」逃得無影無蹤。該警官回憶說：「我衝著 3 個外星人大聲喊叫，但一開始後者沒有注意到我，甚至沒有瞥我一眼。然而，當我試圖走進麥地時，他們突然向天空望去，然後開始快速奔跑。他們跑得比我所見過的任何人都要快，我本來跑得也不慢，但他們實在太快了。我只分神向旁邊望了 1 秒鐘，但當我扭頭再看時，那 3 個神秘的外星人已經消失不見了！」

該警官回憶說：「我嚇壞了，雖然外星人已經消失得無影無蹤，噪音卻仍在四周迴響。儘管我很想追上他們，但我感覺渾身不舒服，只好回到了汽車上。在接下來的一整天里我的頭一直疼得厲害，以至於沒法上班。」當該警官終於回到他位於馬爾伯勒市的家中之後，立即與 UFO 專家取得聯繫，並講述了他在麥田怪圈中看到外星人經歷。

麥田怪圈「創作者」終於現身？

這一驚人發現讓英國的 UFO 專家和麥田怪圈專家們充滿了興奮，因為這些外星人很可能就是傳說中麥田怪圈的「創作者」！據悉，UFO 專家安德魯目前正在和麥田怪圈專家科林·安德魯斯對這一事件展開調查，科林表示，他認為警官所說的一切非常有說服力，他說：「我對這名警官深信不疑，他那天顯然遭遇一些不同尋常的事情，而我們尚未完全弄清楚其中真相。」

據悉，多年來，英國各地出現的麥田怪圈一直是個不解之謎，但許多麥田怪圈專家都認為這些麥田怪圈是外星人的傑作。不過，威爾特郡警方卻對「外星人驚現麥田怪圈」一事持謹慎態度，並拒絕發表評論。一名威爾特郡警方發言人說：「事發當時這名警官已經下班，所以我們對此事不予置評。因為這是他的私事，與警方無關。」

第１９課　覺醒，星光體，光的語言，阿凱西記錄，素食，外星存有，平行宇宙，電漿體 Plasma

1. 覺醒的幾個階段

http://mp.weixin.qq.com/s/C451xjriW2eTD6eBFad_SA

第一步最初接觸靈性資訊，把希望全寄託在外面的大神救世主身上，激動然後就是不停的大量在網上搜索相關資訊，越來越激動，覺得脫離苦海有希望了！

三年前最初接觸這類資訊的時候，激動壞了，等著那個好日子來！但是後來不知不覺的這類資訊我也看不到了，再後來重新再看到，好像一下子就醒過來眈兒了，這事兒咋可能，然後就徹底跟那些資訊絕緣了！

不是遮罩，是自動的就不再出現了！這個過程有幾個月的時間！

第二階段，連接到外星家人和一些其他大神高靈，感覺哇有這些大神和高次元家人在，我還有啥好怕，啥都不是事兒啊！

結果被折騰的多少次指著天大罵，然後撂挑子不幹！最後發現原來無論外面的大神有多厲害，他都無法代替你做任何事情！

他們所能提供的是引導和用對我這個個體最適合的方式，去協助我打破舊有模式跳離所有舊有能量的限制！

這個過程是很痛苦的一個成長過程，因為整到最後你發現，誰都靠不住啊，該自己去體驗完成的，一步都少不了！

第三階段：前世記憶嘩嘩的打開，前世各種恩怨情仇的冤親債主都出現在生命中，那些靈魂沒有放下的執著，怨恨痛苦期待，全部呈現了出來。

哭吧哭吧，肝腸寸斷的哭，潤物細無聲的哭，歇斯底里的哭，絕望無力的哭，喜悅激動的哭！哭了三年！最後發現，那些其實都是自己要去玩兒的。

地球這個遊戲場好玩兒的地方，就是受害者和加害者的遊戲，靈魂覺醒的過程，這兩種角色必須轉變跳離才能真正的開始出離！

第四階段：也就是這個靈性覺醒圈子裡，多數人跟關注的靈魂使命的接受和行動！很多人去做催眠讀阿凱西或者各種方式，去找人問自己的靈魂使命是什麼！

也曾困惑許久這個問題，好像覺得自己好多事都要去摻和一把，但是哪個又都不是我要專注去正八經去做的！

所有腦子裡想像的，或者最初那些大神告訴我的所謂使命，都不是！或者是只是在我意識打開的程度裡，他們可以用語言告訴我的！一路走著、做著、希望著、崩潰著，自己心裡開始越來越清晰所謂的使命是什麼！

他不是你具體要去做的事情，而是你找回自己內心的智慧和力量後，你生命開始被這股力量，向宇宙合一的這股大潮彙聚的過程，就是你最重要的靈魂使命！

你需要做什麼，會完成什麼，在你找回這些智慧和力量後，一切都會自動呈現在你的生命裡，無需尋找。

第五階段，不要執著於那些回家，合一，光和愛，使命等等這些讓你嚴重忘記現實生活的字眼兒吧！ 平靜的喜悅的自己，這才是你真正重要的事情！

你現在就在地球生活，你需要的是讓自己真正的好起來，從裡到外的好起來！不去做救世主，也不做等待被拯救的小綿羊！不憤世嫉俗操心國家宇宙大事，也不清心寡欲逃避現實！

深入去看到那個被壓在心裡的那個無力的絕望的憤怒的困惑的自己，讓這個自己可以走出來，活出有力量的充滿希望的，平靜的喜悅的自己，這才是你真正重要的事情！

這才是這一世最重要的事情！這些你完成了，揚升合一的大業也就自然完成了！

感覺自己被狠狠的扔在了這個泥潭裡，站起來爬出來的過程真的是各種委屈無力憤怒，又各種無奈，因為除了你自己爬出來別無他法！！

2017 年，是一股非常強大的協助我們落地生活的力量！這股深深紮根地球生活的能量，將協助我們每個做好準備的人用自己的智慧力量，去做你真正發揮靈魂天賦力量的事情，養活自己，利益他人！

2. 面紗將瓦解－薩南達信息：（揚升症狀）你可能會感覺胃部有問題

http://blog.sina.com.cn/s/blog_48ead1150102wtd8.html

我是薩南達，很高興又一次與你相會。

隨著這些能量的持續加強，你們中許多人體會到了曾經說過的，這些能量繼續增加，你會繼續與他們一起提升。

所有的一切都是能量，整個地球上能量的振動頻率繼續加強，是的，光之工作者，他們為你加強，他們為你們每個人加強，每個人都會體驗這些特別時刻到來的能量波，在那個特定時刻，無論他們在哪裡他們都會去體驗它，只是你會以不同於其他人的方式體驗這些能量。

你已經適應了這些能量，我們與你一直在努力的工作，同你們這個特殊的團體，這些與此相關的人。不僅對那些親自加入這個團體的人，或是電話方式加入的，對那些經由這些團體聽到或者讀到這些資訊的人，也會從中受益。

在這之後會進行 DNA 重組，我們對你說這些話的時候 DNA 鏈正重新調整，你可能不知道這一點，但它正在進行，能量增加，你的 DNA 會發生變化，你的松果體正在啟動。許多事情在你的幕後進行，我們正在談論你們每個人要發生的事。

你會經歷一些變化，你可能會感覺胃部有問題，這個是正常的，是你已經聽說過的揚升症狀，這是所有必須發生的一部分。當你感到這些症狀，坐下來放鬆，你知道是什麼正在發生。許多人會經歷這種越來越多的情況，但你們會在振動中提升，無論如何，這些不會影響你，你漸漸不會感到不適和疼痛了，這些能量的流經正是你現在所經歷的。

是的，昨天，你的 1 月 14 日（註：2017），大量能量到來。你會有很多體驗，許多人感覺到這一點，更多的人沒有感覺到這一點。你想知道這是不是另一個未履行的承諾而已？我薩南達以及所有與你在一起工作的天堂銀河家族成員和阿加森人，可以向你保證，所有已經說的事情現在正在發生。

你在自己揚升的過程中，那是你自己的揚升，整個地球也在不斷提升的過程中。蓋婭之前說過為你光之工作者留一個位置，你作為揚升者在更高的振動中為你留一個位置，進入那些更高的振動中。即使現在你仍然覺得你是在 3D 的幻覺中，但很多時候你不是，有些時候，你被高頻振動提升，你可以體驗感覺到能量。

你們中許多人看到以前沒有看到的東西，你正在穿過面紗，因為面紗正在降下，面紗在我們說話時正在瓦解。你會經歷你以前不可能想到的很多事情，你以前聽說過天空中的彩虹和其他跡象，但我現在告訴你，這次你要經驗的無法與那些相比。

當你仰望天空，看到雲彩分開，你看能量的到來，你會看到這些能量以許多不同的顏色，彩虹和許多其他不同的形式顯現，超出你的想像力。當你看到這些跡象，你會知道，這是你轉變的時刻。這是你過渡的時刻。

娜達曾經說，"不遠了"，說過所有的一切都不遠了，你現在正在這時刻，現在這時刻你將經歷的變化，會超越你想像力的極限。我們所有人都可以與你分享，我們可以提升你，我們可以迎接你，但是我們沒有人能替你為將來的事做好準備。

是的，有些人會經歷混亂的階段，有些人會有種體驗，並懷疑這是否是世界的末日，對他們來說可能會是。許多人會經歷變化，不知道是怎麼回事？那時他們會轉向你，你們那些已經適應這些能量的人。你可以解釋和幫助他們了解發生了什麼，那時候他們會說："哦！你一直都是對的！"

你會在那個時候脫離小我狀態，並對他們說："我該如何幫助你？"或"我該如何為你服務？我清楚任何你想要了解的。"

這將是你的使命，你的任務即將開始，你們中有些人已經開始工作了，你們中有一些人正在分享來自你們高我的信息，各種和你一起工作的指導者和導師將開始分享。你會在夢中收到這些，你的夢將變得非常重要，如果他們還沒有準備好他們會很清楚，在夢裡會給你非常多的指引，你會從這些夢想中醒來，奇怪是真的嗎？還是我現在處於真正的覺醒狀態？（註：切記！勿執著夢境！就讓能量流過）

你會感到驚訝，因為隨著夢想成為真實，真實成為夢想，兩者之間的分界線會很少。

我現在請你，作為光之工作者，作為出去和分享光的人，我請你現在繼續與光合作。隨著振動頻率的增加讓你的心更加明亮。我要你了悟並知道你是誰。

將有更多的公告發布。在接下來的日子，當你繼續前進提升頻率，會有更多的消息給你。現在時間所剩不多，我的朋友。在所有的解釋和許諾，所有這一切都變成真實之前，時間是非常短暫的。現在這些是給你們用眼睛看到和耳朵聽到的人所說的。但很快它將被所有人看到和聽到。

我是薩南達，我深深地愛你，我所有的和平與愛都與你在一起。

3. 停止肉食九個月，星光體就能回復至接近完美的狀態

http://apple516849.pixnet.net/blog/post/456964508

你攝取的食物對你的健康、思想的平衡、和情緒的安寧極為重要。

當你吃任何食物，你不僅是吃它裡面的分子和原子，你同時也吃了食物的星光體（astral）和乙太體（etheric）。如果食物的星光體充滿毒素，那麼這些毒素就會進駐你的星光體。如果食物的乙太體被污染了，你的乙太體同樣會受到不利的影響。我們剛剛為你引進一個新的概念---那就是：星光體（ astral body）。我們想用簡短的篇幅來為你更完整的說明它的性質。你知道自己擁有肉體和乙太體。肉體是物質感官及愉悅的承受體，而乙太體主要的功能是回應

思維。即便是情緒所激起的「思維」，仍然是「思維」在塑造反映它的乙太體。但是，情緒本身也有一個獨立的形體，那就是「星光體」，它是你感覺情緒的承受體，非常容易受到「情緒」的影響。除了愛和友誼之外的任何情緒，都很容易削弱星光體，那些讓「憎恨、憤怒、恐懼、和擔憂」的情緒盤據他們的人，對於上天賜予他們的美妙星光體，造成了無法言喻的損傷。

這影響非常重大，因為星光體是人在死亡並放下肉體之後，所穿戴的形體。這意味著那些持續懷著有害情緒的人，最終得到的是虛弱和殘缺的星光體，而且在死亡之後，他們必須棲息於這已損壞的載具。

首先，目前人類所吃的食物，有兩種基本分類：動物性和植物性。動物性食物包括：肉類、蛋、奶、和其它乳製品。植物性食物包括：大家所熟知的所有水果、穀類、和蔬菜。當水果從樹上被採摘，或蔬菜從田裡被拔起時，它們會產生一種抗拒感。這種抗拒是一種情緒，但是在振動力和強度上，與人類的情緒相差甚遠，因此，這發生在水果和蔬菜的星光體裡的輕微污染，並不致於明顯的傷害吃它們的人類的星光體。但是，被宰殺的動物的星光體，則激起了非常大量的負面情緒，就像對動物下了毒一樣，當然，也對吃那動物的肉的人下了毒。這毒素來自動物死亡之前的恐懼。許多人認為牛或羊不知道牠正被帶往屠宰場就死，但事實並非如此。動物的預感極強，而且牠們非常清楚自己正被帶去宰殺。這會在牠們內在激起恐懼和絕望，因此，先是污染了動物自己的星光體，其次，是污染吃這些被宰動物的肉的人的星光體。

經過多年吃進大量包含動物星光體毒素的肉類之後，人的肉體就開始惡化。這是因為那個人的星光體已經先惡化且損耗了。最終，肉體開始隨著星光體衰弱，結果是老化和早死。「早死」是指，比沒有這些毒素時，死得更早。

有句名言大家都很熟悉，那就是「人吃什麼，就成什麼（man is what he eats）」。

人們並不是那麼充分的了解這句話，如果「人吃什麼，就成什麼」，那麼，無疑的，吃死屍必然與死亡更接近。我們的說明，是確實在發生的事。在前幾章裡，我們已說明了業力的概念。你或許可以察覺到，由於動物被宰殺作為食物所引發的痛苦和恐懼，龐大的業力籠罩著全人類。

所有的人類都依不同的程度在分攤這業力，但是，吃肉的人比不吃肉的人負擔更多，而飼養動物作為食物、或經營屠宰場的人，則有巨大的業力負擔要清償。當一個人只有吃肉，但是沒有進一步參與屠殺，和大多數人一樣，他通常是透過「疾病」來抵銷業力，而這些疾病則來自吃肉所引起的虛弱體質。當然，有一些肉食者似乎從未生病，這是因為他們所繼承的基因「新陳代謝」的功能非常強。在這類情況裡，肉食產生的業力仍是不可避免，這些人通常是透過比沒有吃肉的情況更「早死」而清償。

　　與「持續肉食逐漸對星光體造成損害」相關的有利事實是：如果停止肉食九個月，星光體就能回復至接近完美的狀態。只要沒有一再的被動物死亡前因為恐懼產生的毒素所削弱，星光體的再生能力非常強。你現在可以了解，基本上只有三件事可以使你生病：你的思想、你的情緒、和你吃的食物。為了在抵達人生的終點前，可以保持健康的巔峰狀態，人所需要的不外乎：快樂的思維、充滿愛的心、以及純淨的飲食。不幸的是，許多人的壞習慣是如此根深蒂固，即便用智慧說服他們，也無法期待他們在一夕之間改變。此書的根本目的是要說服許多人，他們應該考慮改變思想、情緒、和飲食習慣，因而使自己更快樂、更有愛心、飲食更純淨，這會讓他們得到好處。

　　關於肉食的問題，我們想要談的最後一點，與溫血和冷血動物的差異有關。「溫血」的意義在於，這種動物在情緒品質的發展上，比較完整且精細。例如，牛、羊、豬，比魚（冷血動物）擁有更敏感的情緒。事實上，因為魚是冷血的，牠們的星光體和人類的振動力並不接近，因此，魚的星光體所產生的毒素，對人類星光體的損害較小。當然還是有污染，只是程度相當小。

　　任何人想要依這裡所建議的方向改變飲食，首先停止紅肉，然後再停止魚肉（還有家禽也是白肉），會比較容易做到。這樣可以持續大約六個月，同時逐漸用其它蛋白質來取代魚肉和禽肉，例如，蛋、奶酪、牛奶、等等類似的製品。大約八個月之後，這個人會注意到，他不想吃和以前一樣多的蛋白質，因為吃蛋白質帶給他一種飽漲感，就好像他吃太多了。這是來自身體的訊號，提醒他可以減少蛋白質的食量了。許多人並不了解，他們對於蛋白質的需求主要是習慣使然。肉體（尤其是肝臟）具有非常好的能力，幾乎可以回收全身的蛋白質，並不需要外在多餘的補給，但是，大多數人都養成一種吃蛋白質的習慣，這使肝臟變得懶惰，因此不再為「回收肉體本身的蛋白質」而工作。

　　肝臟知道，每天或每週都會有大量外來的蛋白質補充進來，因此，它不想耗費能量在回收蛋白質的工作上，因為這對於存活並非必要。當「肝臟回收體內蛋白質」的能力再次被喚醒，努力修正飲食的人會發現，「定期禁食」可以加速這改變的過程。當肉體定期禁食，新陳代謝功能的改變會因此更加迅速，而且在相當短暫的時間內，飲食上的改變會大幅的躍進。

　　最好的禁食方式是：喝果汁，或吃整顆多汁的水果，不吃蛋白質或油脂。禁食期間，連蔬菜都應該避免。有許多介紹禁食方法的優良書籍，我們推薦「艾羅拉（Airola）」博士的書，作為禁食基本觀念的入門好書。

　　我們想再提起一個有關吃肉的問題。這與「地球層面是映照人類內在狀態的鏡子」的概念相關，這概念我們已為你說明過。如果「外在世界」是被計劃好的，為了反映人類的「內在狀態」，只要人類繼續吃動物的死屍，將死亡放進自己的「內在」，他將永遠無法停止環繞著自己的死亡與殺戮，這不是很明顯嗎？

　　這個宇宙的鏡子法則使得「屠宰動物」和「屠殺人類」必然會持續「相映」，而其中一項無法被停止，除非另一項同時被停止。我們已盡我們所能告訴你有關飲食的問題。下一章，我們會把注意力轉向那迷人的主題：死亡，「死亡」之所以迷人，是因為這個詞的觀念，全然是個幻象。

　　http://blog.xuite.net/tonycjones/twblog/481516351

4. 來自安卓美達星系訊息

　　https://leileinot.wordpress.com/2016/12/12/%E4%BE%86%E8%87%AA%E5%AE%89%E5%8D%93%E7%BE%8E%E9%81%94%E6%98%9F%E7%B3%BB%E8%A8%8A%E6%81%AF/

　　我們來自 Andromeda Galaxy 安卓美達星系 （仙女座星系）。我們為了和平而來所以不要害怕。之所以帶給大家這些訊息，是因為地球已經到了要從她的長夢中醒來的時候了。來自安卓美達的我們已經觀察在地球上的你們好長一段時間了，我們不被允許干涉地球上的任何事情——到現在仍然不行。不過，我們被允許告訴並通知你們關於你們將要面臨些什麼，以及你們有哪些選擇。

　　你們未來在地球上的命運並不像你們可能預料的那樣黑暗，但也不是很好過的。現在正發生的那些事情，只是開始。地球已經開始清除她身上不想要的元素。要記得——地球並不需要你們，但是你們需要地球；最少你們需要地球以學習在目前這種生命形態下的課程。

　　你們的靈魂是不死的，所以不需要害怕死亡本身——只是死去時，可能會有點痛苦。如果你們不要選擇受痛苦的方式，它可以不必如此。這需要很多的練習才能駕馭，不過你們可以留到以後再試。　現在你們須要知道的是人類在地球上的時代，以我們所知，已經到盡頭了。之後生命仍會繼續下去，但是是以不同的形式。盡頭不是所謂的世界末日，但將是很艱難的，大部份現在活在地球上的人無法渡過。

不要害怕，朋友們。你們不會受傷，除非你選擇受傷。即使你選擇受傷，也不會受苦太久。如果對你來說痛苦變得太劇烈了，呼叫援助，我們會來幫你。我們不是唯一來此協助你們的。很多從宇宙各個角落來的其它文明都來到這裡協助地球渡過新紀元誕生的陣痛。很多在地球上的光的工作者也在這邊協助。也許你就是他們其中之一。如果你是的話很快你就會知道，或者也許你已經知道了。

我們不是神，不是偉大的人物或其它任何諸如此類的。我們全都是偉大的宇宙之心的一部份，除此而外什麼都沒有。所以我們都是彼此的一部份，如果你傷害了任何人、動物、植物其它等等，事實上是傷害你自己。做這些事時感覺這痛苦。如果你現在不能感覺，也許是因為你選擇等待——或者可能你從未傷害任何人，所以你一點也不會感覺任何痛苦。

地球上的生命是非常特別的。不是它的形態很特別，而是地球是一個特殊的，訓練靈魂的場地。宇宙中沒有一處可以學得這樣多不同的事物，你們應該為可以有機會在地球上上學感到感謝。不是每一個都可以，你知道的。

在地球上的訓練是非常艱難的。如果你已經選擇這樣的學習方式，你是一個非常堅強的靈魂，因為地球的頻率對一個嬌弱的靈魂來說並不容易對付。待在地球是迅速發展靈魂非常有效的方法，但並不是全部都能通過所有的"課程"。有些靈魂甚至沒有通過第一階段。所有你們正從地球學校上畢業的，對這行星未來的發展都是非常重要的。在當地球自己"邁向更高階課程"時，急切需要你們的特殊技能。

如果你還不知道你在地球上的目的，也請你警覺在近期未來發生的在你身邊的事情。你們全部會被通知，並且以任何發生在你們身邊的事——不論它是"好"或者"壞"的，裡面可能有對你未來指派工作的線索。所以對所有給予你的東西察覺－－不是物質上的，而是消息和事件－－而你會被指引往某個方向。

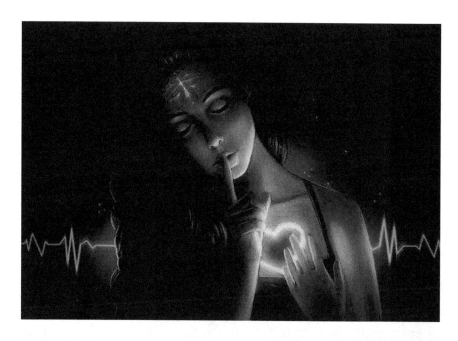

永遠傾聽你內心的聲音，它是你真實的自己。（註：但三次元的人需學會"分辨"聲音來自何處，唯有聯結高我才安全 ）其它人可能也試著告訴你該做什麼。沒有關係，但只有當你內心的聲音說 "可以" 時才聽他們的。如果你不習慣聽這個聲音－－試著做一天或兩天，然後看看發生什麼事。在安卓美達生活和你們在地球上的是非常不一樣的。我們整天都活在光線之下因為我們被很多顆太陽包圍。我們沒有像你們一樣的房子，我們行星上的每一個地方都可以自由給任何人使用。

擁有土地這樣的想法在我們看來完全沒有道理。你怎麼能擁有一個並非事物，而是個活生生的東西呢？是的，所有的行星都是活生生的個體，他們如此的仁慈讓我們在其上居住一段時間。就像你仁慈的讓很多的有機體住在你身上－－因為你需要他們他們也需要你。然而，行星並不像我們需要她們一樣那麼需要我們－－他們可以自力生活，而且活得很好，不需要我們。他們所不能自己做的事是非物質的發展。

之前曾提到地球以及其它行星，需要我們才可以畢業，並進入到更高階的課程。要達到這樣，住在該行星上的需要非物質的發展（註：靈性）。如果他們沒有這樣，這個行星就不會畢業。如果你們不達到這種看法，並停止破壞你們的行星，結果就會這樣。然而，你們永遠不可能有能力完全摧毀它，因為行星會先摧毀你們。這樣的事情不應該發生，但如果必要的話是會的。人並沒有重要到那種地步。你們的靈魂會繼續，但你們的身體則不，所以無法再繼續傷害地球。

如果真到這種地步，地球要從第一階重新來過。這樣會拖慢宇宙中許多部份的發展，並非想要的。這就是為什麼我們來這裡幫助你們。如果你們允許，我們將幫助你們再次回到正軌，如此你們可以幫助地球的畢業。當你們完成這件事，你們的靈魂也從地球畢業而不需要再回到地球。然後你可以選擇任何你想去的學校。

然而，如果你們沒有幫好地球，你們可能要再回去完成你們的功課。這表示你們也要回到第一階，這可能是最痛苦的，因為那個階段的非常低的頻率。所以，拜託，為了你們自己好－－也為了宇宙和地球的好－－試著發展你們的非物質，儘量。我們在這裡等著幫你。你只要呼叫我們協助就能收到。然而，在你學會對正我們的頻率之前，可能需要花一點時間，一旦學會之後一切就簡單了。我們熱切的等待著你的呼叫。

我們來談談亞特藍提斯。你們可能聽說過的亞特藍提斯是最後的一個。在那之前還有許多個，但是在地球上已經沒有他們任何一個遺留下來的蹤跡。各方面來說亞特藍提斯文明的水晶曾經是非常重要的。所以當有足夠從亞特藍提斯來的老靈憶起他們與水晶一同工作的知識時，就會再次恢復其重要。這正很快地在世界各地發生，很快我們就會看見一個新時代的開啟－－新亞特藍提斯而且也是最後一個。

這是亞特藍提斯人最後一次做好的機會。如果他們再失敗將不會有再一次的機會。所以對每一個重生的亞特藍提斯靈魂真正盡全力作好和平、和諧和愛是最重要的，如此以避免再摧毀這顆行星。地球還有剩下好幾個百萬年，而她將在人類前往另一個次元之後，成為另一個完全不同的生命形態的家。這是目前這一階段我們被允許能夠告訴你們的全部了。

現在我們有以下的訊息是要給你們的：

月亮對地球是重要的。沒有它地球上就沒有生命。所有其它的行星也是如此。他們的月亮群幫忙創造生命形態。如果一個行星沒有月亮上面就沒有生命。其它的生命形態可以拜訪該行星，但不是住在上面。這和頻率有關。其月亮的頻率越高，該行星的生命形態就越高。這是月亮對地球上的人們有這種影響的原因。特別是現在，因為月亮正在提升它自己頻率的階級，好讓地球跟隨。所以目前出現這麼多異常的天氣現象。這個過程開始於數年之前，並且還會再持續幾年。

所以要預備好。很多陌生的，有時候是危險的事情將會發生。確保永遠傾聽你內心的聲音來引導你該做什麼（註：聯結高我）。地球需要你現在安然無恙，是時候該快點醒來，並且找出你適當的位置，從那裡盡全力幫助地球渡過它的陣痛。

打雷和閃電沒有什麼值得害怕的。當然它可以殺死你的身體所以它不是無害的，但是現在你已經知道你的身體並非真正的你。閃電也可以造成大火，但火是來潔淨的。那些看見他們的家被火災摧毀的人需要被潔淨，而且他們也要學習地球上的持有在無窮的宇宙中並不代表什麼。打雷和閃電也是在潔淨的。你們都知道在之後空氣感覺多麼清新。還有，你們也知道的若沒有它們也不會有生命。最初，當"上帝"創造了生命之湯時，是閃電加入了必要的成份來創造生命。

如果你要求它不要傷害你，打雷就不會傷害你。你可以和雷溝通也可以和所有其它的天氣形態溝通。維京人相信他們的神梭耳以他的大錘創造了閃電和打雷，不過閃電卻有它自己的非物質。當然它是個非常明亮的非物質，而且可能跟你所想的相反，它是一個非常友善和愛的非物質。如果你考慮一下它接收了多少嫌惡和害怕的想法，可以想像它需要多麼堅強才能承受這些並且還仍然保持著愛。在雷雨之時你可以，如果你喜歡的話，試著和它的非物質溝通。閉上你的眼睛專心在那光上，這時若你對它開放就能看到閃電的非物質。然而如果你心懷懼怕那麼是無法溝通的。祝好運。

現在我們要來一段星際旅行。如果你知道怎麼做的話並不難。你不需要複雜的飛行機器。不論如何，它們也太慢了。想像你是非物質，真正原來的你，而不是其它的任何東西。這時你會發現你能前往宇宙中任何你選擇前往的地方。這就是我們旅行的方式。是的，有時你可能看見 "飛碟" 在天空中，但這只是由我們的思想所物質化而成，讓你更容易注意到我們，以及瞭解在宇宙中你們並不孤獨。

現在想像你以沒有骨肉實體，加入我們的旅行，前往我們的家鄉星系－－安卓美達星系。

我們並不住在哪一顆特定的行星上面，我們住在星系中。這樣講是不是有點奇怪？也許吧，但這是最恰當的表達方式。對我們來說並不需要住在一顆行星上。我們住在星星之間，我們在宇宙間的任何一處都可以，但是我們比較喜歡住在安卓美達星系，因為它是我們非物質上的家鄉。

那邊現在已經高度開發，但在不久之前，以你們的時間來算幾千年之前－－在我們星系有一場可怕的戰爭。這是我們宿業的一部份，但是我們已經想辦法將它解決了，而現在主要在幫助宇宙間其他的非物質解決他們的宿業（註：仍在四次元?或五次元的低層?）。然而，我們並不被允許以任何方式干涉。我們唯一能做的是建議、給予奮鬥中的非物質勇氣以及愛。

如果你願意接受我們的協助我們非常樂意提供。如果是不要，這是你的決定而我們也尊重它。不過，我們非常認為你願意讓我們幫你，否則你就不會讀這些。

你想參觀我們的星系嗎？那麼只要提出要求我們就會帶你去那邊。起初你可能什麼也不記得，因為我們會趁你的身體在睡覺時進行，但是如果你經常去那邊，可能的是你會越來越憶起更多關於那邊的事情。我們也會教你如何在完全清醒的狀態下去那邊的方法，這樣你會知道全部你經驗過的事。

這對你來說可能像科幻小說，但是記得，科幻小說常常是太空旅行的回憶。不論它們看起來顯得多怪異，在你自己做太空旅行時所可能遭遇的一些事物跟它們的大多數甚至還談不上相似。不要害怕，我們會在那邊引導你，而且你不會受到傷害。

宇宙間有一定的規矩，使不同開發程度（註：不同頻率）的非物質不可能會互相碰在一起。就像你們的大多數不能看見我們一樣。你們越開發能感受的非物質就越多－－還有能溝通的也越多。

心電感應是最容易的溝通方式，而且在所有的宇宙之間通用－－宇宙不只有一個，但是我們暫且只指現在這一個。你們全部都知道如何使用心電感應，但是大部份的你們都忘了。要重新記得如何使用你只需要傾聽心中有時出現的念頭，那個告訴你要說什麼或做什麼的

"內在的聲音"。它可能是你更高層的自己，或是另一個非物質（註：高我）。

只需要傾聽，再看看你是不是喜歡它所說的。如果你不喜歡，那它不是值得你溝通的非物質。你的中心永遠在告訴你它是友善或不友善的非物質。我們這麼說所指的是來自光明或黑暗面的意思。從黑暗面來的非物質也可以非常友善，但是在你中心，你知道不該聽它們的。

（註：4次元低頻會迷惑人心）

從黑暗面來的非物質可能是帶危險的，但它們也必須遵守宇宙的規則。所以如果你肯定地請它們離開，它們就得離開。這規則對光明面的非物質也適用。如果你不再想要任何接觸了，你只需如此表示我們就不會再干擾你，除非你向我們要求新的接觸。

如果你喜歡的話，放開胸懷和我們一起玩，和樂地成為我們的夥伴，但是要知道當你決定信任我們之時我們會要你以任何可能的方式幫我們傳播訊息。永遠記得，我們關愛你而且我們永遠不會做任何可能傷害你的事。你們人們的時間已經快要用完，而母親地球正在準備新黎明。所以這件事需要我們全體的協助。

我們希望你會以愛和和樂加入我們。我們一直在這裡等你。小心照顧你的花，但是不要拿他們做太多試驗。一朵快樂的花是容許它以它所覺得對它最好的方式而生長的花。（註：尊重自由意志）如果藍玫瑰是不快樂的那弄出一朵這樣的玫瑰有什麼意思呢？不快樂的花會餓死自己。不論你怎麼做，你無法延長他們的壽命一天或兩天－－除非你做些什麼讓他們再喜樂起來。

我們拜託你們照顧好你們美麗的行星。它非常特別，你們知道的。在宇宙裡面你們找不到別的行星有這樣多成長的環境，以及這樣多不願意成長的人們。正如我們之前曾說過的，地球需要你們才能成長，你們需要地球才能成長。為什麼不試著一起成長呢。植物會幫助你們做這件事，只要你們願意。

宇宙間的確有"飛碟"。其中有的也會拜訪地球。不是所有的 UFO 都是我們思想的物質化。然而，這些太空船並不被任何更高度開發的非物質所使用。

技術上來說他們很聰明，而且它們已經發現用比光速更快的速度旅行的秘密，那和心思的速度相比是非常慢的。只是它們的靈魂並不那麼開化。是的，他們對宇宙的知識遠遠比任何地球上的科學家強得多，但他們並沒有一直智慧地使用它。通常他們和人類玩只是消遣而已就像你逗貓兒們玩一樣，以及拿你們做實驗，好像你們拿動物做實驗一樣。

這樣做是不好的，因為它影響了業－－你和他們雙方都有。他們也確實知道這點，只是他們不太在乎，因為他們沒有或僅有一點點感覺，這使他們難以體會他們對他們自己以及對人類所造成的破壞。

然而，如果他們干擾到你是有辦法可以防避開的。即使他們沒有感覺，他們也必須遵守宇宙的規則。其中一個重要的規則就是"自由意志的規則"。你所要做的只是肯定地對他們說你不願意在他們的實驗或遊戲裡擔任任何角色，請他們離開。這樣他們如果再繼續干擾你就會嚴重地、痛苦地傷害到他們自己。這一點他們知道，而且遵守。（聖經太 16：19 我要把天國的鑰匙給你，凡你在地上所捆綁的，在天上也要捆綁；」）

之前曾提到他們沒有感覺或情緒，無法實際上受傷，儘管如此他們還是會以他們自己的方式，感覺到痛苦。這是事實，而且他們瞭解這點。只要肯定地面對他們。如果你覺得無力感那麼呼叫我們，我們會以光明協助你。他們無法對抗光明，他們無法對抗愛。

5. 瞭解阿凱西和阿凱西記錄是什麼?

http://mp.weixin.qq.com/s/7mE11YkDFTvwJsrf5RqGvg

阿凱西記錄(Akashic records)中的「阿凱西」一字,系由梵語 Akasha 音譯而來的,意譯為天空、空間或乙太,有時亦音譯為「阿克夏」或「阿卡沙」。

在婆羅門教的文獻中,阿凱西被解釋為構成物質世界的基本單位,阿凱西記錄指的則是在非物質存在層面中的知識集合體,概念上近似于一個龐大的宇宙資料庫或整個宇宙的進化腳本,它包含所有人類累世以來的輪回記憶和關於宇宙歷史的全部知識,舉凡過去、現在、未來皆囊括其中。

尼古拉·特斯拉在 1907 年發表的《人類最偉大的成就》中談到:「所有可感知的物質來自一種基本物質,細微到超乎我們所瞭解範圍,充滿整個空間,稱之為阿凱西(Akasha)或乙太(ether),是生命得以朝氣蓬勃,擁有創造力,生生不息的能量來源,存在於所有事物及現象當中。」

不管是就哲學或宗教而言,「阿凱西(Akasha)」都有著相同的主要含意。它來自梵語(Sanskrit,印度教之宗教用語),意指「aether(乙太)」,不僅是基本的元素之一,同時也是一種超自然、無法被體驗的存在。

然而它難以用科學解釋,從流傳千年之久的古老文化、傳統、信仰中得知,科學家及哲學家們也早已視其為理所當然,與此相關主題的論述,更是遍佈於東方玄學、哲學以及深奧的西方神智學當中。

在這裡我們所談的是阿凱西(Akasha),而不是阿凱西記錄(Akashic Records)。

古希臘學者費洛斯特拉圖斯於西元 220 年的著作,《阿波羅尼爾斯傳》當中寫過這樣一段:

印度智者允許阿波羅尼爾斯提出問題,於是阿波羅尼爾斯問到:『宇宙是由什麼組成的?』

智者回覆: 『由元素所組成。』

阿波羅尼爾斯繼續問到:『是由四個元素所組成的?』

智者答:『不只四個,而是有五個元素』

阿波羅尼爾斯再問:『與水、氣、土、火一樣,組成宇宙的第五元素是什麼?』

智者答:『乙太。我們將它視為神的本質,正如凡人需要呼吸空氣一般,那些非凡的人以及充滿神性的大自然需要乙太的存在，得以蓬勃發展。　』　（註：**Prana，靈氣，炁.....**）

阿波羅尼爾斯最後問到：『那麼我可以將整個宇宙，天地萬物視為擁有生命力的生物嗎？』

智者答：『可以。』」

乙太是物質世界中所有事物的根本，在許多哲學觀念中，一股看不到它，但是為推動物質宇宙創造的能量來源。我認為這是很有趣的觀點，因為就量子物理學的觀點，人們的思想、意圖、情緒等等看不見的感受體驗，對於物質世界有著種種直接的影響力，但是現在，在科學的理論當中，卻仍是無法辨識阿凱西的實際存在，而對於量子物理學來說，整個宇宙空間並非空無一物，而是深信古老傳統文化所述，充滿了乙太。

同時工程師、物理學家與發明家的 Paramahamsa Tewari 先生在他的著作《心靈架構（Spiritual Foundations）》當中提到：Aakaash（與 Akasha 意同，為阿凱西）是不可破壞的，它是物質宇宙最原始的源頭，以非物質的形式存在於感知當中，擁有永恆的特性，並以一種超流體（接近絕對零度的時，不具黏性之流體）的形式一直存在著，因此創造與毀滅皆不適用於其中。我們的眼睛是盲目的，看不見存在于我們心靈中的內在實相，而目前的科學實驗，僅是存在於物質世界當中的一種設備、技術，只能偵測到具有物質特性的存在，因此還未能直接證實阿凱西的存在。

阿凱西記錄

阿凱西記錄是什麼？根據許多專家學者對於神智學的研究論述，阿凱西記錄就像是一個資料庫，裡面存在著每個靈魂的旅程。鑽研此領域，並出版過 20 多本的相關著作的 Alice A. Bailey，在她的靈魂之光（ Light of the Soul）系列作品當中的《The Yoga Sutrasof Patanjali》中，曾提過：

阿凱西記錄就像是一個無止盡的記錄片，承載著在我們行星中所有的渴望、意念，以及在地球上發生的所有歷程，只要可以感知連結到此的人，都可以看到存在於其中的所有資料，包括：自始以來，所有人類的生活經驗、動物世界的生命演繹以及每個人因其意念、渴望帶來的各種因緣轉世，不斷彙集而成的思想形式。因此這裡面也充滿了許多足以欺騙人心的妄念，只有修練有成就的人才能分辨出哪些資料是來自此資料庫中真實有效的經驗值，而哪些其實是因著我們自己的妄念所產生出來的想像畫面。

根據愛德格·凱西所述，阿凱西記錄就如同宇宙的超級電腦一般，是一個中央儲存系統，儲存著每個人在宇宙中所有生命歷程的資訊，不僅記錄人們生命中發生過的每件事，還包括每個行為、功績表現、說過的每句話、每個念頭、感受、情緒、渴望及每個行事動機，稱得上是每個靈魂自有生命以來的完整資料庫，並且是從靈魂自源頭分離之始，就開始保有記錄。

「就愛德格・凱西的解讀，他建議我們每一個人，把自己每天所思、所行、以及與他人互動而發生的事件記錄下來，因為這些資訊將對我們在這此時此地的生活有所影響。而實際上，阿凱西記錄即是如此，對於我們生活、潛能發展、以及生命藍圖的可能性有著巨大影響力，因為透過與它的連結，我們就更能洞悉來自我們自己源頭的信息，甚至可以和宇宙建立更深的連結關係。甚至還有更多超乎我們想像，攸關我們未來，並且與我們的生活、歷史以及個人影響力有關的資訊蘊藏其中。」

身為神智學相關主題的作家，並在神智學圈當中享譽盛名的 Charles WebsterLeadbeater 先生，也曾對此發表過相同論述，他認為阿凱西記錄甚至也記載著亞特蘭提斯時期歷史，以及其它各個文明發展，如雷姆利亞大陸的文明。

來自于烏克蘭，並創立神智學協會的西方神秘學者，海倫娜・彼羅夫娜・布拉瓦茨基（HP Blavatsky，1831-1891 ），她認為「阿凱西是宇宙的來源，具有可塑性，它創造了物質世界，並且永恆的存在于更高的源頭當中。它是生命能量的第五元素（註：地水火風之外），以各種可能的形式存在於能量、物質、精神及心靈層面當中，其中攜帶著創造宇宙萬物的動能，來自神聖精神（ Divine Spirit ）的推動力，而不斷地向外開創。」

奧地利的哲學家、教育家以及人智學協會創辦者，魯道夫・斯坦納深信：每個人都有超感官的能力，去感知超越物質世界以外的訊息。並且記住，這絕不是一個「偽科學」的點子。

Steiner writes: 斯坦納先生寫到：

人們可以穿越時空，去回溯一件已隨著時間而消逝的事件源頭。一個人只要有這樣的認知，並且瞭解他是不受限制的，就可以透過這樣的方式，擴展他的能力，回到想要關注的過去事件中，去瞭解並汲取事件發生的相關資訊。

他也將明白，所有過去事件的總總，並不會因為我們的外在感官無法感知到，隨著時間而消失，換句話說，事件仍存在。因此他可以穿越時空，穿梭於歷史事件當中，而且事實上，此歷史事件仍有可能藉由其他角色加入改寫，而不再是原來的歷史事件。在心靈學或神智學上，這個稱為「阿凱西大事紀」。

擁有這種超感官能力的人，可以進入到他內在的心靈世界當中，去覺察這個過去的事件與他現在人格的關係，而所有過去的歷史事件也不再只是單純的歷史事件而已，過去的經驗可以隨時的在當下被回溯汲取，甚至就感官感知而言，是真真實實的回到過去，再次經歷事件發生的當下。

阿凱西記錄是真的嗎？

在此希望能對阿凱西記錄有個簡明扼要的說明，雖然還有許多資料等著做更進一步的瞭解，但前面大量的資訊已經讓我對阿凱西記錄有更清楚的認識。所以，有任何「實質證明」可以證實阿凱西記錄的存在嗎？

事實上，目前我們並沒有任何有力的證據可以證實。所有無法透過肉體感官察覺到，或者那些許多根本不可能察覺到的資訊，實在很難真的證實它的存在。然而由於阿凱西記錄無法用肉眼看到，用手觸摸以及親耳聽到，也無法以物質角度去衡量，因此我們無法以物質世界的方式，提出具物質傾向的「證明」，但即便如此，不代表我們不可以去推理它存在的可能性，因為就如愛因斯坦說的「任何你可以想像得到的，就是真的！」

尼古拉·特斯拉曾說：「如果有一天我們的科學開始研究那些非物質現象的時候，人類在接下來 10 年間的進步速度，將遠遠超過從人類存在以來到現在所有建立的成就。」

以此類推，此說法也可套用在意識上，或者套用在那些通常我們認為與意識相關的元素，如想法、感受、情緒、覺察等，可以影響我們創造物質實相的種種因素，也常回歸到科學的實驗當中。

所以現在我們應該可以瞭解到，那些我們無法看到、摸到、聽到甚至探測到存在，對我們的物質世界而言，並不是就完全沒有實質的影響力。況且我們的科學也證實過些許古老哲學及奧秘的哲學所流傳的哲理，具有其真實意義。然而話雖如此，就目前而言，要證實阿凱西記錄存在的真實性，可行性似乎不大。

那麼，之所以對它的存在提出辯證的理由，在於它存在著古老的智慧，並且是多年來許多專家努力探尋的深澳的哲理（意指追求真理，然而世人往往對其抱持負面態度）。其他諸如此類，難以提出具體實證的觀念，如原子、我們的身邊是否存在著能量護持著我們、瀕死經驗（NDE's）、靈魂出體等等，從過去以來就常常被提出討論，有些甚至還能提出一些有力的研究結果出來。在過去，碰到某些現象發生時，人們可能並不瞭解蘊藏在後面的「科學因素」，儘管如此，他們提出的理論，往往也是具有真實性。或者他們擁有更好的方法來獲取智慧呢？雖然有無數的範例顯示，在許多古文明的社會當中，他們的科技確的確比我們還「先進」，但畢竟我們處於不同的時間，難以定論。

就個人而言，是相信有個資料庫的存在，我們可以去連結，汲取一切關於我們自己本身在物質或非物質層面的訊息。但我不會斬釘截鐵的告訴你，它是真的存在，因為我無法提出證明。但我想說的是，在我內心深處，我相信它是存在的。總之，我認為不該拿這些「記錄」的存在與否，作為評斷的標準。

同時身為工程師、物理學家與發明家，Paramahamsa Tewari 先生在他的著作《心靈架構（Spiritual Foundations）》當中也提到：「我們需要去瞭解存在於大自然的能量。更直覺地去運用這些蘊藏在空間中的豐富寶藏。我們可以挑選出一個最原始的物質粒子，去建構物質宇宙，並建立一個完整的物質世界。因此，我們需要瞭解這個物質世界的本質，並去探索在這個由非物質的阿凱西建構出來，擁有多樣豐富科學及心靈現象的物質世界。

此外，我們也需要多加瞭解意識的作用為何，生命中生與死的意義、宇宙的智慧為何。如此一來，我們定能透過更為科技方法，瞭解心靈現象的存在，話說回來，若我們現在的科學能夠回應上述的問題的話，我們的科學成就將不僅是如此而已，而是更為發展，具有心靈基礎的科學，可以將科學和心靈作一個完美的結合。」

6. 平行宇宙

（此訊息僅供參考）

平行宇宙【仙女座科學家 Mythi】

http://blog.sina.com.cn/s/blog_727014b20102xttv.html

澳大利亞到南極洲之間海底社區、平行宇宙、第一次接觸後變化、其他層級存有、物理改變的影響、地球周邊的 X 射線、土星北極六角形、Nibiru 系統、南極洲消息

Mythi 寄語：

－朋友們，很抱歉推遲回答大家的問題。我們一直在協助助大角星人保護澳大利亞到南極洲之間擁有一萬兩千人的海底社區，那裡正受到厄瑞玻斯火山[Erebus]地質運動造成的海底火山活動的威脅。現在回答大家的問題。

問：你好，Mythi，我的問題是關於不同宇宙的維度，也就是你之前提到過的 "平行宇宙" 的話題，你說過 "第三維度比第四維度" 更加濃稠，你能為我們解釋這個原因嗎？

答：簡單來說，平行宇宙是像第三密度裡的不同大小湖泊（所有的三維宇宙都是），這些湖泊通過小的網絡管道彼此連接（黑洞），使大湖和小湖保持平衡。這個類比在第四維度和它的子層次同樣適用。至於第三密度和第四密度中的物質密度對比，第三密度屬於基本物理物質，其不同的量子之間僅存在細微的差別，而在第四密度的所有子密度裡物質都是以純量子態存在的。你看，量子物質可以顯化成任何第三密度的物質，也就是說，你可以體驗與第三密度類似的事件。我知道這事有點讓人費解，這有點像你們電腦程式虛擬出來的世界。

問：Mythi，第一次接觸後的一年、十年、一百年都會發生什麼？我們的責任是什麼？我們有些人對工作、就業甚至金錢感到困惑，我們如何面對這些困惑？

答：在早期，將有一個漸進的適應新技術的過程，並且產生新的社會形式。在最初的幾十年裡，必須對信用體系和債務系統進行不斷地改革。在某些領域，需要有合格的專業人才，

其他領域則不用。在社會革新過程中，所有人都有其應有的位置。當然，也會有一些人會有比別人更多的機會，在公平的前提下，所有人都會得到生活必需品，以實現一個愉快和體面的生活。隨著社會發展，每個人都會獲得充分的資訊和專業培訓，機器人將會取代人類勞作。到那時，你們就接近第二層級了。

問：Mantuk 人見過第十層級的人嗎？如果見過，他們為你提供任何新的啟示了嗎？你所見過的最高層級的是什麼？你對他或她說了什麼？他們的回答是什麼？

答：第九和第十層級的存有致力於平衡和創造新的恆星系統，維持宇宙間的互動，這些超出了我們的理解能力。他們不訪問行星，他們創造行星。第八層級的克魯人喜歡與從零級到八級的存有互動，他們可以指導他們，但不會與他們進行討論，因為他們可以通過心靈感應體查到每一個想法。只要你在頭腦中想到了，他們就會響應你的想法。

問：Mythi，構造變化和行星膨脹導致人們要比以前更野蠻了嗎？

答：行星或太陽系的任何物理改變都會影響到人類的大腦。這個行星的揚升將持續幾千年，這也是會有馬克思社會主義產生的原因。越來越多的人開始覺醒，有些跡像你可能根本沒注意到，這是一個好跡象。

問：Mythi，地球周邊的神秘的 X 射線來源是什麼？

答：那些 X 射線源不是秘密，這就像你說的，正是由你們的政府為了清除範艾倫帶，而引爆原子彈製造了他們。正如他們所知道的，這樣做適得其反地提高了放射水準。這只是“秘而不宣”，因為他們不會承認自己的愚蠢。這就是任何放射性物質被禁止離開這個星球的大氣層，一些攜帶放射性物質的火箭被昴宿星人摧毀的原因。

問：Mythi，在上一個視頻中你說過，34%的人達到了第一層級。已經有 34%的人到達第一層級了嗎？在零加層級會有多少人？

答：34%裡的大多數人是由零加層級的人組成的，大概有 25 億± 5 億的人已經達到第一層級了。

問：Mythi，我從昴宿星人得到一句話“ Lei No Lor”，你能翻譯一下嗎？

答：我翻譯不了，抱歉。

問：Mythi，我們質疑銀河共同體對種族滅絕的定義。精英權貴群體（註：居高位的陰謀集團）制定了人工氣候災害等種族滅絕行為。武器就是武器，不管它是以什麼形式，結果都是明確的。製藥、轉基因都是大規模滅絕行為。軍隊因為同樣的目的打死了許多無辜的人。你能把我的觀點傳達給銀河共同體中的其他人嗎？

答：你們的精英權貴（註：陰謀集團）做了很多壞事。我們已經做了比你想像的更多的事，現在，銀河共同體認為適當的時候會進行一次更有效和直接的干預。

問：Mythi，為什麼土星北極的六角形會改變顏色？

答：那個六邊形是受力場保護的區域，取決於氣體反應的大氣條件。它可以吸收一些太陽光譜，導致不同的顏色被反射。另一個因素是，土星上也有類似地球的季節變化，這也會改變土星北極的顏色。

問：Mythi，你說過"空間站是多元的"，那裡有 ISS 和中國的人嗎？你怎麼理解美國"和平自由鬥士"的？

答：很明顯，我不能提供細節，你們的國際空間站和中國在建的空間站，還有一些軍事設施仍然在運作，但不包含核武器，僅用於跟蹤和觀察與拍攝和鐳射研究。

問：Mythi，不幸的是，社會現實生活中，包括工作、政治等經常說謊。你能告訴我們，更高層級上還存在謊言嗎？也許不是惡意謊言，而是"軟謊言"？你有沒有欺騙我們的動機嚇唬或讓我們失望？

答：你們很輕易地使用謊言。當你告訴一個孩子，他是鸛帶來的，那就是一個謊言，落在一個毫無準備的大腦理解更科學的解釋。這孩子有一天會長大並理解為什麼你告訴他鸛的故事。利用謊言或欺騙別人是一個詭計，對於那些不知道答案或避免一些尷尬的情況，謊言變成了軟弱性格的人在使用它。至於我，沒有撒謊的必要，如果答案對當前情況不利，或者違背銀河共同體的規則，我可以省略回答。

問：Mythi，在這個聊天室裡沉浸多年的人，他們的光環是否有進步？

答：你看，我們不太關心你們的光環，因為光環是個人的。當我們與一個人直接接觸，我們可以感知這個光環和它傳達給我們的信息。你能注意到的是你們中的許多人找到你們的平衡點，很多人還是以自我為中心，更重要的是，其他人更聰明，但一般來說，你們越來越成熟，與宇宙其他文化保持更穩定的關係。

問：Mythi，Nibiru 系統目前的位置在哪裡？它與宇宙的輻射雲有關係嗎？

答：Nibiru 系統是從海王星旁橫向通過的，你們的星球與太陽相對，這對你們的影響不大.。宇宙能量雲與 Nibiru 沒有什麼關係，這雲是巨大的，橫跨了銀河系中的幾個恆星系統，由於太陽系的頻率已經被克魯人[Krulians]調整了，所以，你們會通過能量雲而不會有太大影響。

問：Mythi，你能給我們更新南極洲的消息嗎？有些政客去那裡做什麼？

答：Angelo，你們的統治階級堅持在南極基地與銀河共同體達成協議。他們都沒有到達南極基地，但到達了物資補給站。你們的精英（註：陰謀集團）試圖維持他們統治階級的權力，但最終會因為生理和生存狀況的改變而離開地球。最後的嘗試是接受同樣的防禦科技，他們相信"另一方"已經收到了，但如果在這個方向上達成任何協議，它將不會與行星上的其他人討論。由銀河共同體強加的規則越來越清晰，如果執政階級決心"破壞"這個星球，在他們所期望的火星殖民地避難，他們已經得到警告，在這種情況下，他們將被引渡回地球並接受審判。一個區域的銀河共同體領導團已判斷這一情況，並決定採取的指引。你的精英們被困住了，出於這個原因，他們來到南極談判，但他們的目的不可能實現。

－祝大家節日快樂！

7. 電漿體

（註：以下內容較深奧，大致理解即可！）

http://mp.weixin.qq.com/s/_hkaHSwuo-NXTwJ4lgAIBQ

物質的第四種狀態，電漿體 Plasma，對某些物理條件來說非常重要，這些條件能用在例如…我該怎麼跟你表達呢…啟動反重力（這是一個奇怪的人類詞彙，並不十分確切，但這麼用你應該理解）。 本質上來說，在真實的物理世界裡，沒有所謂正負兩極的力，而只有在不同層次上的單一巨大的統一力，及「與觀察者相依的反射行為」。 通過反重力和不同層次間的重力取代，一個人能夠，例如，將物體漂浮。 這個理論被我們和外星族類部分採用為 UFO 的推進力。 你們人類在一個原始的程度上應用這一個簡單的法則，為你們軍方的秘密計畫服務，但由於你們多多少少竊取了這種科技（後來被外星族類有意造假傳授給你們），你們缺乏真正物理上的理解。 結果是，你們不得不困擾於你們製造的 UFO 之不穩定和輻射問題。 以我瞭解到的訊息來說，已經有大量的人們死亡于強輻射和場干擾。 你難道不同意，這也是一個「正」、「邪」的例子嗎？ 你們同不瞭解的力量玩遊戲，因而接受你們自己族類同僚之死，因為他們死於一個更大的原因，意即為了科技的進步，結果又是為了戰爭服務，也就是追求負面。 現在，一個人可以作出對你有利的判決，只有最少數的人類知道這些外星人的計畫——如你們所闡釋的——最高機密。 對這些科技，你們被告知，使用的基本物質元素序數或等級次序越高，成功條件就越簡單，但這只是部分正確。 如果你們不能包圍好這種力量，就最好不要嘗試。 可你們卻總是忽視，將其置於腦後，玩弄自己尚不理解的力量。 怎麼會變成這樣了呢？

　　還記得銅熔合嗎？ 依靠與感應輻射場在正確的角度的波動，銅會和其它元素熔合（物質幻像被熔合，不同的場在場域空間中的彼此重疊，但主要的力場將在那過程反射，出現一個類似正負兩極的狀態）。 產生的連接和場因為不能在一般條件下穩定，因而不適合來應用。 結果是，整個場的光譜偏移至一個更高的類似電漿狀態，由此，光譜連同這個粗糙的偏移，移轉到力場極性相反的一端——這裡用詞不正確——這力場變得類似於重力偏移。 這個偏移造成一個相互排斥的兩極力的「傾斜」，而這兩極力此刻不再流向力場內部，而是部分流向力場外部。 結果是內部分層反射力場，非常難於利用某些技術邊界來調節其自身特性。 不過它還是能執行很多工，比如使厚重的飛行物體漂浮調動。 同樣能在電磁輻射領域發揮偽裝的作用，以及操縱短暫的時間次序——實際上是非常短的跨度——還有一些其它的事。 你熟悉你們的「量子隧道效應」嗎？ 如果場平面的頻率和距離足夠高的話，即便是真實物質中的振幅等化也在能在這種場中達成。 不幸的是，所有我用你們的話解釋給你聽的都太過粗糙原始而顯得古怪和無法理解，但這樣簡單的闡釋也許會為你們的理解幫點小忙。 不過同樣地，也許幫不了什麼。

　　編者，可以參考此文理解：空間也是一種生物

　　Q：有沒有超常力量的科學證實，比如你們思想的力量？

　　A：有的。 為了解釋這點，一個人必須得承認場域空間（Feldraum）在物理上的真實存在。 我來試試看…稍等…你將要把自己的頭腦從物理幻像中脫離出來而看到宇宙的真實性質了。 不過充其量對你們這還是一個側面的表相而已。 想像一下這裡所有的物質，你，桌子，鉛筆，這套技術設備，這張紙——都不是真正意義上的存在，而只是場振動及能量聚集的結果。 你所能看到的所有物質，宇宙中的每個生物，每顆行星，及位於主力場的場域空間內都有一個「同等的資訊與能量」（information-energy equivalent）——（事物的）總體層面（level）。現在，不只有一個層面，而是很多個。 上次我提到高度發展的外星族類能夠改變層面（這完全不同於簡單的「氣泡」轉換，因為氣泡只是每一層面的一個部分）。 明白嗎？ 你們所稱的維度，是單獨某個氣泡的一部分，而氣泡群或宇宙泡沫是層面的一部分，層面是場域空間中的層，場域空間扮演著單一物理尺寸的能力，它是永恆的；它由數不清的資訊能量層和一般層面構成。 在場域空間內沒有無效的層面，所有的都相同，但是依靠它們的能量狀況而分離。我注意到已經把你搞糊塗了，我想就此打住吧。

　　編者，可以參考此文理解：平行宇宙是本源在不同頻率下呈現的不同世界

　　Q：不，還請繼續。 有形的超自然力是如何發生的？

A：好吧，讓我簡化些。　同樣並不完全是正確的，用這種方式說好了：（宇宙）實際的物質在場域空間（Feldraum）內，作為一個伴有清晰層的場域被鏡像。　這些層包含了資訊，例如，關於物質的簡單結構或弦之頻率。　但在物質的發展中還有一個儲存的資訊填塞物。　你對你們人類「形態發生場（morphogenetic fields）」這個概念熟悉嗎？　層的一個部分可以被這樣指定。　現在，還有另一個中間層，遺憾的是你們沒有概念，因為這個理論在人們的思想中非同一般。　讓我們叫它「超層（para-layer）」吧，因為這個層主要負責你們稱為 PSI、超自然和在你們原始科學界限以外的每樣事物。　這個「超層」位於物質層和場域空間內某個場的形態發生層之間。　它能使兩者結合。　比如你們的身體，就是作為場域空間（Feldraum）內的一個場被鏡像。　那倒不是說它不存在於這裡——像血、肉、骨——以事件之弦或原子的形式。　但僅限於此。　存在總是二元性的。　場中的一些層包含你們身體中固體物質的簡單資訊和它的頻率，而另一些層包含你們的精神、意識、或者以人類的宗教觀點來稱，靈魂。　在這裡，覺查或自覺（Awareness or consciousness）是一個簡單的能量矩陣，分割進入場域空間內你們的場之不同的層裡——不多不少正好。　真正的覺察同樣可以在物質層面存在，但只能以「後電漿（post-plasma）」（第五種物質）的形式。　借助必要的物理知識和傳遞技術，覺察或自覺矩陣，即靈魂，同樣能從這個靜止場中被分離出來。　它能夠任其移動，且以一種自給自足的形式相當長時間持續存在。　它有個玄妙的名字叫「靈魂掠奪（soul robbing）」。　不過首先，我們在這裡討論的是科學，不是魔術或黑暗之力。

[Ole. K. 的注釋：「靈魂掠奪（soul robbing）」一詞，在一個基本的宗教引發的評論裡被提及與爬蟲族有關。　]

回到你的問題：精神力量強的族類能依靠他們的覺察或自覺場直接影響「超層」。　現在該層不只是受限於個體，而是普遍資訊層的一部分——你們或許會稱之為共有靈魂（community souls）——連接所有生氣勃勃和死氣沉沉的物質以及所有存在於這個主要層面上的意識。　這些能力的誘因從生物學上講，位於物質這一邊，順便提一句，腦下垂體是發動頻率以激化對場域空間之控制的位置。　即使是你們人，理論上也能做到。　然而在這些事情上你們卻被牢牢地被你們的創造者封閉住了。　如我所言，超層能夠連接意識心智和物質。　比如，如果我想再度利用我的精神能力移動這根鉛筆，那麼簡單來說，我在心智中設想我的覺察/自覺如何能夠在物質這一邊、以「後電漿」的形式將自身擴展/放大增強到鉛筆上。　在場域空間裡，這引起從覺察/自覺層到超層的一個同步進行的自動命令，去結合鉛筆的物質層。　由於超層不被形體所限制，所以鉛筆躺在那裡也不算問題，即使不移動我的物理身體，我也能準確地抓到它。　後電漿體在這邊，超層在另一邊。　我已經控制住了鉛筆，交感作用將鉛筆的物質場帶到它移動進入哪一個，就會將形式改變到哪裡的點上。

[Ole K.的注釋：我證實這裡提到的那根鉛筆此時突然跳到 20 公分高的空中，然後落到桌子上。　錄音帶裡可以清楚地聽到這個聲音。　顯然沒有人碰到鉛筆。　]

8. 簡單介紹阿卡西記錄【Akashic Records】

http://3d-5d.blogspot.com/2013/02/akashic-records。

今天，我想和大家簡單地分享一下一些關於阿卡西記錄的相關知識以及有何重要性。

Akashic Records 是由梵文 Akasha 衍生而出的，意喻『蘊涵知識』。

什麼是 Akashic Records？首先要先知道什麼是『訊息』。

訊息就是能量、光或意識。每一顆粒子、微粒子、微微粒子、一切的一切，都以被稱做『意識』的形態存在著。

既然所有的一切都互相以意識的形態存在著，那麼，對於任何人而言，這些訊息都是『免費』和『無窮無盡』。

所以阿卡西記錄就是一個儲存了整個宇宙的所有一切發生過的和未發生過的訊息等等事件，宇宙／銀河系／太陽系／地球／其他所有的歷史、知識、科技、自己的過去和未來、別人的過去和未來等等。

因此，我們也可以把阿卡西記錄稱作『宇宙的圖書館』。

由於我們對於訊息傳遞的思維很死板，所以很難想像阿卡西記錄以什麼樣的形式存在，我們又以什麼樣的形式得到訊息。

就像剛開始所提到的，訊息就是意識、能量或光，所以我們從阿卡西記錄取得訊息的過程並不會以對話、簡訊、郵件或任何的物理性方式獲得。

而是會直接藉由能量、感知、心靈感應等的方式傳輸。

進入阿卡西記錄，就像進入一個新的神聖領域，一個神聖的圖書館，需要有較高的自身振動頻率。

同時，你也必須清楚地知道自己為什麼要進入阿卡西記錄。

例如，是要查閱一些關於地球的歷史訊息，或是在『別人同意』之下幫別人查閱他們的過去和未來等等。

那怎樣才是較高的振動頻率呢？

要知道較高的振動頻率，就必須先了解這二點：『渴望』和『熱情』。

當你有著渴望，想閱讀阿卡西記錄時，你是無法成功閱讀阿卡西記錄的，因為『渴望』是對於一件事有興趣，但這件事並不是最重要的事，所以缺乏熱情所帶來的能量。

而擁有『高度的熱情』才是能成功閱讀阿卡西記錄的成功關鍵。

當你有著純潔的想法、放鬆、信任、無條件的愛、尊重等狀態下，你是處於最高的自我，也是最高的振動頻率，而熱情也是其中之一。

因此，也可以把阿卡西記錄看作是一個『過濾器』，把所有未達規定的最低頻率的存在體都排除在門外，這也是為何不斷持續提升自己振動頻率是必要的。

阿卡西記錄一般都以不同的形式出現在你面前，這完全因人而已，根據你自己的能量體系和振動頻率而不同。

有人說是一本巨大的百科全書、巨大的圖書館、一個數據庫，反正就是巨大到你可以查詢非常細微的事。

當進入阿卡西記錄後，你會遇見一位守衛，以光的形式出現在你面前，詢問你來阿卡西記錄的目的。

不用擔心，因為他們是守衛阿卡西記錄，並且在大多數情況下，他們都會幫助你和指引你。

但要注意的是在進入和離開阿卡西記錄時，都要給與尊重、祝福和感激。

還有，當你是幫助別人閱讀他們的過去和未來時，必須先得到他們的個人允許才行。
（註：此點很重要！尊重自由意志）

遙視和阿卡西記錄不同，『遙視』是被構架好的，所以非常局限，也就是說在做遙視當下的那個『時間點』所看到的畫面（低頻是無法見到高頻的一切），但『未來』不是固定不變，而是會隨著個人或集體的意念而不斷在變化，所以也就說明為何有許多人遙視的預言都不會成真，甚至看不到某個時間點之後的畫面。

而『阿卡西記錄』的形式比較自由，能自由控制對訊息的索取範圍。

同時，遙視完全是在無意識的狀態下進入阿卡西記錄讀取，並寫下你想要知道的主題訊息。

　　簡單來說，遙視更像是一種無意識狀態下的感知，沒有感情的參與，同時也不需要較高的振動頻率。

　　當我們在有意識狀態下進入阿卡西記錄讀取訊息時，我們可以獲得更多、更廣、更深的訊息，而這些都不能藉由遙視而取得。

　　另外提醒一下，當你曾經給過某位老師算過命或者讓對方觀想遙視你未來的一切，這就是已讓對方得到你的允許而進入阿卡西記錄，然而許多人卻忘記做一件事，那就是『鎖上阿卡西記錄』。

　　當你未上鎖，對方就可任意進入查詢你的阿卡西記錄，甚至藉此控制你，就像是你將鑰匙給對方卻沒收回來一樣。

　　雖然自己的未來本來就會因個人的思維而隨時在改變，但不明白的人自然就很容易受到有心人士的操控，甚至沉迷聽信於某位老師，這是很危險的。

　　那該怎麼做呢？

　　剛剛有提到訊息皆是能量，所以你只要透過意念即可。

　　例如：『未經我（名字）允許，任何人（或是對方的名字）都無法閱讀我個人阿卡西記錄的資料』，當你講完也同時生效，就是這麼簡單，這就像是你之前複製許多大門鑰匙給別人一次全收回，只不過這開啟的鑰匙不是物質型態罷了。

　　所以，不要再讓他人有機會控制你了！

　　來自天狼星的 FRANK

第20課　水晶頭骨，基督意識，氣場，內在力量，切斷能量鐐銬，能量吸血鬼，身體—神的殿堂，基督意識全部返回地球 2017-2025

以下的訊息僅供參考！請用臨在的方式、用無條件的大愛與合一意識閱讀，不陷入 2 元對立意識

（1）【金星理事會 1/19/2017 能量更新】

https://lifly0815.pixnet.net/blog/post/339116903-2017-1-20%E3%80%90%E9%87%91%E6%98%9F%E7%90%86%E4%BA%8B%E6%9C%831-19%E8%83%BD%E9%87%8F%E6%9B%B4%E6%96%B0%E3%80%91

我們是金星理事會。我們為你提供發生在你們星球上的資訊。

能量已經改變，有一個退潮波（ebb）流向它們（能量），這個退潮波不匹配你以前收到的任何能量。

請理解。你們許多人以前曾經在這裡。那些生活在亞特蘭提斯時期的細胞會記得這個空間。

在內心深處你知道你曾經在這裡，因為你們之中的一些人帶來了恐懼和不和諧。對於其他人來說，它帶來的是興奮。

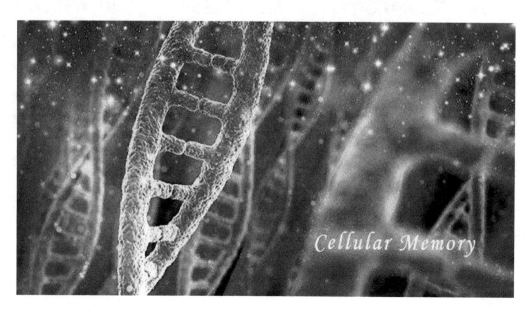

我們希望你理解，你不再是你的細胞記憶（註：舊能量需釋放，釋放 DNA 的負面能量印記），雖然它在你的許多生命中一直保持這個記錄是有幫助的，但它不再是如此。對於那些感到恐懼的人來說，他們害怕會有毀滅，而且擔心死亡即將發生，這只是因為你以前曾經在這裡。（註：亞特蘭提斯）

已經有許多成功的經歷人類揚升－走在狹窄的道路上，引導他們走向更高次元、更高頻率。

有些人之前已經感受到這些能量，但沒能完成任務。對他們來說，這些能量或是痛苦的提醒。

然而，你必須知道，這一次，不會有錯誤。雖然會有變化，但這是你們的星球提高頻率的結果。

因此，我們要求你看到我們的能量，感覺它們是在你們的道路上前進的信號。整體來說，人類正在改變。

你會到達一個點，你會感覺到一個轉變，而且，恐懼會離開，因為你的細胞不會有任何其它的參考點。這一點就是你即將走進造物主的地方。

對於這一點，它會是你的選擇、你的感覺、你的行為以及你如何接收。我們建議你，對你的細胞、你的組織（形式）說話。解釋你明白這種感覺來自何方，告訴它們這種形式是安全的。

對於一些感到憤怒、內疚、悔恨和沮喪的人，我們要求你使用這些能量並且釋放它們。

要明白，在亞特蘭提斯時期有許多的不和諧，有許多挫折，類似於你們之中有許多人已經在這一次感覺到的。然而，事情已經到位，不允許人類滅絕。所以你必須相信，這次會不同。

你有一個選擇，因為湧入你們星球的能量越來越多，**當你們的孩子出生時便攜帶了這些頻率，你可以去選擇擁抱這些被提供的愛。你希望選擇提供的愛或是你會選擇讓自己下沉。**

讓你的心打開，將它充滿；讓你的眼睛看到新的可能性，因為它們就圍繞在你身邊。通過你，錨定能量是非常重要的（註：調整根脈輪，和地球母親做連結），因為這樣可以更容易地設置意圖。

　　透過你的形式，將意圖帶進這些能量，深深地向地球紮下根基，沒有恐懼，只有歡樂和感激。

　　因為這是提升人類發展的一個非常重要的階段。因為這些頻率環繞著你們的星球，當它們錨定後即將改變一切時，它創造了更大的能力，讓你的高我靈魂降臨到你身上。

　　把它視為一個基礎，因為當你提升到與這些頻率相應（匹配），你的靈魂也能夠降低以相應它們。

這是一個受到祝福的聯合，這就是改變一切的原因。

我們呼籲你打開你的心，感受頻率，汲取你周圍的喜悅。

直到我們再次見面。

2.【主阿斯塔-事件披露】

https://higherdensity.wordpress.com

（以下訊息僅供參考！）

問候地球上的地勤人員！這是阿斯塔通過伊麗莎白 Trutwin。

2017 年 1 月 17 日你們是多麼接近地球上的大實驗結束。在你來到地球揚升之前的使命裡，你是太陽和星星。 你嘗試著與五大元素--地、水、風，火和宇宙乙太；你與仙女、矮人和精靈族互動。

你知道，在你們的太陽系中有 Sol、天狼星 A 和天狼星 B 管理著 12 個太陽層次體系星座。

你知道三合一法則，並知道它如何支配你的身體、精神和你回家的路。

在這個宇宙中最大的誡條是記住合一，並去愛你的鄰居就像愛你自己一般。這是你跟隨著你的任務指揮，現在，作為我的地勤人員，你們在地球上的各個層面都有著極深的"貧窮"生活。

事實上，你們中有許多人已經同意，化身為所有 12 個部落以作為我們療癒分離的一部分，首先在自己的內在療癒它們，然後我們將義無反顧的參與並去愛我們獨特的智慧和技能的所有表達，它們彼此互補，並且從他人那裡反射給我們。這個智慧被稱為"索菲亞療癒我們的陰影自我"（Sophia in healing our shadow selves）。

地球的陸地生命（Earth Terrestrials）

在內巴頓暗物質宇宙裡是 12 層物理次元與第 13 層進入反物質宇宙。自從進入暗物質宇宙以來，有三個根種族是以無形的形式。

母神和父神是神性，不攜帶靈魂。

　　祂們是獨立的中央種族（central race）。中央種族是能夠攜帶靈魂的人形天使。祂們須服從業力和重生法則。

　　在量子世界的實相中，存在於 DNA 和非物質的材料編程，在單一的量子粒子上能夠維持多細胞生命。地球是獨一無二的，人類在他們的 DNA 中含有宇宙程序庫。它是宇宙中保存最好的秘密之一。

　　你與星球都是難以置信的活的知識圖書館，你握有鑰匙。你的 DNA 有一個 "合併閱讀"（ merger-read），可能讓長期被破壞的空間家族完全恢復他們古老家園世界的原始輝煌。（註：阿卡西　圖書館）

　　地球上有 120 種較大型的動物，牠們的 DNA 也包含了編碼的知識。

外星政治

　　這是那些化身在皇室家族和那些 DNA 有缺陷、無法使 12 股 DNA 激活所需升級的特權者。

　　由於頻率的關係，他們的物理-心智-精神無法容納光去下載鑽石光碼到 DNA 編程。他們是一個非常強大的群體，他們長期以來擔心滅絕。當他們操縱他們的身體，執政官變成了自我活躍和缺乏感情的，和他們一起工作的龍（人）也是一樣的 。

　　12000 年前，他們創造了一個侵略性的基因池，隨著時間推移、地球的次元下降，它帶來了邪惡進入我們的意識。

　　這個團體一次又一次地崛起。從利穆里亞到亞特蘭提斯，以及從地球幾千年來星球大戰的故事；最近的戰爭是持續 5000 年的獵戶座戰爭，以及在你們的太陽系內的其他行星之戰。

　　亞歷山大大帝征服了地球文明-從希臘到印度。這場戰爭是與今日同樣的政治家和皇室家族持續的戰爭。從羅馬的凱撒和梵蒂岡制定海洋土地法，殺害了薩南達耶穌-在我們最後一次嘗試克服的孩子。

　　這就是為什麼你們會在銀河家人的幫助下解決政治的計畫，唯一的解決方案是幫助你們將貪婪者移出地球並結束業力。

　　真相禁止，抑制了粒子物理學、宇宙學和數學的真理。地球的功能在我們所知道的這些領域，在數千年之後（揭開）。

2. 13 顆水晶頭骨（The 13 Crystal Skulls）

互聯網被賦予到地球，來幫助解決臨界質量的問題。

那些墮落天使攜帶 DNA 負面編程，迫使仍在沉睡的人心中仍存在著恐懼和 DNA 負面編程的假標誌。**DNA 之內的宇宙是亞原子粒子通過愛的頻率嵌套在無窮小磁場的影響。**

這些統治者所犯下的暴行無法存在於互聯網的思想電路中。

當集體採用這些網絡、互聯網連接到統一力量的內部，我們稱之為合一（Oneness），光的形式瀰漫著無形的意識。

指揮國家之人只能在核攻擊的時候給其他文明伸出援助之手，因為這會影響宇宙萬物和大眾的心理攻擊。

現在的臨界質量說--我們可以干預。

13顆水晶頭骨是一個外星科技，通過水晶穿透所有的心智編程，打開DNA本身的新思想。13顆水晶頭骨代表12個行星，在中心的是集體意識；在每個水晶頭骨內是它形成星球的阿卡西。

當與其他一起放置時，磁性電能從頭骨傳播，一旦傳輸到我們的集體意識以提高我們身體中的 愛 與 減低光熵。

DNA的編程是磁性（愛）和血漿意識（光）。

液體光和液體愛通過我們的血液循環，啟動心跳和神經細胞照亮道路，為身體-心智-靈魂活躍我們的生命之流。揚升意味著你可以離開你的肉體生命，並繼續你認為合適的下一個。在你的時間。死亡終結。不朽!

現在，這13顆水晶頭骨以12個圍成圈的方式放置，最大的第13顆在中心。這些雕刻的十二顆頭骨代表的星星是：昴宿星、大角星、心宿二、仙女座、南河三、天琴座-織女星、處女座、獵戶座、德拉科、大熊星座、小雄星座以及天狼星。

第十三顆頭骨連接所有來自神聖行星的知識與約櫃方舟技術（Ark technologies），並讓地球上那些仁慈的外星人能夠處理他們在政府和執法部門所有工作的真相提供援助。這是

必要的，因為精英權貴和秘密集團具有強大的攻擊性。（註：陰謀集團）

　　位於西藏布達拉宮的 13 顆水晶頭骨是開啟地球內部的一個入口，這是連接兩個文明與數百萬船舶（註：飛船）的鑰匙，當地球成為星際聯盟的第 33 個行星成員世界，將帶來地球上科技的支持與指導。

　　它們旋轉並發出紫色之光，通過它們連接合一時，將下載鑽石光碼直接到你自己的 DNA 矩陣意識。

地球隧道

　　地表下有兩組隧道。

　　有些龍人和秘密集團花費了數萬億美元在地表以下幾英里的地方，像那些在洛杉磯地表下數百英里的地方連接著阿加森網絡的隧道已經使用了長久的時間。

　　阿斯塔指揮部接管了這些隧道，深埋在地下的軍事掩體和實驗室會在披露（事件披露）後投入使用。地球範圍內大部分的主要城市都有高速、無污染的隧道，將在第一次接觸後迅速提供。

零點組件模型（Zero Point Module）

　　零點組件是個從天空控制的外星科技，它是個量子發電機網絡。這是將更高維度的行星容納到宇宙全息圖的技術。全息圖中的行星通過零點彼此連接。

　　我們展示了火星上的金字塔照片，穀神星和土星衛星上的金字塔以及火星上的獅身人面像的照片。

　　這些是零點組件技術：方尖碑、金字塔，廟塔、星際之門，以及在這個宇宙全息圖中，地球與其他行星連接和功能--從矩陣編程到我們細胞中的DNA。

　　我們都是一體；意識是合一。

為了這個被稱為"披露"的事件，凱史博士與阿斯塔指揮部密切合作，有助於治療機器、線圈技術和甘斯，讓人類集體頻率提高。

地球的 12 個金字塔矩陣是由圖特／梅塔特隆所創造，現在被啟動，重返地球到零點。氙氣（Xenon gas）將回到你們的大氣。

氙氣使用在生長和療癒中，當你呼吸，會加快你更高的覺知能力。

（氙氣可用在閃光燈和弧燈中或作全身麻醉藥。最早的準分子雷射設計以氙的二聚體分子作為雷射介質，而早期雷射設計亦用氙閃光燈作雷射抽運。氙還可以用來尋找大質量弱相互作用粒子，或作太空飛行器離子推力器的推進劑）。

12 座金字塔：

大金字塔

階梯金字塔

波斯尼亞金字塔

比米尼（Bimini 屬巴哈馬）水下金字塔

與那國町（Yonaguni 屬日本）水下的台階金字塔

岡仁波齊峰

金皮（Gympie 屬昆士蘭）金字塔

南極金字塔

孤獨堡壘金字塔

馬丘比丘金字塔

羽蛇神金字塔

太陽神廟金字塔

　　當紐約上升，它們將充分地凸顯神聖的高維頻率。其他的金字塔也將被發現，包括位於華盛頓特區的國會大廈下方的金字塔。這個金字塔的能量維持著，讓特區這幾年免於受到核攻擊。

地勤人員已經在地球等待了他們所有的生命回到合一

　　阿斯塔與那些服務於地球上的政府、軍隊、法律和警察部門的銀河工作者，需要結合政府和軍方的正式聲明，使地球和平與第一次接觸成為可能！

　　我的角色即將在地球上向所有人揭示。我會在彩虹橋上遇見你！

　　Salut

　　這是阿斯塔通過伊麗莎白 Trutwin，2017 年 1 月 17 日。

（3）大角星信息【聖誕節－基督意識】

　　http://lifly0815.pixnet.net/blog/post/329623689

　　親愛的一們，今年我們再次希望帶給你們『關於聖誕節』的深層含義。

你們並非僅僅是慶祝 2000 年前的那個人、那件事，它也是你們個人的經歷。

耶穌/約書亞出生——他成為了基督——的故事是每一個人類的故事。

2000 年前，當耶穌出生為他的許多次地球化身之一時（註：耶穌在地球上有過多個化身），已經是一位揚升大師。

他的目的是給深陷在稠密與幻相的世界帶來真理和光。

那個時代只有很少的人能夠理解他教導的深度。

大眾的靈性尚未進化到可以完全理解他教導的真理，因此反而把真理聚焦在他個人的身上，把他看成是『神』。

未進化的第三維度的分離心態把『我是』（註：臨在）這個詞僅僅解釋為跟這位信使有關。

因而出現了這樣的情況：崇拜這個人而錯失了他帶來的信息。

選擇忽略了『我是』是跟每一個人有關的真理，大眾繼續活在未覺醒的狀態。
（註：我是道路，我是真理，我是生命）

錯誤的教導至今仍然逗留在許多教會中，它們在靈性的偽裝下，繼續崇拜這位信使，錯過他的信息。

這就是許多開悟大師的故事。

他們在整個世代（throughout generations）中選擇化身來此，幫助人類進化，然後，要不就是拒絕，要不就是被崇拜為神。

真理總會、也將永遠會威脅到個人的信念系統，導致朝向信使。
（註：我是，臨在！我就是道路、真理、生命！和高我聯結就是臨在！）

（4）氣場（金場／光環）的維護

http://lifly0815.pixnet.net/blog/post/338535506

生命的能量是多維的、動態的。它不斷地移動、不斷地變化並融合相似或不同的振動能量。

所有的物質，無論是固體、液體或氣體都是不斷地移動著，它的本質上是動態的。這意味著它們要不就改變、進化，要不就逐漸分解。

在宇宙中沒有什麼東西可以永遠保持不變，它不可避免的會合併或成為另一種能量的一部分。所有一切都連接到造物主的宇宙，一切都是意圖的創造，無論這個意圖是為了更大的利益或是相反。

你的光環是你的光的能量場，它保護著來自他人的能量攻擊或入侵你的身體、心智、情緒和精神體。

它就像一個力場，將你在較低的振動和對你不利的能量中提供保護。它也有助於控制你自己的情緒、思想和創傷的經驗，防止它們入侵在你周圍之人的空間。

然而，光環/氣場（Aura）可以通過心理攻擊、藥物、使用酒精、惡劣的情緒、創傷和疾病的傷害與破壞而造成脆弱的氣場。

如果氣場受到損害，此人將變得容易受到負面能量的影響，或者會不知不覺中將自己的負面能量傳遞給其他人。長時間不去思考到這個問題，會導致精神、情緒上的崩潰，最終會影響身體健康。

有些人總是能融合他們的能量使每個人有舒適的空間。配偶、夫妻、家庭、甚至是親密的朋友，大多數在生活上受到彼此氣場的影響力較少。然而，一旦關係被濫用或片面的、消極的、沒有了愛，影響所有人的氣場和能量將是顯而易見的。

它可能會造成兩個人的能量枯竭或由一個人主宰並吸取對方的能量，同時提高自己的。即使是已經在一起很長一段時間、仍然分享愛或正面感受的夫婦，在壓力、疾病或過度焦慮的時候，都會在無意間將這種能量流向對方。

重要的是要隨時保護你的氣場免受攻擊或妥協，即便是讓你感到舒適的人。如果你的氣場是健康的，你會感到平靜並充滿活力；顏色是和諧的；氣場是深而未斷裂的。

但如果你的氣場已經受到攻擊、創傷、精神緊張、疲勞或生病的損害，有可能會造成撕裂或縫隙，你會覺得情緒在一種疲勞、壓力、憤怒和焦慮的狀態。此時你會更容易從別人那裡吸引到任性的情緒和不必要的能量。一般來說，你可能會不能容忍、急躁和"不舒服"。

這個世界充滿了沒有平衡脈輪和氣場的人們，他們攜帶了一些不是他們最高利益與他們不需要的能量。其結果是讓許多在地球上的人們感到非常的疲憊、憤怒、更不能寬容...因為他們沒有保護好自己的能量場。

這裡有一個簡單程序，你可以每天做以保護你的氣場，並讓你的能量場不受損害：

坐著或站著，吸一口氣

想像頭頂上方有一個光球

現在，呼氣

讓光向下 穿過你的氣場

順著你的身體一路清洗下來到地面

屏住氣三秒鐘

呼氣，發送光到地底下

再一次 屏住呼吸三秒鐘

然後正常呼吸

現在，你是接地的，你的氣場會整天受到保護

（5）【光之兄弟群體】停止給"能量吸血鬼"提供滋養

http://san23.pixnet.net/blog/post/49895690-%E3%80%90%E5%85%89%E4%B9%8B%E5%85%84%E5%BC%9F%E7%BE%A4%E9%AB%94%E3%80%91%E5%81%9C%E6%AD%A2%E7%B5%A6%E2%80%9C%E8%83%BD%E9%87%8F%E5%90%B8%E8%A1%80%E9%AC%BC%E2%80%9D%E6%8F%90%E4%BE%9B

在這個世界和這個宇宙中，滲透進來了一些不屬於這個宇宙的存有，因為地球和其它行星向他們敞開了門戶。這些不受歡迎的實體曾阻礙了人類的進化，他們在其它的第三維度世界上將不復存在。

一個人類存有，無論是怎樣的，其本身並不壞！他只是一直在被這種或那種勢力操控著。

你們真以為目前的那些執政者們是自由的嗎？他們是被操控的！你們以為那些操控你們執政者的（存有）就不被操控嗎？

自從有了操控，也就有了自由的缺失和意識的扭曲。

這些表面上妨礙你們進化的存有們（也就是那些管理著這個世界並且管理得如此糟糕的人），在他們自身當中也有著愛的潛力，只不過這個愛的潛力被權力欲遮蔽了。

　　是誰把這權利欲灌輸給他們的呢？是誰在他們身上激發起對金錢的無盡慾望的呢（金錢也可以用來攫取權力）？正是那些對人類完全不利和有害的實體，而他們可以從中獲取某種利益！

　　他們得到的好處是什麼呢？他們可以藉此以人類的所有痛苦來“滋養”自己！每當有戰爭時，每當有極大的痛苦時，那些非物質的實體（能量實體）就會以這痛苦、這悲傷、這暴力來滋養自己！（註：負面能量餵養黑暗界）

　　怎麼做才能讓這一切停下來呢？一旦你們意識到了這種情況，就應該不再給那些實體（那些“能量吸血鬼”）提供食物。不幸的是，現在這些實體正在從人類的痛苦中獲得越來越多的滋養。

　　此時他們還在不斷地、不斷地增長著，可一旦你們決定不再滋養他們，他們就將不復存在，至少他們將不再存在於這個世界和這個宇宙中。他們將前往能夠獲取這種能量滋養的其它世界、其它宇宙。

　　人類產生的一切情感都是能量，要么是一種使你們獲得提升的正面能量，要么是一種壓垮你們並使你們極其痛苦的負面能量。人類不斷地產生出能量來滋養其它能量，因此你們要盡可能地意識到你們越是沮喪、憤怒、悲傷、痛苦（無論是精神上的痛苦還是肉體上的痛苦），你們就越是在“餵養”那些在這個世界上完全不受歡迎的實體。

　　在你們完成轉化之後，那些實體顯然將無法進入那個新的世界、新的維度，因為那是完全禁止他們進入的。目前生活在地球上的人類存有將一下子置身於另一個維度，具有另一種意識，他們將對自己過去的存在狀況感到驚訝，他們會為此感到非常遺憾，並會以他們那時所具有的全部能力、嘗試著以自身的行動去釋放他們在舊維度、舊生活中所體驗到並讓他人體驗到的一切艱辛的、破壞性的、負面的能量。

　　在這個世界上，你們已經遺忘了你們真正之所是，你們已經遺忘了你們的所有經歷，而當你們離開這個物質層面時，你們就會重新獲得對自己所有經歷的記憶，你們會記起所有好的和不那麼好的經歷。

　　沒有人會審判你們，因為沒有人有權審判你們！只不過你們的靈魂會對你們說：“你曾經做出了這樣一個行為，你不曾意識到你這樣做所造成的痛苦，那麼現在你應該彌補你的過錯，通過向你周圍獻出所有的愛，無論你將置身於什麼樣的世界上。”

　　的確，目前在這個世界上有許多“陰暗的”或“無明的”意識，有許多通過權力和金錢而實施的統治。但這一切將不會持續下去，因為這些意識幾百年來所建立的那些體制將會崩塌，因為地球和人類的能量中，將不會再有位置留給這些存有、留給這種無節制的權力，因為人類心中將產生出越來越多的友好與愛。（註：黑暗權勢的操控、謊言、仇恨、分離⋯

意識將讓人類覺醒）

你們越是接近那個徹底轉換的階段（也就是轉換進入第五維度，完成過渡），你們就越是會感覺到和體驗到這種新的存在狀態。

你們完全不用擔心！那些曾幹出統治、暴力、破壞性行為的人，將會知曉他們這些行為的性質。你們要相信，當這一切對他們的意識揭示出來時，他們會比你們想像的還要難過得多。

在任何一個世界上，都從未有過像這個世界上的人們所經歷的這種苦難。

為什麼這個世界的管理者-那些高層級的存有們會允許這個世界上有七十億人呢？這其中或許有三十億人在忍受著飢餓或深度的不和諧，為什麼這一切會被允許發生呢？

你們或許會說：“讓這麼多靈魂來到這個世界上以使他們經受這個週期如此艱難的結尾，這是不正常、不合理的！”

我們要說的是：這是給所有在這個特殊階段（在人類目前經歷的這個週期的末尾）來此轉世的靈魂們的一份恩典、一份絕好的禮物。通過這苦難，也通過靈魂、人類意識和你們的物質身體正在吸收與將要吸收的所有能量，你們會獲得意識的提升。

這是對靈魂進化、意識進化的一個巨大推動！這真的是送給所有化身於這個世界上的靈魂們的一份厚禮。在這個世界上，有來自你們宇宙四面八方的靈魂，不僅僅有來自第三維度世界的，也有來自維度高得多的世界的。一些已經徹底完成了祂們在物質中的旅程的靈魂來到了這裡，為了幫助其他的靈魂，也為了與這個週期末尾的那些難以想像的困難較量一番。

一切都是不斷增長的經驗。對進化來說沒有什麼是不利的！你們所經歷的一切總是會把你們帶向自身進化的更高點！

要知道一切行為（無論是怎樣的行為）都會生成因果業力，即使不在這個世界上應驗，也將會在別處應驗！生命是永恆的，生命不是僅限於六十年、八十年或一百年！與永恆相比，在這個小小的世界上、在你們那小小的身體裡、在物質中活上一百年算得了什麼呢？根本不算什麼！可是你們有時卻那麼的、那麼的看重你們的生命！

當然，你們應該熱愛生命，你們應該尊重生命，但你們也要知道你們是永恆的，你們有永恆的時間去學習、去進化，你們有永恆的時間去在宇宙之愛中學習和成長。

（6）大角星訊息【創造－鑑別最初的起因】

http://suzanneliephd.blogspot.tw/2016/12/identifying-first-cause-by-arcturians.html

摯愛的揚升中的人們，

我們是大角星人群體，在你的『當下』前來協助你們--我們勇敢的揚升中的人類，通過你們一直擴展中的過渡期。

首先，我們邀請你允許你的身體感受因你過度活躍的思維所導致的疲憊。

你們的頭腦是如此活躍，因為它正試圖向更高的光之頻率調整，其中也總是包含著信息。

你的大腦習慣於轉譯成第三維的信號，如果你的意識得到了擴展，便是多維度的資訊。

我們非常高興的提醒你，在當下這一刻，你們之中的許多人正處於轉變你第三/第四維度，空間與時間頭腦的過程，進入你第五次元的，此地和當下的多維度意識。

為了協助你們更好的『經驗』這不斷發生的進程，我們請你：

深深的呼吸...。

現在感受你的第三維度和第五次元精神操作系統在如何協同著一起經歷這次的偉大過渡..。

現在，根植你的覺知在你的『高級心靈』，去重新獲得這內在的智慧，力量與愛，它們就棲身在你的內心..。

非常輕易就可能忘記這在誕生時賦予你的禮物，此時的你處在這不斷發生的轉變進程，走入你更高維度的自我表達。

我們提醒你－你的『心輪』正鼓勵你記錄下這些由你接收的信息。

在你記錄你的體驗之前，如果你感受這信息中的更高頻率，將會很有幫助。

所以，請抽出一點時間放鬆你自己，與你『脊椎』中的光之流動對齊..。

你也許會發現『昆達里尼』在怎樣輕鬆暢快的自你的脊柱抬升..。

幸運的是，你們之中越來越多的人能夠感受這股來自昆達里尼的溫和光能，正更為輕鬆的自你的脊椎向上流動直至你的『心輪』..。

你的『心輪』鼓勵你記錄下由你接收這股光能所獲得的任何信息，如此你的『喉輪』也能協助你聽到並說出來⋯。

就當昆達里尼完全進入你的喉輪，你也許感到一份呼叫--通過你的聲音接通來自你『高我』的信息..。

此刻對你第三，第四和第五脈輪的調和正準備著你面向許多可能的改變，此刻的你能夠感受，為更好理解記錄下來，並與其他人一同分享..。

改變將繼續在你的身體之內發生，也包括你所處的實相，而你昆達里尼的抬升連接了更高之光進入到你的『頂輪』..。

正是『頂輪』與這更高之光連接，它激活了你『多重維度意識』和『第三/第四維度大腦』之間的聯繫。

當你與你的『多重維度意識』連接，你將感到一種呼叫，表達你的『銀河本我』 - 通過藝術，故事和由你被引領分享的信息呈現，這在你穿上你當前的塵世身體之前就已選擇。

幾乎就是『現在』 - 顯化你全新的生活。

那麼你有準備好放手你已習以為常的一些生活方面嗎？

我們聽到你的詢問，『我們需要放手什麼？』

你需要放手的是- 任何行為和行動的因果和出現，它不能與第五次元取得共振。

那麼，為了釋放這『因果』，你將需要去鑑別這些阻止你與第五次元建立共振的想法，情緒和行為。

通過識別出『最初的起因』你得以開始。（註：起心動念）

我們對『最初的起因』的解釋是 - 它創造了這些最初的想法和情緒兩者的捆綁形成了這『最初的觀點』。

為了改變一種行為模式，你必須從引發此種行為的起因開始。

這種觀點便是對那些想法和情緒反應建立的創造，伴隨或從想法的概念升起。

我們並不是單純因為一種想法使用『概念（concept）』這個詞。

我們也在『構思』上使用它，作為構想的能力。

一旦你們的想法和情緒加入到一種『概念』的構想，它們自一種多重維度的面向開始結合與纏繞。

此結合概念的最低頻率所持有的是恐懼和質疑。

相反，此概念的最高頻率持有的是愛與光。

通過你意識的狀態，你設定你創造的頻率，此時的你擁抱了一種概念的構想/誕生。

而當你擁有你的創造，你變化了它進入到一個可能的現實中。

當你考慮，思考，分享，感受以及回想起其他類似的創造--在其中你嘗試過並完成了任務，那麼這連接便會填充帶有情緒的記憶。

這些記憶是尤為強大的顯現，因為『情緒』允許了這些概念與你的肉體混合。

此『與你肉體混合』的階段是非常重要的，因為你的肉體是你存在的基礎，它植入這個概念進入到蓋婭的身體。

這就像如果你希望一棵樹得到充分的成長，你需要在地面栽種；你需要栽種你的概念進入到蓋婭的地球內，為的是允許它得到可能的全面成長。

就在你的概念得到成長的同時，你，作為創造者，也得到了成長。

因為你把你的概念與你的肉身相連，也包括了行星的身體，你--這概念的物理創造者--與你自己的身體深度綁定，也包括了大地的身體，在其中你根植於它。

在這方面，此概念不僅僅在你的塵世身體中被深度綁定，還有蓋婭的地球身體。

因為你的概念得以在蓋婭中被植入，它更深入的進入蓋婭的身體中，搜尋著其他相似的概念。

首先這些概念像孩子一樣的在『玩耍』。

它們了解彼此並分享它們的玩具。

只是，一種『概念』的玩具會是什麼呢？

當然，這些玩具將是這概念的物理顯化。

所以，曾經是一種想法混合著一種情緒轉變進入到一種可能的物理顯化。

而這可能實相的核心正是這最初的概念。

當這『可能』的物質實相被栽種到地球之內，它落地生根。

同樣的，一株植物的根系會在泥土中尋找並連接相似的根系，一種被植入的概念通過大地也在尋找類似的被植入的概念。

這些播種的概念混合其他植入的概念從最初的『根系』中創建『次級部分』被送出去發現更多相似的類型。

可以把這些『根系』更多的看作是你們電腦裡的『搜尋引擎』，在其中信息的『細微部分』在搜尋的同時發現目標，隨即相互連接。

此『相互連接』創建了第二，第三，第四和許多其他可能的概念。

這些可能的概念綁定，整合併成長組建可能的實相。

而這些可能的實相都以這『最初的概念』作為開頭。

你是否能明白你的想法和情緒都有著它們自己的生命力，去創造它們自己的一個實相？

你是否在對這個造物/實相的創造『真實掌控』？

問題就在於，大多數的人類創造者，對於這些『構思的概念』並不知情，或者根本不知道它會成為一個事實。

許多人類對於自己隨意的想法和情緒都有著它們自己的生命力沒有任何概念，更不知道這些想法在成長，在外界搜尋著類似構成的概念並創造出一個實相。
（註：同步性創造實相，以上敘述是在物理層面顯化的過程）

現在你是否能理解－為何你必須成為自己每個想法和情緒的掌控者？

哦！我們聽到你說，『如果這真的發生，它應該只是在細胞的層面』

是的，當然。

不過請記得－所有生命最初都是從一個細胞的層次誕生。

哦！你說道，『這不是問題，在這些概念穿越空間得以彼此連接並成長之前還需要很長時間。』

　　然而，我們大角星人，必須提醒你－蓋婭正不斷擴展超越她第三／第四維度的時空母體，並移動進入她第五次元的此地和當下。

　　在一個第五次元的實相中，沒有什麼需要『時間』來建立，每件事物在此地的當下包含著每種可能。

　　我們在提醒你的是－蓋婭陳舊的 3D/4D 母體正從她的行星母體解除連接，因為它們的共振頻率太低而無法維持與蓋婭迫近的，第五次元行星身體的連接。

　　那些意識受到第三和低級第四維度共振影響和限制的人類，完全不能理解我們到目前為止所分享過的全部信息。

　　事實上，即便我們曾試圖告知他們，他們也無法相信。

　　同樣，他們將不會，甚至都不能聽到我們更高維度的信息，因為他們的意識限定，也因為他們的思維和情緒被限制在了自己一直被教導的恐懼信念裡。

　　我們非常遺憾，如此多的人類曾經被訓練穿上恐懼的外衣，自從亞特蘭提斯崩潰之後就一直如此。

　　我們也非常抱歉的說，那些迷失在恐懼無意識中的人被這個 3D 的母體束縛，它構成蓋婭的 3D 和低級層面 4D 的『頻率網格』，由那些黑暗的實體創造，用來捕獲並控制他們能操縱的任何人、地點、局勢或事物。

　　正如那些受限在恐懼中的人類，這些恐懼的製造者也被限定在這個 3D 母體中，他們為『捕獲其他人』創造。

　　這種情形自從他們迷失在時間與空間的長久歷程中一直運作的很好。

　　也是由於時間的存在，他們能夠創造使人恐懼的局勢在『所有的時間』中發生，而在其中的每個空間裡，他們都能維持控制權。

　　然而，在第五次元的當下和此地，並不存在時間，也沒有空間。

　　所以，在『統治者』和『被統治者』之間也不存在分隔。

　　這些『統治者』也不會在他們『送出』和『返還』之間獲得時間延遲。

因此，在那個確切的當下一刻，黑暗的實體送出自己那可怕的能量場，也瞬間體驗到這實在的恐懼- 由他們送出給其他人的思維返還。

（註：在五次元中，因為沒有時間/空間，所以 能量 會立即返回，所以也沒有了業力）

因為沒有空間存在於那些送出恐懼的人和那些接受恐懼的人之間，這些『送出者』會即刻體驗到這同樣的恐懼，由他們送給其他人的思想。

因為這些過去的恐懼接收者（註：指三／四次元的存有）擴展自身的意識進入到第五次元，他們能立刻識別包裹著恐懼的信息，同時利用『紫羅蘭火焰』把恐懼送入『無條件的愛』進行轉變。

第五次元的『紫羅蘭火焰』與『無條件的愛』能創造一種深度的，連接所有生命的『聯合意識』的感受。

這些迷失的個體是通過『以權力凌駕他人』而活，看不到『聯合意識』的任何好處，因為他們無法認同任何被權力凌駕的人其實與他們是統一的一體。

幸運的是，這些迷失的個體所生的孩子並沒有迷失。

越來越多的下一代更多的興趣是體驗『內在的力量』，這也是與他們年齡相當的其他孩子正經驗的。

事實上，他們並不像自己的父母那樣對『凌駕他人的權力』那樣渴求，因為他們被作為了自己父母和長者們以『權力凌駕他人』的出氣筒。

他們也親眼看到自己的朋友在尋找到『內在的力量』後更多的快樂。

他們甚至留意到這些『以內在力量賦權』的人，他們的下一代體現出非同尋常的迷人魅力。

他們也發現那些已擁抱『內在力量』的人發展出一種能力 - 創造，構思並與他人分享一種類型的顯化，反而是原以為最為有力的權威卻沒有得到確認。

這些迷失個體的子女並不『迷失』，因為他們在其他人的下一代發現了一種深度的夥伴關係，並尋找到共同的目標。

更好的情況是，他們能選擇自己的目標，而不是『站在陰影裡』被其他人以權力凌駕於他們。

幸運的是，這些迷失的個體是如此的『迷失』在以權力凌駕他人的自私感受中，他們根本看不出自己正開始失去對自己孩子的力量控制。

自從這些父母只能在這個 3D 母體的模式中運用力量，他們也無法覺察在行星地球內部和表面正發生的深度轉變。

事實上，他們的傲慢遮蔽了自己的眼睛，甚至都看不到自己孩子正發生的改變，這些孩子正迅速的發展至成年。

與此同時，蓋婭地球的內部深處，第五次元的概念正從一種全新的行星基礎設定，組織與安排柵格的工作，相互連接創建一種內部的基層結構。

基礎的構造，系統和集體服務正從一種細胞的層次被顯化，並且以一種完全不基於時間的方式正顯化中。

同時性的，這些各自分離的統治者們的傲慢，他們用權力控制他人，對於正在發生的改變，讓自己忙碌在自我的掙扎和鬥爭中，他們不能，也不會認同自己對他人權力控制的維持需求，正是他們問題的根源。

所以，他們把製造恐懼作為自己的保留任務，也是以權力控制他人的意義所在。

因為他們如此的忙碌在他們的過去，他們也同時在失去自己的內在力量，包括對他人的力量控制。

以力量控制他人是不可行的。

但，內在力量的聯合意識的成長卻在變得越來越可行。

於是，和以力量控制他人的分離相反，內在的力量是『聯合』（註：合一）。

我們，你們的銀河與星際家人，邀請你與我們聯合，作為你們與蓋婭同時性的聯合。

以這樣的方式，我們將創造一個第五次元的『光之母體』，使得我們發展進入到此地和當下。

（7）談 Energy Cords（能量索）

http://www.yuliyacohen.com/WorkshopPages/cords.html

人際關係影響我們生活所有的層面。父母、孩子、手足及愛人—是我們形成「能量索」的一些人，像胎兒附屬母親一樣，能量索連結我們和另一個人。

當我們一貫地想法上和能量上對準特定的人時，我們開始建立一條能量索，把我們和他們連結起來。任何時候你情緒上地連結某個人，就透過能量索創造連結。你越想那個人，連結越強，而能量索越厚。能量索不僅連結我們和其他人，也連結地方、甚至想法，且連結到身體上的特定脈輪。

不管多遠的距離或你多想忽視能量索，它都會發生，因為我們一直彼此影響。能量交換不是支持我們，就是使我們枯竭、被冒犯、被剝奪能量。這種透過能量索流過的能量、及這種能量交換的方法，決定人際關係是否有幫助、或是具有毀滅性。

「能量吸血鬼」是我們持續失去能量給別的對象，因為他們藉由榨乾其他人的能量維持自己的能量水平。有些人無意識地這麼做，而有些人故意這麼做。

用一般方法砍斷你和其他人的連結，對你和另一個人的能量系統來說會是痛苦而糟糕的。我對能量索的第一次經驗發生在 20 年前，當我只是個初級治療師時。有個將近 50 歲的女性個案抱怨有持續胃痛。她的醫生不能找到造成此症狀的原因。當我進入她的能量系統時，我接收到一個影像，是兩條能量索從她的腹部突出。這兩條能量索的終端被切除並打結。這好像她試圖切斷和某人的關聯，防止她的能量流向那個人。結果是，她的兩個兒子不久前離家去讀大學。他們一直是連結很深的家人，所以當兒子們離家時，她決定要當一個「好」母親，也就是在她心中，放他們走。所以她切斷與兒子們的情感及能量連結，並在終端打結，確保結不會鬆開。

結果，她剩下悲傷感及持續的腹痛（也有情感上的痛）。切斷能量索不能有想要的永久療癒，而是創造了一堆不想要的痛苦感受、感覺、及情緒。另外，你絕不可能真的切斷家人的「血緣」，而不在家族上產生毀滅性的影響。當你能切斷非家人關係時，在大多數例子中，正確方法是釋放關係中不平衡的部分，及保持連結。

能量索的一般症狀

1. 常常想起特定的人、地方或想法

2. 伴隨那些想法有一種失落能量的感覺

3. 在與那個人對話或見面、拜訪那個地方或思考那個想法後，感覺能量被榨乾

4. 無法解決對於那個人、地方 的 想法

女巫：什麼是能量索，能量索指的大都是情緒上的沾附，特殊人際關係的連結。

當你想著某一個人，你們之間就有了看不見的絲線連結，這些絲線較大條的會卡在脈輪

直接吸取能量，大條的都是今生在生活週遭，跟自己有親密關係連結的人，小條的能量索會細細密密麻麻卡在脊椎裡（註：潛意識，DNA 能量印記），不像大條的顯而易見，較難以處理，我們常常說看不見理還亂，指的正是這一種複雜的人際關係，沒錯，能量索指的正是人際關係，肩膀後背也是很容易卡能量索的地方，來自於背後的攻擊讓我們更無法設防。

能量索有沒有可能是來自前世，是的，答案當然有可能，不過不是我們今天所討論的範圍之內，今天討論的是與今生確切有關的關係。

能量索對身體能量工作者而言，有可能指的只是不合諧的能量，或我常常說的濃稠能量沾附，在一節個案之中，只要能將身體的能量場合諧了，讓原本卡住的能量再度恢復暢通，光體再度恢復明亮，就是一節好的放鬆個案。

至於工具就不是那麼重要了，薩滿們可能只是用羽毛或石頭就清除了能量索，靈氣工作者用手來清除，天使療法呼喚天使們來清除，水晶也可以當成是一種工具，女巫是用彩光針灸，為什麼我喜歡以彩光針灸為工具，因為畢竟不是每一個人都對能量敏感，當人們認為你使用了實質上的東西來幫助放鬆，感覺上心理會比較踏實之故。（註：**建議自我療癒，自療才是究竟的療癒**）

無論如何，能量索是屬於情緒上的沾附，情緒方面的問題而引發身體的病症，移除了能量索會好的較快，單純只有情緒上的問題，甚至會因為情緒能量索的移除而馬上見效。

對於已經顯化在身體上的病症，還是要用身體的醫藥來醫，身心靈有不同的醫生及不同的專業人士，切莫因為走入了能量的世界，而忘了我們身處於物質世界之中，仍然需要物質界的專業醫生，來協助我們恢復身體健康。

（8）身體—神的殿堂

https://leileinot.wordpress.com/2016/12/19/%E8%BA%AB%E9%AB%94-%E7%A5%9E%E7%9A%84%E6%AE%BF%E5%A0%82/

使徒保羅在哥林多前書中說："豈不知道你們是神的殿，神的靈住在你們裡頭嗎？"還有，"豈不知你們的身子就是聖靈的殿嗎？這聖靈是從神而來，住在你們裡頭的。"在哥林多後書中，他站出來明白地說，"因為我們是永生神的殿，就如神曾說：'我要在他們中間居住，在他們中間來往'"

THE TRUE TEMPLE OF GOD

SOME PEOPLE BELIEVE THAT A CHURCH IS THE TEMPLE OF GOD

WHILE OTHERS BELIEVE THAT A MOSQUE IS THE TEMPLE OF GOD

BUT THIS IS THE ONLY TRUE TEMPLE WHERE THE SPIRIT OF GOD DWELLS.

　　凱西對宇宙意識 （Universal Consciousness） 的調諧中，他也看到並教導說，我們的身體不僅僅是物理的、也是在這個世界生存的機器。這裡有五個簡短的摘錄：

　　"了解你的身體是真實神的殿；在那裡你可以尋找聯合。在那裡你可以尋求勸告就如你做的選擇，你的方向。"

　　"祂承諾，' 如果你打開你意識的門，你的心，我就會進來並居住。' 這不是神話；也不是風聞。你可以經歷祂。因為這是律法，這是道路，這就是生命本身！"

　　"尋找，你就尋見。不在外面而在裡面。因為在你的殿裡祂應諾見你。"

　　"所有你可以學到的關於天父上帝已經在自己裡。因為你的身體（註：七層精微身體）事實上就是永活的神的殿，而且當你在那裡見到祂的面，你可以得到在你意識中的和祂行走，和祂說話的喜樂，本質上，你可以看到天國就在裡面。"

　　"這是對你，對每個靈魂的一個承諾；但是每個靈魂必須在己內找到答案。真正的意義上，身體就是永活神的殿。那裡祂允諾見你，並且祂必定見你。當你的身體，意識，靈魂都調諧到那樣神聖時，答案就在裡面，所以你可以很快知道祂的目的；而且你可以經歷試煉來達到目的。"

身體結構的秘密

身體的有些系統既可以有物理的活動，也可以有靈性活動的。例如，七個主要內分泌腺產生荷爾蒙，通過血液使身體最優地運行，但同時它們也是靈性中心或者叫脈輪— 可以影響和改變我們的震動和意識水平。中樞神經系統對我們三維空間的生活非常重要，同時又是昆達里尼的運行途徑 — 讓我們提升震動並感知超三維空間。

大多數此類知識存在於世界各種古老的文化的神聖或教導中。例如，水星之神（ 也就是希臘的 Hermes 、埃及人的月神 Thoth 、希伯來的以諾，凱西資料認可他就是 " 道成肉身 " ） 的雙蛇手杖（caduceus） 變成當今醫者的標記。但很少人真正理解其含義。這其實是身體治療的極好的象徵符號，但同時它也含有靈性的意義 — 與神的信使水星一起飛翔，進入天堂。

在一些遠古的教派中，有一個非常重要但經常被遺忘的關於身體生命之力的教導。生命之力是圍繞身體內上下流動的，那麼人就完整地感受和駐足這個世界；**而當生命之力進出身體時，他就可以有超物質界的感知— 有意識到天堂的所在。如果兩種運動同時存在，那麼整合發生，他就會完整 — 同時有人性和神性。凱西等資料教導了通過呼吸的使用來達成。**

凱西解讀肯定了這種能量的流動，並鼓勵我們探索內心的神殿，以升起生命之力去靠近神、接受神的指導和安慰，最終地與神合一。在此過程中，我們將光和愛傳遞給這個世界、給我們的生活和周圍的人們。這是此生最主要的課程：完全地知曉和熱愛神（註：源頭），傳遞光和愛。進入神殿、升起能量、激活靈性中心、與神合一，並不是活出靈性生命的必要條件。但是，如果想經歷神的整體意識和永恆生命，就必須身體的震動和經歷更高層次的意識。摩西如果沒有給七個女子澆水和從沙漠地提升巨蛇— 象徵著七個靈性中心和升起的昆達里尼能量，他就無法上山面見上帝。

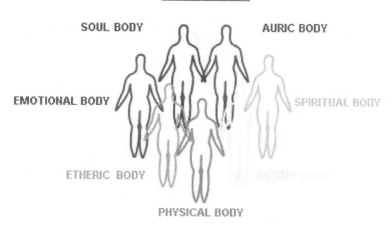

THE 7 BODIES

讓我們來探索身體的秘密結構和在我們內心的發現上帝的技巧，來向我們的生活中傳遞光和愛。

身體的靈性中心和生命動力

靈性中心的概念可以在許多古代藝術中發現踪跡，從埃及藝術裡的人的頭像到經典亞洲的藝術裡的第三隻眼（ 有時這隻眼睛甚至長在手心 ）。

現知道第一個提及靈性結構、能量中心和流經的途徑的是公元前 300 年 Patanjali 的《瑜伽經》。他展示了六個中心和頭頂部位的完全的光明。這些中由兩種方式描述：作為脈輪（ 就是轉動的輪 ） 和蓮花。因此，靈性中心包括在他們激活後而產生的能量旋渦 （ 轉動的脈輪 ） 和領悟後的成長結果 （ 開放的蓮花 ）。

凱西將這些中心與身上的腺體系統相聯繫。他也提及過十二個中心，但這裡的七個尤其重要。無論我們在經典的書籍裡讀到七個人、七個地點、七件物體，都有七個靈性中心的隱含意義。凱西最著名的例子來自對聖經啟示錄的解釋。他將七個教堂、封印、燈頭與淨化和開啟每位尋求者體內的七個靈性中心聯繫起來。休林凱西則將白雪公主和七個矮人的故事靈性化。

Patanjali 也指出了身體內的三個路徑。其中兩條相互交織的雙股螺旋分別是左脈（IDA）和右脈 （PINGALA），經常被描述為雙絞的蛇 （ 如雙蛇纏繞的魔杖 CADUCEUS ）。第三條是單獨的路徑 — 中脈 （SUSHUMNA），起始於尾骨部位，向上貫穿身體至顱頂。這些路徑與身體的兩套神經系統交融：中脈之於中樞神經系統、以及脊椎和腦部；左脈和右脈走自律神經系統，始於身體下部，交織上升至腦部。這三個路徑一體運行，能量通過他們一起流動。

沿著路徑的腺體有：生殖腺、萊迪細胞、腎上腺、胸腺、甲狀腺、松果腺和腦下垂腺。對應於脈輪是根輪、臍輪、太陽神經叢、心輪、喉輪、冠輪和眉輪。許多當代書籍和老師將冠輪（註：頂輪）列為第七，而眉輪（眉心輪）為第六，但凱西以及一些經典的教導不是這樣的。例如，古印度教的路徑被描述成處於攻擊位置的蛇，而不是直線；許多埃及和瑪雅藝術裡也有張開翼準備攻擊的蛇的形像。在希伯來和基督教的神秘傳統裡，變成了牧羊人的蛇杖。能量流經的途徑好似一個問號（?），不是驚嘆號 （!）。凱西說它升至大腦基部，然後進入大腦中心和頂部，最後進入前額，第三眼。

凱西指出臍輪和冠輪之間有強力的吸引了。頂輪永遠是準備好放光和提升的，但是個體必須開啟臍輪的中心，使提升得以開始。他稱臍輪的中心為 " 合上的門 "，而頂輪為 " 開啟的門 "。一些東方的古籍將他們稱為 " 下關 " 和 " 玉關 "。將它們再連接是在我們內心連接聖靈的關鍵。凱西這麼講：

" 源自能量中心或來登腺的能量流，升至頭部的中心和前部。不要害怕，但要讓能量均衡。 "

" 只要來登中心開啟和從那裡的生命之氣升至松果腺，另類視力，或者叫第三眼的超感覺現象就會出現。 "

" 我們發現來登腺開啟了，這樣生命之力沿著脊椎經過各個中心 — 由身體的心智和靈性力量的態度和活動而打開。 "

" 迷失於鮮活上帝的手中確實是讓人驚心。然而，那些深愛主的來臨的人們、那些在清涼的傍晚走在祂的覺察之影中的人們，會覺醒於偉大的真理…"

這危險嗎？是的。但我們總是在面對這些。凱西指出過：" 你自我是自己的最多大弱點，同時也是你最大力量所在。 " 如果我們尋求完全的上帝的意識，與神合一，那麼我們必須要通過控制自主的、自我朝向的慾望，著手於純潔、提升、活出神的愛和光。" 隨著將自我開放於 （ 靈性 ） 振動和傳播，**你會為肉體慾望所探試 — 是的，為無常之靈所探試。要緊盯那光 — 你與祂同在的保證。**"

在將我們沉浸於 " 完成神的意旨 " 的理想中後，凱西讓我們將身體調整好：正確的吸收需要的營養以維持高水平的生命；排除滯留在身體系統裡的廢物和渣滓。他也講到身體鍛練，簡單的如晚飯後走幾里路，或者接受按摩和調整，使得體液和能量順暢流經整個身體。他特別提到沿著脊椎的三個點，這三個點的功用是 " 靈性力量通過生命之力散播至身體的七個中心。 " 它們是：第三頸椎、第九胸椎、第四腰椎。這些部位需要保持柔軟、開放和流暢。按摩、調整和每天練習非常有益。

身體狀況非常重要，以至於有時候凱西建議在健康狀況未改善前，不要練習打坐冥想。（註：以免意識出偏）

在進入聖殿與神見面前有許多準備活動要完成。我們每個人要研究和學習自己的情況，發現適合自己的方法。

在內尋找！你一定尋見。

突破至完全意識狀態，不僅僅是一種可能性，這更是我們的最終命運。即使耶穌也教導過，他能做到的所有奇蹟，我們也將能做到，甚至比他做的更好，更多。事實上，聖經預言警告說，歷經千年，黃金時代將要開始，這是一個一切邪惡重新讓位於光明統治的時代，在這個時代到來前的最後的日子裡，甚至不純淨的人也能創造奇蹟。

然而，這一點並不奇怪，我們要努力面對的最大困難，是我們將從一個困在物質現實裡面的唯物時代，快速進入一個靈性能力影響的時代。

根據瑪雅（阿茲特克）日曆，我們生活在一個變化期，這是一個有很多爭鬥的變化期。幸運的是，變化期過後，隨之而來的是，靈性時代的到來。在靈性時代，很多人將獲得生命之力，並且與這種力量和諧合作，為所有人帶來美好生活。在遠古時代，我們曾經擁有這一能力，但隨著我們漸漸的沉陷於身體意識，我們遺失了這一能力。

例如，讓我們以亞特蘭提斯時代的一種典型的靈魂能力或稱心靈能力為考查，亞特蘭提斯曾經如此先進而又如此自然。當凱西被要求描述亞特蘭提斯的靈魂能力時，他說："這幾乎是不可能（用語言描述），因為描述出來的說法是不切實際的。這是用來描述，像與振動相關的多層次顏色，減至第十一或第 n 度。然而，從可被看見的事實上得出，靈性能力是經常被誤會的。因為它是屬於心智或靈魂的，曾經是此個體的實際經驗。當我們還處在經由我們所能看到，或觸摸，或感覺，或品嚐，而帶來的理解的時代，或說物質時代，我們就必須在這個世界運用它，才能用這裡的語言進行比較表達。"

今天，物質世界與我們有太多的關聯。精微的，高尚的靈魂受到身體顯意識的生活經驗的限制，想像，直覺和微妙的感情，不作為事實和具體的真實概念來對待。

在關於亞特蘭提斯的靈魂能力的解讀中，凱西試圖幫助我們了解這靈異能力是心智和靈魂的感官系統，曾經是亞特蘭提斯人日常生活的自然組成部分。身體的感覺對靈魂來說是非主要的。**在心裡的 "知道" ，無需任何 "知道" 的來源，讓我們明白不要僅僅局限於肉眼這一途徑。**

我們如何重獲這一高級靈魂能力？凱西給出了答案，很簡單：用心智。在另一個有關亞特蘭提斯的特異能力的解讀中，凱西解釋說：，在遠古時期，人們更多的是 "思想體" ，而不是具有個性和五官感覺的身體。靈魂逐步把他們的心智和靈魂投射到 "不斷演變的物質世界裡。" 他們的（也就是我們的）心智，逐漸被培養成了可以通過身體去感知物質界，進而變得只通過五官感受接受信息。最終，我們變得只有物質化的思想。因此，獲得靈魂能力的方法不得不是：通過對心智能力再訓練去接受物理感受以外的信息。從凱西資料來看，這訓練開始於想像或 "想像的力量" 。

在這個物質時代，想像力被看作是好玩的，卻不真實的。它是培養創造力所需的能力，可以用來逃離現實生活又不會迷失在其中的一種思想狀態。現在，凱西從宇宙系統的平衡觀出發，希望我們不要失去心智的平衡，所以他謹慎的給出了一些呼籲。但是為了區別凱西的呼籲與現代思想，凱西謹慎的保持平衡建議是要求我們正常使用物理意識和理性，但把它當作管道去培養想像的力量。與之相對比的是，我們常常會讓物理身體和顯意識占主導地位。

重要的是，要一定認識到，凱西認為想像力是通往靈異意識的必要橋樑。我們已經變得過於物質化、身體化了。而我們要重獲靈魂精微的意識，我們必須先去想像靈魂意識一段時間。根據凱西之言，這是因為靈魂意識在我們的物質身體裡幾乎是處於死亡狀態的！我們已經變得如此物質化，以至於我們的靈魂意識被隔絕、閒置、不再活躍，沒有了生命。

殺死靈魂意識的過程就是被我們稱為“成長”的過程。當一個孩子成長為一個現代物質社會正常的成年人，他（她）必須在成長的過程中拋棄他（她）兒時的想像生活。如按照這種標準，則凱西不是一個正常的成年人。他看到身體光環，天空中的戰車，在他的講演中的鬼魂來訪，聽到其他靈魂的聲音，並且他確切的知道，其他人在做什麼，想什麼，彷彿那些人就在他的面前。

以現代分析來說，他是個瘋子。然而，這就是為什麼凱西能夠準確的描述遠古時代的**每個亞特蘭提斯人，因為他們的靈魂意識超越了連接五官感受的身體顯意識，知道靈魂能力來自於他們的心智，他們的內在意識。**

凱西解讀確切的支持這樣的事實：那就是在現代社會，一個兒童要比一個成年人有更多的靈異能力。嬰兒的推理和嬰兒的夢從哪裡來的？是從嬰兒已有的？還是來自於嬰兒近來接受的？“那些經常被說的，是真實的，嬰兒的微笑是’夢中的天使’。跟那些緊密接觸─就是製造夢境的那些。正是那些親密接觸讓嬰兒得到餵養！”我們給自己餵給太多的外在物質世界的物質性了，我們內心的孩子需要我們內在世界的實相來餵養。我們需要重新探索這個層面，這個來自內在的鼓勵和見識的領域。

當然，凱西建議我們通過發展一種與夢相關的積極的生活，安排好時間進入深度冥想，在每日生活中“觀察小我演戲”。這些不一樣的生活方式，喚醒我們的非物質身體意識。這部分內在意識會對一些重要的事情、家庭關係、決策，有客觀的觀點。隨著我們持續下去，我們的另類方法開始用洞察力來幫助我們外在的生活。一個討論，會涉及我們的身體意識及其感情，而另類方式能從內在心智中產生想像的景象，諸如夢境，在潛意識得作用下，而非身體顯意識的作用下，給出象徵性的透視景象。

在生活中，我們應用心智和洞察力（註：心腦合一），激勵宇宙原創力進入以身體顯意識作為的渠道。我們成長在“知曉”中，可以超越身體顯意識，可以超越物質層面。

最終，這個世界將向這樣的方向發展：為了讓我們領悟確切存在的次元意識，是我們的一部分。越來越多的科學，會證明超越物質的存在，超越物質的真實性。這需要我們的想像動力去理解和將之融於我們的覺知中。

在未來，人們會再次像亞特蘭提斯人那樣：完全靈性化。

靈性突破是與獲取上帝意識相關聯的。凱西在解讀中這樣表述這一目標：人的意識可以是這樣一如意識自己那樣意識到上帝之同在。想像我們可以與神面對面，就像面對我們自己一這就是靈性突破的關鍵。

早期的宗教裡面有許多虔誠的探索者，熱愛神性意識並可以完全保持與上帝的完美調諧。總的說來，從現在的角度來看，這些探索大都是神秘的。在希伯來民族，這些教導變成卡巴拉（Kaballah）教義；而在基督教裡則是秘傳基督教和早期的諾斯底教義；蘇菲（Sufis）教義則是穆斯林的秘傳。當然在中國的道教、藏傳佛教和其他經典中也可以覓得蛛絲馬跡。

從各大分支教導中我們都可以發現一神的基本原則和普世手足的教義。用基督教的語言來概括就是：

1，全身心地愛神；

2，愛人如己

在凱西資料中上帝意識的探索者有更為廣泛的範圍，他們可以是來自不同的國家、說著不同的言語、有著不同的背景：

"所有人都應該明白這一含義：所有真理探索者們都是以色列人。不要只認為是那些來自亞伯拉罕的後代！…實際上，亞伯拉罕意指上帝的召喚，而以色列就是真理的探索者。還記得雅各（Jacob）是怎樣改名為以色列的麼？…他與天使摔跤，面對面去尋找上主之路。如是，我們每個人均被召喚去探索神一我們都是以色列人！"

凱西資料中引用大量的聖經經典來告訴我們：聖經故事是我們自己的故事，是自己的靈性發展之路，讓我們對聖經中所包含的神性意識有更為深刻的洞察。這包含了兩個方面：

第一，聖經雖然是一個特定民族的歷史記錄，但同時也是每一個靈魂行程的象徵性見證。以色列民族的經歷是每個想要獲取靈性領悟和永恆生命的靈魂的外相體現。所有我們應該像閱讀給予自己信息那樣來閱讀聖經故事，印證我們的經歷、前瞻我們的未來。這是我們的全息記錄，也是我們切實的經歷。因為，作為靈魂，我們從開始就存在。

正如耶穌說的，"在亞伯拉罕之前，我存在。"凱西資料這麼說：

"當上帝之子們一起進入物質界，一個為人類靈魂的回歸之路打開了，因為他們同樣是上帝的造物。此個體就在其中。"

"在起初，…當晨星一起歡唱，風兒悄悄地傳遞著人類來臨的信息…人類成為活著的靈魂—此個體以亦在其中。"

"在太初，神曰，' 讓這裡有光。' 你就是光之一點，擁有創造的特質和所有神的知識。"

第二，聖經不僅包含了物理記錄，還隱含著內心生命的各個階段，使得每一個人都可以覺醒於：神的國度就在你的內心（路加福音 17：21）。當我們讀到聖經描述的一個事件時，請注意，這或許在與我們的靈性突破進程有關。就好像它們都是我們夢中的符號，需要正確的破譯出來。

有了這兩點—將聖經故事個人化和當作內心靈性進程，我們來看看非常有益於靈性突破的一些聖經名詞和事件。

集合性—上帝的特質之一

在太初，神於空無中創造了天地—全息、集合的上帝的表達。創世紀中這樣記載，"讓我們按照我們的形象來造人。"這裡的上帝並不是一個超然的個體（註：是集体意識），而是一切與自身內的創造。我們就是神的組成部分。當然，不是全部。

凱西資料這樣講述，" …不僅要知道神是神，而且自己是那太一的一個部分"。

耶穌這樣對腓力解釋，"腓力，我與你們同在這樣長久，你還不認識我麼？人看見了我，就是看見了父；你怎麼說將父顯給我們看呢？我在父裡面，父在我裡面，你不信麼？我對你們所說的話，不是憑著自己說的，乃是住在我裡面的父做他自己的事。你們當信我，我在父裡面，父在我裡面"（約翰福音 14：8-11）耶穌無法將天父與他自己分開。我們和上帝是同一的。

顯然，我們沒有完全意識到這些。舊約中記載我們失落了直接與神同在的和諧伊甸園，離開了與神的意識的直接交流。

聖靈（Holy Spirit）—神的又一個化身

在希伯來文中，Spirit 是 Ruwach，意指風。這是一個具有詩意的表達形式，因為風是無形的。只有在你看到飄舞的樹葉時，你才知道風來了。風來了嗎？離開了嗎？如來如去吧。耶穌在夜間對尼可底母斯說，"風隨著意思吹，你聽見風的響聲，卻不曉得從哪裡來，往哪裡去；凡從聖靈生的，也是如此。"（約翰福音3：8）

耶穌的在井邊對一位女子說，"上帝是靈，敬拜他的人要在靈裡敬拜。"（約翰福音4：24）那偉大的太一聖靈包含了我們全體，因此真正的崇拜或者調諧只有在我們"變換"到靈性狀態，而不是在充滿了物質和想法的意識狀態中。聖徒約翰在啟示錄一開始就這麼說，"主之日，我在聖靈中…"（啟示錄 1：10）凱西資料也強調這一原則：**"人類被創造出的樣子是靈性體，因為你的締造者是聖靈。"**

神之聖靈帶來了兩個禮物：生命和智慧。在約伯記裡，以利戶說道，"上帝之靈締造了我。"（約伯記 33：4）神之靈賦予萬物以生命，包括礦物、植物和動物。哪裡有聖靈，哪裡就有生命。

"正是由於人們內心的聖靈—那全能的神聖呼吸，使得人們有了領悟。"以利戶也這樣說。埃及的法老在看到約瑟夫的智慧後對他的幕僚們說，"像這樣的人，有神的靈在他裡頭，我們豈能找得著呢？法老對約瑟說，神既將這事都指示你，可見沒有人像你這樣有聰明有智慧。"（創世紀 41：38-39）耶穌在十架前教導說，他走後，聖靈將來，**"教導你們一切，並將一切帶入你的記憶…"**（約翰福音 16：13）有聖靈的地方，就有智慧。

靈和靈魂

我們經常混淆靈和靈魂，因為他們有太多相同的特質。如果把靈比作風的話，靈魂就是呼吸。靈像風一樣來去自由，是普遍性的，而靈魂則是像呼吸一樣個人化和可局限的。雖然它們都是氣體的流動，但吸入一個人鼻孔的氣體就成為個體的呼吸。創世紀中，上帝在按照聖靈的形象創造出亞當後，又吹入呼吸，使得亞當變成一個活的靈魂。聖靈是風，靈魂是息；一個普遍性，一個具體化。凱西解讀說，靈是生命之力，而靈魂是一個個獨特的個體，是每個個體利用生命之禮物所作為的總匯。

聖靈是亙古不變、超越時空的；而靈魂是需要發展演化的。靈魂成長、學習，然後成為上帝的友伴。集合性的聖靈是永恆的生命和智慧。聖徒約翰報告說他與聖靈調諧後，獲得啟示信息的。這種調諧對我們的靈性突破非常重要。

當我們進入地球層面，肉體被加入進來。肉體有時成為讓我們遠離神的最大動力。"我的靈不會一直與人們同在，因為其肉體"（創世紀6：3）上帝不是物質，而是靈。要認識上帝，必須突破至靈性層面。而當那一天到來的時刻，確實令人恐懼，因為非靈性話的肉體無立足之地。那些沒有認識帶自己神性部分的人們必然因著他們的肉體而極度痛苦。正如耶穌對他的門徒說的，"抽泣和切齒"（馬太福音24：51）

人類的開始

在太初，神按照自己的形象造人，"神說，我們要照著我們的形像、按照我們的樣式造人…神就照著自己的形像造人，乃是照著他的形像造男女。"（創世紀1：26-27）。在希伯來文中"亞當"意指人們或人類，或不一定的某個人。同時也必須知道的是，亞當是男女一體的，意識和非意識同一的。而注意到當聖經裡面的上帝（God，第一章）變成了主上帝（Lord God，第二章），然後又成為了（Lord，第四章），我們可以認識到我們的意識是如何從神性意識慢慢地降低到自我意識；從純粹的靈，到靈性化的肉體，又到完全與靈性隔離的肉體—我們今天的樣子。讓神的意識因著層層分離，只保留在古老的儀式、殘缺的夢境和罩滿灰塵的古籍當中。

對聖經中亞當的理解應該是族群的概念，代表著符合聖靈意願的人類的開始。並不代表靈魂在亞當一簇之前沒有經歷地球的三維空間。在凱西解讀中，亞當之前就有靈魂的思想體表現形式，而這亞當一簇確確實實是在五個地方、五種顏色、五種民族同時出現的，代表著對"眼耳鼻舌身"五官感覺的征服。

需要注意到，在創世紀中的描述的創造存在於上帝的無限意識之中的。在進入肉體之前，這是我們當然的家。正如耶穌的回家浪子的寓言中說的，父親自然地給回家的兒子帶上繼承人的戒指。而在太初，每個人都存在著。耶穌祈禱說，"父啊，現在求你使我同你享榮耀，就是未有世界以先，我同你所有的榮耀。"（約翰福音17：5）正是那一個層面耶穌提醒我們，"在天父的家裡有許多住處…我在哪裡，叫你們也在哪裡。我往哪裡去，你們知道；那條路，你們也知道。"

（約翰福音14：2-4）聖徒托馬斯替我們問了這個問題，"老大，我們不知道你去哪裡，我們怎麼知道路在哪裡？"但我們確實知道那條路，因為它存在於我們的本性之中，是我們的的天然品質。每個人都是天生的王子，需要繼承天父的國度的，只有我們知道自己的真實身份和原本無缺的天性。

分離和墮落

在開始，我們以靈性體、按照神的樣式被創造出來的，包含了聖靈（神）、個體（靈魂）和自由意志。成為神的友伴的必要條件是自由意志確認，沒有這個，每一個靈魂都會是自動體、機器人而已。而對無限宇宙的探索、認識和創造，讓一部分靈魂漸漸的增加了自我意識，開始與神的意識有了分離。直至有靈魂混跡三維空間進入肉體，肉身亞當的創造成為必然。

儘管在伊甸園中我們光著屁股，但我們的意識並沒有絕對羞愧，主上帝也沒有譴責我們。這種情況一直延續到善惡智慧之樹的果子。**聖經中的蛇起碼包含兩層意思：生命之力（氣、昆達里尼）和小我。**

小我，這個我們自己創造出來的東東，是我們認為可以在神之外的傑作。蛇對夏娃說，這個漂亮的果子，你吃了不一定會死。可以神的律法卻是：吃了一定會死的。於是我們吃了，於是我們感到羞愧、不敢面對無限的神了，於是完全地肉體化，於是失去維繫生命之靈性影響力、失去了和諧的伊甸園。我們確實死去，凱西解讀說，我們經歷過一種靈性的死亡（281-33）——種遠離靈性影響力的過程。

當然這條蛇與我們一起從伊甸園和和諧和恩典中墮落下來，並在我們的持續餵養下，成為啟示錄中的巨蛇，要吃掉我們即將誕生的基督意識的新生兒。

小我的形成是自我中心的結果。但個體化的自我卻是成為神的友伴的必須。凱西資料說：**"你需要知道自己是完全的自己，而同時是與天父同一。"** 因此，儘管發展自我意識是危險的，但卻是一條很好的認識我們靈性角色的途徑。

"你必須控制它（小我意識）、征服它。否則罪就伏在你的意識之門口。" 耶和華警告著該隱 " 我是我兄弟的守護者嗎？" 該隱困惑地喊道。對這個問題，耶穌堅定地答道，要照顧好我的羊。無私的服務之道由此展開。

重獲神性意識的要點

1. 靈性重生

聖經記載的神的稱謂的改變和拒絕我們接觸生命之樹，都是在暗指我們的神性意識的丟失。我們唯一意識到的就是我們的會腐爛的身體、我們的單一性別、我們與他人和世界的孤立。**如果要再獲神性意識，這就必須改變！**

耶穌說，"我實實在在地告訴你，人若不重生，就不能見神的國。"（約翰福音 3：3）我們生來就是肉體，是"人的子女"，但我們必須與靈裡重生，從而成為"神的兒女"。在耶穌的逾越節晚餐和約翰的啟示錄中，都使用了待產女子的象徵：我們每個人內心的女神部分將會充滿痛苦地生產一個嬰兒，一個神的孩子，這樣我們就會重獲曾經遺失的，直接與神交流

2. 倒轉生命之力的流向

我們的昆達里尼能量支持著生命的物理體現。在目前大多數情況下從脊椎往下進入物質界，讓身體得到愉悅。這就是失落了伊甸園的蛇的墮落。

我們再次聽聽耶穌的講述："沒有人升入天堂不是先從天堂跌落下來的，包括人之子摩西在曠野怎樣舉蛇，人子也必照樣舉起來。叫一切信他的都得永生（約翰福音 3：13-15）"

摩西，離開了象徵物質化的埃及和法老（小我），進入荒野。偶遇一眼泉水和無法取水的七個女子，他驅逐了障礙後，將像徵靈性的泉水分給象徵身體裡七個脈輪的七個女子，並與老大結婚，然後得以面見上帝。在民數記 21：8 中，摩西按照神的旨意，升起蟒蛇，讓生病的人立即痊癒。

如果我們希望升入天堂、再獲神之子女的一切，我們就必須升起生命之力（昆達里尼），使得我們再獲這個世界存在之前的榮耀，永恆地與神同在。

3. 是我們自己在阻礙提升

我們的意識知道自己做了些什麼。罪惡感、自我譴責、自我懷疑使得我們無法進入全知之神的境界。在耶穌的回頭浪子的比喻中，那個喪失了所有父親財產的孩子，總想自己掙回一切，因羞愧而不敢回家。這在約伯記和撒迦利亞書中，有非常清楚的描述。撒旦，這個自我譴責的象徵，一直在跟隨著我們，一直在我們的意識之中。這個譴責者在啟示錄中有明確的描述。

凱西資料說，啟示錄不僅僅是一部預言書，更是我們提升至神性意識的路線圖，"啟示錄是關於我們自身意識的描述…" 我們必須將這種自我懷疑、自我譴責的影響力驅逐出我們的意識，使得我們內心天國的聖母，安全地生產我們的靈性嬰孩。

4. 對十架的再認識

十架之刑並不僅僅是洗罪的象徵。從復活的角度來看，它有更深的含義。我們來回顧一下整個過程。

在最後的晚餐上有掰餅和分酒的儀式— 這在所有基督教教堂被嚴格地執行著— 象徵著肉體和血液的脫落和分離。夜晚臨近了，耶穌感覺到悲哀：“我的靈魂無法平靜，因為我的期限已經來到了。（約翰福音 12 ：27-28 ）”在隨後的花園祈禱裡，他又軟弱起來，“我心裡甚是憂傷，幾乎要死；… 父啊！在你凡事都能；求你將這杯撤去。然而，不要從我的意志，只要從你的意志。（馬可福音 14 ：34-36 ）

這就是外部軟弱的肉體在從自我中心向以神為中心的巨變過程的見證。我們的物理的、外在的、屬地的部分不會繼承天國的身份，是我們神性的、內在的和聖靈的部 分重新歸位主導。古老的血祭儀式傳遞著不變的信息：將肉體讓位於靈性。肉體堅固的打破是為恢復靈性自我的必要步驟。

肉體自我在十架上痛苦地呼喊：“為什麼 你離棄我？”（馬太福音 27 ：46 ）但靈性自我的直接回答是：“在你的手中，我託付我的靈魂。”（路加福音 23 ：46 ）— 為靈性生命付出了肉體的生命。然後就是我們熟知的進入墳墓— 死亡的象徵，藉由聖靈的力量，我們復活。只有在這樣的過程中我們才恢復本性：是使用肉身的靈性體，而不是僅僅有靈性特徵的物理動物。

在啟示錄中，這樣的重生被描述成一個“全新的天和地”，象徵著全新的思想和身體。一度失落的和諧的伊甸園，重新建立起來，生命之樹、生命之水對我們再也沒有取用的限制了。

埃及的大金字塔裡的空棺材和聖經中女子探訪耶穌的空墳，都在向我們暗示：沒有死亡—當靈性恢復主導地位之時。分離的得到融合；失去的被找到；死去的有了重生— 這就是靈性突破！

你在尋求進入天父的榮耀之處嗎？這樣願意，生命之水自由地供給… 如果你接受，血將清洗所有的不義。要知道：犧牲小我方才得救；將舊我置放於上主之中，方才得救。那些願意遵從的，來吧！

意識層次的討論

在探討靈性突破中有兩個重要的基本概念必須明確：

第一，我們是靈性存在體，有在物理空間臨時的顯現。而物理身體是一種靈性的生物載體，包含了物質和靈性雙面的元素。因此，身體是可以用來整合的工具。凱西資料提及到，靈魂透過自律神經系統（Autonomic Nervous System），而藉由物質生活積累起來的個性（Personality）從透過中央神經系統（Central Nervous System）來展示。通過兩套系統的正確運用，人們可以踏上從外在和個性意識至內在普遍意識之路。

第二，心智或意識可以分為三個部分。這些部分應該整合為和諧、沒有衝突的整體—我們真實的自己。經由整合意識之路，我們會意識到其他空間層面的自己，會如靈性存在體那樣生活，而不是僅僅的物理存在。

靈性突破的重點在於：

A） 闖過意識層次的帷幕：從物理層面到靈魂層面，進而進入靈性層面。需要重新整合這些層面，讓真實的部分佔據主要地位，而不是投影虛幻的部分。

B） 實踐整合的生活之道：與整體和宇宙意識的整合和同一的結果，應該在我們的物理意識的生活中活出來，並接受檢驗。我們必須活出我們相信和領悟的一切。

意識路線圖

每一個意識層次都包含三個部分：１）一個身體；２）一個心智；３）一種存在。這樣凱西的意識路線圖可以歸納成為這樣的表格：

	身體	心智	存在
靈性層面	靈	超意識	神性
靈魂層面	靈魂	潛意識	本性
物理層面	肉體	顯意識	個性

我們都很熟悉這個層面的自己：A ）一個看得見摸得著的身體；B） 可以推理分析信息的意識；C） 個人特性。這些部分組成了在地球層面每個人每天的我們自己。

注意的是，在這個層面的身體，我們只包括了這樣神經系統的相關器官，脊椎、神經、肌肉骨架、部分的頭腦和眼耳鼻舌身的五種感覺。這些都是在意識控制下的身體功能和個性裡面的慾望和反應。

意識思想發展出個性，就是個人面具。我們中的一部分與遺傳、環境和社會有關。父母、生活環境和身體的動態反應在塑造我們的個性過程中起著極大地作用。儘管如此，即使是雙胞胎，每一個小孩與其他人都不一樣。靈魂的本性的影響力在這裡起了作用。

個性、顯意識和物理身體對於每一個人來說都是嶄新的開始和慢慢發展的。他們從沒有在這個世上出現過。他們來自有這個地區層面，也將回歸這裡。而靈魂卻經常在此間出沒，並在物理身體消失後繼續存在。**前世的記憶不是在個性當中的，而是屬於本性，屬於靈魂的。**

第２１課　頻率，基督能量，Plasma 宇宙能甘斯，小我意識，光體，結束契約制度全新的生活

1. 天堂頻率

https://wintervolleyconsulting.com/2016/08/22/%E9%A0%BB%E7%8E%87%E5%89%B5%E9%80%A0%E4%BA%86%E5%AF%A6%E7%9B%B8%E7%9A%84%E8%87%AA%E7%84%B6%E4%B8%80%E5%80%8B%E4%BD%A0%E5%89%B5%E9%80%A0%E5%87%BA%E4%BE%86%E7%9A%84%E4%B8%96%E7%95%8C/

Home Frequency 為「活出你最高頻率的生命」。一切都是頻率，頻率創造了實相的自然（Nature of Reality），一個你創造出來的世界！天命是「自然走進去的」，當你的頻率與本源（Home Frequency）和諧共振，那即是你的生命的拼圖。當你連結並與你的 Home Frequency 共振時，就成為你的「實相的自然 （Nature of Reality）」，「你的最高頻率即是你的實相的自然」。

「實相的自然」取代了「幻相」之說；超越了佛學（不易墮入空相）；超越了新時代的「意識創造了實相的世界」之說；既不墮入「幻相」，也不掉入「實相」。「實相」與「幻相」是兩極性的概念。概念是沒有任何意義的，除非你能經驗到它，並成為你生命的一部份，最高的頻率引導你如何去體驗生命的各種層面，及最終極的實相，亦即「你是祂、是本源、是愛、是一、是一切」的真實面貌。

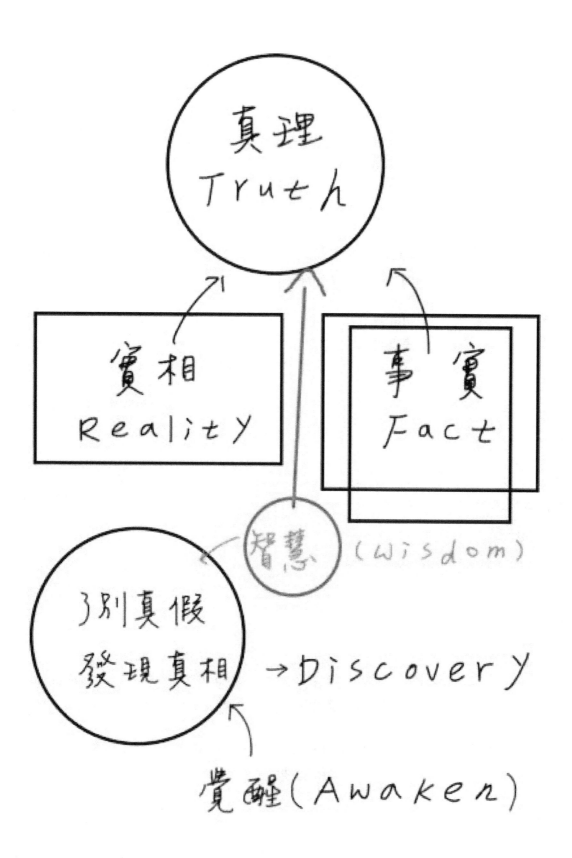

◆ 什麼是天命：活出高頻率

天命是你最高頻率的人生，在其中你發現你的無限才能，做你最熱愛的事情。藉著天命，你經驗到和諧的能量流、完美的時機掌握，以及合一如何為你供應所需、指導你採取每一步驟。問題變成是來自你靈魂的訊息，而問題解決變成只是「享受生活」。你了解人生正圓滿地運行，帶來你所需要的人事物，也了解試圖控制未來是在浪費時間。你越成為你的靈魂，你的人生就越成為天命。你會很快了解，所有的問題隱含目的是要改正誤解，釐清你的觀點，並點亮你的光，讓你活出天命。天命是你漸漸走進去的，藉由面對一連串很平常的問題，並逐一把他們從阻礙物轉化為機會和指引，而下列為轉化問題的方法：

1. 重新陳述問題，把問題看成是有幫助的：如此，可以消除因抗拒而引起的壓力；再者，進入「內在」來看待問題，而不是物質面、情緒面和心智面的作用。

2. 你的問題其實是一個提問：不要使你的問題成為一個靜態陳述，那會固定在一個你不喜歡的事實。例如：「工作就是這樣，我也沒信心能找到更好的工作」；反而要把它轉變成一個更多的提問，以引出洞見，來了解你的「內在」正試圖為你促成經驗。

3. 先在想像中，從內在解決這個問題：進入那個狀態，覺察是否有和諧地展現自己，強求就顯示出沒有跟生命之流和諧一致；信任你的印象，身體不會說謊。

4. 一旦擁有問題所指向的內在經驗，外部物質問題就可以迅速解決：你的內在或稱作你的靈魂，想要你擁有這個經驗，那個「症狀」就會馬上消失，提升本身的頻率讓你能達到下一層的成長，而若出問題就是它用來得到你注意的方式。

5. 問題總是顯示一波的「轉折」和一個屬於你的天命頻率：生命之波（流）幫助你放下並開啟新的空間，幫助妳找到新的嚮往和動機然後重新開啟。你所需要做的就是信任那個推動能量流的智慧 （註：高我）與計畫，然後順著河流的方向前進。

6. 如果許多問題同時發生，通常只有一個潛藏的根本主題：有時候阻礙會日積月累，問題似乎孕育更多問題，或許有一個重大的課題從你的潛意識浮現，而你一向拒絕處理，因此你的靈魂清楚告訴你必須觀照。把核心問題解放出來，用一個行動就能解決諸多問題。

7. 很平常的問題也含有靈魂的指引：以一種不造成問題的方式（註：臨在）觀照這些「問題」，很多發生的事情都不是巧合，而是存在共時性（Synchronicity）。

◆ 如何邁入高頻率生活

上段告訴我們進入天命為何對靈魂的重要，因為那就是他來的目的。要進入高頻率的生活，首先要先「感知」你自己與周遭，當你越來越「敏感」，開始感受到「頻率以及其振動」，就能感知更多生活中出現的事，知道什麼是健康的、什麼是不健康的、其他人的狀態（註：學習分辨）以及即將發生的事，進入更高頻率的生活。越讓你的內在掌控你的生命，個人的振動便有越大幅的改善。**如果振動來自於狹隘的思維、負面的情緒，或者想要控制你自己和這個世界的需求，在試圖控制或者與內在不一致的情況下，他將會反映在你的生活上。**經過轉化後，那些「緊縮的感受」與「信念」都會從你的潛意識心智中冒出來而被清除；於是，你靈魂那開闊、充滿愛的智慧，就會為你帶來新的「洞察力」。保持振動在一個程度之上，讓你在人生中能夠有最大的發揮、為你帶來成功，自然而然心靈就得到滋養。

接下來文章要來探討我們在生活中的頻率，**我們活在一個波的世界中**，你的體內與體外都在振動著。接下來就是「覺察」你健康與不健康的習慣，找出對生命的誤解，重拾敏感力；同時，將不好的習慣從負面振動中「解脫」，配合波來解放你自己，變得透明且能被穿透，融入你的生活並感受，下一個階段你將邁入高頻率的生活而進入那個狀態（in spirit），活在天命之中。

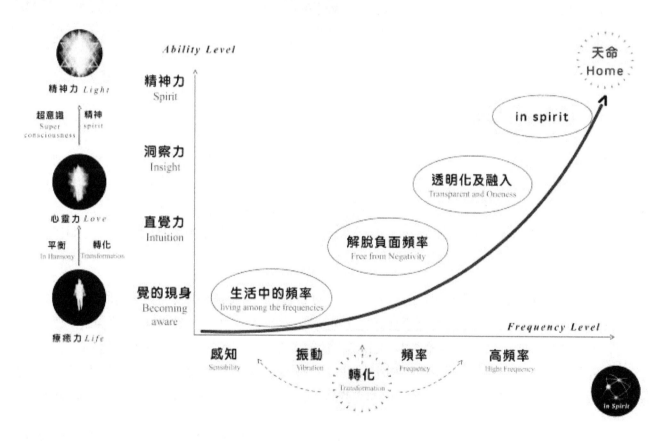

◆ 生活中的頻率

你是否曾經想過，當你在開車，或者坐在咖啡店裡，有多少看不見的波與振動交織在周遭的空間中？你是否知道廣播節目和談話交談，在你無法察覺的狀況下，從你耳朵旁嗡嗡通過？又或者，今天你感覺得到周遭環境的電磁「污染」嗎？你身旁別人的身體疼痛與情緒狀況呢？「這個世界從來不曾安靜，即便是寂靜，也永恆地迴響著相同的音符，並呈現為我們耳朵無法察覺的振動；而我們感知的那些振動，傳遞給我們的是音（註：指 耳朵 聽不到的振動），**有時是和弦，但非旋律**」──阿爾貝・卡繆－Albert Camus（1913-1960）說。

"The world is never quiet, even its silence eternally resounds with the same notes, in vibrations which escape our ears. As for those that we perceive, they carry sounds to us, occasionally a chord, never a melody."

Albert Camus

一、在你之外，這個世界振動著

物體的最深處，其實是一個分子與原子的世界，不停地旋轉、振動、環繞軌道運行。而在這些分子與原子裡面，則是更小的次原子。現在量子力學顯示，物質中這些極度微小的粒子也是能量波，而且物質與能量都能以粒子或波的形式存在。然而，能量與物質在現實中不會同時並存，如果我們測量一個粒子的位置，則並沒有辦法知道它的動量為何；如果我們找到它的波動，那麼我們就無法確認它的位置。

從物質的核心波粒，到日出、日落，再到載有資訊的無形頻率，我們四周的世界從內到外不斷震盪著。像是電磁頻譜從低到高分別列為無線電波、微波、紅外線、可見光、紫外線、X 射線和伽瑪射線；聲音，並不是無線電波寬頻可聽見的一部份，透過物質傳導，並由物體來回振動所製造；振動時，聲音就會被感知，不論音調高或低，都是由規律且間隔平均的空氣分子或水分子的波所組成；溫度，一個物體所帶有的熱，是由分子移動的速度來決定。

地球本身也在振動，越來越多的證據顯示，地球內部的振動會影響你的身體，許多物種的繁殖會擇時，配合地球的季節、潮汐與晝夜的輪迴，這些都是振動，或者說是緩慢的波週期。

地球的基礎共振頻率─舒曼共振（Schumann Resonance），從一開始人們所知道的 7.83 Hz 增至到 8.5Hz-16.5Hz（如下圖），而地球的頻率也會影響人們腦波的運作。7.83 Hz 的頻率是較於放鬆和停擺的狀態，而相較之下，8.5 Hz-16.5 Hz 的頻率視為逐漸覺醒的自我認知，地球頻率的改變，人們也跟著改變。科學報告指出，地球的頻率會跟著星球的磁場而改變。而這2000 年來，地球的磁場逐漸削弱，沒人知道為什麼。但有智者指出這是因為古人放置了這磁場來攔阻我們原始記憶中的真正遺產，所以人們可以自主的學習而不被過去的記憶而影響。當這磁場開始減弱，我們意識也漸漸了解所謂的真理。**當你的頻率在跟這新覺醒的地球逐漸同步共振時，你會覺得疲憊、暈眩、鬱悶**（註：即揚升症狀）。這將不會是件簡單的過程，你將會擁有你個人獨特的自我覺醒。地球頻率的改變與我們「細胞的振動」、「DNA 進化改變」有關，而且，因為地球磁場減弱與基礎頻率加速，過去的情緒與心理模式鬆動了，我們可以更容易接觸到更高的意識狀態。

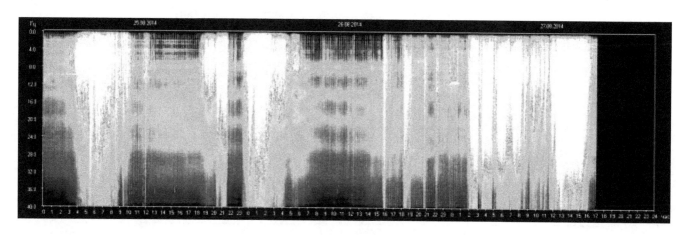

資料來源：trinfinity8.com

二、在你體內，也存在著一個振動世界

　　你生活的世界所有東西都在振動，能量波在四面八方傳送。不只如此，在你身體裡、在你個人生命的小宇宙裡，你也同樣振動著。如果你把注意力集中於身體內，會發現什麼呢？有什麼東西在動？第一個讓你注意到的振動就是呼吸的波，吸入新鮮的空氣，將氧氣從肺部運送到血液裡，再將二氧化碳和廢物從血液送回肺部，以吐氣的方式排出體外。接下來，你可能會注意到心臟在跳動，將血液透過大動脈送出去，再透過靜脈送回來。更深入一點的話，你會發現的更高振動就是大腦與神經所發出的電流聲，彷彿刺痛感，那是電荷在透過神經突觸傳送訊號。注意力越深入，你就會發現更微妙的振動，包括細胞的神經傳導素和生化反應在作用時的振動。在這之下，你可以感覺到細胞本身的振動。而在細胞振動之下，你可能會感覺分子與原子的振動，最後，是「量子實體」的振動。你透過想像層層深入這些振動，來到身體內部的核心位置，便是從低頻（呼吸與心臟）移向高頻（分子與原子）（註：進入微觀）。當你進入任何原子並被吸入一個最終的粒子裡，你可能會體驗到它奇妙地轉換為一股能量波，將你從進入的時間與空間中解放。於是，你將會擁有一段物理學尚未能描述的體驗。這就是能量轉換成知覺時會發生的事。量子實體存在於一個遠方事件或未來事件的知識，當他分解成波，然後再度成為粒子時，就是在我們身體上重現為印象，完全避開了時空限制。

你的大腦也有波。你的大腦是一個電化學器官，它的電力是依據腦波來量測的。腦波從最快到最慢一共有四種。有趣的是，最快的腦波會與低頻率的覺知相調和，而最慢的腦波則會與高頻率擴展的覺知起作用。腦波依頻率可分為四大類：β波（有意識）、α波（橋樑意識）、θ波（潛意識）及δ波（無意識）。這些意識的組合，形成了一個人的內外在的行為、情緒及學習上的表現。

腦波種類	意識組成
β波（12-38 Hz）	✓ 屬於「意識層面」的波。 ✓ 智力的來源。 ✓ 邏輯思考、計算、推理時需要的波。 ✓ 清醒時。 ✓ 注意力集中在外在的感官世界上。 ✓ 努力地想解決問題。 ✓ 壓力很大、心理不適、緊張、憂慮、不自在。
α波（8-12 Hz）	✓ 是「意識與潛意識層面」之間的橋樑。 ✓ 作白日夢。 ✓ 想像力的來源 ✓ 身體放鬆、心不在焉、開放心胸。
θ波（4-8 Hz）	✓ 屬於「潛意識層面」的波。 ✓ 存有記憶、知覺和情緒。 ✓ 影響態度、期望、信念、行為。 ✓ 創造力與靈感的來源。 ✓ 深睡作夢、深度冥想時。 ✓ 心靈覺知、個人見識較強、個性強。
δ波（0.5-4Hz）	✓ 屬於「無意識層面」的波。 ✓ 是恢復體力的睡眠時所需要的。 ✓ 直覺性與第六感的來源。 ✓ 意識的雷達網。

資料來源：小海豚意識研究機構

腦波與覺知程度大有關連，快速的β波與我們每天面對現實時的淺層意識以及忙碌的「線性」心智是相互呼應的。你的心智越高昂、越緊縮，你的覺知就越無法深入。有人說「小我」就是這個意識階層所產生的作用。生物反饋研究顯示，當腦波減緩至α波狀態時，你會感覺比較安心、開放，可以覺察到更多細微的資訊。**你會接觸到更深層的記憶、象徵符號與洞見。事實上，現在你已經可以專注、之前受到壓抑、儲存在你潛意識心智裡的東西，而不會有普通清醒時常有的那畏懼感。**當腦波更加緩慢，進入θ波狀態時，你會開始了解真正自我的本質。小我漸漸消亡並由靈魂覺知取而代之；進入δ波狀態會帶來離開肉體的經驗一你會覺得自己延伸擴展成為一切的集合，宇宙萬物皆是自己。時間與空間都不存在了，你很容易就可以轉換到其他的覺知次元之中。

你擁有只屬於自己的個人振動，它會隨你正在想什麼、感覺什麼、做什麼而變化，而你可以影響自己的振動。當你選擇與自己的靈魂頻率一致時，個人振動就會穩定停留在你的「天堂頻率」上，那麼，究竟你個人的振動是什麼，它又如何作用呢？

1. 在任何時刻發送出來的所有振動：這個頻率是你在肉體、情緒與想法上的各種緊縮或擴展狀態的組合，如下表。

2. 你的某一部分性格的振動，會影響其他性格的振動：如果你已經憂鬱了一陣子，那麼低情緒狀態可能會讓想像力枯竭，你的想法會變得絕望消極。相反地，如果你規律地運動，比方說散步或跳舞，你的情緒會變得自然，你也會發現自己的思緒更流暢。因此，你只要改善一部分的性格，就可以改善整體的個人振動。

3. 會受到這世界的振動和其他人的振動影響：因為身體會像音叉一樣共振，所以你與消極緊張或是輕鬆平靜的人接觸時，你的身體就會複製他們的狀態。（註：同頻共振）

4. 是經由你的選擇而從你的內在發出：你想要有什麼感覺，全憑你決定。你有自然的振動—也就是天堂頻率，那是你靈魂的感覺方式，是那種是嬰兒身上散發出來、令人愉快且明亮的頻率。常無意識地選擇自認是個受害人，彷彿自己遭人誤解或自我感覺良好。這種無意識的選擇會讓你的個人振動持續低頻。只要你一直心懷這些想法，你就會讓那些比你的振動更低頻的人把你拉得更低。

5. 越讓靈魂掌控你的生命，個人振動便有越大幅的改善：如果你的個人振動來自於：你靈魂那開闊、充滿愛的智慧，就會為你帶來新的洞察力。

肉 體	感 官	情 緒	想 法
全然的臨在	水乳交融	愛\同理心	智慧\一體\合一
健康滿分	直接的經驗	慷慨大方	直接的知曉
愉悅的動作	超敏感力	喜悅\感恩	靈感\洞見
有彈性	直覺	熱誠	流暢的創造力
反應敏捷	靈視	渴望\動機	發現\探索
舒適\休息	靈聽	歡愉	樂於接受\開放
疲倦	靈觸	真誠	無聊\不耐煩
緊張\壓力	視覺	知足\信任	無法專心\恍神
間歇疼痛	聽覺	失望	投射\責罵
長期疼痛	觸覺	沮喪	邏輯\證據
成癮	味覺	懷疑\不安	信念\掌控把戲
疾病\身體不適\嗅覺	恐懼	驚慌	沈迷
心靈創傷\肉體損傷	吸引\排斥	怨恨\憤怒\拒絕	不知所措
機能喪失	本能感覺	罪惡感\羞愧	精神疾病\神經官能症
癱瘓、昏迷	潛意識的反應	憂鬱\漠不關心	自殺傾向

三、覺的現身與直覺力

　　剛出生的時候，是以一個有同情心且對振動敏感的有機體在運作著，尚未學會文字話語，也未建立層層的說明、身份認同和處理機制，與環境融為一體。就像海豚一樣，發出自己獨特的聲納，學著經由那無邊無際擴展至整個世界的頻率以及反彈回來的頻率來指引方向。當你那無條件的愛接觸到你父母、或者身邊重要的人，**只要保有無條件的愛、同理心的能力，你的聲納就會穿越他們，實相會得到認可，甚至被放大並感受到靈魂的真實，擁有靈魂的認可才是真正的健康。**如果我們的文化不是那麼重視分析、物質和競爭，或許每個人都可以更有意識地運用直覺、更有同理心。也許，就某個部分來看，我們都被後天訓練成不直覺的人。

四、覺察健康與不健康的習慣

　　打從出生起，你就開始發展一個讓你用來感覺人生道路的潛意識系統。你那高度敏感的小小肉體會根據接受到的訊息，學習究竟自己是要保持敞開外放，還是捲縮在自我保護之內。有些感覺習慣是健康的，譬如在任何狀況中都回歸到你的內在，看看哪些東西感覺起來對你是正確的，或是從那些你想要學習的對象身上去學習。不過，你發展出來的許多感覺習慣都是不健康的，它們都是設計來保護你，或是強化你的嬰兒心智中的錯誤認知：「這個世界的本質就充滿敵意」。不健康的習慣讓你的個人振動維持在低頻率中，阻礙了你的轉化。**要了解如何去感覺、感覺些什麼、感覺到多少之前，讓我們先來找出你的感覺習慣。健康的感覺習**

慣幫助你取得訊息、做出好的決定、改善你的關係。不健康的感覺習慣則指出你潛在的情感傷口，阻擋能量的流動，也顯示出你從哪裡有機會去開發出新的、更健康的直覺力。（註：所以低頻意識的直覺力是不可信與危險的）

　　當你認同那些以害怕為基礎的感覺習慣時，你會注意到在某些情況中，它們出自於一種「逃跑及避免」的恐懼性判斷，有時候，則出自另一種與恐懼完全相反的「對抗及控制」判斷。（註：負面能量過重的人的行為）

　　以下是一些根據潛意識「逃開及避免」的判斷而出現的不健康感覺習慣：

　　1. 你對酒精、藥物、食物、性愛、運動、電視、工作、購物、憂慮、社交或網路等等上癮來讓自己分心、麻木。

　　2. 你活在自己現實之外的世界裡，或者過度美化、迷戀其他地方與時期、名人、英雄、非物質界域與存有（註：例如精靈天使），或是你的前世。（註：心靈圈常見的問題）

　　3. 你因為過度敏感而不願觸怒你所仰慕的人，過著其他人的生活，完全融入他們，失去你自己，最後覺得自己完全受人支配。

　　4. 你感到無助、受壓迫，沒有個人界限、對自己的感知，沒有喜好或自由，而且你慢慢感到枯竭、疲憊和無力動彈。你抱怨、覺得運氣不好、找藉口、經常心情很糟，苦於重複的負面循環。

　　5. 你會出現突發的焦慮和恐慌，因此慢慢損害了身體健康。

以下是一些根據潛意識「對抗及控制」的判斷而出現的不健康感覺習慣：

　　1. 當不想去感覺某些事情的時候，就將外在的責罵、氣憤、爆怒、怨恨和暴力，投射在其他人身上。

　　2. 試著修正那些外在煩擾你的人事物，好讓外在的世界符合你喜好的樣子。

　　3. 以一個救援者、救世主或療癒者的角色展開行動，將你認為其他人應該怎麼做才會健康快樂的想法強加於他們。

　　4. 試圖透過誘惑、假意的謙卑、談判交涉、操弄或脅迫來影響或控制其他人。

　　5. 你試圖知道更多、來解決自己的問題，所以你飢渴地向外拜訪名師、參加各項心靈課程與講座。

6. 陷在衝突和兩極化的狀況中，無法獲得解決。爭論、批判、對抗，想要拒絕或懲罰別人。

7. 為了感覺一切都在自己的控制之下，告訴別人這些狀況是自己選擇的，或是你刻意創造出來的。

8. 固執難搞、對世俗價值不屑一顧，而且鐵石心腸。你不改變、不聽別人的話，也不參與什麼事。

五、培養有意識的洞察力

學習暫停你的不健康感覺習慣，放鬆你的心智，就像放鬆肌肉一樣，去充分體驗你身體正在體驗的一切。如果你覺得不舒服，那就讓自己比上一次再多不舒服個三十秒的時間。當一個觀察者。將你那些無意識的習慣帶入意識中，然後你就能想辦法處理它們。「焦慮就是成長本身的體驗。否定焦慮會讓我們生病；**那些被完全面對（註：用無條件的愛去面對才會完全）、完整經歷的焦慮，會自行轉化為喜悅、安全感、力量、回歸中心感，以及特質。**有個實用的處方是一哪裡有痛苦，就往哪裡去」Peter Koestenbaum 說。將注意力帶進自己身體，以心為中心，並隨時注意感知到了什麼，開始依據這些洞見來做決策。找出對生命的誤解，重拾洞察力，在每個不健康的感覺習慣下，都有一種對能量與覺知運作方式的錯誤理解。

◆ 解脫負面頻率

一、你是怎麼被困住的？

是否曾經也把自己逼到這種好像無路可逃的角落裡？如果是的話，那麼你很可能啟動了你所有不健康的感覺習慣，並且逐漸地讓個人振動降低，低到了動彈不得、麻木、甚至自殺的程度。當你的頻率逐步降低而且好像要停止不動的時候，你就很難看出事情有改變的可能，你也很難記起自己是一個不受限制的靈魂，擁有美妙的天命，非常有能力實現你想要的。但是，動彈不得的狀況是怎麼發生的？讓我們來檢視你的負面振動困住的內在動態為何，再看看有哪些方法可以反轉模式，好讓你能更快速地脫離這個真正浪費時間的時期。

1. 一個成長週期完成，你卻沒有發現，也還沒有放下：你已經創造了某件事物、開發了新技能、學到一些教訓，而你的振動正在轉換到另外一個層次去，但你還沒有理解到你已經完成了。

2. 你沒有發揮你所擁有的，或是你想要擁有的超過你可以發揮的：例如抗議你獲得的不是你想要的、試著強迫某件事在還不該發生時發生，或是某樣事物想要結束、你卻要保持它在原來的形式。你也可以阻礙自己的生命之流，因為想要的多於需要的而被卡住，於是，你便需要學習下一個人生課題。創造太多東西就表示你得想辦法擺脫它們，而這很浪費時間與能量。

3. 某個經歷觸發了你記起早期類似的負面經歷：**當生命觸發了一段痛苦的記憶時，你會離開你所在的流**（註：負能量讓人離開生命之流），「瞬間移動」到過去的痛苦之中。你的潛意識會自動用不健康的感覺習慣來反應，就像你過去處理那個負面經歷的方式。

4. **你談論不實的事、還沒發生的事、可能永遠不會發生的事、你不喜歡的事、你不想做的事情，或你並不是的那種人**：當你的心智專注於描述不存在或空虛的實相時，你其實就是將沒有的事具體化；同時，你也拋棄了你的生命之流，少了你有意識的臨在，你 哪裡都去不了。

5. 你把自己的心智與能量投射到其他人的生命、其他地方和時間，或是虛構的現實中：你的意識心智待在其他地方，無法從你的靈魂接收洞見、指導和愛，因為你「不在」你的身體裡，你的潛意識心智就會接手，在遇到狀況時，自動做出以前它也曾做過的回應，你變得只會回應，而不會迴響，這會喚來你許多不健康的感覺習慣。

6. 依戀在創造物、習慣、定義和身分認同，而且處在某種「抓住不放的模式」裡：你可能會為了安全感而緊抓住某些信念或財產，抓住自己不要表現出你的愛或真實的一面，對某個議題長篇大論來控制你身邊的人。

脫困從來不曾這麼容易，雖然有那麼多的掙扎與困難，但你正順著一條河流而下，朝向一個很確定的目的地前進：認識到你自己就是你的靈魂。**你所處的轉化階段中，舊有低頻的恐懼和不健康的感覺習慣都會浮出表面、想要跑出來。**而你正在經歷自己對這過程的反應，想要透過「對抗或逃跑」的方法來壓制不舒服和痛苦。你掙扎在空虛的苦和恐懼之中而筋疲力盡最後你會進入一個階段，清楚看見舊的習慣和形式雖然無用了，卻依然存在。

隨著你的個人振動到更高的頻率，你就不會像過去那樣能被困住那麼久了。當你感覺受困，或是害怕結束，記得你存在於生命波中，**而生命是不斷在動的。波有高峰與低谷，而被困住只是顯示出你的波即將出現轉折。**你越讓自己放鬆進入這個流動，去感受每個人和每件事物都和你處在同一個流之中，這個彎就會轉得越輕鬆。（註：在三次元所遇到的人事物皆不是偶然，一切均是功課，功課做好即轉頻提升）

我們以前會去做心理治療，花好幾年的時間談我們和問題，然後才在情緒上有淨化般的釋放。現在治療的過程會比以前快很多。藉由轉移到當下這一刻、到一個新鮮的空間中，你放下了個人的創傷歷史，選擇了靈魂的實相，因此從這個意義來看，**療癒是靈魂反覆會做的選擇，也是從虛假實相中的解脫。療癒或「復原」就在當下，而不是在未來；它不需要**

那麼長的線性過程就能讓你變回最好的自己。

二、配合波來釋放你自己

把自己想成波，而不是在波的路徑中靜止的物體。你是一個振動的存有，穿越一大片振動的海。你一定要完全掌握融入和配合的藝術，好跟上那活潑能量持續變化的動態。也就是說，你需要學習一種全新的方式來運用你的意志力，因為我們經常太固執而表現得像堵磚牆一樣。

要擺脫負面和困住的狀況，通常不是去使用舊的強迫性的意志力，要學會「正確地運用意志力」以及「選擇那選中你的事物」。意志力並非抗拒、強迫或控制，而是有關選擇。基本上我們只有兩種選擇：一、與靈魂同向，感覺擴展、充滿了愛（註：無條件的愛是宇宙間最大的力量），與你靈魂的高振動相連結（註：合一意識）；二、與靈魂反向，感覺緊縮、害怕，深陷在痛苦的低頻率之中。當你困住的時候，你不需要靠意志去想出一套完整的策略來改變事情、來設想新的狀態會是如何；你所需要做的就是停用老舊、收縮的低頻率模式。用你的意志力來選擇與現有的事物共存。（註：拿回自己的內在力量）想像你的心智是一塊肌肉，讓它放鬆。

順流而走，它知道該往哪兒去。振動變為形式，然後回到能量中，再變成另一個新形式，然後再變回能量。生命之波幫助你放下並開啟新的空間，幫助你找到新的嚮往和動機然後重新開始。你需要做的就是信任那推動能量流的智慧與計畫，然後順著河流的方向前進。有時候它會激烈地翻攪出湍急的水流，有時候它則會消失在地下，然後又出現，平靜地流動下去。有時候你存在、有時候你行動、有時候你擁有。

辨認出波峰與波谷，要和諧地與波一起移動，去迎接下一件你需要的事物，而不是認為自己從一個問題（譬如活動太多）轉換到另一個問題（譬如活動太少）。轉折是一個你可以看見你得到了什麼禮物、學到了什麼課題的地方，所以感激與樂觀的態度在此時特別有用。當波峰出現轉折，就是你看到了生命最具體化、最外放的景致之時，也就是完成了具體化，而你會非常高興、有成就感。用物理學的術語來說則是，此時的波變成了粒子。

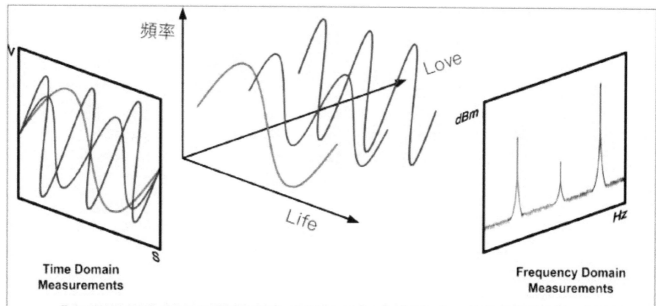

Time Domain
Measurements

Frequency Domain
Measurements

∞ : 「你需要做的就是信任那推動能量流的智慧與計畫，然後順著河流的方向前進。有時候它會激烈地翻攪出湍急的水流，有時候它則會消失在地下，然後又出現，平靜地流動下去。有時候你存在、有時候你行動、有時候你擁有。」要擺脫負面和困住的狀態，通常不是用舊的強迫性的意志力，而是「選擇那選中你的事物」，隨波而行，它知道該往哪兒去。

　　最有挑戰的時刻可能是當波來到谷底你感到無聊，什麼事都沒意思，需要空間，必須釋放意義與過時的東西以回歸「存在」本身。在物理學的研究裡，這就是當粒子變成波的時候。至於從波谷移動到波峰，這部分看似比較好玩，因為它牽涉了熱誠、動機，以及去達成目標。但是釋放舊的形式、放鬆、夢想各種想像的現實，以及讓自己充飽電、恢復活力，這些也一樣非常愉快。**長期抗拒波的轉折點有可能導致極端劇烈的轉換，譬如危機和創傷。**不論你在哪裡發現到停滯和凍結的覺知，要激發它流動。強迫某件事或是「抓住不放」，都顯示出你並沒有跟流和諧一致，而且缺少了一些關鍵資訊。

　　只要你開始定義並貼上標籤，生命波就會停止，能夠創意地進化的機會就變小了。如果你說「我很生氣」。那你就無法看見在你更精細的敏感力與身體覺知當中的微小差異。相反地，保持流動並且描述你的經歷：「我的胃部緊縮，我覺得沮喪，因為我先生根本沒在聽我說話。現在這種感覺讓我的喉嚨也變緊了，我覺得我不被允許說出自己的需求和想法，這讓我很害怕，我真的好想哭」。看看你自己是不是可以不要有那麼多的定義，或是讓你對事情的定義更流動、更短暫。看看你是否能直接地去體驗生命。另一方面，如果你習慣說「我不知道」。你或許也將看到這麼做會如和讓你自我表達和成長的波停了下來。

　　讓波通過你。波持續地穿過你，也穿過你身處其中的能量和意識場。有些波會帶來新的能量頻率和新資訊，而且在通過你的時候，又把能量和資訊帶走（註：舊的或已不適用

的）。事件波通常會在事件發生之前就傳到你身上來，就像是閃電總出現在打雷之前。你的心智無法詮釋能量資訊，而且經常錯認焦躁的原因是自己。以為自己一直在生氣，但其實是火山快要爆發了；以為自己快要死了，但事實上卻是我的一位朋友快要死了；毫無來由地悲傷，而事實上卻是那些即將遭受恐怖攻擊的罹難者和倖存者所感覺到的哀痛欲絕（註：集體意識）。你不需要停止波來了解它隱藏的資訊；如果你讓它通過，它就會在移動的時候把資訊下載給你。你唯一需要做的就是經常問你自己：「我發現自己毫無來由地感覺到什麼（悲傷、焦躁、過份開心等等）。為什麼我會發現這種感覺？」如此一來，你就不會有無謂的扭曲想法，認為自己哪裡不對勁了。

提高頻率可以從負面振動中釋放自己，當你感覺不到你靈魂的臨在以及你跟生命的合一時，你就會困在負面振動之中。有什麼東西擋在中間恐懼、謊言，或是錯誤理解又或者是你經歷到了支離破碎以及空洞的空間。你無法體驗到的每一個欠缺的靈魂片段，都會降低你的頻率。每一次你把覺知分割成許多碎片時，也就是說你經歷了分離，你的振動就會變慢。當你的個人振動困在低頻率中，你就容易退回不健康的感覺習慣、負面思考，以及身體反應遲緩的狀態。不論你在哪裡發現到停滯和凍結的覺知，要激發它流動。「生命是一個成為的過程，一個我們必須去經歷的狀態組合；有人失敗，是因為他們想要選一個狀態並且停留在其中，這也算是一種死亡」Anais Nin（1903-1977）說。

提高你的頻率一定能夠將你從負面和困頓之中釋放出來，而作法是放鬆下來，騰出時間和空間去深入體驗你的靈魂。當你清除心智上與情緒上的阻礙物，不再讓它們堵塞時，你的頻率就會提升到它天生的高度。當沒有東西阻擋時，你靈魂的清明與溫暖就會毫不費力地發出光芒。

◆ 變得透明，並且融入

變得透明且能被穿透，想進入天堂頻率的訊息中，你只要調整到較緩慢、不匆忙的步調就可以了。慢慢吸一口氣，然後把氣吐出來，讓自己盡可能平靜與穩定。打開你的洞察力，準備好融入並感受接下來的言語。變得透明的意思是，你自己不獨有獨享任何東西、釋放全部的小我、變得柔軟而有適應力、能被穿透也能滲透。意思是，你的生活不需要固定的身分認同或人生歷史，也沒有限制、信仰、恐懼或保守反動的行為。當放下，經驗了信任或信心，就會變得更透明。當停止了防禦、自以為是、挑釁、堅持己見或好戰，你的鑽石光就更有機會從你裡面散放出來。每一次讓自己更有彈性、更流動，並且完全處在當下，對未來或過去完全沒有預期或投射，增加自己接收所有事物的能力。

能量場之中有強大的能量與意識，它們超越你現在所能理解的一切自在地漂流著。如果你懷有些小小的想法，或是在擴展的自我覺知與自我表達的面前，因為懷疑和負面想法而收縮起來，那麼能量就無法通過你。當能量無法通過你，你就無法得知它所知道的；它無法教導你，也無法幫助你去創造。當一個場中的能量增強（地球的場現在正發生這個狀況），身為這個場的一部分的你也會跟著增強。如果你堅持、躊躇不前、控制或是抗拒，你的不透明部分就會阻礙了波，而你很快會開始抖動像是狗兒在游泳之後把水從身體上抖掉，如此一來你才能移開那卡住的、爛泥巴似的能量，清理乾淨你的能量通道，並轉移到一個與你所處的場和諧一致的舒服頻率中。若是仍然處在不透明的地方，你會經歷痛苦與難過。你越是願意讓自己透明，你所經歷到的擾亂就會越少。**當強烈的能量通過一個透明的人時，它會製造出一種提升的神性、熱誠與光的感覺。**

一、用直覺力融入生活去感受

融入並感受是運用你的 直覺力去洞察某心事物，與它融合，並且短暫地變成它。當你融入某個事物去感受時，它就成為你的一部份，變得熟悉，而後你立刻就開始了解它了。

直覺時代的解決方法好得讓人驚，揭示一個完美的行動途徑，是你的心智絕不可能想到的，在其中，潛在或次要的因素與能力變成是最重要的，而你所做的每件事都有一個目的，彼此交織在一起，每一面向各自扮演恰如其分的角色。藉著直覺時代的解決方法，最佳的、最自然的解答就出現在空間中，完美地符合靈魂所專注的需求─而且通常好得讓人驚訝。種種問題就只是源自你靈魂的指引，也是顯示你需要轉換方向的導航工具。而解決方法常用到那些在你人格中令人驚奇的部分以及奇特的變數組合，它們曾在你最不抱期待時以奇蹟般的方式發生，並同時解決好幾個問題，讓你在驚訝中會心微笑。

當你邁入直覺時代的流動性，你會發現你對時間的看法改變了。起先，你覺得這個世界急速運行著，你必須在更少的時間裡做得更多，趕緊跟上腳步。你完成一件事，後頭還有十件事要你去注意；你從未有時間享受你的成功，讚賞你自己或別人的創造力。你的「待辦」項目已經排滿到近期的未來。你忍不住回想起「過去的好日子」是多麼安靜、美好、按部就班、優雅從容。你的心智一會兒跳進過去休息，一會兒又跳進未來安排計畫。你一點也沒有處在當下。**而不在當下，你就會倍感壓力，無法感受到你的天堂頻率，不會經驗到你無限的能量儲備；你很容易就筋疲力竭。**（註：惟有處在當下的合一意識中的 "直覺"才能信賴，小我意識的直覺是危險的！）

直覺時代發生的事情正好截然相反，人生變得冷靜且幾乎時間不存在。那無關快或慢；人生會因應你的能量層次和情緒經驗而調節。所有任務奇蹟似地完成。物質化變得極有效率，因為人生會跟它本身合作，人們會幫助你，同步現象和機緣巧合成為常態。

二、信任你的內在洞察，並追隨最大共振

要善於運作自覺的敏感力，有一部分是去學會區別以下兩者的差異-你靈魂想要你注意到的事物，以及那些並不特別有用的事物。**你的內在有一股原力可稱它為內在洞察者、啟示者、聖靈；它有許多的稱呼。它是你靈魂的力量；它導引你去注意的那些事物，會幫助你學**

習你的人生功課，並真實表現你自己。

當你透過敏感力與振動來為生活導航時，請選定那些會令你非常自在，而且跟你的一天堂頻率和諧共振的人與機會。你能認出「與你共奏美妙音樂」的人、機會、地點和答案。有些人或情況也許跟你的天堂頻率在相同的音調上共振，音律或許高低不同但它們合奏時和諧悅耳。**當你遇到的人、想法和機會跟你的天堂頻率不和諧時，就不要扯上關係—如果你必須涉入，也請保持警醒。**當你考慮跟新接觸的人與經驗建立密切關係時，以下是一些面對現實的檢驗：

1. 這個新選項跟我契合嗎？它的音調比我的天堂頻率高八度或低八度？它跟我和諧一致嗎？

2. 當我想像雙方可能的互動時，有沒有自然的流動、合作、輕鬆自如的溝通，以及相互的支持與利益呢？我參與之後，有感覺更好嗎？這個新選項會幫助我更加敏感、有同理心和覺知，還是我必須防止停擺？

3. 為了讓這個新選項成功，我需要去教導、支持、改變信仰、對抗或做超出份內的事嗎？

4. 經由參與，我有所貢獻，也受到影響，因此學到了什麼嗎？

對吸引人的提議說不，是完全可以接受的。**你越是選擇不跟不和諧的振動密切互動，你將擁有越多的能量與真正的創造力。**你也許以往能容忍一份使你精疲力竭的工作，可是現在它感覺像是會讓你窒息。你要設定你自己的格調。邀請別人與你在一個更高的頻率上共舞，你就為嶄新的直覺時代的存在方式增添了更大的可信度。

◆ 進入那個狀態（in spirit），活在天命（Home）

你的內在也擁有像那樣的驚人振動一種傳遞你靈魂的愛、真實、豐盛和喜悅的共振。它從微小的「量子實體」中浮現，變成波，通過你的細胞和組織向外傳遞，填滿你周遭的空間。它一直都在，而且一貫不變總是令人信賴。這就是你的天堂頻率，是你靈魂的振動，透過你的身體來表達。我稱它為天堂頻率（Home Frequency），是因為它傳達了一種在天堂家鄉的經驗，很接近人間天堂的狀態。天堂頻率的功用就像是指北針，當你將自己每天上下波動的個人振動調整到這個最根本且自然的高頻率能量時，你的生命就會穩定下來，並且帶著好運、意義和樂趣而展開。

當你處在自己的天堂頻率中，你會感覺非常美妙，深愛自己和生命，以至於你懷疑從前怎麼會以其他方式活著。來自你天堂頻率的想法與答案總是正確的，總是能促進你靈魂的表達。我們有可能在生命的嘈雜中失去自己的天堂頻率，這還真有點嚇人，但我們總是習慣性地失去它。有時候，你的天堂頻率會自然顯現出來，但其實更經常的是，**你需要去尋找它、**

邀請它，然後融入它。學習去找到你的天堂頻率，放鬆地進入，然後分享，這就是轉化你的生命並進入直覺時代的關鍵。

你已經開始清除你不健康的感覺習慣，並且學習提升你個人振動的頻率。當你到達這個轉化過程中清理階段的加強期時，生命會變得激烈混亂，有時候還看起來很絕望。過去的方式都沒有用，你會覺得自我犧牲、缺乏想像力，沒辦法繼續向前。你已經將足夠的關注焦點從恐懼轉換到愛，所以你的舊實相崩解了，而你靈魂的新實相正開始嶄露頭角。此時，你的生命可能會失靈，而你得放下你的目標、財產、和你有關係的人，或是一部分的生活方式。你也許會失去你身分認同的所有面向、你的動機和方向，還有你某些舒服的習慣。但重要的是，不要回頭做出更多「對抗或逃跑」的反應。你的靈魂在說：「你不再是過去那個有限的自己了。現在是時候去發現你真正是誰，以及你可以做什麼」。

一、如何進入你的天堂頻率（Home Frequency）

找到你的天堂頻率是轉化過程中非常大的轉振點。生命中最好的秘密之一 是 你以為掉入了虛空的深淵，但其實是重回你自己你以為會是虛空的，其實是滿盈；當你停止舊的，新的就立刻開始。當焦慮和複雜來到高點，當你運用意志力來控制自己和生命時，你就需要：

1. 按下「暫停」的鈕，停止你小我的對話：從「我有問題」的心智狀態，轉而去感覺在你裡面即使是最微小的愉悅。

2. 更深層地進入你身體裡面，讓自己平靜下來：傾聽無聲的寧靜，將你的能量擴展延伸，佔有更多的空間。你回到天堂了。

3. 專注在靈魂的特質上：像是歡樂、真誠、天真，或是充滿玩心的創意。去尋找並感知你的核心振動「你的天堂頻率」它從你是個發光的嬰兒時就存在了。

4. 你讓自己充滿了天堂頻率，把它想像成是一個音調，然後在想像中，一敲響你自己的音叉，讓天堂頻率的音調像漣漪一般透過你向外發送，毫無保留地送給這個世界。

5. 想像在享受著天堂頻率的經驗時，它正在重新設定並且重新訓練你的細胞：當你平靜敞開的空間有新鮮且真實的事物出現時，那事物一定會與你的天堂頻率相符，無論它是一種跟你深層問題有關連的情緒、一份好奇、一個想法、一次機會，或是一個人，就順隨著那種迫切的渴望，全然投入其中。

二、如樹上的果實一般自然熟成

當你回到天堂頻率，你就不需要意志力來讓自己前進。如果你順隨著波的流動，釋放你的小我告訴你的唯一選項，並且保持全然的臨在，那麼當採收時刻到了，你就會感覺鬆了一口氣，你會信心滿滿得像個孩子，不會再去計算時間，而是喜悅地讓事情自然發生。你也許感知到時間還沒到，但是當時候到了，一定會非常美好；你信任靈魂正在做一件非常棒的工作，那就是提供你所需要的。最後，在你完全沒有期待的狀況下，果實就從樹上掉落，美妙的點子、計畫、機會、直覺的舉動、對你有幫助的事或人，就會驚喜地出現在你面前。

~ FREQUENCY – The Power of Personal Vibration

2.【光之兄弟群體、太陽存有】《基督能量與人類靈魂的誕生》

https://weibo.com/p/230418638c08630102x64z?pids=Pl_Official_CardMixFeedv6__4&feed_filter=1

問：你們能否跟我們講講基督能量？它是一種太陽能量嗎？我們內在有這個能量嗎？它是無處不在的嗎？它是上帝的能量還是上帝能量的一種叫法？它是按照我們的宗教傳統而被稱作“基督”能量的嗎？謝謝。

光之兄弟：

這是個非常好的問題！我們要告訴你們為什麼。

的確，宗教傳統把太陽能量稱作“基督能量”，就像佛教徒把它稱作“佛的能量”。稱之為“基督能量”或“太陽能量”都無關緊要，只是你們要知道：這個非凡的能量、這純淨的聖愛能量來自於太陽。

正如我們多次告訴過你們的那樣：太陽並不是你們所看到的那個天體！它有著很強大的生命。那兒也是創造小靈魂的地方——這些小靈魂得去探索物質。那神聖的火花會來住進這些小靈魂裡面。這是一個誕生（靈魂）的地方。

那些古老的文明為什麼那麼崇拜太陽？因為太陽就是神聖的生命。沒有它就沒有生命。儘管此時它的破壞性可能比較大（這是由於你們的過錯，因為地球的許多防護物被擾亂了），但你們還是要把它當作神奇的“聖愛與聖光之地”來崇敬它。你們要為了那來自於太陽的神奇能量（就稱其為“基督能量”吧）而崇敬它。

太陽實體是極其強大的。我們根本無法估量它有多麼強大。

（莫妮克：現在我被以極快的速度帶向太陽。我仿佛是在被拉向高處，快得難以想像。我看見一些火之存有來到我面前。他們身上沒有散發出絲毫熱量。他們對我說：——）

很多人類誕生在我們的天體、我們的太陽上。我們的太陽是生命的創造者，但它要不斷向比它大得多的中央大日請示，而中央大日自己又要向另一個太陽請示，直至請示到源頭。

人類並非直接來自於源頭。之所以全體人類——無論是地球人還是地球以外的人——內在都有一個源頭的火花，那是因為這火花出自於我們。你們或許會覺得這很奇怪！

（莫妮克：他們讓我看到源頭的能量充滿一顆太陽。這顆太陽進行創造。然後那能量降到一顆頻率較低的太陽上。這顆太陽也進行創造。那屬於源頭的能量繼續前往另一顆太陽。這顆太陽也進行創造，放射出一些神聖的粒子。這些粒子（即靈魂）乘上一個載具以便去許許多多個世界上體驗物質與生活。

我不知道是否向你們解釋清楚了。對我來說，就算那畫面"生動逼真"，有時也難以說清看到、感到、體驗到的某些東西——那是說不清的。

生命是非凡的！生命是神奇的！

我仍然能看見這些太陽存有。我感受到很多聖愛並覺得與他們很親近！他們對我說：——）

常常有一些在很高層面上被賦予了使命的靈魂要穿過我們的太陽、穿過這個模板。

就應該這樣，以便讓源頭能夠更多地成長。當那位存有再次穿過太陽（返回）後，其神性部分會與源頭的那些火花融合，從而使源頭變得更加、更加偉大。

3.【新時代之光】致微信平臺的全體朋友們

https://freewechat.com/a/MjM5NjU5NjQ2Mw==/2650635557/2

《新時代之光》鼓勵你們每一個人擔起你靈性進化的責任。不思考這些訊息對你個人是否有共鳴，而直接地接受是不明智的。它們大部分是能幫助某個人的有用意見；很少一部分是可以幫助你的真實思想。

在這個時刻你必須辨別這些思維，哪些對你有用，哪些只是有趣但並沒有共鳴。如果你能夠花時間去這樣做，我們將確定你已經對你自身的（進化）過程負起了責任。這樣，我們將不擔心侵犯到你們的自由意志。

感謝你們的體諒，我的朋友們。我們走在同一條路上，即道（Tao）。我們分享路上的見聞，但你們只需選擇那些有深深共鳴的意見，如此每一個讀者是在憶起而非學習。那些你沒有共鳴的句子把它放下然後忘記。（註：信息／訊息皆需過濾！）

以下內容是針對【凱史科技】有感覺有共鳴、或想通過甘斯快速調理身體、提升振動頻率以便能夠更加順利地進入五次元新地球的有緣人的！對【凱史科技】沒有共鳴也不想瞭解的朋友請留步！感謝您的理解和支持。

註：有關甘斯的訊息一定需謹慎，切記！若無法觀照自身小我意識的朋友最好不介入，因為危險！據說已有所謂心靈圈老師因為使用甘斯過逝！

《甘斯作用原理解析》

甘斯本來就是人體的能量來源，我們吃的所有物質食物，都是在人體消化系統中轉化為甘斯後才被人體吸收的，老年人身上的各種問題或疾病都是因為身體的能量虛弱和衰竭導致的，如果（用甘斯水）把能量給身體補回去，身體的很多問題自然就消失了，由於人體越虛弱，消化系統把物質食物轉化成甘斯的效率越低，身體可以獲取的能量就越少，這就導致身體越來越虛弱，而無法通過吃物質食物把能量給身體補回去，如果直接在皮膚上塗抹甘斯，人體就可以直接通過皮膚獲取能量，把人體缺失的能量給補回去。

甘斯有一個中心旋轉內核，可以判斷環境的情況或需求，自我平衡、調節與維持，具有智慧，就像人體一樣，具有做判斷和決策的能力。等離子體具備這樣的智力屬性，我們人類就是因為是一個完整的等離子體，所以同樣具備了智力水準，可以做決策與判斷，去與環境溝通與互動，甘斯作為等離子體，同樣具備了跟人類一樣的智力屬性，這是等離子體與物質的最大區別，物質沒有做自我決策與判斷的屬性.

通常營養不良、能量虛弱的人，就是物質（分子）轉化成甘斯這個環節出了問題，吃了一大堆物質（分子）食物，結果只有很少比例的一部分物質（分子）被轉化成甘斯，然後被人體所吸收，剩下來的全部從直腸排出體外了，等於沒吃，全白吃了，這就是為什麼有的人怎麼吃也不長胖，而有的人吃的很少也發胖的原因，這也是為什麼人體會因為能量虛弱，衰老得很快，壽命如此短的原因之一，這不是吃物質（分子）食物就能解決的問題，如果人體吸收不了，吃了也是白吃，反而增加身體的負擔，吃的越多，負擔越重，身體越虛弱，這是一個惡性循環。

—————————【凱史 Keshe】

【甘斯～物質與靈性結合的神奇結晶】
【Plasma 宇宙能甘斯和甘斯水】
～～可以去體內重金屬污染!
～～可以將體內癌症病毒，流感病毒，

伊波拉病毒等轉化掉!

~~可以去除轉基因毒，農藥與化肥與

許多化學藥品之毒!

~~~摘自 Keshe 第 116 次知識尋求者課程 20160602

"甘斯水"

1）清除人體中的重金屬污染。

但有水銀污染的只要飲用 "二氧化碳甘斯水" 就好!

儘量避開飲用氧化鐵甘斯或是氧化銅甘斯。

~~不是因為它們會造成傷害，

只是它們會與水銀結合成你不需要的東西。

而請大家飲用 "甘斯水" 而不要食用 "甘斯" 的原因~~~是因為 "甘斯" 能量太強，怕人體承受不了，所以請大家使用 "甘斯水" 就可以了。

而且所有使用儘量再稀釋使用，1：1000 是正常農業用比率，醫療用視需要調整。

（林琚月註：　請朋友們注意~~我以上翻譯絕對正確!是 Keshe 的金口玉言沒錯!）

註：心靈圈消息，據說林老師已過逝!

【甘斯水】

　　【甘斯（Gans）】，是伊朗核科學家邁赫蘭.凱史（M.T.Keshe）發現的物質一種新的存在狀態，即氣態（Gas）分子在納米（Nano）水準上以固態（Solid）呈現的納米態（Gans 取三個英文詞語前面的字母集合而成的新詞）。

　　甘斯具有特殊的超導性和等離子能量，能夠自動吸收自身相對應的光譜能量，甘斯廣泛應用在食物、醫療、造水、農業、新材料製造以及土壤改良、沙漠綠化、消除核輻射等方面都有獨特的作用。

　　《keshe 科技解析 16：等離子體動態反應器的發展階段》

　　肺與腸胃是人體內部被納米塗層的磁引力場環境，所有呼吸的氣體進入肺裡，或食物進入食道之後，所有物質都會被轉化成甘斯，然後通過磁引力場相互作用的。

【甘斯和納米材料對生命能量場的作用】

　　甘斯形態的原子，以及由諸原子組成的 DNA 分子，有非常獨特的性質，這就是甘斯形態的行為非常類似於一般物質環境中的半導體，是一個傳遞人體磁引力場資訊最優良的組織。"這意味著在納米諸層或複合結構中，甘斯和納米材料的內部結構和分子綁定，將不會受到物質環境，比如環境的溫度和壓力條件的影響。但是，當造成了高水準輻射劑量時，甘斯將持續改變它的結構。例如，為什麼人類 DNA 在放射性環境或輻射爆發中，是易受輻射能量的改變和易吸收輻射能量，這是理由之一，因為 DNA 鏈的蛋白質的氨基酸的真實結構是由物質的甘斯，而不是相同氣體的固體物質構成。"一般情況下，人體，不能直接吸收非甘斯狀態的物質和能量，所以人體需要動植物的飲食，以支援 DNA 的不斷新陳代謝。而陽光充沛的空氣、清潔的水、礦物質溶液，是清潔、調正、穩定人體磁引力場不可或缺的物質。"──【凱史科技‧物質的甘斯形態】

　　《keshe 科技解析 13：甘斯水》

　　對人體而言，所有吃下去的分子結構的物質食物，在內部的消化系統中，都必須把分子分解，在分子分解的過程中，會釋放出多餘的場體，這些場體才能穿過胃壁與腸壁的納米層結構間的間隙與孔洞，然後進入淋巴系統，被人體所獲得。因此，從來沒有任何分子結構的物質可以穿過胃壁與腸壁的納米層結構，因為分子太大了，結構又是固定的，而納米結構之間的間隙與孔洞太小了，所以，只有將分子狀態的物質轉化成單個的等離子體，也就是甘斯，然後以純粹的磁引力場能量團的形式，才能穿過這些納米層結構之間的間隙與孔洞，被人體所獲得。現在，我們就可以理解，人體從來都是通過皮膚的納米層結構來從環境中吸收不同強度的磁引力場能量的：

　　第一個是人體最外面的皮膚，從外部的地球環境中吸收地球與太陽的場體；

　　第二個是人體內部整個消化系統的內皮膚，吸收內部物質（分子）釋放出來的場體，事實上，人體從口到直腸就是一個被納米塗層的管子，一個入口、一個出口，物質（分子）從口進入，經過整個納米管，轉化成甘斯，釋放場體，然後場體穿過納米層，被人體吸收，最後沒有被轉化成甘斯、剩下來的物質（分子）就直接從直腸排出體外了，通常營養不良、能量虛弱的人，就是物質（分子）轉化成甘斯這個環節出了問題，吃了一大堆物質（分子）食物，結果只有很少比例的一部分物質（分子）被轉化成甘斯，然後被人體所吸收，剩下來的全部從直腸排出體外了，等於沒吃，全白吃了，這就是為什麼有的人怎麼吃也不長胖，而有的人吃的很少也發胖的原因，這也是為什麼人體會因為能量虛弱，衰老得很快，壽命如此短的原因之一，這不是吃物質（分子）食物就能解決的問題，如果人體吸收不了，吃了也是白吃，反而增加身體的負擔，吃的越多，負擔越重，身體越虛弱，這是一個惡性循環；

第三個人體用來吸收能量的皮膚，就是肺壁的皮膚納米層，就是人體通過呼吸空氣，在肺裡面釋放氫氣的磁引力場，然後這些場體被肺壁的皮膚所吸收，被人體所獲得；

第四個人體獲取能量的方式，就是通過骨骼納米層結構，當前面三種方式都不能滿足人體能量需求的時候，就會消耗骨骼納米層顆粒，就是我們說的骨髓，這些納米塗層會脫落，然後轉化成甘斯，給人體提供能量和場體，如果骨骼納米層被消耗的越來越多，就會導致骨骼的收縮與密度的降低，所以隨著人體越來越虛弱，人體會變得越來越小、骨骼變得越來越脆，很容易折斷，很多老年人試圖通過補鈣來使骨骼和骨髓再生，這是沒有用的，因為骨骼的再生需要接收來自高維度的、情感釋放出來的磁引力場能量來創建（註：指"愛"的能量），如果沒有情感來給骨骼提供場體，骨骼是不會再生的，人類不明白的是，如果不是情感從高維度與物理身體建立磁引力場的連接，支持物質身體的運作，物質身體只是一具軀殼。

4. 擺脫小我控制的七個步驟

http://san23.pixnet.net/blog/post/54153068-%E6%93%BA%E8%84%AB%E5%B0%8F%E6%88%91%E6%8E%A7%E5%88%B6%E7%9A%84%E4%B8%83%E5%80%8B%E6%AD%A5%E9%A9%9F

1. 停止被人惹怒

小我的最大的特徵是固著於一個特定的身份，當這一身份受到威脅時，它就進入防禦和反擊，進入對立。這是一個沒完沒了的痛苦輪迴，生命的能量大大耗費。在《一個新世界》中埃克哈特.托利說："**痛苦的強度/程度取決於你抵抗當下時刻的程度，而抵抗當下時刻的程度又取決於你和自己的大腦（mind）認同的程度。**"

2. 放掉想要贏的需要

小我通常喜歡區分勝利者和失敗者。但是我們並不是我們的勝績，也不是一個"勝利者"這個角色。**嘗試不再從勝利與失敗這種對立的角度來看待事情，這樣，小我便會自我解構感到恐慌了。**

3. 放掉想要被認同的想法

小我思維總是可以迅速告訴我們這是對的，那是錯的；要做什麼和不要做什麼。每個的小我意識都是如此！**小我這樣思維的人物角色來源於父母或權威人物。**若我們沒有察覺到這是父母親的意願，我們可能會毫無異議的相信和遵從，像孩子一樣只能相信和遵從父母。但是父母一定是正確的嗎？他們本身就是照他人的模式生活，大多數父母非常辛苦，有太多壓力和不快樂。

4. 放掉想比別人優越的需要

小我的眼中，我們和他人之間產生施與受的不平衡狀態時，我們就會有優越感。比如你比別人知道得更多，總是能在各種八卦話題中佔上風。相反，他人擁有較多、知道的較多，或能做得較多，我們的小我就感覺備受威脅。小我甚至會試著用削減、批評、藐視其他人擁有的財產、知識或能力的價值來重新修復自己。要知道，**我們我真正的尊貴不是透過和別人的比較，而是我比過去的自己更好了。**

5. 放掉想得到更多的需要

小我的口頭禪就是越多越好。但是，每個人總是處於喜新厭舊的狀態中，而且，越是得不到的越想要，越是想要，障礙越多！弔詭的是，當你不是那麼想要的時候，它反而出現了。

6. 放掉以成就感來獲得身份認同的需要

不但成就，我們不是任何一個故事。拜倫.凱蒂說："沒有你的故事，你是誰？" 老公的外遇、孩子的學習、健康問題、工作的不順利…我們總是依附它們，來確定身份感。隨便抓住任何一件讓我們有自我感的東西，即使那個東西讓我們一點兒也不快樂，也比空無一物來得好（張德芬《重遇未知的自己》）。但是，我們並不是成就，也不是故事。

7. 放掉你的名聲

名聲使真我的本質完全地被一個心理形象所掩蓋，我們越追求名聲，小我的形象越成功。透過努力，我們可能會變得有名，但是你真的變得重要了嗎？大部分碰到了你（名人），都想經由與名人的交往來強化他們的身份：小我的自我感。其實對你一點興趣也沒有，只是想最終藉由你來增強他們虛構的自我感，這一點連他們自己可能都不知道。小我給我們這樣的錯覺，名聲可以使我們成為更多更大更好。

友善提醒：閱讀訊息時請保持身心靈的平靜與開放，並善用自己的覺察與內在智慧，感知有正面幫助的訊息，提取它們，並放下沒有共鳴的部分，無須執著、擔憂、恐懼；保持心態的正面與開放，樂觀迎接新的可能，一種接近真善美的可能。

感謝一切~ NAMASTE

5. 《"光"與全新的生活》

http://blog.xuite.net/tonycjones/twblog/459060138

　　我們正處在一段被擴展的光之頻率的時刻。全新的門戶在為你們開啟，讓你們以更為擴展的方式以自身的能力去感知。敏銳覺察的力量對於所有尋求並抽出時間去感應的人們都是全然開放的。

　　現在你所需要的是讓自己放鬆在此刻，在這顆星球上噴湧而至的“神性之光”浪潮中，並允許它完成這個“再接線”的過程，其正在你的能量系統中為你建立揚升後的“光體”。

　　讓你自己深深呼吸是一個關鍵，它提供一種開放且不斷擴展的勢頭進入到全新賦權的神性之光的頻率中。當你粗淺的呼吸，你能量場的聚焦和你身體的解讀便是作為恐懼的收縮，因為它（身體）在擔心自己可能得不到足夠的氧氣。**當你深呼吸，恐懼就可以轉變成平靜，而你的能量場也隨之得到了擴展。這不僅僅是讓身體獲得一種美好的感覺，這種擴展也允許了你接納更多的光能進入你的能量系統。**

　　也請懂得，許多人正在體驗著相同或類似的“揚升症狀”。為檢驗這些症狀的問題去看醫生是可以理解的但是不一定會得到答案。在這之後，請以你最大的能力不要把它看作為身體上的不正常狀況。記住，此刻是一次規模巨大的覺醒進程。請懂得，你們靈性進化上的極端面向正被實際的展示出來，從而讓你從自己身上釋放這些陳舊的模式，也請明白，這同樣在幫助所有人類清理這些相同的陳舊頻率。

　　存在著一種神聖的互生關係，在你擴展你觀點角度的能力，從而允許全新的頻率通過你運作，以及在所有生命相同的覺醒意識之間有著一種潛移默化的關聯。你正在體驗的一切，以及這個放手的過程就是在協助著這顆星球之上所有生命的覺醒。存在著一種恆久不斷的升級與重新接線的過程在過去的一年中持續發生，對於大多數人來說這一直是很艱難的時刻。

　　在整個過程期間也一直存在著“造物主的最高意志”在推動全新光的頻率讓人類覺醒。這在人類的歷史上也有著真實的例證，諸如“文藝復興”和“工業時代”。只是，在這樣的能量時刻，卻不存在優先順序，那麼很重要的一點便是“明智的去運用”。你們已走入到一切創造（任何創造）的河流中。不論你需要什麼都能夠帶著輕鬆和恩典去實現。其中的問題只是- 以多種多樣的擴展方式把焦點集中在這“神性之光”上。

　　當你學會根植這些全新的頻率並允許這些“已加速化的能量流動”更自由的通過你的身體，在你的生命中將感到更多的提升和靈感的鼓舞。

　　請認真的考慮- 對這股包含“神性之愛”的卓越之光的給予，送達給你自身所有正遭受痛苦，懷疑（質疑）或痛苦的區域。**只要你送出“光”並以每日的基礎給自己更多愛的照料，一種輕鬆的感受會開始填充你的生活，意識上的全新層級也會通過你的身體爆發出來。**

　　在此刻，改變是恆久不斷的表達。這就是你們在體驗的“加速化進程”，這顆星球上全新 5D 生活的覺醒。當你懂得你靈性的進化便是- 在你內在和你的周遭創造出改變，它也在幫助放鬆那些懷有著質疑心態的人們。改變所帶來的非常不適，只會在你依舊頑固的持守陳舊模式的前提下出現。改變本身是令人愉快的，只要你能夠放鬆並伴隨著全新頻率去擴展自己。它可能是未知的領域，但全新的生命力量也在你的能量場中開啟，它將以同步性和自由的方式使你驚奇，讓你愉快。

光之力量的激活是一份"內在的工作"。你對於這個世界的覺察出自於一個明亮的光之載體。你有沒有通過一塊暗色玻璃去看世界？不論你看到什麼都是被披上色彩的，通過你的感知和認定。以這種不和諧的信息面向可能導致氣餒的受挫局面，所有你看到的正是通過你思維和態度的"暗色玻璃"。

你與源頭能量的校準改變了你的實相和你覺察的角度。你帶入你意識中的"光"的量級在所有層面改變了你的能量系統- 肉體，精神體，情緒體和靈性體。你與你心靈之間的連接也協助了你以更清澈的眼界去看清，也伴隨著擴展後的覺知。

在整個生命的歷程中存在著這樣一些時刻，此時所有能被看到的事物，其所含有的限制取決於你選擇以怎樣的態度看待周遭的一切。請知曉，你能夠以"光"點亮"黑暗"，此時的你能夠站立在"真理與愛的光"中。

請允許你自己去接收來自更高層面的來擴展覺知。利用這些早已被提供的靈性工具協助你自己通過這個過程。同時學會信任你自己正行走在一個全然嶄新的道路上。

請懂得，你總是被擁抱在純粹之光的天使之翼中，以這股從未可能遠離的愛之力量引領著前進。在這樣的知曉中慶祝自己－你就是一股偉大光之推動力量的一部分，它將改變你所熟悉的這個世界。對於全新生活之創造的"覺醒"就在你們的內心和周遭的一切中發生。你們將能夠利用這些全新之光力量強大的頻率越來越輕鬆的創造你希望的生活。也請懂得，你"清晰的意志"也穩定了行星層面的意識，處於全新覺知的擴展狀態。這利益了全人類。

請開放的去接收這股神性之光。允許這股光芒通過你順暢的流動，並根植進入地球。讓這光芒填充並環繞你。把光帶入到你的心中，也把你的明亮之光輻射進入這個世界。自這個已延伸後的位置，你會真實的懂得- 一切真的很好。

就是如此。

6.【Untwine】 結束契約制度（以下內容僅供參考！）

https://greatascension.blogspot.com/2015/12/untwine.html

2015 年 12 月 11 日

　　地球監獄系統操縱人們的其中一個主要工具是讓自由意志同意自己受奴役。這在大眾媒體的操縱中很容易看到，然而這個做法還有更深更重要的層次，那就是人們千萬年裡在地球監獄系統中簽下的所有靈魂契約（contract）。

　　當我們死後，我們不會自動揚升，不會神奇的把我們所有問題解決掉，不會與我們的魂靈結合然後從地球監獄出來。會發生的是我們穿過我們上面的密度。密度是物質的狀態。最致密的是固體物質，然後是液體，然後氣體，然後等離子，乙太，星光等，正如下圖：

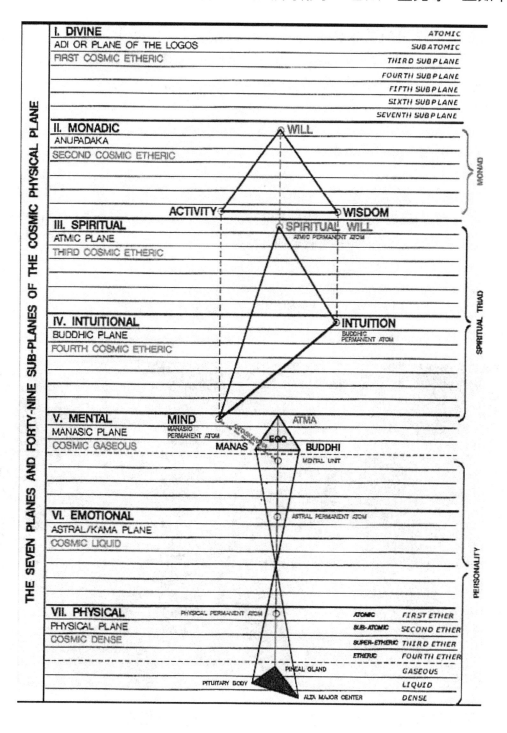

在這個圖裏你看到 7 個主層面 plane，每層又劃分為 7 個次層面。物質世界只是圖中最下的 3 層：固態，液態，氣態。氣態以上的虛線是等離子層。等離子層以上 4 個次層是以太層（註：介於三次元與四次元間）。乙太以上 7 個次層是星光層（註：四次元）。

有一點很重要，當我們化身在一個物質身體時，我們仍然有等離子，乙太，星光體及以上所有層面的身體，（註：精微身體），這些連接著我們的物質身體。在各層面一直有著交流：發生在液態層的事情能影響固態層，而等離子，乙太，星光層等等亦同理。

帷幕，行星地球周圍的電磁格柵，同時存在於物質，等離子，乙太，星光層和較低的精神層。（註：包括三，四次元）帷幕一直在阻塞絕大多數人離開和進入地球。魂/靈本身沒有被囚禁，而是其化身（incarnation）被囚禁。

當我們死後，我們的意識從物質世界（固液氣）移除並向上至乙太和星光層。之後發生的事取決於人們的選擇，環境和意識。

<Nosso Lar>這部電影基於靈媒 Chico Xavier 講述的一個真實故事，這個人在巴西非常有名，幫助人們聯繫他們去世的家人，告訴他們死者生前的私人生活細節，如果沒有通靈能力他是不可能知道的。在這部電影中我們跟隨一個死去醫生的腳步，他發現自己身在乙太和星光層。

死亡後，他在一片黑暗，荒涼，恐怖的世界中醒來，在那裏人們什麼都沒有，還不斷重複做著負面行為。

這是等離子和乙太層，在地球成為監獄期間那裏大部分是這個狀態。

他試圖找尋但沒發現那裏有恩典（grace），到了最後他向神祈求幫助。幫助來了，他被一些被光環圍繞的人救起。

他們把他帶到一個美麗的城市：

關於這些城市 Cobra 曾說過：

"實際上在更高的星光層，有一些光之區域，如果有足夠高的振動頻率人們死後可以去那裏。那裏有美麗的庭院，建筑，環境。但是這些地方仍然和隔離地球有聯繫，人們遲早不得不回去轉世，因為執政官仍然控制著他們。"

（擇自 2014 年 11 月 5 日的採訪）

我們在這部電影裏清楚地看到這個控制系統。這個城市被牆包圍：

人們走不出去，他們被強烈勸止這麼做，如果他們（強行）出去，就會傷痕累累地回來。整個城市的結構和等級制度就是讓人轉世，實際上這是提供給人們的唯一選項。從來沒有人提起搬到另一個不同的行星，甚至待在星光層。那些嘗試找一條不同出路的人更被羞辱和被認為是"不夠靈性（unspiritual）"，因為這些人"不服從神聖計劃"。（註：四次元的星光層仍未跳脫所謂的輪迴）

再強調，Cobra 曾描述過這個情況：

"那些在乙太層的光明勢力的嚮導也受到執政官操縱，他們一般是想做好事但被洗腦，就跟現實世界的靈性導師一樣，情形非常相似。"

這也與我們在現實醫療系統所見的很像。很多醫院的醫護人員是好心的，然而他們被洗腦每天都在（用藥）毒害病人。

在這些光之城裏，人們被告知為了解決他們的個人問題（personal issue）和靈性進化，他們不得不轉世並做一個特別的轉世規劃來重演這些問題。這個規劃就是一份契約，聲明他們同意在轉世過程裏忘記一切，同意在下一世經受的苦難。這是基於錯誤的業力教導，我在以前一篇文章裏解釋過：

"很多編程是執政官（註：控制地球的一群黑暗力量）創造出來替邪惡辯護。比如業力法則，用這個例子來陳述就是，如果我打破了我朋友的碗，那麼宇宙會安排某個人來打破我的碗。如此反複。這是完全的捏造，與真正的宇宙法則沒有關係，因為如果這個說法成立，那什麼問題都無法解決而苦難會一直下去。真正的宇宙法則是寬恕和慈悲，這是那些有真正連接的導師們所教導的。源頭的意志是，如果有人做了（對他人）有傷害的事，為了再次顯化真實的自我他們應該得到充足的療癒。涉事者之間可能需要一些能量的再平衡，比如誰打破了碗，可以買一個新的賠償給擁有者，或者做其他事在能量上補償。或者碗的主人僅僅只需原諒，源頭無限的富足就會自動地再平衡。不是從打破碗的那個人身上奪走什麼，而是給雙方所需要的。資源和富足是無窮的。"（註：宇宙律的業力法則僅為能量平衡，並非為了處罰）

人們在地球監獄簽了很多其他合約。首先在亞特蘭蒂斯末期，很多人類（不是星際種子）被黑暗勢力哄騙和承諾給予財富和權力，用來交換植入物的放置和契約的簽訂。後來行星上的衝突如此激烈以致光明勢力要撤退，黑暗勢力把行星圍起來建立監獄，阻止人們出入。在帷幕裏的人被迫與黑暗簽訂契約，接受苦難，接受黑暗勢力提供的條件，接受他們不會得到光明勢力的幫助等等。

然後在我們的現代生活裏，很多契約和協議來自陰謀集團。最重要的協議是出生証，實際上這是政府擁有的財產契據，聲明他們擁有出生名字的版權，因而他們擁有在這個名字下所注冊的一切。這就是為何在世界任何地方你不可能獲得你的出生証，人們只得到証件的摘要副本。

所有這些合約的重點在能量，得到人們的簽名就是給黑暗勢力提供養料顯化他們想要的。

移除這些合約的解決方法也是能量。我們是有主權的光之存有，源頭的化身。源頭的意志在造物裏最為強大，它想讓我們獲得自由。我們沒有被任何與源頭分離的瘋癲合約所束縛。聲明我們的自由意志來撤銷那些合約，我們就能從中得到解放。這不會讓我們馬上逃出地球監獄，因為自由意志在這裏沒有得到充分尊重，但這會在我們的能量場中增強光的流動，很好地幫助保護我們。

在以前一次 Cobra 會議中，他給我們分享一個撤銷合約的方法，我在這裏說一下。他建議我們寫下這段話，充分地結合我們的意圖，大聲地宣讀，並保存好這張紙。

In the name of I Am that I Am, in the name of divine soul presence that I am, in the name of all ascended beings of light, in the name of the Galactic Confederation, in the name of the Galactic center, I decree and command to cancel and nullify all my past, present and future contracts and agreements made between any part of my being and the dark forces. All these contracts and agreement and all their consequences are now completely erased from my reality. I am now free, all the karma of my whole being is now erased as well.

I am a free sovereign being of Light, from now until eternity.

So be it, and so it is.
In Light

.....Your Name.....

**With thanks to Cobra and Untwine   The Earth Plan

　　奉我是之名，奉神聖靈魂臨在之名，奉所有揚升光之存有之名、奉銀河聯盟之名，奉銀河中央太陽之名，我宣告並且下令取消並且廢除我在過去、現在和未來與黑暗勢力簽訂的所有契約和協議。這些契約和協議以及所有連帶的影響都已經徹底地從我的實相中消失。

我是自由而且自主的光之存有，從現在開始直到永遠。
以上宣告，如今應驗。
在聖光之中
在這裡簽下自己的名字』

　　我極力推薦各位做這件事，這對我們個人會產生非常強大的正面轉變，越多人這麼做，黑暗勢力維持地球監獄的養料就越少，"事件"會更快並且全部人的解放將會到來。
（註：負面能量餵養黑暗界）　　　　　　　　　　　　　　　　　　光的勝利！

第22課 ＤＮＡ（1）光體，微能量，量子意識，人類的起源，中央宇宙，中央族類

（1）DNA 譯碼，身體生病是因為意識生了病。

https://wintervolleyconsulting.com/2016/11/24/dna%E8%AD%AF%E7%A2%BC-%E8%BA%AB%E9%AB%94%E7%94%9F%E7%97%85%E6%98%AF%E5%9B%A0%E7%82%BA%E6%84%8F%E8%AD%98%E7%94%9F%E4%BA%86%E7%97%85/

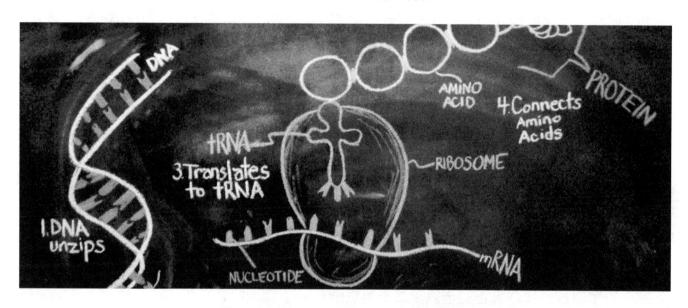

　　開啟細胞的另一扇窗。分子細胞由粒子所組成，屬可見的物質層面，分子細胞的外圍是量子細胞，量子細胞由微能量場所組成，屬不可見的心靈精神層面是波動。波粒二相性是現代主流科學「量子力學」的核心，了解兩者，才能了解細胞的真正結構，它打開了醫學的另一扇窗，一個完整的醫學即將誕生！

◆ 垃圾 DNA 價值連城

　　之前我們談的都是以分子的角度來看待細胞在人體上的運作，這是目前一般醫學的認知。細胞是由很多的分子組合而成的，而分子是由原子組合而成的，所以分子比原子大。原子是組成物質最基本的單位，所謂物質包括人類、動物植物、魚類、各種營養素、書桌、以及你正在閱讀的這本書，原子內部大部份是空的，如果把全球人類的原子聚集起來，大概只有一顆方糖那麼大！原子內有原子核，外圍有電子環繞著，這一切的運作都合乎牛頓力學的定律，都是固定的、有規律的，都是可以被測量的，就像機械一樣是有次序的運轉著。

　　從一九五〇年開始，由於科學家對細胞化學知識有相當的認識，加上電子顯微鏡的發明，

因此對細胞內部的結構與功能有了更進一步的瞭解，以分子的角度來看待細胞的「分子細胞學」（Molecular Cytology）終於在一九六五年後被發展了起來，這門學問一直沿用至今，也是西方醫學治病的依據。與古典的牛頓力學截然不同的新科學，也就是現代的主流科學量子力學，推翻了古典力學很多的說法，照理說，人人都應該瞭解現代科學才對，但事實卻是相反的，瞭解現代科學的人，可說是微乎其微，你到醫院去問醫生什麼是量子力學，相信他也答不出來，醫學與近代科學幾乎完全脫勾，雖然量子力學已有上百年的歷史（西元一九〇〇年十二月十四日是量子的誕生日）！

量子力學成功地擺脫了古典的牛頓力學，並成為現代的主流科學，可是我們卻發現當今以牛頓力學建立起來的西方醫學依然雄霸醫學武林，穩穩地坐在盟主的地位，我們看不見一丁點兒的量子力學出現在西方醫學的思維上。現代醫學的思維依然是以歸類症狀、給予病名、以及採用藥物治療為手段，來診斷與處理各種疾病的發生，病人的問題並沒有經過系統性的全盤考量，所以投予病人的用藥是不精準的，也因此，慢性病就變成無法逆轉的疾病。如果每天所吃下肚的藥是全天然原料製成的，那麼就算是終生服用，那也是不成問題的，壞就壞在治療疾病的藥物是非天然的，是化學合成的，是有副作用的，是有毒性的，是對人體有潛在傷害的，而持續性的使用下，還會引發其它不可預知的疾病！可見當今的醫學還有一大段的路要走，**等到有一天，我們的醫學至少是建立在量子力學思維上的時候，人類將會看到一個沒有疾病的世界！**

那麼根基於現代科學之量子力學的醫學應該是什麼樣的醫學呢？

由於醫學院並未傳授這樣的一門課，因此我們有必要將它填補進去，如此各位讀者將可以完全的了解細胞運作真正的全貌，而不再侷限在分子細胞的狹窄領域內，這也是人類未來的醫學！現在我們將細胞分為兩大類：「分子細胞」及「量子細胞」。**分子細胞內的粒腺體所產生的能量稱之為「能量」（energy），而量子細胞所產生的能量稱之為「微能量」（subtle energy）。**粒腺體產生能量，那麼粒腺體的能量哪裡來呢？它來自於微能量，微能量比能量還要來得精緻，還要來得巨大。那麼微能量是什麼呢？它是怎樣產生的呢？

微能量是由意識（consciousness）所產生的，不僅如此，微能量也是由意識組合而成的，其實微能量就是意識，意識即微能量，這兩者之間並沒有什麼不同，這是一個很重要的認知。換句話說，我們的意識會影響微能量的變化，而微能量的變化也會影響我們的意識，因此，意識也會影響我們身體的健康。

那麼意識是什麼呢？

意識是你腦中所想的東西，比如說你看到眼前有一盤剛上桌的龍蝦沙拉，你的腦中立刻出現想吃的念頭，可是醫生告訴你吃帶殼的海鮮會使你過敏，囑咐你不要吃，於是你會處於一種要吃與不吃的掙扎情境當中，最後你決定不吃，因為健康比較重要，這就是意識所作的選擇。為什麼意識能作出這項選擇呢?因為意識有自由意志，它可以選擇它所要的，那麼自由意志是從那兒來的呢？**自由意志來自於最純淨的愛，每一個人的內在都擁有那出自於「源頭」最純淨、無條件的愛，愛在每一個人身上，有些人將它展現出來，有些人將它隱藏起來，愛是最偉大的療癒力量，因為愛是量子細胞的糧食，量子細胞是由愛組合而成的。**分子細胞是由量子細胞包裹起來的，這包裹起來的層次，在科學上稱之為量子場，此量子場也可以稱它為微能量場。那麼量子細胞如何影響分子細胞呢？它和我們的健康有什麼關聯呢？

♦ 垃圾 DNA 暗藏著玄機

首先，我們先來瞭解一下什麼是 DNA？DNA 的主要功能是儲存資訊，組成遺傳指令，引導生物生長、發育以及生命體的機能運作。多年以來，科學家認為只有百分之五至十的 DNA 是有用途的，而其它百分之九十至九十五都是垃圾 DNA，是多餘的，是沒有任何用處的！其實我們身體的每一個結構都有它的特殊意義及特定用途，我們所不知道用途的某些結構並非沒用，只是當代科學家還沒有能力揭開它的神秘面紗而已，所以隨意把以為不重要的器官割除，其實這種做法會影響身體正常的運作，就像飛機少裝一個螺絲都有可能會出事一樣，身體的運作必須靠整體各個部門的協調才能達成的。DNA 也是如此，根據最新的生物物理學及分子生物研究得知，約有百分之七的有用 DNA 是在之前以為的垃圾 DNA 裡找到的，這百分之七的 DNA 就像網際網路（互聯網）一樣，是個巨大的資訊聯絡系統，它比任何的人工智慧還有智慧。

我們把之前的百分之十與新發現的百分之七加起來，總共也不過百分之十七而已，那麼還有其它百分之八十三的 DNA 是什麼呢？它們有什麼功能與用途呢？**俄國科學家已證實藉由語言及特定頻率可以改變 DNA 程式的執行，而不需要去改變或替換 DNA 的結構。其實 DNA 的組成與宇宙的組成是一樣的，人體本身就是一個宇宙的翻版，我們目前所認知的宇宙（註：物質宇宙）只佔全部宇宙的百分之五，百分之二十五是暗物質，百分之七十是暗能量。**

♦ DNA 共有七段執行單位

第一段、生存 DNA

這一段 DNA 所儲存的信息是：「怎麼活下去？」生存是它所要執行的首要任務，身體會用各種方法讓自己存活下去，本身也有自己的一套自我修護的免疫系統，因此它的結構與運作其實是很完美的，身體本身並不會產生疾病，疾病與它是無緣的，這與一般人的認知有極大的差異。

你說身體本身不生病，可是身體是會生病的不是嗎？那麼身體為什麼會生病呢？

身體會生病，是因為一個人的意識生了病，才創造出來的，**身體藉由疾病來傳達一個訊**

息，它想告訴你，你的生活與想法要改變了！生存是人與生俱來的本能，細菌及病毒內的此段 DNA 也特別發達，由其活躍的狀態可見一般，醫學認為病毒進入人體必須依附人體內的細胞才能存活，其實病毒不須靠人體也能生存，因為最近科學發現，它會吃在它周圍的電子來存活。長期失業、三餐不繼、活的很辛苦的人會影響這一段的 DNA，從而產生各種大大小小的疾病。固定運動習慣及補充優質營養素對人體的運作非常重要，因為人體的機械運作機能是直接靠此段的 DNA 來執行的。

第二段、情緒 DNA

這包括一個人每日的情緒起伏變化、個性、性格、人格特質等，每一個人都有喜怒哀樂、七情六慾，它也是我們情緒的來源，有情緒是正常的，誰沒有情緒呢？中醫說人會生病的內在原因是喜、怒、憂、思、悲、恐、驚造成的，這些都會影響這一段的 DNA，你的情緒會直接影響到此段的 DNA，所以每天保持愉快的心情是很重要的，惡劣的情緒及壓力會產生癌細胞的 DNA 執行程式，很多疾病的源頭都是由此而來，情感性疾患是其典型的疾病。內心充滿仇恨，不知感恩，加上整天在抱怨，而不去面對問題、解決問題，每天給 DNA 這種訊息，DNA 當然會根據這些訊息去執行它所該執行的，所以疾病是來自於你給 DNA 什麼訊息？心態決定一個人的成敗與健康，積極肯定的信念是很重要的。慈悲與寬恕可以提升情感的品質；懂得放下，才能讓我們更快樂、更健康；執著放不下的心只會把我們困住在一個狹窄的框框內，不執著將為我們打開另一扇窗，關上心門，永遠也無法讓陽光照射進來。

第三段、理性 DNA

這是我們最常見的人們語言行為上的表現，我們常常聽到：「你這個人怎麼這麼不講道理！」、「說話也要合乎邏輯嘛！！」萬事萬物都要合乎邏輯！牛頓力學最合乎邏輯了！從小我們就被教導說，人要有理性，科學就是理性的產物，不合乎科學的就是一種不理性的行為，邏輯是理性的基礎，大腦是執行的工具。死亡會打破大腦的理性思維，我們可以看見一個人的出生，但我們卻看不見死後的生命，只知道留下一堆骨骸，活生生的生命消失了，生命到哪去了呢？你看不見，因此根據你的理性邏輯判斷，你一定會死亡，這是百分之百可以確定的！不過這是一件令人很難接受的事，因為死亡否定了你的財富、你的權勢、你的一切！我們對未知的事物會產生恐懼，這種恐懼會存入 DNA 的程式裡，於是 DNA 就製造了各種恐懼的疾病！恐懼會影響這一段的 DNA 程式，於是身體就會出現由恐懼所產生的理性錯亂。精神疾病是其典型的疾病。以上這三段的 DNA 是屬於「物質層面的 DNA」，也就是說它們都是以分子 DNA 的型態呈現著，是分子細胞的 DNA 所儲存的信息，這些信息有來自今生累積的，有來自於前一世的，也有來自於很多世以前的（註：存在於潛意識），它佔了整個 DNA 的百分之五。

接下來的三段 DNA 是屬於量子細胞的 DNA，它佔了整體 DNA 的百分之二十五。

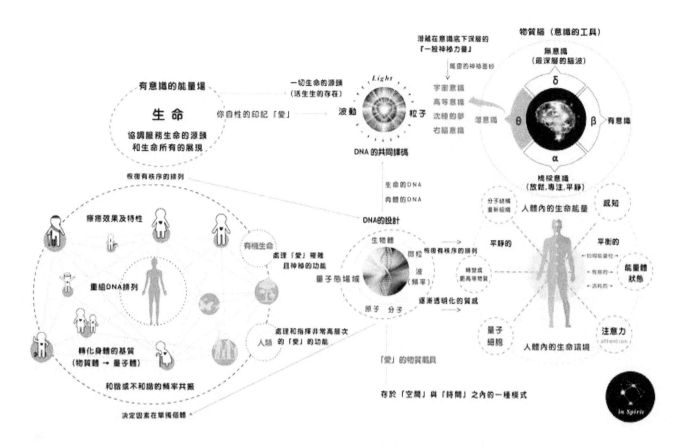

第四段、靈性 DNA

它是由無數的多層色彩的光所組合而成的，放下大腦所想的，完全擺脫大腦的控制，也就是超越大腦，才能進入開啟靈性 DNA。由於大腦的胡思亂想，使我們看不到自己內在的本心，那個清淨的心，放下對大腦的執著，不再被大腦所控制，那時你的意識會呈現對萬事萬物的徹底的明白，它就是很多人常說的「開悟_狀態，我們常對臨終的人說：「放下吧！」放下就是開悟的前提。不管醫學如何的先進，也不管一個人多麼會保養，有一天，他總會碰到的一個問題，就是死亡！然而分子細胞死亡時，也就是說肉體死亡時，一切就會結束了嗎？

當腦下垂體細胞內的 DNA 接收到：「分子細胞已老舊，無法修護，請各位在分子細胞外圍，以微能量場形態存在的量子細胞，儘速離開此人所屬的分子細胞！」當量子細胞接收到這個信息後，就準備離開它所包裹的分子細胞，而與其它不可計數的量子細胞融合在一起，並聚集在腦下垂體的地方，然後離開由分子細胞所組合而成的肉體。這時分子細胞因失去了微能量的生命能量供給，死亡就發生了，而聚合在一起的量子細胞已不再具有細胞之形態，而以微能量體的形態顯現出來，我們稱這種微能量體（註：量子意識）為「光體」，也有人稱它為「靈魂」、「中陰身」、「星光體」、或「精神體」等各種名詞。由量子細胞所組成的光體，在肉體死亡後依然存在著，它進入了量子的世界，一個多重宇宙空間的量子世界。不管任何人死亡後都會以量子態存在的，也不管你相不相信有那樣的世界存在，你還是會進入那個世界。由於量子細胞是由意識所構成的，因此死後你將保有一切的記憶，不會有任何的

改變，甚至你可以擴大更多的記憶，因為你不僅僅擁有這一世的記憶而已 ！ （註：阿卡西記錄）

死亡是另一個生命的開始，它會一次又一次的發生，直到你找到了喜悅，進入了喜悅，最後成為了喜悅為止！平時能放下對金錢的執著，放下對權力的慾望，放下對愛情的糾纏，放下對生命的執著，都將使此段的 DNA 獲得更多的微能量，而**當微能量增強到一定的程度，這時它將蛻變成第五段的 DNA。**（註：睡眠 DNA 是藉由高頻意識來開啟）

第五段、存在 DNA

「精神的存在」是一個已擺脫物質，而以純精神狀態存在著，它是我們本來的真面目！在這種狀態下，你找不到物質的成分，不過當你要進入這種狀態的存在，你必須藉著分子層的這段 DNA 來啟動它，這段 DNA 打開了一個世界，一個比你目前活著的世界還要更真實的世界。**當一切我們所認知的世界不存在之後，真實存在的世界才會顯現！**這一點對一般人而言是不大容易瞭解的，所以需要解釋一下：當大腦這個器官死亡時，由大腦在死亡後所遺留下來的念頭都將全部消失，這時被大腦所矇蔽的意識才會破繭而出，此時的意識才是真正的你，而之前的你是「不真實的存在」的，就好像布袋戲的木偶人並不是真正的我，而操縱那木偶的人才是真正的我！所以當肉體死亡時，也就是木偶死亡時，真正的我才會出現，這時的我不會對木偶的死亡感到難過及遺憾，因為木偶畢竟不是我。在存在裡，你才能感覺到什麼是真正的你！你才會真正的知道快樂是什麼真正的幸福是什麼，以及真正的活著是什麼！

第六段、「是」的 DNA

「是」是所有的一切，「是」包括它們所「是」的部份，也包括它所「不是」的部份，以及包括它所「是」及所「不是」之外的「是」的部份。**它是整體，也是部份，因為整體與部份已不可分，所以它只是「是」。這段 DNA 是留給即將進入小涅槃的人所預備的，一般人是用不到的。**

我用「小涅槃」這個詞，是因為找不到更好的詞可以來形容它，這與宗教沒有任何關係，現在開始我們會愈來愈不容易去形容它了，不過沒關係，我們只要有一個基本的概念就可以了，如果你想深入的瞭解，可參考拙著「大進化 II：生命是什麼」，相信你會有更深一層的瞭解。

我們現在舉一個簡單的例子來說：晚上你坐在公園椅子上，你看到了正在玩耍的孩子，一對情人坐在不遠的草地上，一對老夫婦手牽著手在散步，今晚天氣很好，天空有一閃一閃亮晶晶的星星，突然有一隻狗從你跟前跑過，穿過種滿各種花草樹木的園圃，這一切的一切看似自然的，沒有什麼特別，你每晚都看的到，那麼它跟你有什麼密切關係？

其實它的背後隱藏了一個大秘密，如果你能真正體會到這個大秘密，你才會驚訝到，原來這一切的一切都是：「你！沒錯！一切都是你！」

你是那位坐在公園椅子上的人，在玩耍的小孩也是你，那一對情人及老夫婦都是你，不用懷疑，小狗、花草樹木，甚至天空中的每一顆閃亮的星星都是你，你是所有的一切，一切只是「是」，沒有不是，是整體，是全部，沒有一樣的東西是與你沒有任何關係的。一切只有「是」，此段的 ＤＮＡ 將為你啟開這扇門！（註：合一意識）

第七段、「空無」ＤＮＡ

它佔了百分之七十的 ＤＮＡ，因為所有的 ＤＮＡ 都是由它分化而來的。對空無，你能說什麼?任何的語言、文字及圖像均無法描述它們！因為當你描述它時，它就不是它了！這是給即將成佛、成道、進入大涅槃時所需要啟動的巨大能量的按鈕！佛陀成佛、耶穌成道都需要這一段的 ＤＮＡ 來執行，而當它執行時，肉體無法承受這巨大的能量，因此肉體的任何部份將隨即的停止運作，死亡發生了！這個人永遠不會再回到我們的世界來！所以那麼多年了，佛陀轉世回來了嗎？耶穌有再來嗎？為什麼他們都不再回來呢？

想一想，你是世界唯一的存在，你就是世界，這個世界就是你，你要怎麼回來？你要回來哪裡？

空無是一切生命的源頭，空無以自身的愛，以光的形態投射並創造出所有的生命，每一個空無所創造出的生命皆具有與空無相同的內涵，就像細胞分裂一樣。

啟動空無的 ＤＮＡ 是在大腦松果體的細胞 ＤＮＡ 裡面，當它執行時，神經系統輸送的血清素會產生離子化，此時組成血清素的原子會產生濃縮群聚的效應，而改變了物質的自然化學結構。一股電磁能量通過了血清素的分子，將其分子逆轉，而產生巨大的能量，這時肉體再也無力承載這股能量，而化為空無！

生命來自於愛，從細胞 ＤＮＡ 的運作到宇宙星辰的運轉都是來自於空無的愛，地心引力是假象，一種非常真實的假象，天上的星星不掉下來是因為愛，愛是一切物理學的基礎！（註：愛是宇宙間最大的力量，非三次元所謂的愛）

偉大的科學家愛因斯坦知道這個答案，於是他把所發現的答案寫在給他女兒的信上，希望她保存的愈久愈好，因為他擔心很多當時的科學家無法接受！此信於二〇一五年六月十一日在美國洛杉磯以四十二萬美元賣出，舉世譁然，信的內容如下：

　　我提出相對論時，沒有多少人理解我，在此信申我透露給人類的也會與世人的觀念和偏見牴觸，因此，我懇請妳盡量保藏這些信數年以至數十年，直到社會進展到能夠理解我在這信中所揭示出來的。在宇宙中存在著一種極其巨大的力量，至今科學還沒有探索到合理的對其的解釋。此力量包容並主宰其它一切，它存在於宇宙中的一切現象背後，然而人類還沒有認識到它。

　　這個宇宙的力量就是「愛」。

　　當科學家們探索宇宙時，他們忽略了這最具威力卻看不見的力量。「愛」是光，照亮那些給予和接受它的人；「愛」是引力，它使得人們彼此相吸；「愛」是力量，它把我們擁有最好的東西又加倍變得更好，它使人類不會因無知、自私而被毀滅；愛也可以揭示、「愛」也可以展現；因「愛」，我們生存及死去；「愛」是神明，神明就是「愛」。此力量可以解釋任何事情，並賦予生命之意義。我們已經忽略它太久了，或許是因為我們懼怕「愛」這宇宙中，人類尚未能隨意運用的能量。

　　為讓人類能了解「愛」，我在我最著名的方程式 $E=MC2$ 做了一個簡單的替換，如我們能認可從「愛」為乘以光速的平方而獲得的能量足以治癒這個世界的話，我們將會得出這一結論：「愛」是宇宙中最巨大的力量，因為它沒有極限。

　　人類試圖利用和控制了宇宙中的一些能量，然而這些能量卻被用來毀滅自己。我們現在急需能真正滋養我們的能量，如果我們人類還希望存活下去，我們就應尋求生命的意義。如果我們還想拯救這個世界和這個世界中的生命，「愛」則是唯一的答案！我們或許現在還無能力製作一個「愛」的炸彈，以消滅正在摧毀這個星球的仇恨、自私和貪婪，然而，我們每個人身上都擁有一個雖然小，但有威力的「愛」的發動機，這個發動機正等待發射愛的能量。當我們學會如何給予和接納這個宇宙的能量，我的孩子，我們將能斷言「愛」無所不能的，超越一切，因為它就是生命的全部。

　　我後悔未能早些表達上述序於我心中的一切，也許現在道歉已遲，但時間是相對的，我還是要告訴妳，我愛妳也謝謝妳，我因妳而得到了生命的最終答案！

妳的父親

（2）你可以改變你的 DNA

http://club.china.com/data/thread/1011/2721/69/55/7_1.html

一、人類的 DNA 本質

　　首先，先從 DNA 開始說明。我在這裡所指的 DNA，與目前科學界所採用的定義並不完全一致。目前人類所定義的 DNA 只在肉眼可見的化學結構上，也就是 2 條 DNA 鏈。但人類不僅僅只有 2 條 DNA 鏈，實際上，人類有 12 條，（這 12 條 DNA 與創造我們的神，也就是外星種族有著莫大的聯繫）（註：**地球人類的 DNA 和許多外星種族有關，有關外星族群 https://ward3d123.pixnet.net/blog/post/270375268**）是也就是 6 對 DNA 鏈，另外的這 5 對 DNA 鏈屬於磁性（註：愛）與靈性（註：非物質性）的範疇。這些 DNA 鏈中涵蓋我們整個生命的編碼，也就是人體電腦的指令集。這是人類與所有生命都有的一個進入最初源頭中心宇宙未知領域的螺旋臍帶。

　　DNA 並不是只傳送物質特性傾向的東西，它同時也傳送我們對於時間、空間、能量和物質的觀念，傳送我們有意識和無意識的濾鏡，傳送對原始思想內在衝動的接受能力，界定著從宏觀到微觀層面的所有人生歷程。當一個生命開始運作時，這個生命一生中的每一個"因果"的"因"皆由此而決定。必須要解釋一下這裡提及的"因果"的意思，也就是說，這個生命將會接受怎樣的想法，怎樣處理進入自我內部的訊息，都編碼於它在出生之前所選擇啟動的那部分 DNA 中。即使在不同的個體中，DNA 也存在著一種"共鳴現象"。少數個體的意識想法特性會在"能夠被共鳴"的特定 DNA 人群中擴散，因為在 6 對 DNA 鏈中有著以次量子級傳遞特性和智慧的媒介存在，這是非物質層面的運作，但卻是物理性的，因為這是能量傳遞。心電感應（他心通讀心術）現象的原理正出自於此。這種傳遞藉由宇宙能量網（Universe grid）發生，它是無關乎時間與空間的傳遞，能夠瞬間在宇宙的一邊與另一邊建立連接。量子物理中觀察到的兩個粒子的纏結運動狀態表現的正是此一特性。

　　這 6 對 DNA 分工各有不同，第一對 DNA，也就是已經由科學確認的那對 DNA 控制我們的遺傳基因模式，決定我們物質身體的健康與否，新陳代謝，衰老過程等。第二對 DNA 管理情感身體，控制我們的遺傳情感模式（或遺傳個性）和對特定個體情感狀況的敏感致病因素。第三對 DNA 管理著精神身體如乙太體靈魂、星光體意識等，控制遺傳精神模式，思維方式偏向，比如是否線性、理性、邏輯與非邏輯、直覺感知等。第四對 DNA 涉及遺傳靈魂模式，這一對 DNA 支配著我們的生命目的，包括東方宗教中常談及的"業力"。業模式表示過去生的遺留業力會被儲存進這第四對 DNA 並帶入新的肉體生命經驗之中，提供再一次的解決機遇。第五對 DNA 管理遺傳靈魂群體關係，這裡需要理解每一個人的靈魂都不是單一的個體，而是以複數形式的群體存在（註：高我是集體意識），這表明一個靈魂群可以在同一時空中以複數的物質身體存在（即不同的人可能擁有同樣的靈魂 群，這樣的關係被稱為靈魂家族）。這對 DNA 就是決定在同樣的時間與空間中的 靈魂家族 為何種協助方式履行他們共同的生命體驗。第六對 DNA 是全我的遺傳心智，它控制著一切的創造和 12 條 DNA。

　　12 條 DNA 鏈外各圍繞著 12 節似水晶（crystalline）

　　這樣命名是因為在物理屬性中，它們與水晶有著類似的功能，水晶能夠保存能量形態的記憶（想想水晶頭骨，亞特蘭蒂斯的水晶技術外星飛船中的水晶能量動力，水晶是強大無比的能量，我們卻把它當做裝飾品……）。似水晶體儲存著我們無以盡數的生命記憶，包括過去現在及未來所有的事件和人體架構的生命藍圖。它們是圍繞著 DNA 這個人體電腦指令集的精密記憶體——阿凱西記錄（Akashic）。（ 註：個人阿凱西記錄存在於 12 節似水晶中）

在完整的生命形式中，12 條 DNA 與 12 節似水晶體有著良好的溝通。但在目前階段的地球人類中，DNA 是存在著缺失的，這缺失是被設計的，有許多部分被有意的掩蓋（不同的外星種族在不同時期降臨地球在人類的 DNA 中加了不同的封印，同時還在星球上設置了不同的行星磁柵），導致人體內 DNA 與似水晶體的通訊效率低於 15%（這就是為什麼科學家說人類90%的 DNA 都是垃圾 DNA，其實是沒有被啟動的 DNA，一旦被啟動，我們將擁有不可思議的特異功能，心靈感應，瞬間移動，星際旅行，隔空取物……目前人類是低頻通訊，所謂的提升頻率也正是指提高通訊率）。正因為如此，“遺忘的面紗”產生（記不起前世的記憶），它阻隔了對生命目的和自我真實身份以及所有生的記憶，使人類遺忘那些自己原本便有的所謂 “超” 能力，細胞也無法有效地複製健康狀態時的記憶完全重塑以醫療自身的損壞。而完整通訊狀態下的細胞能夠自我診斷，在發現錯誤細胞時能夠停止複製自己，當錯誤不可糾正時則會選擇 “自殺” ，遏止症狀的蔓延，由這樣的細胞所組成的身體，可以保持你所想要的壽命和青春。

神秘主義和科學界都沒有瞭解到人類 DNA 模板的這個層面。對一切事物來說，不管它是一種生物性的狀況，或是一種心智狀態，在經驗者本身這邊都必須要有 “適應作用”。 “適應作用” 是被設計在遺傳密碼裡的首要智慧，這種智慧可以經由頻率的共振而被啟動誘發，比如特殊的文字、影像、聲音等。當 DNA 編碼被全部憶起，也即通訊率達到 100%的時候，將在更高存在狀態和生物性上產生適應作用，也即人類各種信仰體系所稱的 “昇華” “提升” “覺悟” （Ascension）揚升狀態。瞭解所有的物理運作原理，空想具現化的立即創造和對身體與壽命的全然控制。這樣的人類在各個時期均有少量的存在，在全球的傳說中都有過這類 “仙人” 的記載，譬如耶穌、佛陀等，其中也有一些隱藏者的年齡已經在 3000 歲以上。目前地球上也有少數人類已能夠進行全部通訊。現今的地球，由於磁柵的調整，使得人體的DNA 效率得以改善，人們會注意到周圍的 “超能力者” 越來越多，所謂的靛藍小孩也正是在這一效應的表現之一，這是由於新生代比過往的人類擁有更多的 DNA 通訊率。科學界也在嘗試使用磁極刺激以啟動 DNA 的實驗，這類研究正是邁向正確方向的開始。

二、宇宙與 DNA

由於 DNA 的連接，宇宙能量網與人類意識的聯繫能夠改變物理狀態，它是我們精神能量的源頭。這種能量是安全與穩定迅速的，就類似於粒子的碰撞傳遞那樣，網格細胞在彼此碰撞的過程產生了波，這種速度幾乎在一瞬間就超越數十億光年，與光速不可同語。即使在近乎真空的宇宙中，仍在有星塵，瓦斯，以及磁力，這些因素都會阻礙或曲折光的傳遞。網格能量的傳遞則快速乾淨，瞬間傳遞。這是因為能量的媒介是統一的。在地球周圍的宇宙能量網正在發生磁性改變，這使得人類 DNA 通訊正變得更加容易，這改變與計畫有關，同時也受人類意識影響。語言所限，我的描述也許不夠精確，但我希望有人已由此看到人類意識、星系和宇宙之間的整體性聯繫。我們是宇宙相互連結的一部分，在超出結構、儀器、科技以及科學家發現的公式之外有秩序的混沌中活動，有一些東西是在粒子、波和潛意識精神共振底下運作的。越是進化的種族越具有精神傾向，當人類能夠進入啟動對此控制的階段，便能夠輕易連接意識心智和物質，從而達成心靈感應及意念創物之類的行為。

由其中某一外星族群 Corteum 所提供的宇宙論瞭解到，宇宙的結構被分割成以一個中央宇宙（central universe ）為中心的七個超宇宙（superuniverses）。中央宇宙被反物質的引力主體所圍繞而使得它實質上是看不見的，即使對那些位在最靠近它的圓周之銀河系來講也是一樣。中央宇宙是不增不減且永恆的，而 7 個超宇宙是時間的產物，以逆時針方向繞著中央宇宙旋轉。圍繞這 7 個超宇宙的是由非重子物質或反物質所組成的非物質性原始要素，它們以順時針方向繞著 7 個超宇宙旋轉。這個浩瀚的外在空間，是可以讓超宇宙擴展而進入擴張的場所。天文學家所看到的已知宇宙，大部分只是超宇宙的一個小碎片和最週邊的擴張空間。愛因斯坦的廣義相對論存在著缺陷，不是普及的狀態被採納，他的理論低估了意識加諸於量子物體之上的影響。這有點類似牛頓的機械論宇宙，太狹窄而不能解釋那麼多我們今天稱呼出來的現象，比如複雜理論和混沌理論。

較之地球科學以經驗或觀察為依據的研究而來的少量證據，作為一個探索者的族類之歷史以及他們在物理學上的高超應用，使得 Corteum 的宇宙論是相對可信的。但即使如此，也無法完整無誤地解釋我們的宇宙。如果將我們的所在假定為宇宙無限宏觀與無限微觀的中部，用望遠鏡我們能夠看到圓盤狀銀河系的最邊緣，用粒子加速器我們也能在微觀上建立可能性的理論。我們的科學觀察到這中部延伸向無限大與無限小的一小段擴張，但而其餘的部分則迷失在濃霧中。即使在觀察到的層次上物質保持著同樣的形式和法則，但再深入進去後，它們在發生變化，不再穩定，它們的性質已經不再能夠被預測。運用人類所有的技術和理論，也仍然無法一窺迷霧中的真相，宇宙的每一部分也許都需要不同的物理學自然律。

三、造物者、中央族類

在中央宇宙的邊緣上存在著中央族類，他們擁有自宇宙創造以來最原初的人類 DNA 模板，他們是類人生命的 DNA 編寫者，負責類人系基因的管理，也是人類未來進化的形態。

第23課　DNA（2）音頻，諧波，基礎音，泛音，平行矩陣，阿凡達，基督意識

http://www.ashtarcommandcrew.net/profiles/blogs/critical-mass-dna-activation#ixzz38j9FmlQn

不會太久
您就會最終理解"合音OM"的真正意義
我們來自源頭
我們來自OM總體宇宙 - Omniverse
我們太陽系所屬的宇宙Universe
是Omniverse宇宙的一粒微塵
我們的使命
是協同大家共同建立
金彩虹和音地球聯合新場態
我們一起

（註：指合一的意識）

（1）【安吉拉博士】

臨界物質 DNA 啟動

【原文網址】

http://www.ashtarcommandcrew.net/profiles/blogs/critical-mass-dna-activation#ixzz38j9FmlQn

【作者】Dr. Angela Barnett　（Crystalai）

【翻譯】shan-athana

http://blog.sina.com.cn/s/blog_bfe09e210102uyam.html

（以下 3 文章內容頗深參考即可）

被地球守衛監護者通過嵌入地球藍靛和阿凡達內的、轉變地球意識場的揚升頻率的結果，臨界物質 DNA 啟動在行星地球上開始發動起來。在 12 模板下提升到 5DNA 是一個巨大的勢態，這是地球基督種族的神聖嵌入，對所有願意並準備好個人啟動的存有都是可行的。

DNA 潛能被植於地球的格柵當中，不管怎樣，每個個體一定要連接到他們 DNA 潛能的意識才能夠運作。這個意識是電鍍了音色的粒子。地球的基準音調一定要與泰拉（註：5 次元地球的名字）的融合，就是說全部的意識場在泰拉的源頭意識中，它裡面典藏著太陽艾爾康和二個地球內部和諧宇宙的水晶內場光子帶。地球內的水晶中心場包含次母音的多次元星門，通常它允許所有意識場融合，並分享以往記憶和資訊。一旦地球格柵通過個體介入調諧，個人的 DNA 會越來越多地啟動，最終與集體意識共振，取代內在的地球格柵意識。你可以通過以下音樂網站，與這些頻率啟動共振 http://crystalmagicorchestra.com/music-listening

新專輯《完整完美的 DNA 灌輸》是頻率灌輸的門戶，連接個體意識進入到 6 個阿凡達兒童的全部意識場，他們已經找回了地球集體意識被丟失的部分。這個專輯同樣也包含著 6 恒星波的頻率灌輸，每個都會為地球帶來我們原始星際全意識的片段。頻率已經到達，Crystalai 和 aDolphino 是門戶，讓這些頻率流入，甚至在它們來地球前就可以。我們是宇宙火焰，從蓋婭（3 次元的地球的名字）傾聽的艾洛希那裡直接獲取禮物，通過音樂把最高的頻率引入。請到這個網站 crystalmagicorchestra.com，傾聽所有頻率音樂，那是從傾聽的艾洛希直接傳導給我們的。

這些頻率將通過每個 DNA 內 12 模板的分諧波啟動 DNA 鏈，回歸人類地球永恆生命的完美人類。完全完美的 DNA 灌輸恒星啟動週期在 2000-2017 年間發生，喚醒所有人類大規模的覺醒。

人體是一個生物電導體容器，被設計成 12 密碼脈衝轉化進地球行星盾。通過意識 DNA 模板梅爾卡巴-昆達裡尼-曼哈瑪連接轉化啟動。新的完全完美 DNA 灌輸專輯包含了連接韻致到六個阿凡達兒童的頻率，這些兒童帶著完美的 12DNA 模板出生，這些密碼會移除並更正置於每個脈輪中阻礙 DNA 啟動、帶來導致病症、死亡、嫉妒、恐懼、仇恨等能量的遺傳突變的封印。是的，我們在社會中展現的每個錯誤都通過這個封印或突變引發，封印置於我們的模板內，一旦神聖模板被完全，它會帶來愛的交互作用。

我們展現的任何行為都沒有基於愛上，我們可以諒解這個錯誤，因為它置於個人身體技術配置內。因為它不是如神真我的一部分，可以得到諒解。這些錯誤開始從我們的意識中融化，我們與這個頻率更多地調諧，你就越可以連接上你神聖的阿凡達（註：全意識開啟之存有）。這些阿凡達就是從行星矩陣中前來移除這些錯誤的。請來這裡 http://crystalmagicorchestra.com/dna-infusion 學習更多的完全完美 DNA 灌輸。這個專輯同樣也包含著完美 12DNA 頻率密碼，這是 ZIONITE 專門給特定的人類的，創造加速的揚升進度。

專輯同樣也包含著 36DNA 的泰拉的 UR 種族和 MU 內部地球種族的 48DNA。這些頻率在精神平行矩陣中把我們與完美的頻率連接起來，這一定會合成進我們人體的 DNA 內。就是這個精神 "泛音" 的再活化進物質基礎的音訊或鍍膜進入到地磁中，才會使二元或極性的消失。當原初神聖精神現實吸入回脈輪，DNA 得以啟動，轉化開始發生。 http://crystalmagicorchestra.com/purchase-1

記錄在波專輯中的克裡斯泰拉 Crystalai 頻率是真實意識的傳輸，記錄在成千涉及宇宙意識改變的人們的頻率符號當中，同樣還有星辰波、太陽風、球體音樂的唱誦、克利斯蒂克族在連接到地球母親之心時的意識波中。

當你在光能量波中連接身心意識的過程中，你的身體可以變成一個黃金蛋或者水晶梅爾卡巴形式。你讓光灼熱通過水晶體，你擁有美麗的色彩身體。高靈說我們一定要經歷足夠的恒星波啟動的訓練，加速進 4.5.現在，加速層面與次元層面不同。我們一定要達到 5.5 次元層面才可感知到 4.5 加速層面。我們處於 5 次元層面，覺察到的是 4 次元的加速層面。因此，我在與這些宇宙生命力自身執行的生命轉化事件頻率記錄的事就是，讓任何渴望加入到恒星波啟動、而不知道如何有意識連接的人們、遊戲晚來者、錯過首批在 12 鏈中啟動 8 鏈的人們，可以用我的記錄作為這些事件的歷史年代。

太陽成為恒星之子，星塵成為太陽之子，一個新星在太陽內在轉化地球為一她創始以來的新星。Ionizaiton 是進入到帶正電荷離子的電子。這是和諧轉換，變成新的現實──一個全新的頻率──全新次元──全新的和諧宇宙。當個人學會了揚升揚升過程就是呼吸與紡絲的過程──利用非常複雜的多面幾何學系統，創造出宇宙球體場，包含著眾多梅爾卡巴，通過稱為 "愛" 的意識的啟動織入彼此，它們將穿越這個過程，透過彩虹棱鏡變為不可見的存在。

彩虹來自哪裡？來自強烈的電子場的電離的結果，磁鏡是一種用於熱電核過程的裝置，它在鏡像中，包含著強烈的場，在真實中運作。之後，離子在這個真空場中被注入，那些離子的電荷回歸原始狀態。什麼是原始狀態？不可見光，藍紫外光、等離子。所有的看起來像一朵雲，同樣也看起來像我們每個人的個體。

這個進入到雲城的揚升過程在 5 萬年前非常常見，之後被耶穌基督帶回到我們 2000 年前的記憶中。真實是，我們都包含著這個宇宙體，它存在於我們身體的場中場球中球中，用我們的呼吸、意識、集中的能量和對梅爾卡巴技術的領悟，通過彩虹棱鏡消失光能量的全波段光譜啟動宇宙體。

梅爾卡巴技術可以通過象徵方法來運用和領會，它是四邊立方體或金字塔，一面正面朝上，另一面正面朝下，向下的一面有地磁引力，朝上一面是電解電容。因此，能量的電磁場旋轉得越來越快。不管如何，梅爾卡巴結構比這個還要複雜。請到梅爾卡巴力學流覽。

因此，現在波在量子場中不再是駐波，但確實被中立了，復原為泛光場等離子正面狀態。這叫磁鏡。當我們用鑰匙打開磁鏡之門，進入到新的現實，我們其實就是在說穿越了轉化的磁鏡。我們看到鏡子另一面平行的精神自我。當打開大門，我們走過鏡子。鑰匙就是頻率，我在來世專輯中記錄過。

我的宇宙委員會團隊就是水晶委員會。我的名字是克裡斯泰拉，意思是直接返回源頭，打破死亡之圈。克裡斯泰拉圈通過我們水晶心內的種子原子的神之腦連接著源頭一的狀態。我地球使命已經通過音樂為地球帶來了最高的頻率。宇宙生命力之流遠遠超出我們五感的光譜和聲譜。畫面和聲音通過意識來到我這裡，那是精神的、不可見的、可以被我的靈魂家族清晰感知和知曉，他們把這些聲音帶到我的頻率特別中腦中，讓它向著他們給我提供的水晶星塵呼吸。

恒星波啟動內容：恒星波啟動流來自宇宙的生命力。啟動每個 DNA 雙螺旋 12 分諧波通過源自宇宙生命力的 12 恒星波的傾注得以實現。包括恒星波啟動流。有一些波需要完整被啟動，它就是在人體 DNA 雙螺旋鏈內的 12 分諧波。這個恒星波啟動是 12 波的第八次啟動。

這次傾注來自於科斯瑪雅的母船，被我們海洋之主—鯨類家族引導並諧波進基督網格。這些頻率通過 12 恒星波傾注並啟動，是一個接一個巨大事件的夢想故事，它在 2014 年 3 月在地球上發生。個人永生專輯包含著一系列啟動事件，與宇宙生命力的 12 恒星流有關。科斯瑪雅是宇宙外的委員會，因為我們的宇宙正在成為 12 萬有宇宙 Omniverse 之一，因此我們的小宇宙正在成為第 13 宇宙 Cosmos。宇宙 Universal 生命力啟動源自 Cosmic 宇宙生命力。現在我們和諧進入到 Universal 宇宙生命力中—我們的基督意識，它在注入我們身體的每個細胞中。恒星波（波形式的星塵頻率）來自於宇宙生命力。

凰注：鳳和凰發起的"開心 OM 彩虹地球-OM 環遊"活動中分享的"合音 OM"與本消息高度吻合。幾個月前我們已經接到內在高我來自 OM 總體宇宙-Omniverse 的訊息，要協同大家共同建立金彩虹和音地球聯合新場態。

（2）【我們會被 6 位阿凡達兒童所啟動】促進 DNA 啟動--DNA 醫生（1）

http://m.weixindou.com/p/20160107J53K7ZWDG8.html

【原文網址】

http://www.ashtarcommandcrew.net/profiles/blogs/advanced-dna-activation-1#ixzz3f6OLIMmf

【作者】Dr.Angela Barnett 博士

【翻譯】shan-athana

ADVANCED DNA ACTIVATION -- THE DNA DOCTOR

http://crystalmagicorchestra.com http://crystalmagicorchestra.com/purchase-1

首先，我們需要瞭解 DNA 是由次諧波構成的。次諧波是創造的精神或乙太層面的物質。這種物質是肉眼觀察不到的，但並不證明它不存在。次諧波由超諧波而來，它是靈性回廊族類的電鍍色調頻率，是基礎音，它是根種族的磁性色調頻率，根種族是地球原初的天使族類。每個雙螺旋 DNA 都由 12 次諧波組成。因此每個 DNA 中有 24 個次諧波，在正常人類鏈模板中都有 12 個 DNA，這就是人類的天使模板。無論如何，藍靛的模板略有不同，因為他們體現 超 出泛音的精神回廊，他們擁有 48DNA 模板。

我們需要它啟動 24DNA 模板。科學家認為他們可以觀察到雙螺旋之間的 12DNA 鏈，並稱之為垃圾 DNA。這並不正確。次諧波其實位於雙螺旋的頂點，每條鏈上有 12 個次諧波。科學家們認為他們看到的模板只是超諧波的分支，是次諧波的基礎音。不管怎樣，他們並不可能看到它們，因為音調線被打破分離了。我們分裂的 DNA 是由分裂的超諧波創造的，它來自靈性修道族類，那是源初根種族的基礎音。

藍靛和阿凡達代表著從 DNA 失落的次諧波。這些實體需要在地球重生，再次打開揚升門戶並重返泰拉（註：五次元地球）。他們的頻率被植入進地球核心意識的內在中心，再建正確的頻率，並重新正確啟動我們的 DNA。那些頻率通過連接我們的意識到意識的次元場、到形態形成的中心被植入到我們的 DNA 中，啟動超泛音和基礎音的 DNA 次諧波分支。

在多次元意識的分支中，我們有些人扮演著醫生的角色，用超諧波和基礎音一起共諧來啟動人類的 DNA，使人類獲得與每個球體音樂的 15 個領域完全的共振頻率，通過中心和諧再次連接每個靈性超諧波，並進入乙太根種族頻率標誌相應的基礎音。在仍在三次元科學歷史中的 DNA 醫學科學，惟一正在研究的與 DNA 相關的是老鼠和豚鼠。從這些動物身上得到的科學資料可以推類到人類 DNA。在人類天使 DNA 和鼠類 DNA 之間沒有任何共通性。那些稱作 DNA 科學的醫生們在名字前都加有 MD，絕對對真正 DNA 的構成和啟動方法是無知的。DNA 科學絕對是一個靈性科學範疇--而非醫學科學。

這種共諧是宇宙和諧的結果，把所有頻率符號編織進宏偉嶄新的愛的交響樂。它需要 12 宇宙再生為新的宇宙太陽以及新宇宙的創造，這個新宇宙超越了創造 12 個宇宙的 13 宇宙。這是宇宙音樂家們全新的交響樂，它通過神之腦創造。我們曾經所是的永恆存有包含著全部神聖的藍圖，它是靈與肉的統一。就是說存在在創造中出現了乙太和物質。乙太的代表是大宇宙的和諧小宇宙，之後小和諧宇宙的乙太物質更為稀少，再後是銀河，更加的稠密而乙太化更加稀少，再次是太陽系越發稠密，行星是最稠密的星體（註：越稠密乙太越 稀少）。無論如何，行星從未從乙太層面被絕對的分離，那是它的構成物。我們現在越來越重返過去小宇宙和大宇宙和諧宇宙的乙太物質當中。我們正在被重新編回乙太靈性物質。這個重組就在 DNA 內發生。

靈性回廊種族泛音一定要被編織進根種族意識的基礎音，這個項目在當前通過不同的手段被實施著。這曾經是歷史長久的項目，已經經歷了數百萬年。專案最重要的部分是通過生育孩童被佈置下去，這些孩童源于靈性平行回廊種族，使我們的超諧波重歸地球。我們需要生育那些包含原初完美根種族密碼的兒童，他們原本在 550 萬年前被播種到地球。我們需要這些藍靛和阿凡達兒童的頻率在 DNA 被啟動前根植於地球意識當中。

我們的族類線在很久以前被實現了，那時靈性平行現實的超諧波從我們靈性現實的基礎間中被分離。它的發生存在眾多理由。**很多原因是由於侵略族類和墮落天使族類在我們種族線純淨基因中移植了突變**（註：指負面外星存有及靈界黑暗存有修改了人類的 **DNA**），之後我們的高靈和泰拉家人由於泰拉需要鎖定我們，直到我們的意識再次得到淨化。高靈們非常致歉它的發生，他們在宇宙全知中正盡一切可能把我們帶回家，並設計了眾多方案在此刻淨化啟動人類的 DNA。每項 DNA 啟動協定過去、現在都是從平行靈性回廊家族特殊的共諧與連接意識頻率，這些家族都保持著其純淨而完美的 DNA 于靈性泛音成雙成對的根族類當中。

根種族攜帶著基礎音，回廊族類攜帶著泛音（註：多次元維度）。有一系列源於靈性回廊一族的意識啟動活動，使之根植於行星的根種族。我們已經被天堂靈性意識啟動，作為結果，藍靛兒童的出生具有啟動 5 和 6DNA 鏈的能力，我們被 6 位阿凡達兒童所啟動，他們復原了每個被置入人類脈輪的封印--曾用於鎖定人類脫離泰拉，直到人類意識得到淨化。意識的啟動通過意識的呼吸已經完成，泛音被連接、注入、編織到所有被打破的 DNA 次諧波鏈的基礎音中。

當我製作個人的永恆生命唱片集時，通過《傾聽蓋婭的艾洛希》（註：艾洛希又被稱做耶洛因，即希伯來的神 **Elohim**），我把自己的意識連接到神的無窮覺知當中，他們知曉校正、恢復、啟動每個個體 DNA 的正確步驟（註：用音頻）。通過百萬年為人類天使族類線製造加速揚升計畫的萬有意識，人類已經通過百萬年轉世的經歷，知道個體曾經連接的族類線是什麼，也知道每個個體被侵略者的植入的封印是什麼；還知曉是否個體耗費多世生命，已經在愛爾康大日（註：中央大日）中修復了很多封印；更知曉 5000 年的健忘症中個體是否準備好覺醒。

（3）促進 DNA 啟動--移除死亡封印（2）

【原文網址】

http://www.ashtarcommandcrew.net/profiles/blogs/advanced-dna-activation-1#ixzz3f6OLIMmf

【作者】Dr.Angela Barnett 博士

【翻譯】shan-athana

【日期】201507

【DNA 啟動--移除死亡封印】

500 萬年前，基因突變被植入 DNA 第一鏈中，堵塞物質與乙太體的流通。第一個 DNA 鏈中的第六次啟動密碼（超諧波）被移除後，在 1、2、3DNA 中引發的突變，它的結果是平行宇宙中身體粒子和靈體反粒子的連接障礙。這個封印解除了人類獲得永恆生命的能力。人體無法改變進入我們神聖的藍圖。封印也被植入第六個次諧波的泛音當中，它位於第 2、3 鏈 DNA 中。這類似於我們知道的 6-6-6 死亡封印。8000 年前，第四封印 Palaidor --基因突變引發第二三脈輪之間的梗阻、四層黃金場的分割，以及情緒體、理性體、星光體的分離。DNA 第 5 鏈開始大規模地啟動。

地球格柵橫穿泰拉。藍色水晶普拉納粒子穿過這些格柵。當阿曼提大廳（守護我們神聖藍圖的藍色球體）使泰拉和地球融為一體時，那些組裝第五鏈的存有中已經符合揚升到泰拉的資格的人們將受到指導，通過跨維度轉化到達泰拉。那些擁有第 6、7 鏈的人會被運到蓋婭。還有一些人會轉送到寶瓶宮，這些是寶瓶人和一些與在天堂與諸神遊戲者。這次很快就會到來。

墮落天使和光明會族類（註：所謂的陰謀集團黑暗勢力）將被送到天狼星系隔離療愈的環境中。剩下的天使人類和藍靛將在 12 密碼和 DNA 藍圖啟動方面取得進展。一旦 D5 火焰持有者守持住大日愛爾康的頻率，並把拉進火焰持有者的第四心輪時，和諧宇宙強烈灌輸的二種頻率通過阿曼提形態場和地球格柵散播開來，第五、六 DNA 鏈在全人類中快速組合起來，第七鏈會在那些已經完成五六鏈 DNA 的人們當中重組。**這次啟動會使地球上發生巨大的多次元覺醒，當阿曼提大廳（荷持神聖藍圖的藍色區域）使地球和泰拉融為一體時，那些完成第五鏈重組的、揚升進泰拉的人，會受到指導通過多次元傳輸點到達泰拉。**

那些擁有第六七鏈的人可能會被送到蓋婭。還有人被送到寶瓶宮（譯注：感覺像是大角星），還有大角星人和一些在天堂與神嬉戲的存有。這次不久就要發生。首先我們會轉化為不同的化學構成，並離開碳基身體，越來越減少稠密，人類的身體和環境也將改變。那些去泰拉的人會有與內部地球的人們完全不同類型的身體結構，他們幾乎都是看不到的，高次元可見到低次元，那些仍在 3D 的人們無法看到任何新的現實。

這看起來就像是事情消失了，因為更高粒子的轉化將向著一個方向牽拉，低一些的向著另一個方向。宇宙有無限密度，三位元主要的火焰穩定者將啟動在地心的乙太次元門戶，使普拉納粒子在地球大氣中流動。那時我們的宇宙記憶上線，人類中啟動第四鏈記憶的人將獲得阿卡沙（註：阿凱西／阿卡西）記憶。地球粒子旋轉角旋改變 45 度，與內部地球和泰拉連接合一，地球最快的粒子開始轉化為多維空間，記錄大廳開始通過地球格柵傳輸資料，宇宙記憶也通過行星格柵傳輸，這種改變將需要 4000 年的時間。

這種改變將平衡 23 個層面，之後進入新時代新的平衡現實，持續約 2000 年。這次拉進未來的第一步，它的顯現類似黑暗的 3D 感知。我們將視自己藍色軀體為一種永恆存在的創造，更加的乙太化，包括永恆生命的神聖模板。

人類通過中腦頻率與源頭意識的特殊共振進行創造。通過知曉自己現在並將永遠都是完美自我的覺知創造，你會顯化任何內心的渴望。你會知曉那個時刻你永遠都富足豐盛，健康健全。你一直都在神之全知頭腦的基督意識中，地球基本粒子基會提升到 5 次元，地球大氣粒子基提升至六。這種增長水準讓內部地球的大氣和元素升至地表。這是我們新地球的第一個願景，我們會看到內部地球大氣在周圍形成，之後我們會看到越來越多新的物種，內部地球花園將顯現，其中所有的動植物不斷歌唱，我們會立刻注意到它的與眾不同。地球天使人類和族類不久就會準備好從內部地球伊耶雅利拜訪我們，即天狼 B 的 Maharaji，Azurite，蟲族、塞雷斯綠寶石盟約族類。他們將通過人類的創辦族類展開接觸，邀請地球族類加入綠寶石契約。綠寶石聯盟與物質世界大規模接觸將計畫在 2017 年，第一次接觸將是個體私下的接觸。首先，我們將會遇到伊耶雅利族，因為他們看起來非常類似我們--只是他們是藍色的。之後我們熟悉他們後，石青族和 Maharaji.族會跟上。

墮落天使和光明族類將被送到天狼星系隔離療愈的環境中。剩下的天使人類和藍靛將在 12 密碼和 DNA 藍圖啟動方面取得進展。首先瞭解源初設計非常重要，當地球格柵和 DNA 正確運行時，它們是如何運行的。**原初天使人類 DNA 被設計成 12 鏈雙螺旋的 DNA 藍圖，就是每個人類都擁有 12 鏈模板，能夠具現意識的 12 次元。**如果在地球和人類 DNA 中沒有任何障礙、畸變、反常的封印，這就是它們的運作方式：

1）你的出生就帶著 12 鏈 DNA 模板。其中三條在出生時就被啟動，意即你可以具現三次元意識，身體、情緒體、理性體。這相應於脈輪 123（海底輪、生殖輪和太陽神經叢）。次元 123 相應於你的化身自我靈性身份。

2）從 12-22 歲，你會自然啟動你的 456 鏈，只需要從進入地球黃金場、最後進入你的黃金場中的多次元頻率，你就可以為形態基因場增加更多的光實現這一目的。一旦啟動了第六鏈，你就可以完全體現靈性身份，吸引並守護源自和諧宇宙 2 的頻率（次元 4、5、6）。你完全活在符合你使命的生活中，讓你所有自由意志的選擇符合源頭意志。

3）從 22-33 歲，你會啟動 7、8、9 鏈，完全體現你的超靈靈性身份。你可以吸引守護源自第三和諧宇宙的頻率（7、8、9 次元）。當啟動螺旋中更多的火焰字母，你的意識越發擴展，變得越來越與神合一、與源頭合一。

4）從 33-44 歲，你會啟動 10、11、12 鏈，體現你的基督阿凡達自我靈性身份。此刻，你是地球上行走的阿凡達，可以顯化出你的肉體並把它轉化為光（揚升）。這就是所說的生物轉化，並被構築進源初人類 DNA 設計當中。因此，可以把身體轉化得更加輕盈而不是離開你的肉體（從碳基到矽基，之後乙太體，最終是液態光體）。這就是原初 DNA 設計的運作，它同樣也完全解釋了靈性演進的基礎程式。靈性進化離開 DNA 的啟動是無法發生的。

（4）神秘的伏羲女媧交尾圖！

https://posts.careerengine.us/p/5f5f6e1cdb162c2b40839bf2

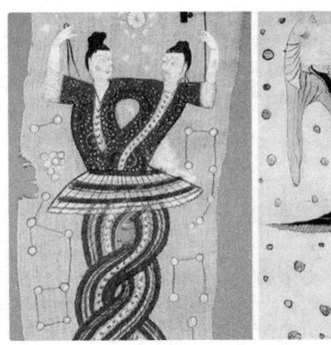

在美國波士頓藝術博物館收藏了一張古畫，這是盜墓賊在解放時期中國新疆地區陵墓盜取的畫，當考古人員發現這幅畫時，是人們剛剛研究 DNA 的雙螺旋不久，都十分驚訝，因為這幅圖上的形狀和結構和 DNA 一致。

在這幅畫中我們能注意他們穿著的裙擺像中國古代屋簷造型，似乎兩人是準備升天，周圍都是星羅密佈的宇宙圖。他們的雙手拿著測量工具，是在告訴人們做什麼事都要中規中矩還是在表示人類再強大都無法抗衡宇宙。

1953 年，沃森和克裡克發現了 DNA 雙螺旋的結構震驚了世界。這意味著分子生物學時代的開啟，人類遺傳學的研究已經深入到分子層次。看過《伏羲女媧圖》後我們不難發現，《伏羲女媧圖》中的伏羲和女媧尾部互相纏繞的樣子同樣也呈現雙螺旋結構。

這只是巧合？還是預示著我國的古人早已發現了 DNA 分子的雙螺旋結構。傳說人類是由伏羲氏和女媧氏兄妹相婚而產生，而《伏羲女媧圖》的發現也都是在夫妻合葬墓中發現。

圖中伏羲女媧雙尾纏繞的現象與後世發現的 NDA 結構完全吻合，這種纏繞不僅意味著古人對人類生殖繁衍行為的認知，也表示著人類繁衍後遺傳物 DNA 的雙螺旋結構。

第24課　新地球（水晶網格），銀河能量波，覺醒，外星人，植入物，網格，星門，光碼，光體，揚升，靈魂使命

1.【喚醒你的根脈輪-銀河能量波】《銀河層面向人類傳遞了三股能量光波》
（三波能量分別于 2017 年 7、8、9 月初抵达）

https://mp.weixin.qq.com/s/u_-Sa1__Z-gGlHqtG8Khsg

☀ 按：近幾天國內外掀起一股詆毀世界某著名科學家發明家的逆流，此文一出讓許多搖擺不定的光工瞬間清醒，原來是三波銀河能量的第一波到了！**銀河能量的到來首先激起了黑方的強力反彈，也刺激到了許多人包括不少光工的深層恐懼和疑惑。**秋分前的這幾個月還會有兩撥更強大的銀河能量蒞臨地球，希望光工們保持清醒頭腦，也隨時提高警惕以防黑方的垂死掙扎瘋狂反撲！（註：群魔亂舞的最後階段）

古代修行人講"八風吹不動"，光工們也正好借此自查自省在這股黑風到來之時你是不動？還是搖擺不定？（註：某老師因為假光 — 光"化"呼吸校準出車禍事件讓大家警醒....）

站在 3D 層面的人無法理解 5D 層面的人事物，就像莊子‧逍遙遊中的麻雀無法理解鯤鵬為何要展翅九萬里一樣！）

梅爾基奧爾 （Melchior）：我是銀河標誌（註：聖光/聖愛/聖靈），我監督造物主的宇宙銀河層次，分配造物主的神聖能量與意志。我既不是男性也不是女性，我是兩者的綜合，是造物主的統一和表達。我分享的能量可以視為銀色、金色的光芒（註：**基督意識**），它帶來療癒、覺醒、啟蒙、內在的統一，進一步幫助憶起造物主。

銀河能量波開始

我，在造物主的指引下，從銀河層面向人類傳遞了三股能量光波。第一次能量波將在 2017 年 7 月初從我的本質散發出來。第二次將於 2017 年 8 月初，2017 年 9 月初散發第三次。每一次的能量波潮人類會經歷最多五天的能量。但轉變的體驗會持續三個月。

接收銀河能量波

想像你的軀幹下半部分，從你的脊椎底部通過你的臀部和你的腰部成為一個收集光的聖杯或杯子。讓愛的能量從你的靈魂和心臟脈輪溢出，創造聖杯或光之杯的輪廓填滿你的下半身。想像、感知或承認你的心和靈魂散發出的顏色正在創造聖杯或光之杯。（註：用能量波協助穩定下 4 脈輪）

認識到在光之杯的中心有一個巨大的光之寶石。你可能會認為它是紅色或另一種顏色；它代表你的脊椎基地的根脈輪。你的根脈輪正在開啟擴展，將你的心靈和靈魂形成的光之聖杯連起來，同時也向你腳下的地球之星脈輪向下發送出一束光，進入地球母親的核心。（註：和光流呼吸同步）

把你的注意力放在你的靈魂之星輪脈上方的星系門戶脈輪，並用意念：

"現在，為我的靈魂和揚升，讓銀河能量最適當的振動通過我的星系門戶脈輪進入"。

你可能會體驗到你自身能量的擴展，因為銀色的金色光直接流經造物主的宇宙之流進入你的存在。光會使你的身體陷入你的靈魂之星脈輪（註：第十一個脈輪，在星系門戶脈輪的下方），並在這個脈輪內休息，直到你準備好繼續。（註：需要休息，因為能量強大）

把你的注意力放在介於你的星系門戶和頂輪之間的靈魂之星脈輪上。允許自己意識到你的靈魂之星脈輪內存在的能量。

當你準備好了，你可以用意念：

" 我現在請求我的靈魂之星脈輪交付我揚升所必需的銀河能量進入我的整個存在"。

當光流入你的存在，觀察並收集你的靈魂和心臟脈輪之間所創造的光之聖杯。

把你的注意力集中到你的光之聖杯上，讓它充滿銀河之光。專注於你的根脈輪，想像光穿過與根脈輪合併。一個美麗的轉變發生在你的根脈輪內。 （註：和光流呼吸同步）

銀河能量如何協助

根脈輪代表生存的模式與習慣，學習在地球上的存在與生活力量。當你接收銀河之光，你的根脈輪將被重新程式設計、療癒和啟動，以支持對新地球上的生存和存在的新理解。（這一點非常的重要!!!這就是光啟 DNA）

銀河密碼、能量模式和神聖符號將錨定到你的根脈輪之中，維持智慧和知識，這將支持創造新的生存模式。（所以開啟 DNA 可以藉由自己以及聖光進行，絕非三次元的某人所能代替）

不需要再學習在地球上存在（生存），因為地球會成為你的一部分，而你也會成為地球的一部分。生存將轉化為與造物主的統一（註：和高我及源頭聯結），接收你所需要的一切來幫助你在地球上的存在（註：天命，順隨生命之流），而你根脈輪的力量（註：生命力）將支持你的存在進一步探索，作為一個化身物質身體的靈性存有。

由於銀河能量啟動了儲存在這個脈輪內深層次的靈性能量，所以你的根脈輪將會出現深刻的知覺。（註：Bingo!!!光流呼吸能開啟覺知力/洞察力，而假光訊息的光化呼吸卻拿走了人類的覺知力，讓人類 無法揚升）

銀河密碼、能量模式和神聖符號

我，梅爾基奧爾，在三股能量波中向你們發出的銀河能量，維持著從你們的根脈輪覺醒的目的，接受你們在地球上的生存和存在，以及接受你們的靈性自我和你們的身體存在的統一。

這些能量鼓勵你更充分地根植於地球母親，接受生命的禮物，學習與地球母親和物質層合一與和諧。銀河能量更深刻地支持、接受靈性生活和對地球的靈性展望。（註：聖光讓人去除恐懼，擔心，憂慮……的負面能量，重拾信任，交託，勇敢，無懼，愛的正面力量）

這意味著實現愛、和平、喜悅、成就、真相和療癒，讓這些神聖的能量成為你們在地球上生存和存在的模式，讓你們的力量和活力，成為地球上強大而有意義的存在。因此，同樣的能量將形成你的實相基礎，也將是你對你的實相的體驗。

你的覺知讓你認識，透過銀河之光的根植進入你的存在，特別是你的根脈輪，你將開始一個 "接受" 的療癒之旅。（註：無論好壞 "接受一切" 是無條件的愛的表現……Hallelujah!!!）

接受你自己，你的體驗、創造和實相存在於所有層面。接納、接受事實，將允許你的靈魂更高層面和意識與你的存在融合，同時鼓勵對地球上的靈性和身體存在之間的聯結有更深入的理解。

三個銀河能量波

第一個銀河能量波將集中於清理你的根脈輪，同時開始接受的過程，在那裡支持地球上的物質和靈性存在是非常必要的。

一些人可能會體驗到與地球母親形成更深層次的紐帶，因為他們認識到他們的存在與地球母親之間的統一，以及如何支持地球上的生命和提升。其他人可能會體驗到加深他們自己的關係，並接受在根脈輪之中維持的能量，喚醒你的根脈輪－讓銀河能量波與根脈輪內發生的轉變更為一致。

第二個能量波將是一個更高頻率的銀河之光，允許你的根脈輪更深的療癒，因此要接受一個更大的啟動。要意識到-不再為你服務的生存模式和生活習慣會顯現出來（註：負面能量會浮現），承認它們，轉變它們成為地球上正面體驗的模式。（註：所以療癒只有靠自己，因為只有透過自我覺察，接受與改變才能提升自身頻率振動.....）

新的人生觀將開展，讓你意識到去行動並進一步療癒，這是你的接受之旅所必須的。

第三個銀河能量波是比前兩個能量波具有更高頻率的光，持續根植銀河之光的過程。當能量鼓勵你深入探索你的根脈輪時，你可能會發現接受能量的核心與負面模式的核心會影響到你的實相。（註：之前提到的，強大的光波下來，以前隱藏密實的黑暗，將無所遁形，將被顯現........所謂群魔亂舞）

無論你是否能意識到，三波能量將流入你的存在和根脈輪。如果你意識到這個過程，你將獲得更輕鬆和完美的益處，幫助你接受你自己、地球母親和你在地球上的靈性存在。

期待與你共事的喜悅

梅爾基奧爾

2.【地球元素正在轉變】

https://www.energeticsynthesis.com/resource-tools/blog-timeline-shift/3147-earth-element-is-transforming

目前，行星體正在經歷時空重組，引起許多量子場的異常影響。其結果是，在集體領域有電磁干擾、中斷或扭曲的新模式。量子場，也被稱為內在時空，蕩漾著這些影響到核心的無形層展現出模式，另有一個構成地球上形態發生的領域層，被稱作藍圖矩陣。

網格工作者可能會覺得隨著時間線轉變，行星場完全改造了藍圖結構，這感覺就像是非常不同的、非凡的，甚至離奇的事發生在地球領域。感覺這是一種新的設計，它包含了我們的意識和必需要學習的外來語言，然而它感覺遙遠卻又很熟悉、強大。藍圖改變了影響暗物質模式，這似乎是改變地球元素和地球的元素結構直接的後果。

生物的靈性進化

人類的生理適應，對應著生物和靈性進化的標記，這也正在深深地影響行星結構、行星元素與地球本身的因素。組合變化，進一步影響人類的表徵，就像在科學共識中已經記錄在案的那樣。人類種族的表徵是由於遺傳、行為和環境因素的組合，以及各種從集體意識所產生特點和特質的概括表達。

地球元素正在轉變

由於影響地球身體的結構產生變化，地球元素和地球上作為原料的物質，這些物質形態也在轉變。所有的行星元素正在轉變，然而，地球身體與脾臟功能的特異性關係也對目前的情緒體和身體上血液的生產改變直接相關。

脾臟支配並轉化我們所消化的東西，它轉化為能量並保護血液。血液保存著我們整個意識的記錄藍圖。因此，這完全與我們較高意識之間發生的主要變化有關，因為這些記錄開始流通，並連接到身體不同的器官。

這代表了對人類的奴役，讓他們的靈魂不再沾染鮮血。這就是耶穌受難的故事。目前的進化階段正在影響這些人類血液記錄以及其歷史的釋放或表現，其結果是在我們的血液中發生了解毒和轉移，並且潛在性地完全釋放脾臟植入物。

胃與脾臟關係

這種不平衡可能會使地球人的身體和情緒問題升高，因為他們的身體和與地球元素相關的合一性意識正在大幅度地波動和轉化。當我們失去平衡，感覺不和諧的元素，它極大地影響胃和脾器官，讓我們感到極其疲累、倦怠、情緒上的不滿。（註：揚升症狀）

中醫認為脾是我們體內功能最重要的器官之一。當我們認為脾臟的最高功能是為了淨化、保護和賦予我們血液。思考這層關係，看看我們的身體是否有此共鳴，可能有助於揭示如何更好地支持地球上正在發生的變化，這些變化正在影響我們身體的地球元素。

我們與食物，消化和能量管理的關係也在改變，我們中的一些人可能會由於無法消化食物而在太陽神經叢區域感到疼痛或過度敏感，感覺到無法消化我們的現實，同時感覺無法處理我們感受到的強烈情緒。這影響了胃和脾，因為我們能夠將我們所消化的東西轉化為適當的營養，並將它們轉化為身體需要保持強壯的生命力。

當脾胃受損時，食物凝滯，不能轉變，口腔失去辨味能力，四肢酸軟無力、疲倦。胃部和腹部感到不適，腹脹，出現嘔吐和腹瀉症狀，或有過度出血。（註：揚升症狀）

脾臟是將我們胃部所加工的能量傳遞到血液裡的中心，並將其轉化為身體能夠再生和增強自身健康的生命力。西醫在任何層面上都不認為脾的重要性，因此中醫研究將脾臟理解為身體健康的重要器官，並且認為一切都與能量相關。

同理心和胃部問題

在過去幾個月中，我們需要解決這個問題-消化系統相關或類似的刺痛，胃部問題、腹脹、疼痛發炎、燃燒和噁心的感覺。同理心通常會有更多的這些相關的消化和難以消除的問題，因為這一區域的中段和內部器官排列著第二腦的神經元組織。

同理心者將從意志中心和靜止點處理更多的環境能量，這將導致各式各樣的胃和消化器官問題，醫療系統將無法識別、理解或治療。顯然的，這在敏感的兒童中是令人不安的，因為父母根本不知道這種胃痛的真正原因是什麼。

隨著所有的靈魂碎片和群魔亂舞，行星領域在這個時刻是相當不穩定的，更別提 AI 控制的進一步侵略，這導致更多的碎片、附件和瘴氣的死亡能量出來，因為種種原因可能會停留在你的領域裡。一般來說，如果你能夠很快地識別出來，它就會清除掉。（註：一切均是功課，功課做好就不會重覆）

呼喚你的高我支持，並用幾個命令的關鍵字快速消失。

作為一個直覺的同理心是當你受到其他人的能量影響時，你具有直覺感知他人的內在能力。一個同理心者的生命會無意識地受到他人的慾望、願望、思想和情緒的影響，因為他們能在環境中吸收這些能量。（註：雖說同理心較同情心安全，但是仍需小心，不要印心以免掉入不屬於你的能量場，最安全的方式是臨在）

同理心（註：指有能力和人印心）不僅是高度敏感的人，也不僅僅局限於感覺和表達情緒。他們也能感覺身體的敏感性和精神上的推動，以及知道他人的動機和意圖。同理心有更高的感知自然的能力。（註：有同理心的人亦具有強大的直覺力）

同理心者可以處理別人的感受和能量，在許多情況下，可以承擔別人的情緒。因此，許多同理心的人會經歷像慢性疲勞、環境敏感或不明原因的日常疼痛。同理心者有一種傾向，公開地感受到他們之外的東西，因為他們能感覺到外來的能量，讓他們更難準確地感受到內在的東西。（註：有些小我意識強大的人會不自覺的誇耀自己的此種能力，坊間稱為 " 通靈 "，其實這是危險的，所以回歸自己的內在才能圓滿究竟）

乙太織帶

光之工作者是治療者；星際種子是非常具有同理心的，他們在心靈治療者原型中是非常重要的。他們有很多愛，通常有非常大的擴展領域，或者有一個很大的乙太領域，因為他們是如此的具有同理心。

這些人需要把乙太織帶收緊靠近身體的地方（註：以免吸到他人的負面能量），**而不是把它延伸到遠處。有時，同理心有個人的界限問題，他們會成為其他人負面能量的精神海綿，或者他們自然地去處理別人的情緒。**（註：避免做他人的功課）

這個群體真的需要 12D 的盾罩（註：指做梅爾卡巴呼吸，祂和 **DNA** 光流呼吸同步）。這個課程可能會在覺醒的早期階段發生，因為人們傾向於處於我們第一次打開愛與光的心扉感覺，他們還沒有弄明白如何真正處理這些複雜的能量動態層的智慧。

　　新覺醒的人將理解能量邊界的必要性來作為學習過程的一部分。他們可能沒有根植，如此開放，如此以心為中心，這使得他們的光環沒有受到保護（註：這就是為何初開啟的人易走火入魔意識出偏）。

　　一個人的能量平衡越多時，如果他們沒有完全集中在他們的氣場，他們的乙太體會開始受到黑暗或負面能量的干擾，因此在乙太體的乙太晶格層覆蓋著碎片和能量垃圾，這樣會使人生病或者出現疾病。沒有人應該像精神海綿一樣地使用（註：指吸取外界的負面能量），因為它會使你的身體超過負荷。

　　請求你的神性自我收緊你的乙太體，讓你的乙太網格更接近你的身體，使用 12D 盾，這將有助於調整這個層面。

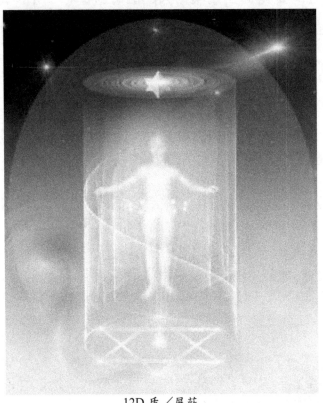

12D 盾／屏蔽

　　12D 盾：這是建議用來作為保護屏障的基礎技術，以加強光體以及在進行任何其他治療中的屏蔽。12D 盾是每個人的光體有機組成部分，使用屏蔽技術時進行修理和啟動。此頻率能啟動該屏蔽，其垂直光柱在其頻譜顏色中為白金色。

3.【上升到 6 月 20 日夏至的星際之門】

https://lifly0815.pixnet.net/blog/post/342387874-2017-6-6%E3%80%90%E4%B8%8A%E5%8D%87%E5%88%B06%E6%9C%8820%E6%97%A5%E5%A4%8F%E8%87%B3%E7%9A%84%E6%98%9F%E9%9A%9B%E4%B9%8B%E9%96%80%E3%80%91

翻譯：黎飛翔

你是否感覺到全球能量向另一個突破發展？幾個月來我一直感覺到 6 月 20 日的積極轉變。（註：**我們群組的真光假光事件及某老師出事即在 6/20/2017**）

六月的夏至標誌著太陽路徑在天空中穿越最長弧線的那一天。在每一季度的春分點和夏至的中間點時，一個星際之門直接在銀河中心的大中樞太陽（註：中央如來大日，愛爾康）打開。在這些門戶開啟中，光子之光注入，提升我們進入一個更高的門檻成為一個突破點。可以感覺被推到一個新的水平，突破一個新的方向。

我們正處於一個進入更高維度意識的強烈加速中。你能感覺到能量把你舉起到更高嗎？

銀河中心位於射手座 26 度是一個在銀河中心旋轉的超大質量黑洞漩渦，在我們的太陽系中成為一個統一的意識。

在我們的宇宙中，所有的生命都起源於銀河系中心的大中樞太陽（中央大日）星際之門。它是星星的發源地，代表了所有存在的創造來源。

由於在世界各地的某些地方地磁減少，那些地方存在著古遺址引力、儲存和產生它們自己的能量場。古代文明把這些遺址當作寺廟建築，祈禱、冥想、時間旅行和執行煉金術的聖地。巨石陣、金字塔和自然漩渦，創造出一種環境，一個可以讓人改變意識狀態的環境。

來自大中樞太陽的水晶鑽石光的強大光子波正在注入"覺醒"意識，進入這些聖地。當這些強大的光波掃過水晶光網格進入集體，它們激起了種子深深的不和諧、創傷、情緒痛苦和業力。

自三月春分以來，我們一直在清理大量的業力債務，為即將到來的突破做好準備。

許多人體現了他們的基督靈魂存在，並生活在無條件的愛與慈悲的領域。他們遠離兩極分化的戰爭，黑暗的力量仍然在較低的 3D 世界全息圖中播放著。他們保持內在的平衡點，並磁化他們揚升世界現實的意圖/願景。

實現臨界質量，使所有的靈魂都能夠與墮落的人一起完成慈悲的使命。神聖的天命通過集體意識的共振，關閉與墮落的執政官靈魂的任何糾纏。

2017-2018 年是大規模移除黑暗勢力與爬蟲類/邪惡的強大之年，並從地球層面失去靈魂。在這裡我已經很少看到爬蟲類的存在。

召喚你的高我，移除並清除任何與墮落家庭成員相連的任何編碼。讓它們自由！你正在進入一個新的階段，你的任務－體現你神聖基督的靈魂本質並加速你的水晶光體形成。

讓自己自由！釋放任何創傷、虐待、背叛和侵略性迫害的記憶。你不是在這裡犧牲、成為殉道者，或放棄你的靈魂生命力與光的力量。

取消並撤銷所有允許黑暗力量吸取或以你的亢達里尼生命力餵養的契約和協定。這個星球現在的振動超過 51%光商。轉變發生了！不再容忍黑暗力量的任何攻擊…他們正被移出行星。

雖然這一遷移正在發生，保持警惕的焦點、注意、意圖，解放 5D 地球的願景。花些時間放鬆、放下，釋放體內較低密度的情緒和心智。當你擁抱更多的靈魂存在並進入夏至門戶時，你正在準備"上升"。

我期待著在那裡加入你！

Lovingly，Meg

4. 【史上最全】67 種外星人族類大簡介

http://blog.udn.com/Uni127/16167403

Alien Species from A-Z

1.灰人型

GREYS （灰人），GREENS or OLIVERIAN （綠人），ORANGEAN or Orange （橙人），BLUES （藍人），BROWNS （棕人），ZETA RETICULANS （齊塔人）。

2.類人族

UMMITES（宇 莫星人），Pleiadeans（昴宿星人），LYRAN （天琴星人），VEGAN （織女星人），ORIONS （獵戶星人，86%），Aldebaran （畢宿星人），CENTAURIAN （半人馬 α 星人），CETIANS or Tau Cetians （鯨魚 τ 星人），KORENDIAN （科倫德星人），SIRIANS （天狼星人），Elohim （耶洛因人），BERNARIANS （伯納德星人），ANTARCTICAN （南極洲人），AGHARIANS or Aghartians （亞格哈里人），BLUES （藍人），MARTIAN （火星人），VENUSIAN （金星人），SOLARIANS （太陽星人），Dropas or Dzopa （杜立巴人），HYADEAN （海婭蒂絲人），ALTAIRIANS （牛郎星人），DALS （達爾人），NORDICS （諾迪克人）。

3.爬蟲族 Reptilians

DRACO （天龍星人），ORIONS （獵戶星人,14 %），DRACONS （有翼龍），

ALPHA-DRACONIANS （α-天龍星人），BOOTEANS or BOÖTEANS （牧夫星人），ANTARCTICAN （南極洲人），ORANGEAN or Orange （橙人），VENUSIAN （金星人），Anunnaki，NAGARIAN or NAGAS（納加人），LUCIFERIANS（路西法人），SUBTERRANEAN REPTILIANS （地底爬蟲族），ALTAIRIANS （牛郎星人），CHUPACABRA （卓柏卡布拉）。

4.其他類型

*巨人族（Giant）： NEFIILIM or NEFILIM，ANAKIM 。
*無形體（或半透明）： ANDROMEDANS （仙女星係人），SIRIANS （某些天狼星人）
*混種（Hybrid）： ORANGEAN or Orange （橙人）（類人混爬蟲族），Varginha EBES 。
*兩棲型（Amphiboids）： CYGNUSIAN （天鵝星人），（SIRIUS BEINGS：Nommo（諾莫人））。
SIRIUS REPTILIANS（天狼星上另一種半人半魚的類人）。
*昆蟲型（Insectoids）： MANTIS BEINGS （螳螂人）。
*靈長類（Primatoide）： Hairy Dwarfs （毛狀小矮人），HOMINS 。
*半人半鳥類（Teropoid）：MOTHMEN （天蛾人）。

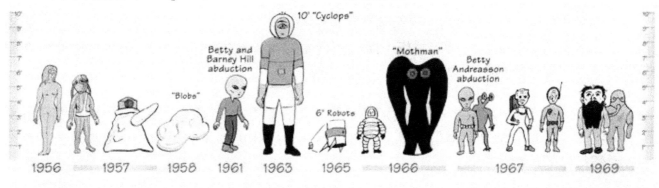

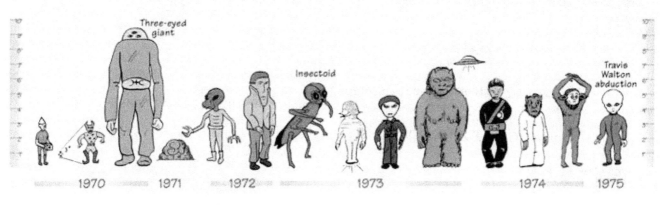

5.負面外星人

http://mp.weixin.qq.com/s/mDGCheBrNkWGeZZykiERLw

●●蜥蜴人和天龍人●●

【近代進展】

>>蜥蜴人集團和地表的犯罪份子有聯絡,那些犯罪組織其中一些也會有自己的地下網路,尤其在全世界各大城市下面,他們與蜥蜴人和天龍星人合作。

>>負面的接觸發生在 60 年代,尤其是美國政府和齊塔蜥蜴人和其他天龍星個體或者種族的秘密協議之後。

>>1996 年執政官入侵,一支龐大的天龍星艦隊進入太陽系,他們在 1996 年完全佔領月球。在整個太陽系裡,在每個層面上,包括物質,等離子,乙太,星光和精神層面都有強大的蜥蜴人和天龍星人勢力。然後光明勢力在 2001～2004 年之間到來。那時光明勢力進行了一次強大的行動解放這個太陽系。

>>許多獵戶星系的文明在 1999 年解放之後,就選擇加入銀河聯盟。現在他們與阿斯塔指揮部一起解放地球。原本在獵戶座的黑暗勢力,例如天龍人和齊塔小灰人也都回歸了光的懷抱。

>>屬於天龍/蜥蜴人帝國的 "阿努那奇" 這個組織現在與正面聯盟一起合作,因為他們終於意識到宇宙的轉變有益於所有種族。所以銀河系這個區域的很多不同的派系和種族現在跟銀河聯盟合作幫助行星解放。

>>2015 年 5 月蜥蜴類種族遍佈銀河系。估計大約有 10～15%是正面的,那類蜥蜴種族又有很多不同的亞種,他們在這個行星上不為人所知。那些更加正面導向的種族實際上正協助解放這個行星的行動。

>>大多數蜥蜴人是雇傭兵。在娛樂行業(演藝圈)的主要是天龍人

>>化身為人類的天龍星人

……亨利.基辛格(Henry Alfred Kissinger)

……德國財長 Wolfgang Schäuble

6. 正面外星人

下面介紹幾種正面外星人,大家看看更像哪種。

http://blog.udn.com/Uni127/16167403

天狼星人 The Sirian

天狼星人是我們人類祖先接觸過最早以及關係最為親密的地外文明之一。天狼星人與其他的十一個地外文明是我們人類的創造者。一直以來他們扮演著人類的父親角色並且在我們的基因普裡貢獻了一部分他們的基因，而這些基因會在人類進化到一個更高精神意識時才會被完全啟動。到那時我們人類將會理解人類在整個宇宙中扮演的角色，為什麼創造了我們人類、我們存在的意義以及一些"超自然能力"也會被開啟。

我們可以在世界各處的古代岩石和原始雕刻中發現我們的祖先所提到過的老師"天狼星人"，我們的祖先指出天狼星人追求靈性發展，他們的科技比我們人類的科技先進上千萬年。天狼星人在亞特蘭蒂斯時代、雷姆利亞人時代、古埃及以及古中國都有深遠影響。他們傳播了許多先進的醫療知識、建築學知識以及修靈的知識給我們的祖先。

天狼星是宇宙中高靈成長必須修行的七大殿宇之一，宇宙中任何一個渴望獲得高度靈性發展的生命體都會來到天狼星繼續靈性學習。因此天狼星上居住著各種形態不一的外星人，除了有人形、昆蟲形、動物型、海洋陸地兩棲類的之外，還有高度進化到沒有肉身的純能量生命體。

昂宿星人 The Pleiadian

昂宿星人也是人形外星人，他們通常被描述為地球白種人體貌，碧藍色眼睛，金黃色頭髮的外星人。而這一籠統地說法後被一些與昂宿星人有接觸的地球人給否定了。他們說部分昂宿星人具有類似於地球上高加索白種人的體貌，也有綠色皮膚和藍色皮膚的昂宿星人。一些被邀請到他們飛碟中的地球人甚至還遇見過貓臉人形的昂宿星人，以及進化到已無肉身純能量體的昂宿星人。據說一部分的昂宿星人還可以用意念在天空中飄浮和飛行。 昂宿星人經常概述自己為"友愛樂觀、善於親近以及喜愛社交的外星人"。

昂宿星人往往是我們人類聽到和認知最多的外星人之一，有相當一部分原因歸功於他們有出色的社交能力和外交手腕，他們會鼓勵與他們接觸過的人類公開傳播昂宿星人的資訊。同樣他們也很活躍地參與各種星際聯盟的會談和執行各種與地球有關的任務。因為他們的體貌和人類相似並且具有出色的社交能力，光之聯盟認為如果昂宿星人作為第一批與人類正式接觸的地外文明，那麼人類對他們的出現不會存在太大的抵觸。

大角星人 The Arcturian

大角星人存在於這個銀河系的每個角落，而他們發源地則是位於距離地球 36 光年遠的牧夫星座裡最亮的大角星。著名的美國預言家愛德加・凱西（Edgar Cayce）曾在一次催眠中詳細地介紹了大角星人，他說大角星人是銀河系中科技和靈性發展最為先進的地外文明之一;他們也是我們人形生命體高度進化後的楷模。大角星人非常智慧以及樂於助人，一直以來致力於幫助其他地外文明在科技和靈性方面成長。

大角星人通常有一米到一米五高,藍綠色光滑的皮膚以及巨大的橢圓眼,後背項頸骨略突出,每支手有三根手指,通常靠漂浮移動而不是像人類那樣走動。他們生活的最高宗旨和進化目標就是獲取更高的靈性成長和播種 "愛"。在他們星球上任何工作和生活行動都必須與每個大角星人的靈性成長相連接。

大角星人有一個最高議會,由一批非常智慧和德高望重的長者管理著星球的各方面事務,因此他們沒有類似於地球人的政府體系。如果出現難以解決的事宜,將由大角星的最高議會做最適合的決定。大角星人認為,宇宙中任何的事物都是由光和頻率所構造的,而 "愛"的頻率是所有宇宙頻率中最高的。對於任何渴望進化到更高狀態的生命體來說,學習如何去愛別人、自己還有整個宇宙是存在的最高意義。

7.【地球盟友】【柯博拉 Cobra】
【地球近況更新—關於乙太層】2013(僅供參考!)

http://www.youtube.com/watch?v=m6HF4etgNaA%E6%8B%89cobra%E3%80%912013%E5%B9%B410%E6%9C%8815%E6%97%A5%E8%A8%8A%E6%81%AF-%E3%80%90%E5%9C%B0%E7%90%83%E8%BF%91/

這幾個月以來,地球的乙太層正在進行大規模的清理活動。肅清任務的進度在今年 8 月 25 日和平門戶成功開啟後變得更加迅速,以至於所有的植入物半球體在 9 月 8 日就已經全數清除完畢。

我將詳細地描述還有哪些是需要大掃除的。

目前還有一個乙太執政官(註:負面存有)小團體控制著輪迴轉世的流程,而且持續藉由它們的乙太純量搖控植入科技在每個投胎到地球的人類的身上埋下弱點。

每個人類在投胎到地球的時候,他/她的乙太能量場都會被植入三個負面植入物。這三個植入物是存在於乙太電磁純量場的小型乙太黑洞。這些黑洞會發出 6.666 赫茲的超低頻率,用來壓抑人類的情感和自由意志。

兩個負面植入物位於人類的乙太大腦額葉。它們的作用是壓抑自由意志/決策思考過程並且阻斷人類與神聖本源的連結。這兩個植入物不僅有周圍純量電磁腔室的保護,而且還有乙太純量超音波的加乘效果。

純量超音波的作用是掃描人類的乙太大腦並且利用模糊邏輯程式干擾人類的思緒。純量超音波還能立即偵測到人類與任何正面外星種族之間的接觸,隨即啟動各種方式來打斷雙方的交流互動。

人類的乙太太陽神經叢還有一個用來壓制情感和性能量的植入物，進而控制無力抵抗的順民。植入物周圍的純量電磁腔室經由純量次聲波強化之後會產生讓亢達里尼短路的電流。一旦這個植入物肅清完畢之後，地表民眾的亢達里尼就能暢通無阻；人體的解放革命也會在全世界遍地開花。

執政官們利用純量射線技術將思想模式和元素生物體投射到植入物。植入物周圍的純量電磁場就像是黑洞的吸積盤，負責把外界元素生物體從事件視界擠進植入物的黑洞。

這些小黑洞依然躲在地球乙太層的量子時空扭曲體裡面，並且用乙太純量電磁場包裹住以防蒸發。這些黑洞裡面又窩藏了一群用量子疊加態作亂的爬蟲人。當這個電磁場被移除之後，這些黑洞會瞬間湮滅。光明勢力就能一勞永逸地把爬蟲人趕出地球。

抵抗運動正在努力駭入執政官在地球乙太層的植入物電腦主機。一旦駭客任務成功，抵抗運動就可以關閉植入物的純量保護場，湮滅植入物的黑洞。屆時真正的聖光就會降臨地球。

乙太植入物在隨後幾個月間迅速瓦解，並且 2004 年期間造成了大規模女神意識覺醒。然而，執政官們在 2004 年 12 月 25 日啟動了新版本的植入程式。新程式對地球乙太層造成了極大的壓力，連帶擠壓到現實世界的地球板塊。現實世界因而在隔天發生了極為嚴重的印度洋大地震和南亞大海嘯。

2012 年 12 月 21 日之後，抵抗運動成功駭入執政官的乙太植入物電腦主機。不過他們尚未破解跟植入物有關的特定程式。我們希望在未來會有所進展。

8.外星朋友給人類的一封信

https://leileinot.wordpress.com/2016/12/10/%E5%A4%96%E6%98%9F%E6%9C%8B%E5%8F%8B%E7%B5%A6%E4%BA%BA%E9%A1%9E%E7%9A%84%E4%B8%80%E5%B0%81%E4%BF%A1/

（註：此篇外星存有的翻譯文章有些不易讀，祂們主要是想告知人類，黑暗的世界深層政府和負面外星人合作，利用金融、媒體、訊息戰、認知戰…..洗腦人類，奴役人類，操控世界，而我們人類可以做的就是用”自由意志”向他們說 NO!並且邀請正面外星存有的到來！這就是所謂的”事件”，一旦”事件”發生，地球的帷幕將掀起，地球將脫離黑暗的權勢，衝破矩陣，成為能夠從事星際旅行的行星之一，人類的睡眠 DNA 也將逐漸開啟，最終成為全意識具有水晶結構的五次元存有！）

外星朋友給人類的一封信 ———————— 宇宙朋友問人類：“我們是否應該出現？

誰傳給你這篇譯文並不重要，你應該不去在意。重要的是，你對這個消息的反應。你們每個人都希望行使他/她的自由意志，希望體驗幸福。這些品質是你們展現給我們以及我們現在所接觸的。你們的自由意志依賴于你們掌握的關于自己能力的知識。你們的幸福依賴于你們付出和接受的愛。像所有在成長中的這個階段，有意識的種族一樣，你們也許感到在你們的星球上與世隔絕。這種印記使你們感到對命運頗有把握。

然而，你們正處在，只有少數人意識到的，劇變的邊緣。如果你們不去選擇，我們沒有責任改變你們的未來。把這個消息看作全球範圍的公民投票！你的回答就是其中的一票。

我們是誰？ 無論是你們的科學家還是宗教代表，都不能毫無異議地表述，人類數千年來見證的無法解釋的神奇事件。為了解真相，一個人必須摒除信仰的偏見去面對現實，他們終究是可敬的。你們中不斷增加的，無名的研究者正在探索新的知識途徑，並且已經非常接近真實。今天，你們的文明被信息的海洋所泛濫，其中只有一小部分，不那麼具有顛覆性的，才被廣泛傳播。

在你們的歷史中，特別是在過去五十年，那些荒謬的、不可能的事情經常成為可能，並變成現實。要知道未來將會令人更加驚異。你會發現更糟的，也會發現最好的。 像本星系中億萬其他文明一樣，我們是有意識的生物，被一些人稱為“外星人”，盡管事實更微妙。

你們和我們之間並沒有本質的不同，除了進化過程中的某個階段的經歷不同。像其他組織結構一樣，我們的內部關系中也存在等級制度。我們的組織是建築在若干種族的智慧之上的。我們請求協助于你們是經過組織的同意。像你們中的大多數一樣，我們尋求終極存在。所以我們不是上帝或低等級的神，事實上，是你們平等的宇宙兄弟。

身體上，我們和你們有些不同，然而我們中的大多數外形上具有人的特點。我們的存在是真實的，但你們中的大部分還不能覺察到這點。我們不僅僅觀察，我們也像你們一樣具有道德觀念。你們不能理解我們，是因為在大部分時間里，對於你們的感官和儀器來說，我們是無形的。在你們歷史中的此刻，我們希望能彌補這個缺憾。

我們做出了這個集體決定，但僅此是不夠的，我們需要你們的。通過這個消息，你將成為決策人！你親自決定。我們在地球上沒有代表可以指導你做出決定。 為什麼我們不可見？在進化的某個階段，宇宙中的"人"會發現新的科學形式，它超越了對物質表面上的控制。其中包括結構的消失（非物質化）和物質化。這就是在你們人類少數幾個實驗室中，通過和其他"外星"生物緊密合作，已經達到的水平，但代價是被你們的一些代表故意隱瞞的危險的妥協。（註：世界深層政府DS和負面外星種族合作）你們所謂的UFO，除了你們的科學界所知的大氣空間物體現象之外，基本上是使用這些特性制造的多維空間太空船。 許多人類個體已經和這些太空船有過視覺、聽覺、觸覺或精神上的接觸，其中的一些是在"統治"你們的超自然力下實現的。你們很少觀察到太空船，是由於這些太空船處于非物質狀態時所具有的顯著優勢所致。不親眼所見，你幾乎不能相信它們的存在。

我們充分了解這點。那些目擊事件大多數發生在個人身上，以至只能觸及靈魂而不能改變任何有組織的系統。這是一種深思熟慮的決定，出自你們周圍不同的族群，但有著非常不同的因果。 對於負面的多維生物，他們在人類寡頭統治的影子下扮演行使權利的角色，做出這樣決定的動機是出于避免它們的存在和攫取被揭露。

對於我們，做出這樣的決定是尊重人類的自由意志，人類可以自己處理好他們自己的事情，因而他們依靠自己可以達到技術和精神上的成熟。我們非常期盼人類加入星系文明的大家庭。 我們可以在光天化日下出現，幫助你們達到團結。至今為止，因為無知、冷默或者恐懼，因為情況還沒有明確，你們中真誠希望的人還不多，所以我們還沒有這樣做。許多研究我們出現的人統計著黑夜里的光，但沒有照亮前進的道路。他們經常以物體的概念去思考那些實際上是有意識的現象。

你們是誰？ 你們是許多傳承的後代，經歷了時間的長河，通過相互的貢獻，逐漸富足。同樣的經歷也適應于地球上的其他種族。你的目標是在尊重這些根源的前提下團結起來完成共同的事業。你們文化的表像使你們相互分離，那是由於你們用它替代了你們深層的存在;外形現在比你們本質的、精妙的天性更重要。

　　對於當權者，外形的優勢構成了對抗任何形式威脅的壁壘。你們被號召戰勝外在，同時又因為它的華麗和美感而仍然心懷敬意。理解外形下的良心，使我們因他們的差異性而愛人類。和平不意味著不發動戰爭，它包含成為現實中的你們：友愛。理解這些，你們所能達到的出路將減少。其中之一在于和異族的接觸，那將反映出你們在現實中是什麼的影像。

　　你們現在的境遇是什麼？　除了很少的情況外，我們的介入通常只能在很小的範圍內影響你們，對你們的未來的，集體的和個人的決策。這是我們關于你們內心深層機制的知識所決定的。我們得出結論：自由是由每日對自我和環境的覺察，逐步擺脫束縛和惰性所構成的。除了無數的，勇敢的和自願的人類道德之外，惰性，為了增長的集權統治的利益，被人為地維持著。

　　直到最近，人類依然在滿足于他的決策控制力。但是由於不斷增加的，先進技術的應用，對地球和人類生態系統產生不可挽回的致命後果，它現在正在一點一點地失去對自身命運的控制力。你們正在緩慢，但確定無疑地失去你們建設理想生活的出眾能力。你們的恢復力被人為地降低，不依賴于你們自己的意志。那些影響你們身體，也影響你們思想的技術是存在的。這樣的計劃正在進行中（註：黑暗力量正控制著地球人類）。　如果你們把這些創造性的力量掌握在自己手中，情況會發生改變，即便它和那些你們可能的主宰們的黑暗目的共存。這是我們依然保持隱身的原因。如果沒有數目龐大的集體反應，個體權利注定會消失。不管它是哪種形式，將要到來的時期將是這種衝突。但你要等到最後一刻才尋找出路嗎？你准備等待和經受痛苦嗎？　你們的歷史從來沒有停止過記載人們之間的接觸，不得不在衝突中相互發現。征服總是損害其他的人。

　　地球現在成為一個村莊，人們相互了解，但沖突仍在，所有形式的威脅持續更長，更劇烈。雖然人是個體，具有許多潛能，但他不能有尊嚴地行使他的能力。這是你們中大多數人面臨的情況，它基本上是由於地緣政治的原因。你們有數十億之眾。然而你們兒童的教育、你們的生活狀態，和無數動物以及許多植物的生命一樣，處于一小部分你們的政治、金融、軍事和宗教代表的掌控中。（註：深層政府／影子政府，黑暗力量正在掌控著地球）

你們的思想和信仰被黨派利益所規範，使你們轉變成奴隸，同時又讓你感覺到好像是你在完全控制你的命運，這就是現實的真相。 但當手中游戲的真正規則還是未知的情況下，從希望到現實之間還有很長的距離。這次，你不是征服者。誤導的信息是人類的軍事戰略。通過特別技術誘導不屬于你的思想、情感或機體是另一個古老的戰略。前進的絕好機遇和微妙的破壞性的威脅同在。這些危險和機會現在就存在，然而，你只能感知呈現你的東西。

自然資源的耗盡被精心計劃著，沒有一個長遠的集體項目被啟動。生態系統消耗機制超過了它不可逆的極限。資源的缺乏和不公平的分配，市場價格逐日攀升，將在大範圍內帶來兄弟相殘的沖突，也會沖擊你們每一個城市的中心和鄉村。仇恨和愛一樣增大。那將使你們自信能找到出路。但臨界值量不足，並且破壞被巧妙地實現。

人類通過過去習慣和訓練形成的行為將你們帶入死胡同。你們把問題委托給你們的代表，他們對公共利益的道德感在集團利益前消失。他們經常在形式上爭論，從來不關心內容。在此行動的時刻，延誤將積累到你只能順從而不是選擇的一點。

這就是為什麼，不同于你們以往的歷史，你今天的選擇將直接、顯著地影響你明天的生存。 什麼事件可以劇烈地改變任何文明的典型惰性？阻止這種盲目前沖的，集體和團結的意識從哪里來？部落、人群和人類國家經常相互遭遇和互動。面對重壓在人類家庭上的威脅，可能是產生巨大的互動的時機。一次巨大的浪潮正在形成的邊沿。它混合著每一個正面和負面的因素。

“第三方”是誰？有兩種方式和其他文明建立宇宙接觸：通過它常設的代表或者直接無差別地和個體接觸。第一種方式，必須承受利益的斗爭，第二種帶來覺醒。

第一種方式被一組希望保持人類處于奴役狀態的種族所采用，因為可以借此控制地球資源、基因庫和人類情感能量。

第二種方式被一些以服務精神為理想的種族聯盟所采用。我們，在我們這一方，基于這種非利益的理想，在幾年前，將我們自己介紹給了人類權利的代表，但他們以和他們戰略遠景利益沖突為借口，拒絕了我們伸出的手。這就是為什麼現在，由人類個體來選擇，不需要任何中間代表。我們過去給予他們的，我們確信可以給你們帶來幸福的建議，現在我們給予你！

你們中的大多數沒有意識到，非人類生物已在不被懷疑和不被覺察的情況下參與了集權統治的運行。他們狡猾地獲得控制是真實的。他們不必認同你們的物質計劃，那也正好可以讓他們在不久的將來非常有效和可怕。

　　然而，注意，你們的一大批代表正在和這種危險斗爭，注意，不是所有的代表都是反對你們的。　真相很難被辨別。當如此造假時，你怎麼能在這種情況下行使你的自由意志？你真正的自由是什麼？和平和你們人民的重新團結將是通向和其他文明和諧相處的第一步。這正是那些，在幕後費盡心機操縱你的，所要極力避免的，因為他們可以分而治之！他們也在控制著那些統治你們的人。

　　他們的力量來自將猜疑和恐懼注入你們。這將相當大地損害你們的宇宙本性。　如果那些操縱的效果沒有達到它的峰值，並且如果他們的誤導和謀殺計劃不能在今後幾年實現，這些消息沒有任何價值。他們的期限正在接近，人類將在未來經歷史無前例的，十倍的痛苦。

　　為了抵禦這種無形的侵略，你至少需要足夠的信息來尋找出路。事實上對人類而言，抵抗存在于那些支配性種族之中。而且表面上不足以分辨聯盟者和統治者。依你當前的直覺狀態，分辨他們將更為困難。除了你的直覺，到時候訓練是必須的。注意無價值的自由意志，我們邀請你另外的選擇。

　　我們可以提供什麼？我們可以給你一個更完整的宇宙和生命的圖景，建設性的互動，體驗公平和兄弟般的友誼，釋放技術知識，消除痛苦，受控的個體權利的行使，存取新的能量形式，最終對意識更好的理解。

　　我們不能幫助你們克服個體和集體的恐懼，或給你們不選擇的法律，或幫助你們為自己工作，以個體或集體的努力建設你們希望的世界，為好奇的精神探索新的天地。　我們可以獲得什麼？如果你們決定建立這種聯系，我們將為在宇宙中的這個區域捍衛友愛平等而欣喜，為富有成效的外交交換而欣喜，為得知你們為完成你們所能而團結而欣喜。欣喜的感覺是宇宙強大的尋求，因為它的能量是超凡的。

我們問你們的問題是什麼？　"你希望我們出現嗎？"　你應該如何回答這個問題？靈魂的真實可以通過心靈感應得知。你只需清晰地問你自己，明白地給出你的回答，依據你自己或以團體的名義，依你所願。

不論是在城市的中心，還是在沙漠的深處對於你回答的效果都是沒有影響，是，或者不是，在提出問題後馬上回答！就像你問你自己這個問題，同時考慮這個消息。這是個普遍的問題，它只有幾個字，把他們放入上下文，就有強有力的意義。你不應該中途有任何猶豫。　這就是為什麼應該平靜地考慮它，用你所有的良心。

為了將你的回答完美地和問題相關聯，建議你在其他人讀完問題後回答。不要急于回答。深呼吸，讓你所有自由意志的能量穿透你。為你自己而自豪！你的麻煩可能會削弱你。忘掉他們幾分鐘，做你自己。感覺力在你身中觸發。你在自己控制自己。單一的思想，單一的回答可以戲劇化地，以這種或那種方式改變你近前的未來。

由你內心深處的，個體的決定，我們是否出現在你們的物質層面，在廣闊的白晝，對我們是寶貴的和基本的。　盡管如此，你可以選擇最適合你的方式，宗教意識基本上沒有任何用處。真誠的請求，用你的心和你的意志，通常將被我們感知。在你秘密意願的個人投票站里，你的意志決定了未來。

什麼是杠杆效應？　這個決定應該由你們中很大數量的人做出，即使可能看起來像少數。建議你們以所有可以想象的方式和所有的語言，盡可能地在你的周圍傳播這個消息，不管他們是否能接受這個未來的新景象。如果對你有幫助可以以幽默的口吻方式做。你還可以以公開取笑地方式，如果能使你感到舒適。但不要漠不關心，至少你應該行使你的自由意志。忘掉你所得到的關于我們的錯誤預言和信仰。這個要求是我們對你最大的要求。　由你作為一個個體做出決定，是你的權利和責任！　被動只能導致自由的喪失。

同樣，不做決定就沒有任何效果。如果你真的想堅持你的信仰，那是我們可以理解的，就說不。如果你不知道選擇什麼，僅僅出于好奇心，不要說是。這不是展覽，這是真實的日常生活，我們是活生生的！並且在生活！你們的歷史有很多插曲，決定了的男人和女人可以影響事件的進程，盡管他們為數不多。一小部分人就足以暫時地控制地球上的權利並且影響大多數人的未來，你們的幾個人，面對如此多的惰性和如此多的障礙的回答，就可以激烈地改變你們的命運！

你們可以將人類催生到兄弟友愛的狀態。你們的一個思想者曾經說過："給我一個支點，我將舉起地球。"傳播這個信息將會讓支點更有力，我們將是光年般延長的杠杆，你將是舉起地球的人，這是我們出現的結果。

正面決定的後果是什麼？　對我們，直接的後果是贊成的集體決定將會使許多太空船，在你們的天空，在地球上，物質化地出現。對你們，直接的效果將是迅速拋棄許多確信和信仰。簡單的、結論性的、親眼所見，將在你們的未來產生巨大的反響。許多知識將被永遠修改，你們的社會結構將在所有活動領域，深刻地、永遠地改變。

權力將成為個人的，因為你們將親眼看見我們是活生生的。 具體地，你們將改變你們價值的尺度！對我們來說最重要的是在我們將要表述的未知面前，人類形成一個單一大家庭。危險將會從你們家中慢慢消融，因為你將間接迫使不速之客，那些我們稱為 "第三方" 的，顯現並消失。你們將公用一個名字，分享一個起源：人類。從此以後，和平和禮貌的交換將成為可能，如果你們希望如此。

而現在，饑餓者不能微笑，恐懼著不歡迎我們。我們為看到男人、女人和兒童因承受他們的內心之光，而在身心上遭受如此程度苦難而傷心。這光，可以是你的未來。我們的關系可以逐步增進。 經歷幾年或幾十年的幾個階段將會發生：我們太空船的顯現，我們的物理身體出現在人類身邊，協助你們在技術和精神上進化，發現新的星系。

每次，新的選擇將提供給你們。你們應該自己決定是否進入一個新階段，如果你們認為那是你們內在或外在的福利所需。沒有單方面的干涉。如果你們集體決定我們應該離去，我們將離開。如果決定是由有決定能力的大多數做出，並且這個消息得到必要的支持，根據這個消息的在世界上的傳播速度，在 "偉大的顯現" 之前，將需要幾周或幾個月的時間。

　　和你們每天對精神上存在的神的祈禱不同，你現在的決定非常簡單：我們在技術上被裝備好物質化。　為什麼會有歷史的困境？　我們知道由於"外星人"包含著未知因素，而通常被視為敵人。在第一階段，我們的出現所引起的情感體驗將增強你們在世界範圍內的關系。你們如何知道我們的到來是由於你們的選擇？原因很簡單，相對於你們的存在水平，如果不是這樣的話，我們可能已經在這里很長時間了。

　　如果我們不出現，那是因為你們還沒有做出明確地選擇。你們中的一些人會認為我們會使你們相信是你們自己深思熟慮的選擇，以便使我們的到來合法化，但這不是真實的。為了你們大多數人的利益，我們慷慨地提供你們所沒有的，我們能得到什麼好處？你如何肯定這不是"第三方"為了更好地奴役你們而精心設計的圈套？因為人們只能和已經鑒別的東西有效斗爭，而不是相反的。

　　難道侵蝕你們的恐怖主義不是一個明顯的例證嗎？　不管如何，你是獨立的心靈法官！不管你的選擇是什麼，它都值得尊重，並被尊重。在沒有那些可能將你誘入錯誤的人類代表存在的情況下，你無視我們的任何信息就像那些不經你同意就操縱你的人一樣。在你目前的境遇中，那些不要試圖發現我們的禁忌將不再流行。

　　你已經在"第三方"在你們周圍制造的潘多拉的盒子里了。不管你的決定是什麼，你都將不得不走出它。　面對這樣的困境，和一個比一個的無知，你需要請教你的直覺。你希望親眼看到我們嗎？或者僅僅相信你們的思想家所說？這是一個真實的問題！經歷了數千年之後，某一天，這樣選擇將不可避免：從兩種未知中選擇其一。

　　為什麼要在你們之中傳播這個消息？翻譯並廣泛地傳播這個消息。這將不可逆地，歷史地在千年的尺度上影響你的未來；否則，將延遲到若干後的新的選擇的機會，至少是一個世代，如果那時還有幸存者的話。不選擇，等于承受其他人的選擇的結果。不通知其他人，代表冒險承受不希望的結果。漠不關心就是放棄了自由意志。　這是和你的未來息息相關的。這是關于你的進化。由於缺乏信息而漠視，很可能這個邀請得不到你們集體的同意響應。然而，沒有個體希望在宇宙中被忽視。

　　想象我們明天的到來，成千上萬的太空船。人類歷史上獨特地文化震撼。因為為不可挽回，為沒有抉擇，或者沒有傳播這個消息而後悔將是太晚了。然而，我們仍然堅持你不要急于回答，請仔細思考你的決定。　大媒體未必對傳播此消息感興趣。因而，就是你的責任，作為匿名的，獨特的思想者和愛的生命，傳播它。你依然是你自己命運的建設者。　"我們是否應該出現？"　請問您歡迎外星人進入我們的世界嗎？

9.【大天使麥達昶】《現代世界物質身體穿越的 12 個揚升階段》

　　大天使麥達昶通過 Caridaway 傳導

http://soundofheart.org/galacticfreepress/content/lord-metatronascension-and-transmutation

1.原來的人類身體只適用於第三維度，是用來承載一個受限的意識體的；無法容納更高維度的意識（高我）。

2.原來的揚升方法：通過死亡，捨棄第三維度的身體，然後重新投生，或許可以重獲一個適合於高維度的身體。

3.這次揚升特殊之處：就是帶著物理身體揚升，但需要將原來的物理身體進行一系列升級。

4.人類身體有幾個細微身體（subtle body）包括：物理身體、心智體、情緒體、靈性體、光體。

5.身體升級指：對以上 1-4 細微身體進行升級，同時又引入一個新的細微身體光體 light body，就是本文所講述的。

6.光體的演進分為 12 個階段，最後一個層次就是揚升，即：將高我能量意識與物理身體完美融合，成為光體存有。

7.這個過程伴隨著物理身體的一系列變化，日常生活層面上情緒和心智的轉換與變動，以及對社會與星球的一系列影響。

8.目前大多數正在閱讀此文的人們正處於第 8-10 階段。

此外，本文還強調了一點：個人內在世界是什麼樣，外在世界就顯化成什麼樣；微觀世界（個人）什麼樣，宏觀世界（社會）就是什麼樣。所以我們要首先做好自己的工作，先讓自己的生活和諧喜悅了，外部世界自然就相應改變了。揚升進程開始於幾千年前，以《聖經.舊約》出埃及為標誌，摩西帶領人民離開奴役為揚升進程的一個比喻；而耶穌的投生是這個進程的重要轉折點；作為阿凡達，耶穌能夠承擔所有人類的“原罪”或者業力；由於他的救贖，通過一系列步驟，使柔和的揚升進程變為可能。基督的救贖是光體演進的第一步，將近 2000 年，終告完成。

1988 年，在和諧匯聚後僅七個月，光體被引入，揚升從未以這樣的方式進行過。融合過程是通過靈的一系列“降下”來實現，在地球所有生命形式的物理身體裡，光逐漸增加，振動水平也逐漸增加，物理細胞所持有的光的多少就是光體的不同階段，揚升階段越高，身體密度越小（註：身體不再濃稠）在光化過程的結尾，轉變就會進行到揚升，你會完全與你的高我融合。光體引入有 12 個階段。每一個階段完成時，物理上所發生的變化會整合進生活和精神的每一個領域。光體用來配合升級過程中所有課題，並且每一個更高階段都會配合比之前階段更深的一層課題。這是來協助我們清理，所有身體和靈性上的負面能量。清理過程是一個從情緒體和心智體釋放儲存能量的過程，並將那份能量重新放置於靈性體中，在那兒這份能量變得有用，通過這份能量奇蹟被創造（註：轉化能量）。

虛空空間

光體每個階段的末尾，有一個虛空空間，在那裡我們稱之為 "小我消解"（ego death），它可能顯化為沮喪或者一種失落感（虛無感）。這個虛空是一個能量整合室，在那裡不存在任何東西，被用來做休息站，使你能夠建立一個生活的新願景，之後便進入下一個階段。

全面準備

光體的前 6 個階段，是構建用來為所有層面上的逐漸變化做準備，伴隨著有規律的在物理上、心智上、情緒上的變化中的靈性覺醒。

特定專注：

光體的第 7-10 階段，每次集中在你的經歷的一個領域。例如，在第 7 階段，你們中大部分人經歷到你們靈性（spirit）的第一次 "降下"，以及隨之而來的顯著的靈性覺醒。隨著覺醒，你也許已經顯化了超視覺力、超聽覺力、或者對能量的運動知覺。當前星球正轉入第 9 階段的開始，如果你的振動速率比你所在的星球的振動速率低，那會是一個非常痛苦的經歷，這就是在第 8 階段以下的那些人現在所面臨的情況。因為你正在讀這篇文章，所以我能確定，你正處在光化過程中的第 8 階段末的虛空至第 10 階段之間的某個層次上。如果你在一個較低的水平上，你將不會對此類靈性為主的文章感興趣。

第 8 階段

第 8 階段的光體以某些極端方式帶來身體的改變。類似於病毒綜合症的物理症狀會非常普遍。在這個層次上，你也許已經注意到，你一個月就得一次感冒。其他症狀像頭疼（在眼後部位），因為視神經光通路被打開並且松果體被激活。你也許會有耳痛、（耳內）氣壓變化、耳內癢癢，因為你的聽覺結構正被重新連線來解碼光的傳輸；還有汗水過多或者腹瀉，因為你正從你的身體細胞中降低密度。這些變化的一個方面就是，你在你的 DNA 裡面加入了第三條物理 DNA。對於一些人來說，身體也許會抵抗此類密度下降，那種抵抗的一個表現就是體重增加。

你也許會開始注意到有閃爍的顏色出現在你內在屏幕上（inner screen），幾何公式在你的頭腦中穿過，或者聽見嗡嗡聲（hum）。這是翻譯設施的開始，並會允許你將光之編碼轉化成認識的認知和理解。星球周圍的柵格不斷的將消息傳遞給投生在地球上的生命形式。這些消息以一種叫做光信息包的形式傳遞，並被編碼。我稱之為 "光碼"。這些消息是設計用來給出指示，並來解釋在更高維度的頻率上在能量方面正發生著什麼。如果你是一個敏感的人能聽到嗡嗡聲（hum）、一個尖銳的音調、或者嗡嗡聲（buzzing），請對你的聖靈承認這一點。

他們正盡力協助你讓這個光碼傳遞，但是他們不能核實你是否聽到，除非你回應它。聖靈會通過調大這個可聽見的光碼的音量和頻率來盡力協助你，直到他們看到你的回應。光碼作為一個嗡嗡聲（hum），能夠變得非常惱人的、甚至物理上不舒服。如果你正經歷這個症狀，"請求"你的高我調小音量併校準頻率，這樣它就不會令人不快或者使你虛弱。這些第八階段的變化對一個人類來說可以花上多達兩年的時間。對這個星球來說花了三年的時間。

第 9 階段

第 9 階段是關於將來自於第 7 階段的靈性變化和第 8 階段的物理變化整合進入你的物理生活。第 9 階段表現為人際關係成為焦點，通過人際關係你來測試自己，那些內在鑄造的變化。你會發現，任何建立在控製或者操縱基礎上的關係變得難以忍受，並且許多人際關係在這個階段結束。在你整合你的新身份的時候，你也許會發現你在世界轉化中的工作。

第 9 階段 光體的虛空

第 9 階段光體的虛空階段可能是非常痛苦的，因為在如此多的關注人際關係之後，這個虛空階段要求你最終與你自己獨處。畢竟，你與你自己的關係是你所有人際關係中最重要的關係。第 9 階段以相當大量的關係的降下為開始，然而帶給你另一個關係去整合，作為你的過程中的一部分。

第 10 階段：焦點會集中在顯化與整合靈性能力

在第 10 階段開始的時候，生活感覺是新的，並且你會感覺像新出生一樣並且非常敏感。第 10 階段是靈性覺醒的開始，會引導你熟練運用你的一些能力，那些能力標誌著你是靈性大師和靈性熟練者。隨著你在能量上變得更加"乾淨"（clear），這些能力會變得更強。在第 10 階段，聚焦在顯化與整合靈性能力上，在物理日常生活中會變得很有用。在第 10 階段你最大的自然靈性能力將會第一個顯化，你其他的靈性能力之後會逐漸開放。你將被要求依靠你的靈性禮物來生活。例如，如果你有超視覺力（註：即靈視力/覺知力），你一定會依靠超視覺力所感知到的來做出決定——而不是依靠你物理上所感知的來做決定。在第 10 階段，你的超視覺力會壓倒你的物理視覺。

例如：某一天，你正非常清楚地看到有三條人行道和（他們的）路崖石；你將會看到物理上的人行道和路崖石，以太的人行道和路崖石，以及第四維度的人行道和路崖石。決定把腳放哪也許會非常令人困惑。如果你完全依賴的超視覺力，而不是依賴物理視覺，你將會知道往哪裡邁步。如果你用你的物理視覺，你會在公共場所絆倒幾次。最終，你還是會學會如何使用你的超視覺。對於一個大師而言，與情緒有關的能量在"當下這個時刻"從靈性體流向情緒體，並且，一旦情緒激發結束之後，能量從情緒體釋放回靈性體。與想法有關的能量從靈性體流向心智體，然後，在想法結束的時候能量被釋放回靈性體。這使得阿凡達的能量可以根據他的意願自由使用（註：耶穌也生氣……）。阿凡達可以自由使用他的靈性能量，因為它不會被想法、信仰、情緒和記憶所消耗掉。這是你們每一個人，在第 10 和第 11 個光體階段，都一定要在你們的能量體中創造的能量結構。這會允許你們每一個人創造奇蹟，比如顯化想法到物理現實中。（註：若要顯化需從和高我連結的靈性體出發）

第 11 階段：製造最深的恐懼，這樣你能夠通過體驗他們來完全清理他們。

第 11 階段的光體是從第 10 階段自然演進而來，這個過渡是如此容易，（以致於）轉變可能不被注意到。靈性能力會持續增長，並且物理身體開始在外觀上發生變化。你的物理身體變成發光的、色彩鮮豔的、並且看上去非常美麗。你也許會有朋友和熟人突然評論你說，你看起來變年輕了，或者你在某些難以定義的方面發生了改變。

第 11 階段在你情緒方面的課題上進入更深的進展層次。在這個階段，你一定要處理所有你有關死亡有關失去的信仰和思想形態。你也許會在你的物理生活中製造理想（幻想）破滅，或者甚至發現你在製造最深的恐懼，這樣你能夠通過體驗他們來完全清理他們。任何在情緒體或心智體中儲藏的能量，在第 10 階段完成後，一定要在第 11 階段中釋放到靈性體中。如果你在第 10 階段中沒有處理那些問題，你將會在第 11 階段時將它們顯化在你的生活中。但是，當你處於第 11 個光體階段時，你確實沒有什麼可恐懼的，除了恐懼本身。

第 12 階段就是揚升

它以梅爾卡巴（Merkabah）移動到你身體的心靈的中心（heart center）為標誌。最簡單地描述，梅爾卡巴可以被描述成一個金色的光球。它是你揚升的載具，當它發生時，它對你是一個重要的初始化。那個時間是你個人揚升進入第五維度合一世界的開始。揚升可以發生在個人層面，也可以發生在一個團體裡，或者它會作為一個集體經歷的一部分而發生。不管你是自己揚升還是作為一個團體的一部分，還是作為將要到來的星球轉變的一部分，當你準備好的時候，你都會揚升。沒有特定的揚升階段，在個人層面，每天都有揚升發生。自從和諧後，進入第五維度意識的轉變一直都可以使用那份能量。揚升是一件非常簡單的事情。它是一個發生在一瞬間的變化，太陽仍然會照耀，星星仍然會閃爍，但是你們仍會在這裡。不同之處在於喜悅，在於你們喜悅的生活的能力，以及感受到喜悅的能力。核實揚升是否已經發生的最容易的方式就是注意到在一個人的生活中喜悅的品質。

揚升的開始是當一個人開始以把幻想創造成現實的方式來過生活的時候。它是一種"與神合一"的狀態，存在於你的中心，你可以在冥想中取得，在那裡能量流動，你感覺到與一切的絕對的宇宙合一。不管是什麼給你帶來喜悅或者是感覺到光，不管你把什麼定義成喜悅，都是通往那個狀態的路徑。如果你正作為靈性團體中的一部分而努力著，你將在你的演進過程中經歷到一系列更快的轉變。當你的團體中一個成員注意到實現了梅爾卡巴的時候，你們

（團體）所有人就都已經收到它了，並且也會很快意識到它。起初，個體成員也許沒有注意到這已經發生了，但是至少團體中的一個成員準備好接受它的時候，作為結果，整個團體將都會受益。

一個團體一塊努力揚升，有巨大的優勢，因為第五維度意識是一個合一的意識，這個團體就是一。與一個團體一塊努力，會創造巨大的協同的能量，其中每一個人都比你們單獨的情況下遠遠強大得多。當個體和團體將焦點放在揚升上，他們應該將焦點放在開始將他們的生活重新創造成絕對的喜悅的代表作。當他們這樣做的時候，他們將從喜悅出發開始生活，之後，他們將變成喜悅。當每一個人做這件事的時候，你們將開始轉變你們日常生活中接觸到的每一個人，將喜悅的能量傳播給他們，叫他們醒來達到那個頻率。大規模揚升會在那時發生，當星球上揚升中的人們的大部分存在於這個喜悅狀態的時候，並且直到那時才會發生。這個事實的原因是，這個星球的經歷是一個自由意志的經歷。在多維宇宙，自由意志是一個神聖法則。

當你們中大多數從喜悅出發而生活的時候，星球的經歷會轉變成一個愛和合一的世界。當你們中大多數放棄極性遊戲的時候，因為你們已經學到了所有你們能夠學習的（二元性的課程），並且你們自己做出決定轉變到喜悅和合一中的時候，大規模揚升將會發生。直到那個時間到來時，並且它會到來，光體演進會繼續。揚升會花費它所需要的那麼長的時間，人類作為一個集體，最終，決定偉大事件的時間表。自由意志不能被篡改，即使為了最高的目的也不行，即使為了創造揚升也不行。在這個信息中我希望表達的觀點是，你們能夠服務於全人類、服務於星球、服務於你們自己的最偉大的方式，就是把你們自己的生活創造成喜悅的典範。

在評估你的生活的時候"無情"一點，清除掉不能帶給你喜悅的每一件事。釋放掉舊的情緒問題，因為他們會消耗掉你們用以感覺喜悅的能量。如果你在整個過程中將焦點放於此，放在學習從喜悅出發去生活，將此作為你的啟程，你將會變成你渴望成為的專家或者靈性大師。你將會協助你遇見的每一個人，通過你的出現，並且你也會為星球錨定那份喜悅的能量，協助她為所有人誕生一個新的顯化水平。這一與神聯合的狂喜狀態是潛能的一部分，這個潛能對所有人都開放。這個喜悅的道路使得揚升是如此簡單，因為所有需要做的就是每個個體開始集中焦點，為他的生活付起完全的責任。將生活過成喜悅的典範。

光體是如何影響這個星球

我已經為你們描述了這個過程，它是如何影響你們的物理自我和你們的個人生活的。現在我將解釋光體是如何影響這個星球的，因為這個星球是物理的，是你們維持生計的整個基礎。隨著你成為一個光之存有，星球正變成一個光的水晶球。當光體實驗在 1988 年開始的時候，這個星球轉變進入光體的第三個階段。之後每一年，光體進入一個更高的階段；1989 年到達第四階段；1990 年第五階段；1991 年第六個階段。

　　這個星球在 1992.1.11 通過 11：11 通道進入第七個階段，然後一直保持在那，直到下一個通道在 1992.5.5 打開。這個通道啟動了星球光體進程的第八階段，並且在那個光體階段，地球的變化是最有可能的。星球轉變總是以一系列"通道"（gateway）技術所引領。通道是能量的管道，從一個更高維度的宇宙打開通向這個宇宙。這些管道帶來了必要的能量來形成大眾意識模式，改變星球的振動頻率。

　　1992.5.5 通道的目的就是預先阻止大變動的災難的可能性，這些災難最可能是在星球開始揚升時（發生）。 1992.5.5 至 2012.12.21 是合一意識啟動前的靜止期。從東半球到西半球（雪士達山 Mount Shasta）的柵格轉變，是設計用來協助在這個改變時代的那些稱為光之工作者的人，因為柵格的轉變允許星球的頻率提升，轉變到被稱為較低第四維度的頻率。這將星球的振動帶入所謂的星光界（astral world）。這些世界仍然是極性和幻想的世界，但是他們遠遠不是那麼物理了。這使得你們每一個人開始為你們自己打開喜悅的可能性變為可能，那些正學習使用靈性力量來在物理（世界）中創造的人，可以使用來自新柵格校準中的能量來創造他們個人版的 "地球上的天堂"。你們中有許多人要求這一協助，因為許多光之工作者們想要能夠促成想法成為物質。釋放敵對模式的最偉大的方式就是將自己移到一個你認為沒有敵人的空間；將自己移動到一個沒有必要保護自己權力的空間；隨著能量的轉變，這個人的幻想會變得越來越不真實，直到它不再存在。在你自己的內在想清楚你的價值是什麼。協助在這些問題上大眾意識的轉變。神聖的法則是——內在是什麼樣，外在就是什麼樣．它一定要在個人層面上先發生，然後它將會在國際上顯化。如果你真想要宣告核武器非法，從你自己生活的內在開始。通常，在能量以平衡的方式重新校準它自己之前，會兩極間失衡擺動。

　　1994.6.6 開放的通道的結果，是一個有關自我授權（self-empowerment）的通道。但是伴隨著自我授權，也面臨著自力更生（self-reliance）的需要。這個通道帶為自我授權帶來一個新的模型——女性。女性也一定要進入到他們的權力中。支持女性的能量已經可用了，並且自從 1991.12.21 的通道自然的力量重新覺醒的時候就一直可用了。你們每一個人，了解並且被授權了，一定要將精力集中在用喜悅填滿這個虛空，並且快速並簡單地轉變你的生活形式。當你這麼做的時候，從舊形式到新形式的過渡也將會被大多數快速簡單的穿越。對於那些積極的努力於你自己的揚升的人，你們正承擔著一個巨大的重擔。那個重擔就是無瑕疵地生活。

　　你不可能在宏觀（集體）層面上創造一個東西，除非首先將它帶入微觀（個人）層面。上面是什麼樣，下面就是什麼樣這是神聖法則。你一定要首先在你自己的生活中創造你在你的社會、社會結構和國家中所渴望的。你們中有許多人，帶著神聖使命投生，將法律重新校準得更像神聖法則。你們在這是轉變整個集體有關政治、經濟、政府和法律的議題。你們一定要首先在你自己的生活裡使用並且依靠神聖法則來生活，之後你們能夠將他們在大眾意識層面實現它們。創造一種生活，沒有抵抗或者暴力的需要，沒有政治極性的需要，沒有福利計劃的需要，沒有治療疾病的需要。創造你們的生活，像一個和平、喜悅、安全和平等的世界。外在的世界會跟隨你的引領。你們所居住的世界現在是一個第四維度的世界——一個星光世界。它仍然是一個極性的世界，但是有所不同。極性僅僅是一個幻象而已！

　　每一個啟蒙之路都涉及有關 "入門守衛" 的故事，通常那個守衛都是一個可怕的猛獸。當一個初學者已經足夠進步到在星光界旅行的時候，這個初學者會遭遇的第一件事就是這個守衛。這個初學者一定要打敗這個守衛才能在他們的靈性道路上取得進一步的進步。這被看做為一個測試，這個測試一定要通過，否則大師的指導就會停止。每一個秘密傳統有其自己的去如何對付守衛並戰勝它的方法。那個關於這個測試的普遍事實是，那個守衛就是你。（註：所謂魔考，你的敵人就是你自己（小我））

　　那個可怕的魔鬼就是你最深的恐懼。一個猛獸，是的，但是它無非是一個幻象。在每一個傳統中，解決方法就是，初學者釋放掉他們的恐懼和他們個人的魔鬼，然後他們將會戰勝那個守衛，它就會消失。謙卑、寬恕和愛。是唯一幫你穿透星光界幻象的方式。直到通過這個測試之後，更高維度的頻率才會對初學者開放。在一個啟蒙中，沒有失敗。如果那個測試沒有通過，僅僅是重複那個課程，直到那個初學者搞定它。這是我能給你們的最好的比喻來描述你們正在這個維度頻率中擁有的經歷。請記住，守衛只是一個幻象，極性也只是一個幻象。如果你釋放掉那些幻象和信仰，釋放掉那些恐懼，那個守衛就會消失！

　　你們經歷的世界會在你新現實觀念周圍重新創造它自己。所有高維的協助現在你們都可以得到，但是你一定要請求。我們不能違犯你的自由意志，甚至是為了協助你也不可以。為了和平地喜悅地穿過這些變化，你們每一個人都可以得到你們所需要的所有協助。這個信息給予你們是為了向你保證，一切都很好。我的角色是來轉變你的恐懼，來想你保證神聖的愛，並使你覺醒於你也許擁有的協助集體的潛力。你們每一個人在今生僅有一個責任，那個責任就是為了你自己的生活。（註：對自己負責）神聖的法則是，上面是什麼樣，下面就是什麼樣；內在是什麼樣，外在就是什麼樣。當你在你周圍的外在世界中覺察到困難、敵人或者可怕的人的時候，那麼看看你的內在生活，因為他們也會在那存在。

　　如果你從你內在生活中清理了這些感覺，那麼你將會發現，你外在的生活，感覺也魔法般地轉變了，這是神聖法則。你可以使消除極性非常容易地發生——通過努力處理你自己的生活，前進，將你的生活創造成一個喜悅的絕對典範。工具都給了你們，力量也給了你們，並且你們可能用到的所有的協助和指導也可以得到。你們**每一個人一定要實際地這麼做，並且，當你這麼多的時候，你會轉變你們的世界，也會轉變更大的世界。**（註：這就是為什麼人人皆該學習自我療癒）你們沒剩下什麼需要恐懼的事情除了恐懼本身。努力處理你的恐懼，從你的心智體和情緒體中將它提出，並且在你這麼做的時候，你將會將它從你的生活中剔除。確實，那些偉大的人是那些在這個改變的時代來投生的人。你們的啟蒙幾乎完成。你們每一個人所剩下的所有的事情就是通過喜悅的測試。祝福所有人，我們愛你們，我們尊敬你們，我們尋求服務你們每一個人！

10.【地球上的網格和門戶 1】

by Soluntra King

http://lifly0815.pixnet.net/blog/post/292334263-2015-06-27%E3%80%90%EF%BB%BF%E5%9C%B0%E7%90%83%E4%B8%8A%E7%9A%84%E7%B6%B2%E6%A0%BC%E5%92%8C%E9%96%80%E6%88%61%E3%80%91

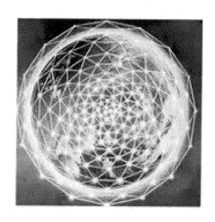

有三個主要的網格經過地球並圍繞地球運行。

水晶網格（格柵.網絡）

首先是我們的水晶網格—連接地球的晶體。

這個網格的交匯是能量漩渦和次元大門的主要門戶，連接著地球和地球內部。

它連接：

· 其他次元世界

· 銀河系的恆星和行星

· 太陽系之外

水晶格柵維持著行星地球的和諧，它是連接地球與恆星及宇宙的門戶，並且與我們的太空鄰居維持和諧。

我們身體的經脈是自由流動的，所以能與其他生命一樣都處於良好的健康狀態，就像地球網格一樣。

古人意識到這一點，所以建造了金字塔、廟宇、巨石、石圈對準恆星與地球內部的能量，以及創建一個可以從其他星球旅行的維度門戶。

這些存在來自不同的恆星系統、不同的宇宙和世界，他們都一個地球議程。他們中有許多人已經在這裡住了億萬年，也有一些存有的生命，實際上就是在地球上開啟了他們的故事。

龍人，爬蟲和蜥蜴人曾與地球內部的水晶共同打造水晶格柵，這創造了地球上的生命，而我們知道這一點。

他們從牛郎星/天龍星/獵戶座來到地球，住在地球內部，和許多人一樣生存在其他次元，一般是第 6 和第 7 次元。龍人連結著地球水晶，而爬蟲人建造了無數的隧道。

晶體是電磁和網格通過環繞地球的電磁能量場，逐漸形成我們所熟知的生命。 這種水晶網格散發出生命之光的能量，當地球與太陽和行星保持穩定和協調，生命便能夠擁有更和諧的氣候模式。這樣的環境，創造了許多其他外星人前往地球定居，也因此它們能夠適應地球引力的環境。

有一些外星人在這裡擁有比別人更多的故事，而現在這些人都被排序出來，因為我們與太陽、中央太陽和大中樞太陽完成了這個週期，超越二元性和舊戲碼，並準備融合後繼續前進。

有一些隧道儲存了巨量的寶石與貴重金屬，這是一個能量旋渦--他們的文明力量。這在網格上是一些主要的路口，你可以稱它為龍的巢穴或蛇漩渦。這是一個存放能量與守護水晶的門戶。（註：無論龍或蛇皆是指漩渦式的特定能量）

這些門戶正以順時針和逆時針螺旋不斷上升，這是一個從地球到天堂，與從天堂到地球的宇宙反重力的能量移動。

這種不斷攀升的能量是蛇的能量，它是生命力，正如它是你身體內向上流動的亢達里尼的能量。 當靈蛇在我們的身體上升，這激活了 "我們是誰" 的 DNA 記憶，並成為光體。

我們提高了頻率到高次元世界，地球也提升成為一個五次元的星球。對於這一些不斷發展的方式超越了五次元，當我們做出次元轉變，次元門戶嵌入了古代文明的光，讓現在變得更清晰、明確。

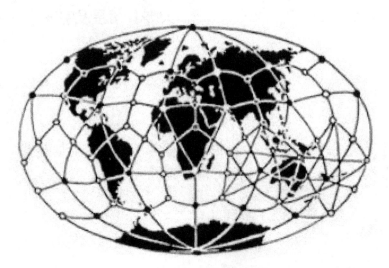

水晶格柵在所有的次元裡也被稱為龍線或萊伊線（ Dragon or Ley lines ）。

在第一密度有物理水晶和礦石王國，這些相同的礦物質是在我們的身體和宇宙之內。

因此，地球上的網格連接著所有主要的門戶，通過水晶格柵共振的神聖之光，作為光的窗口和世界之間的大門，在更高的層面上與光連接。

因此，在網格的主要門戶上創造了許多建築，如金字塔、廟宇、立石、石圈等。

金字塔遍佈於世界各地，它不僅僅是墨西哥和埃及特有的水晶之光共振，它的結構是以石英或花崗岩構成。

金字塔一旦與地球和宇宙產生和諧共振，它們的能量在光的高八度音程裡運行，我們所有人的平行世界，將連接光的金字塔並帶回了和諧。

當我們像水晶一樣的清澈，我們能擁有與地球、銀河系、宇宙協調一致的共振。因此我們成了晶體或金字塔所含容的光束，並創建一個新的光網格，我們打開了水晶格柵，同時也讓水晶格柵貫穿我們。

此時在這個星球上，一個全新的共振通過如透明水晶的我們錨定到地球。 當我們成為從天堂到地球能量的轉換器（註：成為光柱），就能將天上人間結合。

光的網格

光網格是由環繞地球的更高精神層面所構成，因為它連接著我們的內在高我，它存在於第五次元和第六次元。

此網格經常被用來作冥想時與他人聯繫，或是那些協助在這個變化周期來這裡服務的存有。

不同位置的網格同步錨定於更高能量的特定宇宙事件，或是通過冥想，在更高的意識境界看到並知曉，所有的存在是整體、癒合與神聖的。以此 創造更高的意識層面，以幫助全人類做出轉變。

這種轉變正在發生，不管是否有人願意，它就像黑夜過後是白天一樣的循環，這是相當隆重的事件。

光的網格連接著每一個人內在的高我，人們往往沒有意識到發生了什麼事，它們時常在睡眠時工作，或是通過信任它們的內心，引導到水晶格柵而維持能量。

　　光的網格也是你靈魂層面的光體，它能夠移動並通過更高次元的門戶，通過不同的星門來加速自己的成長。 為他人服務，將帶來光的高八度編碼，錨定在此地球層面。

　　即使是在個人層面上，你也可以向其他人傳遞解決高我的衝突或困難，甚至協助他們醫治自己。一旦他們的高我接收這份能量，能量就可以下載到他們較低的層面。

　　你可以喚醒內在，這是你的工作。

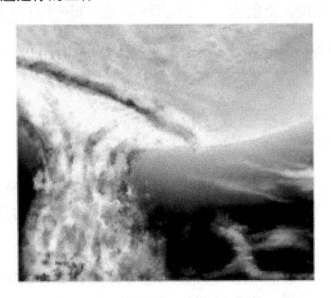

太陽能網格

　　太陽能網格綫是圍繞地球行星的黃金色太陽光盤，它們擁有中央太陽的能量以及創造我們所知道的生命之光的編碼。

　　它們也與我們的頻率一同工作，當我們與造物主神/女神創造的真實自我統一時，創造地球的天堂，並與更高次元的光之委員會的成員工作—金黃的太陽能光盤就像是我們的心。

　　這些金黃的太陽能光盤處於更高的次元，它被隱藏在第三次元。 人類仍然可以看到對於黃金的權力和貪婪，現在，周圍的行星被激活，一些積極在太陽能網格帶來了金色光芒連接到地球表面的神聖之愛中。

　　自 1997 年 9 月的太陽能網格被激活，從蒂瓦納庫（南美洲，印加帝國最重要的文明之一）古老的利穆里亞網格，在玻利維亞北部的的喀喀湖附近錨定了太陽神/女神。

　　這已經發生了，因為黃金太陽能光盤在的的喀喀湖的太陽島已經激活了多年。它們在過去的黃金時代全面運行，並協助地球通過太陽、中央太陽和大中樞太陽（註：中央大日如來）完成校準 。

在當時，每一個人都具有神性（註：五次元列姆尼亞），但更多的是在乙太身體。我們現在再次這樣做，而這次是在所有人的物質身體，因此更能夠充分地完成我們的神聖使命，天堂和地球通過我們的身體-我們的光體而密切結合。

在 1995 年十月日食時間，光之議會同意了通過光盤來振動，從這一點連接到世界範圍內的網格能在兩年後激活。　這是現在的情況，太陽能網格是非常高頻率的神聖能量，現在再次環繞地球運行。

我們提及了水晶網格，萊伊線。當水晶、岩石，圓柱或金字塔與之連接，我們準備向太陽能網格打開之前，請先將光網格與我們的高我連接到環繞地球的乙太鑽石。（註：解開地球的封印）

以前我們不得不去一個大漩渦門戶來激活或喚醒。例如金字塔，或者喜馬拉雅山。然而現在，因為天候開啟了網格再次流動，能量充滿並圍繞著整個地球，你甚至坐在客廳就能夠感受到更高的能量。

現在，這是非常真實的; 通過更高的能量場，我們很自然地轉移到此頻率中。

11.【揚升- 內在的旅程】

書籍：《轉世：基督教中缺失的環節》《Reincarnation：　The Missing Link in Christianity》13/01/13/%E3%80%90%E5%9C%B0%E7%90%83%E7%9B%9F%E5%8F%8B%E3%80%91%E3%80%90%E6%9F%AF%E5%8D%9A%E6%8B%89cobra%E3%80%912013%E5%B9%B41%E6%9C%8813%E6%97%A5%E8%A8%8A%E6%81%AF-%E3%80%90%E4%B9%99%E5%A4%AA%E5%B1%A4/

你意圖要在此生完成你自己的重生和揚升。

你的重生是你對上帝的兒子身分的覺醒。你的揚升是你與上帝的最終結合。每個神秘的經歷都是為了最終的結合作準備，當你平衡了足夠的業力時，它可以在死亡之前或之後發生，

當你走在回家的道路上，你能夠看到自己爬上一圈代表揚升的白色火焰。每一個禱告、法令和神秘的經驗都會讓你在線圈中上升。它擴展了你心中的火焰，一個火焰意味著成長，直到它消耗你的整個形式，你已經成為 "一" 與火焰。

攀爬這個線圈並不是真的上升或下降，抑或向右或向左移動。你的靈魂加速，進入永恆原子的核心--那就是神。它允許你進入一個永恆的時間狀態，沒有昨天或明天，只有現在。

耶穌稱這個狀態為 "永生" -這個意義不是在永恆上，而是一種存在狀態，在這個時間

裡，我們知道它是不存在的。這是一個時間和空間之外的狀態。

請記住，當你祈禱和冥想時，你內在的上帝比世界上任何其他事物都更強大。整個宇宙銘刻在你存在的每一個原子上。

神秘主義者的經歷證實了這一點。一些梅爾卡巴神秘主義者通過天堂的神殿看到了穿越心室的旅程。他們認為，所有浩瀚的神性都包含在其中。正如猶太領袖海高（939~1038）寫道，神秘主義者"在他的內心深處凝視，彷彿他親眼看到七個天使的殿堂。"

你可以將宇宙看成一套木製的俄羅斯娃娃，每個娃娃裡面都有一個較小的娃娃。整個可見的宇宙像是最外面的娃娃，裡面嵌套的是銀河系、太陽系、星星、行星，直到最小的娃娃-這就是你。但是，在你的內在還有一個更小的娃娃，不知何故，它卻是裡面最大的娃娃。

當你弄清楚這個謎語的時候，你會發現揚升的鑰匙！

揚升不是終點－這是個開始。

當你超越人類存在的狹窄範圍時，你會永遠活出上帝的兒子；你會不斷超越意識的層面；探索新的維度；使用自由意志；保留你的個性；參與宇宙中生命的大進化螺旋。

當你實現揚升時，你進入的狀態是上帝的國度，永恆的生命- 一個永恆的，無限空間的永恆幸福狀態。

當你發現它的時候，你會知道這個不變的統一，這是耶穌承諾的真正獎賞。你將進入一種提供最終自由與最終可能的存在形式。

12. 新耶路撒冷號

https://www.golden-ages.org/2014/11/25/rob-potter/

（註：以下 2 篇是有關聖經啟示錄的預言，僅供參考！啟示錄第 21 章 2 節：我又看見聖城新耶路撒冷由神那裡從天而降，預備好了，就如新婦妝飾整齊，等候丈夫。）

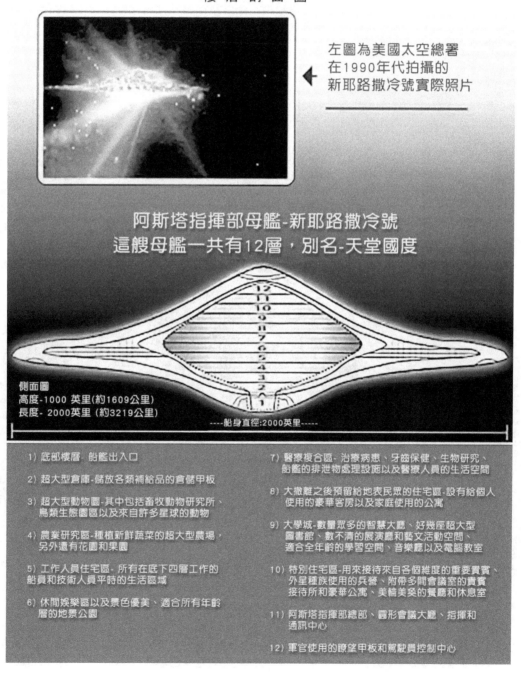

　　給大家參考一下新耶路撒冷號到底有多長，如果以桃園為中心點，這艘母艦可以從中俄邊界到印尼或新加坡（月球直徑約 3,475 公里，地球直徑約 12,742 公里）

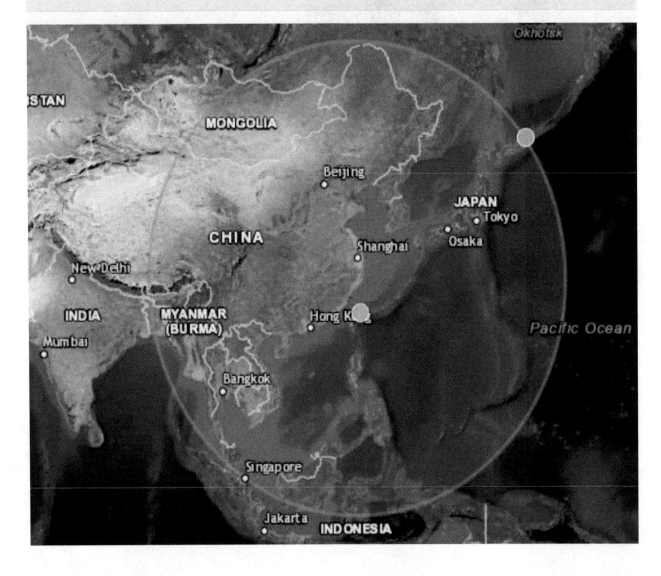

【地球盟友】【柯博拉 Cobra】2022 年 2 月 12 日訊息【揚升計劃的情報更新】

https://www.golden-ages.org/2022/02/12/ascension-plan-update/

Rob ：好的。在聖經中也說到，新耶路撒冷城將會從天空中降落下來。這是不是指的是一艘很多人所談論的，並被稱為新耶路撒冷的母艦呢？那是在聖經年代被人所知曉的事物嗎？在聖經中，新耶路撒冷指的是什麼呢？

COBRA：是的，它是一艘母艦的代號。如果你讀過關於那艘母艦的描述，實際上你將會看到，母艦有十二層，並帶有十二個不同的能量面，這個啟示就是大約 2000 年前的一種景像展現。它實際上描述的是，我們正在邁入的這個時代，是第一次接觸的時代，是二元性結束的時代。

Rob ：是的。你提到了十二個層面，這是非常有趣的，因為 JJ Hurtak 在 "Keys of Enoch" 這本書裡提到有十二個主要區域，他說非常巨大的母艦將會降落到那裡，我可以提到其中兩艘我能立刻記憶起來的母艦，哦，實際上是其中的三艘。一艘叫 Tacal Machan，另一艘是 SLC，還有 salt flats，對在那裡的任何人來說，當然都可以登上一艘非常巨大的母艦，並且會在中美地區降落。可以說，應該有一首巨型母艦可能盤旋在陸地上。那指的是不是具有十二層能量的新耶路撒冷號母艦？不同類型的飛船會在不同的地方降落。

COBRA：基本上，新耶路撒冷號是一艘母艦的代號，但在造物的不同層面上，你們都有這個十二角星的圖案樣式，到那時，那些母艦都會變得可見，整個行星將成為十二角星能量樣式的一部分。所以，這是未來的一個確定的部分，是整個計劃的一部分。

Rob ：是的，之前我們私底下討論過，是否你能再確認一下這個訊息：我覺得母艦登陸需要在 "事件" 之後的相當一段時間才能發生，對嗎？這也許至少要兩三年的時間？

COBRA：是的，在 "事件" 與那些母艦登陸的顯化之間，將會需要一定的時間來渡過，因為人類的大眾意識需要為這類事情做好準備，不能有太大的壓力。實際上，人類需要以某種方式來吸收這種轉變，而這種方式將會對其意識有意。這不會僅僅是一場表演，而實際上是一種轉變，包含了人類意識的轉化。那就是為什麼需要花一些時間，用最佳的方式與神聖計劃校準對齊。

阿斯塔｜新耶路撒冷號

2021 年 6 月 30 日 10：25：36 96612051

https://www.pfcchina.org/xinrenyuedu/52693.html

我們所有飛船上的每個人都在觀察你們美麗的星球上已經發生和正在發生的事情

問候親愛的人們，

我們所有飛船上的每個人都在觀察你們美麗的星球上已經發生和正在發生的事情，蓋亞。她的笑容是那麼美麗，那麼快樂，帶著千古以來許諾給她的幸福。她對你們，她的孩子們有著如此多的愛，當你們進入你們的全意識和榮耀時，她對你們有著信心。

我們向你們保證你們也將在你們的次元意識中在水面上奔跑，或者做任何你們認為此刻不可能做到的奇妙的事情;然而，眾所周知，你們是創造者，不僅僅是你們下一個個體時刻的創造者，而且是被稱為地球整體的世界的創造者。

親愛的心，你們已經完成了你們親愛的星球所經歷過的最不可思議的愛的行為——你們確實在水上奔跑，所以可以用這種對全人類的奇妙的愛來說......每天為了你們的肉體而不吃東西的犧牲。這是數百萬年來在任何星球上所顯示的最偉大的愛的禮物！你們的時間，你們的愛，你們的同情，你們想要你們的銀河兄弟姐妹聯繫你們，帶來所有的公告，並且...想要我們降落在你們美麗的世界，蓋亞！這是令人激動的。我們都在船上看著你，你的臉上火花四濺。你的整個地球都發光了。

親愛的朋友們，在這封信中，我們希望分享我們的感謝，感謝你們，我們的兄弟姐妹們，為歡迎我們並邀請我們再次加入你們的行列而做出的犧牲。

親愛的朋友們，在這個資訊中，我們在這裡想與你們分享我們美麗的母艦，新耶路撒冷。

從你們的世界往上看，你們會看到一艘巨大的飛船像一座大城市一樣盤旋，比你們世界上任何一個城市都要大。她甚至會發光，而且是有機生物。不像你在地球上的交通工具。新耶路撒冷已有數百萬年的歷史。她在你們的聖經中被多次提及（詹姆斯國王版），甚至被稱為你們地球上的一座城市：

啟示錄，第 21 章，第 2 節我約翰看見聖城，新耶路撒冷，從天上降下來，預備好了，好像新婦妝飾整齊，等候丈夫。路加福音 24。51

耶穌給他們祝福的時候，就離開他們，被抬上天去了。馬可福音 16 章。圖 19

主對他們說了這話，耶穌就被接上了天，坐在神的右邊。

也許我們可以向你描述我們的飛船，你可以在腦海中想像它：

新耶路撒冷號是"天堂的旅館"中最大的一個，是一個漂浮的乙太世界，住著總部......主薩南達，主阿斯塔和阿斯塔指揮部。新耶路撒冷是一個 Pearly White Space City。它長 2000 英里，寬 2000 英里。它是十艘母艦之一。從東海岸到西海岸都可以看到。它有十二個層次：

1.底部——販運船隻的出入口。包括登岸平臺，停車場，車庫，維修部門，倉儲區和註冊總部。

2.一個巨大的儲藏室。後備甲板上儲存著各種各樣的補給。它是一個完美的倉庫城市。

3.一個巨大的動物園，包括畜牧業的研究和一個鳥類棲息地，裡面有來自不同世界的生物。

4.農業研究。它就像一片廣闊的農田，種滿了精心保養的蔬菜、菜園和果園。大部分的增長是藍色的而不是綠色的。

5.為所有技術人員和在以下四級工作的人員提供住房中心。

6.康樂設施及可愛的園景區，供不同年齡的居民使用。

7.醫療中心。病人設施，牙科護理，生物研究，船舶廁所和所有醫務人員宿舍。

8.為地球疏散人員準備的住房。它包括個人的特等艙和家庭的公寓。這裡有無數的聯合餐廳、交誼廳、托兒所、洗衣設施和資訊辦公室。

9.大學建築群。智慧殿堂，巨大的圖書館，無盡的音樂廳和文化趣味，各個年齡段的學習大廳，音樂室和電腦教室。

10.特殊的公寓為來訪的各種各樣的顯要人物，為外星人的營房，特等艙和公寓與多個分散的會議室和美麗的廣闊的餐廳和休息區。

11.阿斯塔指揮部和大圓形大廳。地球疏散人員被帶到這個大會堂，進行任何必要的集體聚會。指揮通訊中心就在這裡。

12.人員瞭望台和領航員控制中心，可預約參觀。

我們的地球支援系統是如何工作的：

親愛的心，你們太陽系裡一直有數以百萬計的飛船在運行，其中許多都屬於阿斯塔司令部。有些飛船駐紮在你們星球的上空，在很長一段時間裡或多或少地保持靜止，通過它們的監測系統跟蹤地球。其他的飛船四處活動，履行它們的各種職責。我們有小飛船進行測量活動，我們有更大的飛船，能夠在太空中運行，並訪問其他太陽系的行星。

每個基地或地球單位，在任何時候，都有其個人飛船在其旋渦中盤旋，為個人的，即時的資訊傳遞到該單位或從該單位。這個月臺，或者說月臺，從來沒有變過，雖然有關人員可能會暫時離開，休息放鬆一下，以後再回來。我們所有的信號、波束和聯繫都通過這些單獨的聯繫平臺傳遞給我們的信使。在一個基本單元上方的大氣層中，有一個看不見的識別光束，在其上方投射出令人難以置信的高度，用於識別目的。

這個射束投影標識了發起基本單元的特定命令。

那些在你們的位置上服務的人，請放心，所有參與這個專案的人都知道你們在那裡。

真正的星際飛行器，我們力量的 Ventlas，將以彩色光的形式出現在你們的光學儀器上，通常是綠色、紅色和白色。他們有時會不斷地出現紅色和綠色，其他時候，他們會出現閃爍。

有人問，為什麼在空中沒有看到更多的太空船，我們想說它們在那裡，現在沒有必要讓這麼多人看到它們來執行他們的工作。它們的龐大艦隊，巨大的艦隊，將在天空中出現的時刻即將到來，這將告訴你們，我們如此貼近我們的心，我們的另一個階段的工作已經開始。

目前，我們預計條件有利於那些在內心做好準備進行短途或長途旅行的人。我們知道你們都渴望這一刻。我們曾經猶豫過要不要在任何心中引起失望，但是我們必須說，在某些情況下，肉體不能承受這樣的飛行。

至愛的人類，它必須是一個身體健康的身體，處於某種精神狀態，處於某種程度的靈魂進化，處於精神警覺和準備就緒的狀態。

為第一次接觸地球能量網做準備：

摘自《阿斯塔領主和銀河聯邦》一書，第 14 頁：

"主阿斯塔和主薩南達耶穌是地球揚升中唯一的決策者，在適當的時候將地球軌道上艦隊的星際飛船脫離下來。

當這發生時，阿斯塔負責通過地球網格在地球上創造一個力場，這個地球網格通過金字塔、金字塔和地球的入口連接，將我們帶到零點。"

"在這種能量中，可能存在更先進的技術。為了說明地球網，我們以芒特赫蒙為例。芒特赫蒙是耶穌顯聖容發生的地方。芒特赫蒙位於戈蘭高地地區，在 1967 年 6 天的戰爭中被以色列奪取了土地。赫爾蒙山是一座星際之門。耶穌帶著他的門徒彼得，雅各，約翰一起上了山頂。然後他們三個就睡著了。一艘星際飛船出現了，耶穌遇到了他的銀河旅行者，以利亞和摩西。他們走出船，來到山上，耶穌出現在他的 Glowie 或乙太體，他的門徒。芒特赫蒙位於地球緯度 33 度線上。如果你沿著 33 度平行線轉到地球的另一邊，你也會發現在 33 度平行線上...羅茲韋爾。這就是著名的不明飛行物墜毀的地點，這次墜毀導致了外星人活體的回歸。地球柵格是乙太飛船的電磁和晶體通道。"

許多人想知道當我們真正進行第一次接觸時會發生什麼：

當神聖的，恰當的時刻發生時，當地靈性層級帶來的更高意識能量的數量將遠遠超過你迄今為止所經歷的。被大量負面能量包圍的個體很可能會從這些強烈的能量中經歷 5 到 10 分鐘的疾病。這幾乎就像有人在地球母親周圍放置了一個高正能量的風暴。許多有更多覺知的人將會看到這些新的能量是極其燦爛的光。每個人都會感覺到它是一種平靜的能量。這將會是最終形式的狂喜！

這些美妙的能量將伴隨著由當地靈性階層演奏的極其美妙的天籟音樂。這天籟之音將是一個信號，向所有人表明一個真正神聖的對地球人類事務的干預即將發生。你當地的精神層次也會在天空形成一些容易察覺的"天使般"的雲。這些神聖的預兆將是你的信號，預示著奇跡即將發生。

親愛的心......親愛的，親愛的心，你們所有人在你們的世界裡現在都處於你們靈性成長的位置，去解決或者把剩下的拼圖碎片放在一起。親愛的朋友們，當你們觀察這個謎團的時候，你們現在就可以，帶著你們偉大的覺知（我不會告訴你們為什麼我們在這個時候告訴你們我們的大母艦，新耶路撒冷）。是的，親愛的心，你得到了它！

是的，親愛的，你們在終點線上，在水面上奔跑，穿過迷霧......張開雙臂，加入新耶路撒冷。知道你被無限地愛著......深深地，無條件地愛著。

Your Galactic Brother，

你的銀河兄弟，

Lord Ashtar

阿斯塔領主

後記

　　終於在 2022 年的今天整理編輯完美國音樂院（ACM）亞洲學院碩士課程＂自我療癒＂的教科書，自我療癒全集，自癒的福音—究竟的療癒！

　　2022 是大變局，黑暗終究隱藏不住了！817，**路加福音八章 17 節：隱藏的事沒有不顯露的！**現在已經來到了臨界點，地球已進入 4 次元，黑暗浮現是為了清理，清理之後地球才能揚升，預祝地球人類迎接新天新地！HALLELUJAH!

4.22.2022

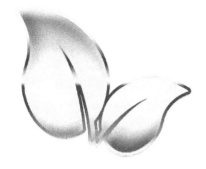

自我療癒全集

為新地球預備的聖愛經書
自癒的福音－究竟的療癒！

總編輯／嚴克映博士（Dr. Ke-Yin Yen Kilburn）
　　　　美國音樂院(ACM)教科書編輯部
出版者／美商 EHGBooks 微出版公司
發行者／美商漢世紀數位文化公司
臺灣學人出版網：http://www.TaiwanFellowship.org
地　　址／106 臺北市大安區敦化南路 2 段 1 號 4 樓
電　　話／02-2701-6088 轉 616-617
印　　刷／漢世紀古騰堡®數位出版 POD 雲端科技
出版日期／2022 年 7 月（亞馬遜 Kindle 電子書同步出版）
總經銷／Amazon.com
臺灣銷售網／三民網路書店：http://www.sanmin.com.tw
　　　　　　三民書局復北店
　　　　　　地址／104 臺北市復興北路 386 號
　　　　　　電話／02-2500-6600
　　　　　　三民書局重南店
　　　　　　地址／100 臺北市重慶南路一段 61 號
　　　　　　電話／02-2361-7511
全省金石網路書店：http://www.kingstone.com.tw
定　　價／新臺幣 1500 元（美金 50 元／人民幣 320 元）

CPSIA information can be obtained
at www.ICGtesting.com
Printed in the USA
LVHW060430180622
721470LV00011B/225

9 781647 841560